Hoffmann
Arbeitsrecht im öffentlichen Dienst

Arbeitsrecht im öffentlichen Dienst

von

Dr. Boris Hoffmann
o. Professor an der Fachhochschule für
öffentliche Verwaltung Nordrhein-Westfalen

2. Auflage, 2018

::rehm

Bibliografische Informationen Der Deutschen Nationalbibliothek

Die Deutsche Nationalbibliothek verzeichnet diese Publikation in der Deutschen Nationalbibliografie; detaillierte bibliografische Daten sind im Internet über http://dnb.d-nb.de abrufbar.

Bei der Herstellung des Werkes haben wir uns zukunftsbewusst für umweltverträgliche und wiederverwertbare Materialien entschieden. Der Inhalt ist auf elementar chlorfreiem Papier gedruckt.

ISBN: 978-3-8073-2613-9

::rehm

eine Marke der Verlagsgruppe Hüthig Jehle Rehm GmbH
Im Weiher 10, 69121 Heidelberg

Unsere Homepage: www.rehm-verlag.de

Dieses Werk, einschließlich aller seiner Teile, ist urheberrechtlich geschützt. Jede Verwertung außerhalb der engen Grenzen des Urheberrechtsgesetzes ist ohne Zustimmung des Verlages unzulässig und strafbar. Dies gilt insbesondere für Vervielfältigungen, Übersetzungen, Mikroverfilmungen und die Einspeicherung und Verarbeitung in elektronischen Systemen.

Produktmanagement: Rita Cornmark
Satz: TypoScript GmbH, München
Druck: Zimmermann Druck + Verlag GmbH, Widukindplatz 2, 58802 Balve

Inhaltsverzeichnis

	Seite
Inhaltsverzeichnis	V
Vorwort	XV
Der Autor	XVII

1 Grundzüge und Grundbegriffe des Arbeitsrechts 1
   1.1 Struktur des Arbeitsrechts 1
   1.2 Rechtsquellen des Arbeitsrechts 1
      1.2.1 EU-Recht 2
      1.2.2 Grundgesetz 2
      1.2.3 Formelle Gesetze 3
      1.2.4 Rechtsverordnungen 4
      1.2.5 Autonomes Recht 4
           1.2.5.1 Tarifverträge 4
           1.2.5.2 Dienst- und Betriebsvereinbarungen 5
           1.2.5.3 Arbeitsverträge 5
   1.3 Rangfolge der einzelnen Regelungen 6
   1.4 Prüfe Dein Wissen 6

2 Arbeitsvertrag 7
   2.1 Rechtsnatur 7
   2.2 Arbeitnehmerbegriff 8
      2.2.1 Privatrechtlicher Vertrag 9
      2.2.2 Leistung von Arbeit 9
      2.2.3 Persönliche Abhängigkeit 9
      2.2.4 Prüfungsschema – Abgrenzung Arbeitnehmer und Selbstständiger 11
      2.2.5 Prüfe dein Wissen 12
      2.2.6 Fallübungen 12
   2.3 Anbahnung und Begründung des Arbeitsverhältnisses 17
      2.3.1 Stellenausschreibung 17
      2.3.2 Schadensersatz und Entschädigung bei Benachteiligung 17
           2.3.2.1 Einwand des Rechtsmissbrauchs 19
           2.3.2.2 Voraussetzungen des Anspruchs 20
      2.3.3 Prüfungsschema – Schadensersatz und Entschädigung bei Benachteiligung 27
      2.3.4 Prüfe Dein Wissen 27
      2.3.5 Ersatz der Vorstellungs- und Umzugskosten 27

Inhaltsverzeichnis

			Seite
	2.3.6	Informationsanspruch und Fragerecht des Arbeitgebers	28
		2.3.6.1 Anfechtung wegen arglistiger Täuschung ...	29
		2.3.6.2 Anfechtung wegen Irrtums über eine verkehrswesentliche Eigenschaft	36
		2.3.6.3 Prüfungsschema – Anfechtung des Arbeitsvertrages	36
		2.3.6.4 Prüfe Dein Wissen	37
	2.3.7	Einstellungsuntersuchung	37
	2.3.8	Abschluss des Arbeitsvertrages	38
		2.3.8.1 Inhaltliche Bestimmtheit des Arbeitsvertrages (Muster eines Arbeitsvertrages)	38
		2.3.8.2 AGB-Kontrolle	40
		2.3.8.3 Geschäftsfähigkeit	41
		2.3.8.4 Form	41
	2.3.9	Prüfe dein Wissen	42
	2.3.10	Fallübungen	42
2.4	Befristung des Arbeitsvertrages		50
	2.4.1	Befristungsformen	50
	2.4.2	Schriftform	51
	2.4.3	Befristungsende	53
	2.4.4	Zeitpunkt der Befristungskontrolle	54
	2.4.5	Gegenstand der Befristungskontrolle	55
	2.4.6	Rechtsfolgen einer unwirksamen Befristung und Klagefrist	57
	2.4.7	Sachgrundbefristung	57
		2.4.7.1 Vorübergehender Mehrbedarf an Arbeitskräften (Nr. 1)	58
		2.4.7.2 Anschlussbefristung (Nr. 2)	61
		2.4.7.3 Vertretung (Nr. 3)	63
		2.4.7.4 Eigenart der Arbeitsleistung (Nr. 4)	65
		2.4.7.5 Probezeitbefristung (Nr. 5)	66
		2.4.7.6 In der Person des Arbeitnehmers liegende Gründe (Nr. 6)	66
		2.4.7.7 Vergütung aus Haushaltsmitteln für befristete Beschäftigung (Nr. 7)	67
		2.4.7.8 Gerichtlicher Vergleich (Nr. 8 TzBfG)	68
		2.4.7.9 Sonstige in § 14 Abs. 2 TzBfG nicht genannte Befristungsgründe	68

Inhaltsverzeichnis

			Seite
	2.4.8	Befristung ohne Sachgrund	70
		2.4.8.1 Ersteinstellung – Anschlussverbot	70
		2.4.8.2 Verlängerung der Befristung	72
		2.4.8.3 Abweichung durch Tarifvertrag oder durch individualrechtliche Vereinbarung	73
		2.4.8.4 Befristung mit älteren Arbeitnehmern	73
	2.4.9	Elternzeitvertretung	74
	2.4.10	Tarifrechtliche Besonderheiten	74
		2.4.10.1 Dauer der Befristung	74
		2.4.10.2 Probezeiten	75
		2.4.10.3 Kündigungsfristen	75
	2.4.11	Befristung einzelner Vertragsbedingungen	76
	2.4.12	Prüfungsschema – Rechtmäßige Befristung eines Arbeitsvertrages	76
	2.4.13	Prüfe dein Wissen	77
	2.4.14	Fallübungen	78
2.5	Pflichten des Arbeitgebers		81
	2.5.1	Lohnzahlungspflicht – Eingruppierung	81
		2.5.1.1 Tabellenentgelt und Eingruppierung	81
		2.5.1.2 Stufen	83
		2.5.1.3 Leistungsbezogene Bezahlung	84
		2.5.1.4 Zuschläge und sonstige besondere Zahlungen	85
	2.5.2	Arbeitsentgelt ohne Arbeitsleistung	86
		2.5.2.1 Annahmeverzug des Arbeitgebers	86
		2.5.2.2 Betriebs- und Wirtschaftsrisiko	88
		2.5.2.3 Arbeitsverhinderung aus persönlichen oder sonstigen Gründen	89
		2.5.2.4 Entgeltfortzahlung bei Arbeitsunfähigkeit	89
	2.5.3	Prüfungsschema – Anspruch auf Lohnzahlung	92
	2.5.4	Prüfe dein Wissen	93
	2.5.5	Allgemeine Fürsorgepflicht	93
	2.5.6	Gefahrabwehrpflicht	94
	2.5.7	Beschäftigungspflicht	94
	2.5.8	Zeugnis	94
		2.5.8.1 Wahrheits- und Wohlwollensgrundsatz	95
		2.5.8.2 Allgemeine Grundsätze	95
		2.5.8.3 Inhalt und Bestandteile eines qualifizierten Zeugnisses	96

			Seite
2.5.9		Pflicht zu Gewährung von Erholungsurlaub	96
	2.5.9.1	Erholungsbedürftigkeit als Anspruchsvoraussetzung?	96
	2.5.9.2	Tatsächliche Arbeitsleistung als Anspruchsvoraussetzung?	96
	2.5.9.3	Wartezeit	97
	2.5.9.4	Dauer des Erholungsurlaubes	97
	2.5.9.5	Befristung des Urlaubsanspruchs und Übertragung auf das Folgejahr	98
	2.5.9.6	Zeitliche Festlegung des Erholungsurlaubs	99
	2.5.9.7	Bindung an die Urlaubsfestlegung	100
	2.5.9.8	Erkrankung während des Urlaubs	100
	2.5.9.9	Urlaubsanspruch bei aufeinander folgenden Arbeitsverhältnissen	101
	2.5.9.10	Prüfungsschema – Pflicht zur Urlaubsfreistellung	101
2.5.10		Pflicht zur Gewährung einer Teilzeitbeschäftigung	101
	2.5.10.1	Rechtsnatur und Form des Teilzeitbegehrens	102
	2.5.10.2	Konkurrenz zu tariflichen Regelungen	102
	2.5.10.3	Anspruchsvoraussetzungen	103
	2.5.10.4	Inhalt und Zeitpunkt der Geltendmachung	103
	2.5.10.5	Erörterungsanspruch und Zustimmungspflicht	104
	2.5.10.6	Ablehnende Entscheidung des Arbeitgebers und Teilzeitfiktion	105
	2.5.10.7	Einwendung entgegenstehender betrieblicher Gründe	105
	2.5.10.8	Prüfungsschema – Teilzeitanspruch nach § 8 TzBfG	109
2.5.11		Prüfe Dein Wissen	109
2.5.12		Pflicht zur Arbeitsleistung	109
	2.5.12.1	Direktionsrecht des Arbeitgebers	110
	2.5.12.2	Konkretisierung der Arbeitspflicht (inhaltliche Weisungsgebundenheit)	111
	2.5.12.3	Vorübergehende Übertragung einer höherwertigen Tätigkeit	112
	2.5.12.4	Arbeitszeit	113
	2.5.12.5	Arbeitsort	115
	2.5.12.6	Betriebliche Ordnung	117

Inhaltsverzeichnis

	Seite
2.5.13 Arbeitnehmerhaftung	117
2.5.13.1 Haftung für Personenschäden an Arbeitskollegen	117
2.5.13.2 Haftung gegenüber dem Arbeitgeber	118
2.5.13.3 Schadenshaftung bei Kraftfahrzeugunfällen	118
2.5.14 Treuepflicht	118
2.5.15 Prüfe Dein Wissen	119
2.5.16 Fallübungen	120
3 Beendigung und Kündigung von Arbeitsverhältnissen	**133**
3.1 Beendigungstatbestände	133
3.1.1 Erreichen der Regelaltersgrenze	133
3.1.2 Rente wegen Erwerbsminderung	133
3.1.3 Tod des Arbeitnehmers	134
3.1.4 Auflösungsvertrag	134
3.2 Begriff und Grundformen der Kündigung	134
3.3 Allgemeine Wirksamkeitsvoraussetzungen	135
3.3.1 Kündigungsberechtigung	135
3.3.2 Kündigungserklärung	136
3.3.2.1 Inhalt der Kündigungserklärung	136
3.3.2.2 Form der Kündigungserklärung	136
3.3.2.3 Zugang	137
3.4 Allgemeine Nichtigkeitsgründe	140
3.4.1 Maßregelungsverbot	141
3.4.2 Sittenwidrigkeit	141
3.4.3 Treu und Glauben	141
3.4.4 Verstoß gegen das AGG	142
3.5 Kündigungserklärungsfrist – Verwirkung	142
3.6 Ordentliche Kündigung	143
3.6.1 Kündigungsfristen	143
3.6.2 Allgemeiner Kündigungsschutz nach dem Kündigungsschutzgesetz	144
3.6.2.1 Anwendbarkeit des KSchG	144
3.6.2.2 Soziale Rechtfertigung einer verhaltensbedingten Kündigung	146
3.6.2.3 Soziale Rechtfertigung der personenbedingten Kündigung	152
3.6.2.4 Betriebsbedingte Kündigung	157

Inhaltsverzeichnis

			Seite
3.7	Außerordentliche Kündigung		161
3.7.1	Beendigungszeitpunkt		161
3.7.2	Wichtiger Grund		162
3.7.3	Kündigungserklärungsfrist		163
3.7.4	Verdachtskündigung		164
	3.7.4.1	Dringender Verdacht	165
	3.7.4.2	Pflichtverletzung von erheblichem Gewicht ...	165
	3.7.4.3	Anhörung des Arbeitnehmers	165
	3.7.4.4	Aufklärung des Sachverhalts und Hemmung der Ausschlussfrist	166
	3.7.4.5	Wiedereinstellungsanspruch	166
3.7.5	Fallgruppen der außerordentlichen Kündigung		167
	3.7.5.1	Alkohol und Drogen	167
	3.7.5.2	Anzeigen gegen den Arbeitgeber	167
	3.7.5.3	Arbeitszeitbetrug	167
	3.7.5.4	Außerdienstliches Verhalten	168
	3.7.5.5	Beharrliche Arbeitsverweigerung	169
	3.7.5.6	Beleidigungen, Bedrohungen und Tätlichkeiten	169
	3.7.5.7	Eigenmächtiger Urlaubsantritt	170
	3.7.5.8	Krankmeldeverfahren	170
	3.7.5.9	Mobbing	171
	3.7.5.10	Nebentätigkeit	171
	3.7.5.11	Private Internetnutzung und Nutzung dienstlicher Ressourcen	172
	3.7.5.12	Schlechtleistung	172
	3.7.5.13	Sexuelle Belästigung	173
	3.7.5.14	Straftaten im Betrieb	173
	3.7.5.15	Streikteilnahme	174
	3.7.5.16	Verfassungstreue	174
	3.7.5.17	Vorteilnahme und Bestechlichkeit	174
3.8	Änderungskündigung		175
3.8.1	Begriff		175
	3.8.1.1	Kündigung	175
	3.8.1.2	Änderungsangebot	175
3.8.2	Vorgehen des Arbeitgebers		175

Inhaltsverzeichnis

			Seite
	3.8.3	Reaktion des Arbeitnehmers	176
		3.8.3.1 Annahme ohne Vorbehalt	176
		3.8.3.2 Annahme unter Vorbehalt	176
		3.8.3.3 Ablehnung des Änderungsangebots	177
3.9	Kündigungsschutz für besondere Personengruppen		177
	3.9.1	Kündigungsschutz schwerbehinderter Menschen	178
		3.9.1.1 Persönlicher Anwendungsbereich	178
		3.9.1.2 Kenntnis des Arbeitgebers	179
		3.9.1.3 Zustimmung des Integrationsamtes	180
		3.9.1.4 Zustimmungsverfahren bei der außerordentlichen Kündigung	180
	3.9.2	Kündigungsschutz schwangerer Arbeitnehmerinnen	181
	3.9.3	Kündigungsschutz während der Elternzeit	182
	3.9.4	Kündigungsschutz von Mitgliedern personalvertretungsrechtlicher Organe	182
	3.9.5	Kündigungsschutz in der Berufsausbildung	182
		3.9.5.1 Kündigung innerhalb der Probezeit	182
		3.9.5.2 Kündigung nach Ablauf der Probezeit	183
		3.9.5.3 Schlichtungsausschuss	184
	3.9.6	Tarifliche Unkündbarkeit	184
3.10	Rechtsschutz gegen Kündigungen		184
	3.10.1	Ausschlussfrist	184
	3.10.2	Arbeitsgerichtliches Verfahren	185
		3.10.2.1 Beendigung des arbeitsgerichtlichen Verfahrens	186
		3.10.2.2 Rechtsmittel gegen arbeitsgerichtliche Urteile	186
3.11	Prüfungsschema – Kündigungsschutzklage, Rechtmäßigkeit der Kündigung		187
3.12	Prüfe Dein Wissen		188
3.13	Fallübungen		189
4	**Verjährung und Ausschlussfristen**		**209**
4.1	Verjährung		209
4.2	Ausschlussfrist		209
4.3	Prüfe Dein Wissen		210
5	**Strukturelle Änderung der Arbeitsorganisation**		**211**
5.1	Formen der Umstrukturierung		211
5.2	Personalvertretung		211

Inhaltsverzeichnis

		Seite
5.3	Tarifvertragliche Rahmenbedingungen	212
5.3.1	Rationalisierungsschutz für Angestellte im Tarifgebiet West	212
5.3.2	Rationalisierungsschutz für Arbeiter im Tarifgebiet West	213
5.3.3	Tarifvertrag zur sozialen Absicherung im Tarifgebiet Ost	213
5.4	Prüfe Dein Wissen	214
6	**Betriebsübergang**	**215**
6.1	Betriebsbegriff	215
6.2	Übergang auf einen neuen Inhaber	216
6.3	Übergang durch Rechtsgeschäft	216
6.4	Übergang der Arbeitsverhältnisse und Widerspruchsrecht	216
6.5	Prüfe Dein Wissen	218
7	**Koalitionen**	**219**
7.1	Begriff der Koalition	219
7.2	Koalitionsfreiheit	220
7.2.1	Individuelle Koalitionsfreiheit	220
7.2.2	Kollektive Koalitionsfreiheit	221
7.3	Prüfe dein Wissen	221
8	**Tarifvertragsrecht**	**223**
8.1	Inhalt und Wirkung eines Tarifvertrages	223
8.1.1	Schuldrechtlicher Teil des Tarifvertrages	224
8.1.2	Normativer Teil des Tarifvertrages	225
8.2	Abweichung von Tarifverträgen	226
8.3	Räumlicher Geltungsbereich der Tarifverträge im öffentlichen Dienst	227
8.4	Haupttarifverträge des öffentlichen Dienstes	227
8.5	Prüfe Dein Wissen	228
9	**Arbeitskampfrecht**	**229**
9.1	Rechtsgrundlage des Arbeitskampfrechts	229
9.2	Streik	230
9.2.1	Streikformen	230
9.2.2	Rechtmäßigkeitsvoraussetzungen	231
9.2.2.1	Gewerkschaftliche Organisation des Streiks	231
9.2.2.2	Beachtung der tarifvertraglichen Friedenspflicht	231

Inhaltsverzeichnis

		Seite
9.2.2.3	Tarifvertraglich regelbares Kampfziel	232
9.2.2.4	Verhältnismäßigkeitsprinzip	232
9.2.2.5	Erhaltungs- und Notstandsarbeiten	233
9.2.3	Beginn und Ende des Streiks	233
9.2.4	Streik im öffentlichen Dienst	233
9.2.4.1	Beamte	234
9.2.4.2	Arbeitnehmer	234
9.3	Aussperrung	235
9.4	Rechtsfolgen einer rechtmäßigen Arbeitskampfmaßnahme	235
9.4.1	Streik	235
9.4.2	Aussperrung	236
9.5	Prüfungsschema – Rechtmäßigkeit von Arbeitskämpfen	236
9.6	Prüfe Dein Wissen	237
10	**Personalvertretungsrecht**	**239**
10.1	Dienststelle	239
10.2	Grundsatz der vertrauensvollen Zusammenarbeit	240
10.3	Beschäftigte	241
10.4	Dienststellenleitung	241
10.5	Wahl des Personalrats und seine Amtszeit	242
10.6	Geschäftsführung und Beschlüsse des Personalrats	242
10.7	Rechtsstellung und Schutz der Personalratsmitglieder	243
10.8	Formen der Beteiligung und Verfahren	244
10.8.1	Mitbestimmung	244
10.8.2	Mitwirkung	247
10.8.3	Anhörung	248
10.8.4	Streitigkeiten über Beteiligungsrechte	249
10.8.5	Beteiligung der Gleichstellungsbeauftragten	249
10.8.6	Beteiligung der Schwerbehindertenvertretung	249
10.9	Prüfe Dein Wissen	249
Abkürzungsverzeichnis		251
Literaturverzeichnis		257
Stichwortverzeichnis		259

Vorwort

Das vorliegende Buch richtet sich sowohl an Studierende der Fachhochschulen und Universitäten als auch an Auszubildende der Studieninstitute und der Verwaltungs-, Wirtschafts-, Arbeits- und Sozialakademien. Darüber hinaus bietet es einen guten Einstieg für alle Verwaltungspraktiker, die sich mit dem Arbeitsrecht des öffentlichen Dienstes beschäftigen.

Von der Darstellung umfasst sind die Grundzüge des Individualarbeitsrechts und des kollektiven Arbeitsrechts unter Berücksichtigung der Besonderheiten des Arbeitsrechts im öffentlichen Dienst.

Das Buch verweist sowohl auf die Vorschriften des TVöD als auch auf die Vorschriften des TV-L. Zur Vertiefung hält das Buch eine große Anzahl von weiterführenden Literatur- und Rechtsprechungshinweisen bereit.

Wie ist das Buch aufgebaut?

- Es erfolgt zunächst eine strukturierte Aufarbeitung der Rechtsmaterie, mit Beispielen und Hinweisen („Gut zu wissen").
- Aufbauschemata vereinfachen das Lernen.
- Das Erlernte kann anschließend durch Fragen („Prüfe Dein Wissen") wiederholt werden und
- durch gutachterliche „Fallübungen" kann das Erlernte zusätzlich vertieft werden.
- Die Übungsfälle und Lösungen stehen im Internet mit dem **QLink Q 26139** zum Download zur Verfügung.

Zwei durchgehende Prinzipien prägen diese Darstellung. Das Arbeitsrecht ist praxisorientiert aufgearbeitet und enthält das prüfungsrelevante arbeitsrechtliche Wissen. Ich habe mich hierbei insbesondere von meiner Lehrveranstaltung „Arbeitsrecht im öffentlichen Dienst", die ich seit vielen Jahren an der Fachhochschule für öffentliche Verwaltung Nordrhein-Westfalen durchführe, leiten lassen. Darüber hinaus habe ich in die Darstellung meine über zehn Jahre währende Praxiserfahrung, die ich im Personalamt der Stadt Köln erworben habe, einfließen lassen. Berücksichtigt habe ich auch die Fragen der Studierenden und der Praktiker, die mich in den letzten Jahren erreicht haben.

Obwohl ich mich inhaltlich und sprachlich der Geschlechtergerechtigkeit verpflichtet fühle, habe ich zur besseren Lesbarkeit gleichwohl darauf verzichtet, alle Begriffe zu „gendern". Ich hoffe auf das Verständnis der Leserinnen und Leser.

Anregungen bzw. Verbesserungsvorschläge und Hinweise auf Fehler sind ausdrücklich erwünscht. Bitte nehmen Sie diesbezüglich mit mir Kontakt auf. Meine Anschrift lautet: Fachhochschule für öffentliche Verwaltung, Abteilung Köln, Thürmchenswall 48-54, 50668 Köln, E-Mail: boris.hoffmann@fhoev.nrw.de.

Vorwort

Besonders bedanken möchte ich mich bei Frau Rita Cornmark von der Verlagsgruppe Hüthig Jehle Rehm für ihre besonders intensive und produktive Unterstützung.

Glessen, im März 2018
Boris Hoffmann

Der Autor

Prof. Dr. Boris Hoffmann hat Rechtswissenschaften studiert und in einem beamtenrechtlichen Thema promoviert. Als Jurist war er zehn Jahre bei der Stadt Köln im Personalamt beschäftigt, die letzten Jahre in leitender Stellung. Im Rahmen seiner Tätigkeit hat er sich mit allen arbeits- und beamtenrechtlichen Themen befasst. Seit Januar 2011 lehrt und forscht er an der Fachhochschule für öffentliche Verwaltung Nordrhein-Westfalen in den Themengebieten Arbeitsrecht im öffentlichen Dienst und Beamtenrecht. Prof. Hoffmann führt in diesem Zusammenhang bundesweit Fortbildungsveranstaltungen durch. Aufgrund seiner langjährigen beruflichen Erfahrung sind seine Tätigkeiten von einer großen Praxisnähe geprägt. Seine Veröffentlichungen befassen sich mit aktuellen und praxisrelevanten Themen des Personalrechts. Er ist u. a. Autor folgender Werke:
Mitautor in Schütz/Maiwald, Beamtenrecht des Bundes und der Länder, Verlag rehm und in Fürst, Gesamtkommentar öffentliches Dienstrecht, Verlag Erich Schmidt; Mitautor von Stellenbesetzungs- und Auswahlverfahren treff- und rechtssicher gestalten, in Gourmelon (Hrsg.) PöS-Personalmanagement im öffentlichen Sektor, Verlag rehm. Er ist zudem Schriftleiter der Zeitschrift für Tarif-, Arbeits- und Sozialrecht des öffentlichen Dienstes, Verlag rehm.

1 Grundzüge und Grundbegriffe des Arbeitsrechts

1.1 Struktur des Arbeitsrechts

Unter den Begriff des Arbeitsrechts werden alle Rechtsregeln subsumiert, die für die in abhängiger Tätigkeit geleistete Arbeit gelten.[1])
Bis zum heutigen Zeitpunkt hat der Gesetzgeber kein einheitliches Gesetzbuch für das Arbeitsrecht geschaffen. Das Arbeitsrecht wird daher durch eine Vielzahl von unterschiedlichen Rechtsquellen ausgestaltet. Diese lassen sich in die Kategorien **Individualarbeitsrecht**, hierunter fallen Regelungen, die das einzelne Arbeitsverhältnis betreffen,

Beispiel
- Arbeitsvertragsrecht – Abschluss, Inhalt und Beendigung eines Arbeitsverhältnisses
- Arbeitnehmerschutzrecht – Mutterschutz, Kündigungsschutz, Arbeitszeitrecht

und **Kollektivarbeitsrecht**, welches die Rechtsbeziehung zwischen Kollektivorganen und einzelnen Arbeitgebern bzw. deren Vereinigungen regelt,

Beispiel
- Arbeitskampfrecht,
- Tarifvertragsrecht,
- Betriebsverfassungs- und Personalvertretungsrecht

einteilen.

Gut zu wissen
Trotz der Zweiteilung des Arbeitsrechts in das individuelle und das kollektive Arbeitsrecht sind beide Säulen stark miteinander verknüpft, sodass in der Fallbearbeitung immer alle einschlägigen Normen zu beachten sind.

1.2 Rechtsquellen des Arbeitsrechts

Das Arbeitsrecht ist durch eine Vielzahl von Rechtsquellen geprägt.

Gut zu wissen
Die einzelnen Rechtsquellen finden sich in einigen allgemeinen Gesetzen (z. B. BGB, GewO) und in einer Vielzahl von speziellen Gesetzen (z. B. KSchG, MuSchG).

---

1) Schaub/Linck §1 Rn.1.

1 Grundzüge und Grundbegriffe des Arbeitsrechts

1.2.1 EU-Recht

Die wichtigsten im **EG-Vertrag** normierten arbeitsrechtlichen Grundsätze sind

- die Garantie der Freizügigkeit der Arbeitnehmer (Art. 39ff. EGV) und
- die Garantie der Lohngleichheit von Männern und Frauen (Art. 141 EGV).

Die **Arbeitnehmerfreizügigkeit** dient dem Schutz der binnengrenzüberschreitenden Mobilität der Arbeitskräfte. Die Arbeitnehmer sollen innerhalb der Gemeinschaft die Binnengrenzen überschreiten können, um dort ihre Leistungen anbieten und erbringen zu können.

Die Garantie der **Lohngleichheit von Männern und Frauen** knüpft nicht an die Staatsangehörigkeit der Betroffenen, sondern an deren Geschlecht an, sodass die Bürger sich auch gegenüber ihrem eigenen Mitgliedstaat auf Art. 141 EGV berufen können. Darüber hinaus wirkt sich die Garantie der Lohngleichheit unmittelbar auf ein bestehendes Arbeitsverhältnis aus, da Arbeitsverträge, Dienstvereinbarungen oder Tarifverträge, die gegen das Gebot der Lohngleichheit verstoßen, unwirksam sind.

Auch **EU-Verordnungen** entfalten in der Bundesrepublik Deutschland unmittelbare Wirkung. Dies gilt grundsätzlich nicht für EU-Richtlinien, da diese zunächst vom Gesetzgeber in deutsches Recht transformiert werden müssen. EU-rechtlichen Ursprungs sind etwa das Nachweisgesetz (NachwG) oder das Allgemeine Gleichbehandlungsgesetz (AGG).

Gut zu wissen

Erfolgt die Umsetzung der europäischen Richtlinie in nationales Recht nicht fristgerecht, sind Behörden und damit auch der öffentlich-rechtliche Arbeitgeber verpflichtet, diese aufgrund deren objektiven Wirkung zu beachten und anzuwenden. Dazu muss die Richtlinienbestimmung allerdings inhaltlich so genau und konkret gefasst sein, dass sie sich zu einer unmittelbaren Anwendung eignet. Darüber hinaus darf sie keine unmittelbare Verpflichtung für einen Einzelnen beinhalten.

1.2.2 Grundgesetz

Vor allem die im Grundgesetz normierten Grundrechte prägen das zwischen den Arbeitsvertragsparteien bestehende Rechtsverhältnis.

Hierbei ist zu beachten, dass die Grundrechte mit Ausnahme der Art. 9 Abs. 3 Satz 2, 12 und 33 Abs. 2 GG nur zwischen Bürger und Staat (Exekutive und Rechtsprechung) ihre **unmittelbare Wirkung** entfalten. Die Grundrechte finden darüber hinaus allerdings über die Lehre der **mittelbaren Drittwirkung** Eingang in das Arbeitsrecht. Demnach entfaltet sich die Schutzwirkung eines Grundrechts mittelbar über eine gesetzlich normierte Generalklausel. Die Schutzwirkung tritt hier ein, weil bei der **Auslegung eines unbestimmten Rechtsbegriffes** der Generalklausel die durch das Grundgesetz etablierte objektive Wertordnung zu berücksichtigen ist.[1]

---

1) Wörlen/Kokemoor Rn. 21; Schaub/Linck § 1 Rn. 2 f.

Grundzüge und Grundbegriffe des Arbeitsrechts 1

Beispiel
Bei der Ausübung seines Direktionsrechtes hat der Arbeitgeber Grundrechtspositionen des Arbeitnehmers zu berücksichtigen, da seine Weisung nach § 106 Satz 1 und Satz 2 i. V. m. § 6 Abs. 2 GewO billigem Ermessen entsprechen muss. In Betracht kommen etwa das Persönlichkeitsrecht (Art. 2 Abs. 1 GG) oder die Gewissensfreiheit des Arbeitnehmers (Art. 4 Abs. 1 GG), das Recht auf freie Religionsausübung (Art. 4 Abs. 2 GG) oder die Meinungsfreiheit (Art. 5 Abs. 1 GG). Eine Weisung des Arbeitgebers entspricht nur dann billigem Ermessen, wenn er die grundgesetzlich geschützten Interessen des Arbeitnehmers im Rahmen eines Abwägungsprozesses angemessen berücksichtigt hat.[1]

1.2.3 Formelle Gesetze

Formelle Gesetze werden im Rahmen eines **förmlichen Gesetzgebungsverfahrens** entweder vom Bundesgesetzgeber oder von den Landesgesetzgebern verabschiedet.

Da das Arbeitsrecht nach Art. 74 Abs. 1 Nr. 12 GG zur sog. **konkurrierenden Gesetzgebung** (Art. 72 Abs. 1 GG) gehört, gibt es nur wenige Landesgesetze, die unmittelbare Auswirkung auf das Arbeitsrecht haben.

Beispiel
- Arbeitsgerichtsgesetz (ArbGG),
- Arbeitsschutzgesetz (ArbSchG),
- Arbeitszeitgesetz (ArbZG),
- Betriebsverfassungsgesetz (BetrVG),
- Bürgerliches Gesetzbuch (BGB),
- Bundeselterngeld- und Elternzeitgesetz (BEEG),
- Bundesurlaubsgesetz (BUrlG),
- Entgeltfortzahlungsgesetz (EFZG),
- Gleichstellungsgesetze des Bundes und der Länder,
- Jugendarbeitsschutzgesetz (JArbSchG),
- Handelsgesetzbuch (HGB),
- Kündigungsschutzgesetz (KSchG),
- Mutterschutzgesetz (MuSchG),
- Personalvertretungsgesetze des Bundes und der Länder (BPVG, LPVG),
- Schwarzarbeitsgesetz (SchwarzArbG),
- Sozialgesetzbücher (SGB III-VII und IX-X),
- Tarifvertragsgesetz (TVG),
- Teilzeit- und Befristungsgesetz (TzBfG),
- Zivilprozessordnung (ZPO).

---

1) Ausführlich siehe Schaub/Linck § 1 Rn. 4 ff.

1 Grundzüge und Grundbegriffe des Arbeitsrechts

1.2.4 Rechtsverordnungen

Rechtsverordnungen werden nicht in einem förmlichen Gesetzgebungsverfahren, sondern aufgrund einer gesetzlichen Ermächtigung (Art. 80 Abs. 1 GG) von Organen der vollziehenden Gewalt (Bundes- oder Landesregierung) erlassen.

Beispiel
Die Arbeitsstättenverordnung wurde aufgrund der Ermächtigung des § 14 ASiG erlassen.

1.2.5 Autonomes Recht

Neben den formellen Gesetzen existieren im Arbeitsrecht auch Rechtsquellen, die außerhalb der staatlichen Regelungsbefugnis liegen. Dies sind insbesondere die Tarifverträge, die Dienst- und Betriebsvereinbarungen und die Arbeitsverträge. Diesen Rechtsquellen ist gemein, dass sie alle auf einer **beidseitigen vertraglichen Vereinbarung** beruhen.

1.2.5.1 Tarifverträge

Der Tarifvertrag regelt nach § 1 Abs. 1 TVG die Rechte und Pflichten der Tarifvertragsparteien. Er enthält darüber hinaus Rechtsnormen, die den Inhalt, den Abschluss und die Beendigung von Arbeitsverhältnissen sowie betriebliche und betriebsverfassungsrechtliche Fragen ordnen können.

Gut zu wissen

Tarifvertragsparteien sind einerseits einzelne Arbeitgeber (sog. Haustarifvertrag) oder Arbeitgeberverbände (sog. Verbandstarifvertrag) und andererseits einzelne oder mehrere Gewerkschaften (vgl. § 2 TVG).

Der Tarifvertrag für den öffentlichen Dienst (TVöD) gilt sowohl für den Bereich des Bundes als auch für den Bereich der Kommunalen Arbeitgeberverbände und damit für die Städte, Gemeinden und Landkreise. Für folgende Bereiche der Verwaltung gelten weitere besondere tarifliche Regelungen:

- Sozial- und Erziehungsdienst (TVöD-SuE),
- Pflege- und Betreuungseinrichtungen (TVöD-B),
- Krankenhäuser (TVöD-K),
- Sparkassen (TVöD-S),
- Entsorgung (TVöD-E),
- Flughäfen (TVöD-F) und
- Verwaltung (TVöD-V).

Für die einzelnen Bundesländer gilt der Tarifvertrag für den öffentlichen Dienst der Länder (TV-L). Besondere tarifliche Regelungen existieren auf Landesebene für

Grundzüge und Grundbegriffe des Arbeitsrechts 1

- Lehrer in Beschäftigungsverhältnissen (TV-L),
- den Pflegedienst (TV-L Kr),
- das Land Berlin (TV-L Berlin) und
- den Landesdienst Hessen (TV-H).

1.2.5.2 Dienst- und Betriebsvereinbarungen

Dienstvereinbarungen erstrecken sich auf den Geltungsbereich der Personalvertretungsgesetze des Bundes und der Länder. Betriebsvereinbarungen sind Gegenstand des Arbeitsrechts der privaten Wirtschaft. Dienst- (§§ 75 BPersVG, 70 LPVG NRW) und Betriebsvereinbarungen (§ 87 BetrVG) sind **Verträge zwischen dem Arbeitgeber und dem jeweils zuständigen Personal- oder Betriebsrat** über bestimmte zu regelnde und betrieblich auch regelbare Fragen der Arbeitsverhältnisse der Arbeitnehmer.

Beispiel
Dienst- bzw. Betriebsvereinbarung zur gleitenden Arbeitszeit, zur Nutzung von Zeiterfassungsgeräten, des dienstlichen Telefons, E-Mailsystems oder des Internets zu privaten Zwecken.

1.2.5.3 Arbeitsverträge

Der Arbeitsvertrag ist seiner Natur nach ein Unterfall des Dienstvertrages (§ 611 Abs. 1 BGB). Durch den Abschluss eines Arbeitsvertrages verpflichtet sich der Arbeitnehmer zur Leistung der Arbeit in persönlicher Abhängigkeit und der Arbeitgeber zur Leistung des vereinbarten oder tariflich festgesetzten Lohnes.[1])

Gut zu wissen
Grundsätzlich können sich weitere vertragliche Ansprüche des Arbeitnehmers aus der Wiederholung gleichförmiger Verhaltensweisen des Arbeitgebers über einen längeren und damit vertrauensbildenden Zeitraum ergeben (sog. betriebliche Übung). Unerheblich ist hierbei, ob der Arbeitgeber sich tatsächlich rechtlich binden wollte. Das Verhalten des Arbeitgebers ist als Vertragsangebot zu werten, welches der Arbeitnehmer nach § 151 BGB stillschweigend annehmen kann. Anerkannt ist etwa, dass ein entsprechender Anspruch des Arbeitnehmers nach der dreimaligen vorbehaltlosen Gewährung einer jährlichen Weihnachtsgratifikation entsteht.[2]) Ein Arbeitnehmer im öffentlichen Dienst muss allerdings grundsätzlich davon ausgehen, dass ihm der Arbeitgeber nur die Leistungen gewähren will, zu denen er rechtlich verpflichtet ist, sodass im Zweifel ein Anspruch auf eine zusätzliche Leistung mittels einer betrieblichen Übung nicht begründet wird.[3])

---

1) Müller/Preis Rn. 21.
2) BAG v. 13.5.2015 – 10 AZR 266/14, NZA 2015, 992.
3) BAG v. 18.9.2002 – 1 AZR 477/01, juris Langtext Rn. 13.

1 Grundzüge und Grundbegriffe des Arbeitsrechts

1.3 Rangfolge der einzelnen Regelungen

Es gelten die allgemeinen Regeln der **Normhierarchie**. Dies bedeutet, dass Normen höherrangigen Rechts, Normen niedrigeren Ranges verdrängen, soweit die höherrangigen Regelungen nicht (einseitig) **(tarif-)dispositiv** ausgestaltet sind.[1])

> **Beispiel**
> § 13 Abs. 1 Satz 1 BUrlG, § 12 EFZG, § 22 Abs. 1 TzBfG

Es ergibt sich daher folgende **Rangfolge**:
1. EU-Recht
2. Grundgesetz
3. Bundesgesetze
4. Landesgesetze
5. Rechtsverordnungen
6. Tarifverträge
7. Betriebsvereinbarungen und Dienstvereinbarungen
8. Arbeitsvertrag
9. Weisungen des Arbeitgebers (sog. Direktionsrecht)

1.4 Prüfe Dein Wissen

1. Was bedeutet der Begriff Individualarbeitsrecht?
2. Was ist unter dem Begriff des kollektiven Arbeitsrechts zu verstehen?
3. Welche Rechtsquellen enthält das Arbeitsrecht?
4. Was ist eine betriebliche Übung?

---

1) Jünger Rn. 12.

2 Arbeitsvertrag

Der Arbeitsvertrag ist ein privatrechtlicher Vertrag, sodass insbesondere die folgenden allgemeinen Vorschriften des Bürgerlichen Gesetzbuches gelten:
- §§ 104–113 BGB (Geschäftsfähigkeit),
- §§ 116–144 BGB (Willenserklärung),
- §§ 145–157 BGB (Vertrag),
- §§ 164–181 BGB (Vertretung und Vollmacht),
- §§ 186–193 BGB (Fristen, Termine),
- §§ 194–213 BGB (Verjährung),
- §§ 241–292 BGB (Verpflichtung zur Leistung),
- §§ 305–310 BGB (Allgemeine Geschäftsbedingungen.

Das Arbeitsverhältnis ist streng vom Beamtenverhältnis als öffentlich-rechtliches Dienst- und Treueverhältnis (Art. 33 Abs. 4 GG) abzugrenzen.[1])

2.1 Rechtsnatur

Der Arbeitsvertrag ist ein **gegenseitiger Vertrag** und als **Dauerschuldverhältnis** ein Unterfall des Dienstvertrages (§ 611 BGB). Die zeitliche Befristung eines Arbeitsvertrages soll daher die Ausnahme sein. Sie ist gesondert im Teilzeit- und Befristungsgesetz (vgl. § 620 Abs. 3 BGB i. V. m. §§ 3 Abs. 1, 14 ff. TzBfG) und in weiteren speziellen gesetzlichen und tariflichen Vorschriften geregelt. Vertragsparteien des Arbeitsverhältnisses sind der Arbeitnehmer und der Arbeitgeber. **Arbeitgeber** ist jeder bzw. jede juristische Person, die zumindest eine Person als Arbeitnehmer beschäftigt.[2])

Gut zu wissen

Der Arbeitsvertrag ist nach § 611 Abs. 1 BGB durch ein **gegenseitiges Austauschverhältnis** geprägt. Der Arbeitnehmer ist zur Leistung der festgelegten Arbeit, der Arbeitgeber zur Gewährung des vereinbarten Entgeltes verpflichtet.[3])

Die Parteien können einen Arbeitsvertrag **formfrei** abschließen. Etwas anderes ergibt sich auch nicht aus § 2 Abs. 1 TVöD/TV-L, da das tarifvertragliche Schriftformerfordernis nach § 2 Abs. 3 Satz 1 TVöD/TV-L lediglich für Nebenabreden zwingend als Wirksamkeitsvoraussetzung vorgesehen ist (Nebenabreden sind nur wirksam, wenn sie schriftlich vereinbart werden). Hätten die Tarifvertragsparteien das Schriftformerfordernis auch für den Arbeitsvertrag gewollt, hätten sie in § 2 Abs. 1 TVöD/TV-L denselben Wortlaut wie in § 2

---
1) Vgl. zur Rechtsnatur des Beamtenverhältnisses Gunkel/Hoffmann S. 58 ff.
2) Müller/Preis Rn. 40.
3) Jünger Rn. 24.

2 Arbeitsvertrag

Abs. 3 TVöD/TV-L verwendet.[1]) Zudem wäre es auch nicht interessengerecht, einem Beschäftigten einen mündlich abgeschlossenen Arbeitsvertrag zu verweigern, wenn er etwa bereits Arbeitsleistungen erbracht hat. Damit hat § 2 Abs. 1 TVöD/TV-L lediglich deklaratorische Wirkung. Letztlich enthält auch § 2 Abs. 1 NachwG kein gesetzliches Schriftformerfordernis. Dort hat der Gesetzgeber vielmehr einen einklagbaren Anspruch des Arbeitnehmers festgeschrieben, der innerhalb eines Monats nach dem vereinbarten Beginn des Arbeitsverhältnisses von seinem Arbeitgeber die schriftliche Darlegung der wesentlichen Vertragsbedingungen verlangen kann.

2.2 Arbeitnehmerbegriff

Arbeitnehmer ist, wer aufgrund eines privatrechtlichen Vertrags im Dienste eines anderen zur Leistung weisungsgebundener, fremdbestimmter Arbeit in **persönlicher Abhängigkeit** verpflichtet ist.[2])

Gut zu wissen

Das Arbeitsverhältnis ist insbesondere vom freien Mitarbeiterverhältnis und der damit verbundenen Selbstständigkeit abzugrenzen.

Nach der in § 84 Abs. 1 Satz 2 HGB enthaltenen **Legaldefinition** ist **selbstständig** und damit freier Mitarbeiter, wer im Wesentlichen frei seine Tätigkeit gestalten und seine Arbeitszeit bestimmen kann. Im Umkehrschluss ist ein Arbeitnehmer demnach derjenige Mitarbeiter, der seine Tätigkeit nicht frei gestalten und seine Arbeitszeit bestimmen kann.

Gut zu wissen

Ob ein Arbeitsvertrag oder ein Honorarvertrag Grundlage der Vertragsbeziehungen ist, ist anhand einer Gesamtwürdigung aller maßgebenden Umstände des Einzelfalls zu ermitteln. Hierbei ist der tatsächliche Wille der Vertragsparteien (Auslegung nach §§ 133, 157 BGB) zu erforschen. Ausschlaggebend ist die Sicht eines objektiven Dritten. Entscheidend ist daher nicht, wie der Vertrag bezeichnet wird (Problem der Scheinselbstständigkeit). Der jeweilige Vertragsinhalt ergibt sich vielmehr aus dem wirklichen Geschäftsinhalt. Dieser ist den ausdrücklich getroffenen Vereinbarungen und der praktischen Durchführung des Vertrages zu entnehmen. Widersprechen sich Vereinbarung und tatsächliche Durchführung, ist Letztere maßgebend.[3])

Für das Vorliegen der **Arbeitnehmereigenschaft** sind damit **drei Kriterien** maßgebend:
1. Privatrechtlicher Vertrag,
2. Leistung von Arbeit,
3. Persönliche Abhängigkeit.

---

1) BAG v. 27.7.2005 – 7 AZR 486/04, NZA 2006, 40; Groeger Teil 3 B Rn. 2; Müller/Preis Rn. 312.
2) Wörlen/Kokemoor Rn. 39.
3) BAG v. 25.9.2013 – 10 AZR 282/12, juris Langtext Rn. 17.

Arbeitsvertrag 2

2.2.1 Privatrechtlicher Vertrag

Dem Arbeitsverhältnis liegt ein **privatrechtlicher Vertrag** zugrunde.[1] Ob dieser wirksam abgeschlossen worden oder fehlerhaft zustande gekommen und daher nichtig ist oder nach Vertragsschluss angefochten wird, ist für die Frage der Rechtsnatur des betroffenen Vertragsverhältnisses nicht entscheidend.

Nicht zu den Arbeitnehmern gehören demnach alle Beschäftigte, deren Rechtsverhältnis als öffentlich-rechtliches Sonderstatusverhältnis (Art. 33 Abs. 4 GG) ausgestaltet ist und durch Ernennung begründet wird.

Beispiel
Beamte, Richter, Soldaten.

2.2.2 Leistung von Arbeit

Der Arbeitnehmer ist zur Leistung von Arbeit verpflichtet. Arbeit ist in wirtschaftlichem Sinne zu verstehen. Es ist jede Betätigung oder jedes Verhalten, das zur Befriedigung eines Bedürfnisses dient und im Wirtschaftsleben als Arbeit qualifiziert wird.

Gut zu wissen

Der Dienst- bzw. Arbeitsvertrag ist vom Werkvertrag abzugrenzen.

Leistung von Arbeit bedeutet, dass nicht die Herbeiführung eines bestimmten Arbeitserfolges (Abgrenzung zum Werkvertrag; § 631 BGB), sondern die Arbeitsleistung als solche mit im Voraus nicht abgegrenzten Einzelleistungen geschuldet wird.

Gut zu wissen

Wesentlich ist, ob eine tätigkeitsbezogene Leistung geschuldet wird, da diese Gegenstand eines (freien) Dienst- bzw. Arbeitsvertrages sein kann.[2]

2.2.3 Persönliche Abhängigkeit

Wichtigstes Indiz für die persönliche Abhängigkeit einer Person ist der Umfang der **Weisungsgebundenheit** im Sinne des § 106 Satz 1 i. V. m. § 6 Abs. 2 GewO.

Gut zu wissen

Kann die inhaltliche Weisungsgebundenheit im Einzelfall festgestellt werden, so kann in der Regel von der Arbeitnehmereigenschaft des Betroffenen ausgegangen werden. Die aus dem Sachverhalt ersichtlichen weiteren Anhaltspunkte sind gleichwohl in die weitere Prüfung einzubeziehen.

---

1) Wörlen/Kokemoor Rn. 40 ff.
2) BAG v. 25.9.2013 – 10 AZR 282/12, juris Langtext Rn. 20.

2 Arbeitsvertrag

Je mehr der Dienstverpflichtete hinsichtlich seiner Arbeitszeit, des Arbeitsortes, der Arbeitserfolge und der Arbeitsausführung den Weisungen des Dienstberechtigten unterliegt, desto mehr spricht für seine Arbeitnehmerstellung.[1])

Gut zu wissen
Arbeitsvertragliche Weisungen sind von den projektbezogenen werkvertraglichen Anweisungen gem. § 645 Abs. 1 BGB zu unterscheiden. Die werkvertragliche Anweisung ist sachbezogen und ergebnisorientiert, das arbeitsvertragliche Direktionsrecht ist demgegenüber personenbezogen, ablauf- und verfahrensorientiert.

Im Einzelnen sprechen **folgende Umstände** für die Arbeitnehmereigenschaft:

- **Inhaltliche Weisungsgebundenheit** (Fremdbestimmung der Arbeit), die zu einer persönlichen Abhängigkeit führt. Sie muss nicht stets im vollen Umfang gegeben sein, sodass auch Führungskräfte oder wissenschaftliche Mitarbeiter mittels eines Arbeitsvertrages beschäftigt werden können.
- **Örtliche Weisungsgebundenheit.**

Beispiel
Der Arbeitsort ist im Arbeitsvertrag vorgegeben.

- **Zeitliche Weisungsgebundenheit.**

Beispiel
Im Arbeitsvertrag sind Beginn und Ende der täglichen und der Umfang der regelmäßigen wöchentlichen Arbeitszeit vorgegeben. Eine gewisse zeitliche Weisungsgebundenheit des Dienstverpflichteten besteht in der Regel auch bei sog. Gleitzeitmodellen.

- **Eingliederung in den Betrieb** durch Teilnahme am Betriebsleben.

Beispiel
Teilnahme an Betriebsfeiern.

- Angewiesen sein auf **fremdbestimmte Organisation**.

Beispiel
- Einbindung in eine fremdbestimmte Arbeitsorganisation durch Benutzung der betrieblichen Einrichtungen und Gerätschaften.
- Unterordnung bzw. Überordnung bezüglich anderer im Dienste des Dienstherrn stehender Personen (Dienstweg).
- Pflicht zur Übernahme von Vertretungen.

- Nutzung **fremder Betriebsmittel**

Beispiel
Arbeitsmittel (PC, Telefon usw.) werden gestellt.

---
1) Wörlen/Kokemoor Rn. 48; Jünger Rn. 47.

- Pflicht zur **persönliche Leistungserbringung** (§ 613 Satz 1 BGB).
- Keine Übernahme des **Unternehmerrisikos**.
- Pflicht zur **Entgeltfortzahlung** bei Krankheit (§ 3 EFZG).
- Anspruch auf Erholungsurlaub und Pflicht zur Zahlung eines **Urlaubsentgelts** (§ 11 BUrlG).
- **Monatliche Vergütung.**
- Der Dienstberechtigte führt **Lohnsteuer und Sozialversicherungsbeiträge** ab.
- Der Dienstberechtigte führt eine **Personalakte**.
- Keine Anmeldung eines Gewerbes

Ob letztendlich ein Arbeitsverhältnis oder ein freies Mitarbeiterverhältnis vorliegt, muss einer **Entscheidung im Einzelfall** überlassen bleiben. Der Gesamtheit der Umstände ist im Rahmen der Auslegung zu entnehmen, ob der Verpflichtete zur Leistung weisungsgebundener, fremdbestimmter Arbeit in persönlicher Abhängigkeit verpflichtet und damit Arbeitnehmer ist. Eine pauschale Betrachtungsweise ist damit untersagt.

Ebenso wie ein Arbeitnehmer mehrere Arbeitsverhältnisse – auch zu ein und demselben Arbeitgeber – eingehen kann, ist es nach der Auffassung des BAG rechtlich nicht von vornherein ausgeschlossen, dass er zur selben Person in einem Arbeitsverhältnis und darüber hinaus in einem Dienstverhältnis steht. Voraussetzung hierfür ist allerdings, dass das dem Arbeitgeber aufgrund des Arbeitsvertrags zustehende Direktionsrecht – wie hier – nicht für die Tätigkeiten gilt, die der Vertragspartner aufgrund des Dienstverhältnisses schuldet.[1]

Gut zu wissen

Personen, die zwar nicht persönlich, gleichwohl aber wirtschaftlich von ihrem Auftraggeber abhängig sind, werden als **arbeitnehmerähnliche Personen** bezeichnet (vgl. die Legaldefinition in § 12a Abs. 1 Nr. 1 TVG). Es kann sich hierbei etwa um die Gruppe der Heimarbeiter handeln. Bestimmte arbeitsrechtliche Regelungen finden auch auf die arbeitnehmerähnlichen Personen Anwendung (z. B. §§ 5 ArbGG, 2 BUrlG, 11 EFZG).

2.2.4 Prüfungsschema – Abgrenzung Arbeitnehmer und Selbstständiger

Arbeitnehmer	Selbstständiger
Starke inhaltliche Weisungsgebundenheit	Lediglich Rahmenweisungen
Häufig starke örtliche Weisungsgebundenheit (fester Arbeitsplatz)	Örtliche Weisungsgebundenheit nicht zwingend. Im Dienstleistungsbereich häufig notwendig
In der Regel zeitliche Weisungsgebundenheit (Ausn. Gleitzeit)	Zeitliche Weisungsgebundenheit in der Regel nicht gegeben

---

[1] BAG v. 27.6.2017 – 9 AZR 851/16, ZTR 2017, 665.

2 Arbeitsvertrag

Arbeitnehmer	Selbstständiger
Eingliederung in den Betrieb	Kein Teil des Betriebs
Einbindung in Arbeitsorganisation	Fixer Ansprechpartner
Nutzung fremder Betriebsmittel	Nutzung eigener Betriebsmittel
Persönliche Leistungserbringung	Beauftragung Dritter möglich
Unternehmensrisiko trägt der Arbeitgeber	Übernahme des Unternehmerrisikos
Entgeltfortzahlung im Krankheitsfall	Eigenversicherung
Anspruch auf Erholungsurlaub	Keine Zahlung eines Urlaubsentgelts
Monatliche Vergütung	Häufig Pauschalvergütung/-preis
Kein Gewerbe	Anmeldung eines Gewerbes
Abführung von Lohnsteuer und Sozialversicherungsbeiträgen	Steuern werden eigenständig abgeführt.

2.2.5 Prüfe dein Wissen

1. Wer sind die Parteien eines Arbeitsvertrages?
2. Wo ist das Arbeitsverhältnis gesetzlich normiert?
3. Was ist unter der persönlichen Abhängigkeit des Arbeitnehmers zu verstehen?
4. Wie ist die persönliche Abhängigkeit zu ermitteln?
5. Welche Indizien sprechen für ein Arbeitsverhältnis?

2.2.6 Fallübungen

Übung 1: Arbeitnehmerbegriff

Die Stadt Rheinfels will, um Kosten zu sparen, für den Servicebereich ihrer Kantinen keine Arbeitnehmer mehr einstellen, sondern Selbstständige mit dem Herstellen und Ausgeben von Mahlzeiten beauftragen. Diese erhalten feste Arbeitszeiten, müssen die Nahrungszutaten selber vorab bei einem von der Stadt Rheinfels vorgegeben Großhändler einkaufen und verkaufen die Bestellung an den Gast zu den Preisen, die von der Stadt Rheinfels vorgegeben sind. Den Differenzbetrag zwischen Einkaufs- und Verkaufspreis sollen die Mitarbeiter behalten dürfen, zusätzlich erhalten sie monatlich einen Sockelbetrag von 1.000,– €. Hierbei ist bereits berücksichtigt, dass die Stadt Rheinfels für die den Mitarbeitern zur Verfügung gestellte Küche von diesen jeweils einen monatlichen Pachtzins in einer Höhe von 50,00 € erhält. Ein Urlaubsentgelt wird gewährt, Entgeltfortzahlung im Krankheitsfall wird nicht geleistet. Den Mitarbeitern wird ein kostenloses Jobticket ausgegeben. Der wöchentliche Menüplan wird von der Stadt Rheinfels detailliert vorgegeben. Abweichungen

Arbeitsvertrag 2

hiervon sind nicht möglich. Ansprechpartner für alle aufkommenden Probleme ist der städtische Mitarbeiter Budde. An den jährlich stattfindenden städtischen Veranstaltungen wie Sommerfeste und Weihnachtsfeiern dürfen auch die Mitarbeiter der Kantinen teilnehmen.

Am 1.1. wird Lahm, ein ausgebildeter Koch, von der Stadt Rheinfels als freier Mitarbeiter eingestellt.

Aufgabe:

Prüfen Sie in einem umfassenden Rechtsgutachten, wie das zwischen Lahm und der Stadt Rheinfels bestehende Vertragsverhältnis rechtlich zu qualifizieren ist.

Lösungshinweise:

Abzugrenzen ist zwischen einem Arbeitsverhältnis in persönlicher Abhängigkeit als Unterfall eines Dienstvertrages und einem freien Mitarbeiterverhältnis.

1. Ein Arbeitsverhältnis zwischen Lahm und der Stadt Rheinfels läge vor, wenn Lahm im Verhältnis zur Stadt Rheinfels Arbeitnehmer ist. Arbeitnehmer ist, wer aufgrund eines privatrechtlichen Vertrages zur Arbeit im Dienste eines anderen verpflichtet ist.

a) Die Arbeitnehmereigenschaft beinhaltet im Wesentlichen drei Tatbestandsmerkmale:

Privatrechtlicher, entgeltlicher Vertrag,

Verpflichtung zur Erbringung der Arbeits-/Dienstleistung und

es muss sich um eine Beschäftigung in abhängiger Tätigkeit handeln (sog. persönliche Abhängigkeit)

Die beiden ersten Tatbestandsmerkmale liegen unproblematisch vor. Fraglich ist allerdings, ob Lahm auch persönlich abhängig oder selbstständig im Sinne des § 84 Abs. 1 Satz 2 HGB ist. Danach ist selbstständig, wer seine Tätigkeit im Wesentlichen frei gestalten und seine Arbeitszeit selbst bestimmen kann.

Unerheblich ist, wie die Vertragsparteien das Rechtsverhältnis bezeichnet haben. Vielmehr ist der tatsächliche Parteiwille zu ermitteln (§§ 133, 157 BGB). Zur Feststellung der persönlichen Abhängigkeit werden in diesem Zusammenhang zahlreiche Einzelmerkmale herangezogen. Hierbei sind alle in Betracht kommenden Merkmale umfassend zu würdigen. Allerdings ist das wichtigste Indiz für die persönliche Abhängigkeit einer Person der Umfang der Weisungsgebundenheit (§§ 6 Abs. 2, 106 Satz 1 GewO). Je mehr der Dienstverpflichtete den Weisungen des Dienstberechtigten unterliegt, desto mehr spricht für seine Arbeitnehmerstellung.

b) Gegen die Arbeitnehmereigenschaft des Lahm spricht hier Folgendes:

Die Lebensmittel und damit ein Teil der Betriebsmittel müssen eigenhändig eingekauft werden. Der Differenzbetrag zwischen Einkaufs- und Verkaufs-

2 Arbeitsvertrag

preis darf von Lahm einbehalten werden. Für den Arbeitsplatz muss ein monatlicher Pachtzins entrichtet werden. Ein Urlaubsentgelt im Sinne des Bundesurlaubsgesetzes wird gewährt.

c) Für die Arbeitnehmereigenschaft des Lahm können folgende Gesichtspunkte herangezogen werden:

Lahm ist zeitlich weisungsgebunden (§§ 6 Abs. 2, 106 Satz 1 GewO), da ihm feste Arbeitszeiten vorgegeben werden. Er ist auch örtlich weisungsgebunden, da er seine überwiegende Arbeitsleitung in der Kantine erbringen muss. Lahm ist darüber hinaus auch größtenteils inhaltlich weisungsgebunden, da der Menüplan von der Stadt Rheinfels vorgegeben wird und dieser nicht abänderbar ist. Lahm erhält einen monatlichen Sockelbetrag in einer Höhe von 2.200,- €. Ihm wird Entgeltfortzahlung im Krankheitsfall nicht gewährt (§ 3 EFZG) und er ist in den Betrieb integriert, da er an den städtischen Veranstaltungen teilnimmt.

2. Insbesondere aufgrund der umfassenden Weisungsgebundenheit des Lahm ist Lahm persönlich abhängig und damit Arbeitnehmer.

Übung 2: Arbeitnehmerbegriff und Rechtsweg

Lahm ist von Beruf Ingenieur. Er schließt mit der Stadt Rheinfels einen als Auftrag bezeichneten Vertrag. Danach bekommt er von der Stadt Rheinfels eine Mietwohnung zur Verfügung gestellt, in der er wohnt und arbeitet und für die er monatlich 400,- € Miete zu zahlen hat. Aufgrund der vertraglichen Vereinbarung ist Lahm verpflichtet, die Verkehrsdichte im Stadtgebiet zu messen. Die Messgeräte und das weitere Equipment ist von Lahm auf eigene Kosten anzuschaffen. Die Ergebnisse der Messung und die auf den Messungen beruhenden Auswertungen muss Lahm der Stadt Rheinfels täglich um 17.00 Uhr telefonisch mitteilen. Als Gegenleistung für seine Tätigkeit erhält Lahm von der Stadt Rheinfels eine monatliche Vergütung von 2.200,- €. Diese Zahlungen erfolgen auch bei Urlaub und Krankheit. Da die Tätigkeit nicht die ganze verfügbare Arbeitszeit des Lahm in Anspruch nimmt, beschäftigt dieser sich nebenher mit wissenschaftlichen Untersuchungen, deren Ergebnisse er allen Interessierten gegen ein angemessenes Entgelt zur Verfügung stellt.

Aus nicht mehr feststellbaren Gründen kündigt die Stadt Rheinfels dem Lahm mit Schreiben vom 16.4. zum 30.4.

Aufgaben:

1. Prüfen Sie in einem umfassenden Rechtsgutachten, ob die erfolgte Kündigung das Vertragsverhältnis zum 30.4. tatsächlich beendet hat.

2. Prüfen Sie welchen Rechtsweg Lahm einschlagen muss, wenn er für den Monat Mai seine Vergütungsansprüche gerichtlich geltend machen will?

Arbeitsvertrag 2

Lösungshinweise:
Aufgabe 1:
1. Die Kündigung könnte allenfalls nach § 621 Nr. 3 BGB das Arbeitsverhältnis zum 30.4. fristgerecht aufgelöst haben, da die Kündigungsfrist des § 622 Abs. 2 Satz 1 Nr. 2 BGB offensichtlich nicht eingehalten wurde. Dies setzt voraus, dass Lahm in einem freien Dienstverhältnis stand, also kein Arbeitnehmer war.

a) Arbeitnehmer ist, wer aufgrund eines privatrechtlichen Vertrages zur Arbeit im Dienste eines anderen verpflichtet ist. Selbstständig ist derjenige, der im Wesentlichen seine Tätigkeit frei gestalten und seine Arbeitszeit bestimmen kann (§ 84 Abs. 1 Satz 2 HGB). Lahm hat sich aufgrund eines privatrechtlichen Vertrages zur Erbringung der genannten Dienstleistung verpflichtet. Problematisch ist, inwieweit diese Tätigkeit in Dienste eines anderen – im Sinne einer „persönlichen Abhängigkeit" – geleistet wird. Entscheidend ist hierbei nicht, wie der Vertrag von den Vertragsparteien bezeichnet worden ist. Vielmehr ist der wirkliche Parteiwille im Rahmen der Auslegung zu ermitteln (§§ 133, 157 BGB). Hierbei ist darauf abzustellen, wie das Vertragsverhältnis tatsächlich gelebt werden soll bzw. wurde. Es ist eine Einzelfallprüfung anhand der vorliegenden Indizien vorzunehmen.

Zu prüfen ist, ob Lahm nach §§ 6 Abs. 2, 106 Satz 1 GewO weisungsgebunden ist.

Eine gewisse örtliche Weisungsgebundenheit besteht, da Lahm einen Teil seiner Arbeitsleistung in einer von der Stadt Rheinfels angemieteten Wohnung erbringt und er sich im Übrigen auf städtischem Gebiet aufhält. Die örtliche Weisungsgebundenheit spricht für ein Arbeitsverhältnis.

Bezüglich seiner Verpflichtung, die Messungen durchzuführen und die entsprechenden Daten auszuwerten, ist Lahm in der Art und Weise der Durchführung seiner Dienste frei und unterliegt insoweit keiner inhaltlichen Weisungsgebundenheit. Die mangelnde inhaltliche Weisungsgebundenheit spricht gegen ein Arbeitsverhältnis.

Lahm muss einmal täglich zu einer festgelegten Zeit fernmündlich bestimmte Daten an die Stadt Rheinfels durchgeben. Von einer persönlichen Abhängigkeit in zeitlicher Hinsicht kann allerdings nur dann gesprochen werden, wenn die Arbeitsleistung selbst, nicht nur der Arbeitserfolg, zu einem bestimmten Zeitpunkt erbracht werden muss. Eine zeitliche Weisungsgebundenheit besteht somit nicht. Auch die mangelnde zeitliche Weisungsgebundenheit spricht gegen ein Arbeitsverhältnis.

Lahm ist nicht in die Betriebsorganisation und den Betriebsablauf der Stadt Rheinfels eingegliedert. Dies spricht gegen ein Arbeitsverhältnis.

Es ist Lahm gestattet, Nebentätigkeiten auszuüben. Er schuldet der Stadt Rheinfels somit nicht seine gesamte Arbeitsleistung. Dies spricht allerdings nicht zwingend für eine Selbstständigkeit, da auch Arbeitnehmer Nebentätigkeiten ausüben dürfen (vgl. § 3 Abs. 3 TVöD/§ 3 Abs. 4 TV-L).

2 Arbeitsvertrag

Gegen ein Arbeitsverhältnis zwischen Lahm und der Stadt Rheinfels spricht auch, dass Lahm für seinen Arbeitsplatz Miete bezahlt und er die benötigten Arbeitsmaterialien auf eigene Kosten selber beschaffen muss.

Auf der anderen Seite ist zu berücksichtigen, dass Lahm eine geregelte monatliche Vergütung erhält, welche auch im Krankheitsfall und im Urlaub weitergezahlt wird.

Wägt man Für und Wider gegeneinander ab, so spricht in erster Linie die mangelnde umfassende Weisungsgebundenheit gegen das Vorliegen eines Arbeitsverhältnisses. Es handelt sich daher bei der Rechtsbeziehung zwischen Lahm und der Stadt Rheinfels um einen schlichten Dienstvertrag.

b) Voraussetzung für die Wirksamkeit der Kündigung ist jedoch nach § 621 Nr. 3 BGB, dass die Kündigung spätestens am 15. eines Monats für den Schluss des Kalendermonats erklärt wird.

Die Stadt Rheinfels erklärte Lahm mit Schreiben vom 16.4. zum 30.4. die Kündigung. Die Kündigung ist eine einseitige empfangsbedürftige Willenserklärung. Sie wird erst wirksam, wenn sie dem Kündigungsgegner zugegangen ist, § 130 Abs. 1 Satz 1 BGB. Der Sachverhalt lässt offen, wann Lahm das Kündigungsschreiben zugegangen ist. Selbst beim Zugang der Kündigungserklärung noch am 16.4 wäre eine Rechtzeitigkeit der Kündigung i. S. d. § 621 Nr. 3 BGB aber schon nicht mehr gegeben.

2. Die Kündigung erfolgte damit nicht fristgerecht. Sie ist jedoch nicht unwirksam. Sie wird vielmehr nach § 140 BGB in eine Kündigung zum 31.5. umgedeutet, da davon auszugehen ist, dass die Stadt Rheinfels die Kündigung zum nächstmöglichen Termin erklären wollte.

Aufgabe 2:

Der Rechtsweg zu den Arbeitsgerichten ist gemäß § 2 Abs. 1 Nr. 3 Buchst. a ArbGG bei Rechtsstreitigkeiten zwischen Arbeitnehmern und Arbeitgebern aus dem Arbeitsverhältnis eröffnet. Der Begriff des Arbeitnehmers ist für den Anwendungsbereich des Arbeitsgerichtsgesetzes in § 5 ArbGG näher definiert. Nach § 5 Abs. 1 Satz 2 ArbGG gelten dabei auch arbeitnehmerähnliche Personen als Arbeitnehmer i. S. d. Gesetzes.

Als arbeitnehmerähnliche Personen werden nach der in § 12a TVG enthaltenen Legaldefinition Personen bezeichnet, die ihre Arbeit im Wesentlichen ohne Hilfskräfte erbringen und hierbei Art und Weise der Arbeit frei bestimmen, dabei aber doch wirtschaftlich abhängig sind und deshalb einem Arbeitnehmer vergleichbar sozial schutzbedürftig sind.

Vorliegend wird Lahm persönlich primär für die Stadt Rheinfels tätig. Dass Lahm von der Tätigkeit für die Stadt Rheinfels wirtschaftlich abhängig ist, belegt nicht nur die Höhe der Vergütung, sondern auch die Weiterzahlung des Entgelts bei Urlaub oder Krankheit. Außer in seiner persönlichen Unabhängigkeit unterscheidet sich Lahm in seiner sozialen Stellung nicht von einem Arbeitnehmer, sodass er als arbeitnehmerähnliche Person i. S. d. §§ 5 Abs. 1 Satz 2 ArbGG, 12 a TVG anzusehen ist.

Der Rechtsweg zu den Arbeitsgerichten ist somit nach § 2 Abs. 1 Nr. 3 Buchst. a ArbGG eröffnet.

2.3 Anbahnung und Begründung des Arbeitsverhältnisses

Bevor ein Arbeitsvertrag abschließend von den Vertragsparteien abgeschlossen wird, werden in der Regel mehrere Phasen der Personalbeschaffung durchlaufen. Dies beginnt bei der – internen oder externen – Ausschreibung der zu besetzenden Stelle. Es folgen Vorstellungsgespräche mit dem oder den Bewerbern. Schließlich kommt es zum Abschluss eines Arbeitsvertrages.

2.3.1 Stellenausschreibung

Vielfach wird im Vorfeld einer Stellenbesetzung eine Stellenanzeige in einer Tageszeitung, im Internet oder in anderen vergleichbaren Medien geschaltet, um aus einer möglichst großen Bewerberzahl im Hinblick auf Art. 33 Abs. 2 GG den jeweils leistungsbesten Bewerber auszuwählen und einzustellen.

Der Arbeitgeber ist grundsätzlich **nicht** verpflichtet, eine Stelle auszuschreiben.[1] Etwas anderes ergibt sich auch nicht aus dem im Rahmen des Stellenbesetzungsverfahrens zu beachtenden Leistungsgrundsatz des Art. 33 Abs. 2 GG; da es dem Arbeitgeber obliegt, zu entscheiden, wie er einen freien Arbeitsplatz unter Beachtung der Bestenauslese besetzen will. Oftmals wird eine Ausschreibungspflicht allerdings betriebsintern zwischen dem Personalrat und dem Arbeitgeber vereinbart.

Darüber hinaus bestimmen häufig die Gleichstellungsgesetze des Bundes (§ 6 Abs. 2 BGleiG) und der Länder (z. B. § 8 Abs. 1 LGG NRW), dass in Bereichen, in denen Frauen unterrepräsentiert sind, die zu besetzenden Stellen zunächst intern in allen Dienststellen des Dienstherrn oder Arbeitgebers, und soweit gleichwohl eine interne Stellenbesetzung scheitert, auch extern auszuschreiben sind.

2.3.2 Schadensersatz und Entschädigung bei Benachteiligung

Das Allgemeine Gleichbehandlungsgesetz untersagt dem Arbeitgeber Benachteiligungen vor (§ 2 Abs. 1 Nr. 1 AGG), während (§ 2 Abs. 1 Nr. 2 AGG) und bei der Beendigung des Arbeitsverhältnisses.

> **Gut zu wissen**
>
> Bei der Prüfung der Wirksamkeit einer Kündigung im Anwendungsbereich des Kündigungsschutzgesetzes sind die Diskriminierungsverbote des Allgemeinen Gleichbehandlungsgesetzes und die darin vorgesehenen Rechtfertigungen für unterschiedliche Behandlungen als Konkretisierungen der Sozialwidrigkeit zu beachten.[2] Ordentliche Kündigungen während der Wartezeit des § 1 Abs. 1 KSchG und in Kleinbetrieben (vgl. § 24 KSchG) sind unmittelbar am Maßstab des

---

1) Groeger Teil 2 Rn. 3.
2) BAG v. 20.6.2013 – 2 AZR 295/12, juris Langtext Rn. 36.

2 Arbeitsvertrag

Allgemeinen Gleichbehandlungsgesetzes zu messen. Das Allgemeine Gleichbehandlungsgesetz regelt allerdings nicht selbst, welche Rechtsfolge eine nach § 2 Abs. 1 Nr. 2 AGG unzulässige Benachteiligung hat. Diese Rechtsfolge ergibt sich erst aus § 134 BGB.[1])

§ 15 Abs. 1 Satz 1 AGG verpflichtet den Arbeitgeber zur **Leistung von Schadensersatz**, wenn dieser gegen das in § 7 AGG statuierte Benachteiligungsverbot verstößt und der Bewerber (vgl. § 6 Abs. 1 Satz 2 AGG) dadurch einen Schaden erleidet. Das Verschulden des Arbeitgebers wird nach § 15 Abs. 1 Satz 2 AGG vermutet. Der Anspruch auf Schadensersatz richtet sich auf Naturalrestitution. Der Schaden selbst ist mittels der **Differenzhypothese** zu ermitteln (§§ 249 ff. BGB). Der Beschäftigte hat jedoch keinen Anspruch auf Abschluss eines Arbeitsvertrages oder eines Ausbildungsverhältnisses (§ 15 Abs. 6 AGG). Selbiges gilt für den beruflichen Aufstieg. Zwar sieht § 15 Abs. 1 Satz 1 AGG keine Höchstgrenze für den Schadensersatzanspruch vor. Zur Begrenzung des Anspruchs eines abgelehnten Bewerbers, der bei benachteiligungsfreier Auswahl eingestellt worden wäre, setzt die h. M. aus Billigkeitsgesichtspunkten bzw. im Hinblick auf den Verhältnismäßigkeitsgrundsatz gleichwohl eine einheitliche Höchstgrenze fest, in dem auf den frühestmöglichen Kündigungszeitpunkt abgestellt wird.[2])

> **Beispiel**
> Die Stadt Rheinfels stellt Lahm, obwohl dieser der Leistungsstärkste ist, unter Hinweis auf seine Schwerbehinderteneigenschaft nicht ein.
> Da Lahm bei benachteiligungsfreier Auswahl unter Berücksichtigung des Leistungsgrundsatzes (Art. 33 Abs. 2 GG) eingestellt hätte werden müssen, kann er unter Berücksichtigung der Differenzhypothese vor allem seinen Verdienstausfall als Schadensersatz geltend machen. Da die Stadt Rheinfels das Arbeitsverhältnis jedoch nach einer potenziellen Einstellung des Lahm unter Beachtung einer Kündigungsfrist von zwei Wochen zum Monatsschluss hätte kündigen können (§ 34 Abs. 1 Satz 1 TVöD/TV-L), ist Lahms Schadensersatzanspruch wegen Verdienstausfall entsprechend auf diesen Zeitraum beschränkt. Neben einem Verdienstausfall kann der unterlegende Bewerber aufgewendete Vorstellungskosten und Kosten der Rechtsverfolgung geltend machen.

Bewerbungskosten sind nicht erstattungspflichtig, da diese bei allen Bewerbern in gleichem Umfang angefallen sind.

Handelt es sich um einen Schaden **nichtvermögensrechtlicher Art** (dieser wird vermutet), kann der benachteiligte Bewerber (zusätzlich) eine angemessene **Entschädigung** in Geld vom Arbeitgeber nach § 15 Abs. 2 Satz 1 AGG verlangen. Beide Anspruchsgrundlagen – § 15 Abs. 1 AGG und § 15 Abs. 2 AGG – stehen damit selbstständig nebeneinander.

---

1) BAG v. 19.12.2013 – 6 AZR 190/12, juris Langtext Rn. 22.
2) Vgl. Schaub/Linck § 36 Rn. 80.

Arbeitsvertrag 2

Gut zu wissen

Nach § 15 Abs. 2 Satz 2 AGG darf die Entschädigung bei Nichteinstellung **drei Monatsgehälter** nicht übersteigen, wenn der oder die Beschäftigte auch bei benachteiligungsfreier Auswahl nicht eingestellt worden wäre. Eine Beschränkung des Entschädigungsanspruchs auf maximal drei Monatsgehälter kommt damit nicht in Betracht, wenn der Anspruchssteller als Leistungsbester des Auswahlverfahrens hätte eingestellt werden müssen.

Die Haftung des § 15 Abs. 2 AGG ist nach dem Willen des Gesetzgebers **verschuldensunabhängig** ausgestaltet. Im Übrigen müssen die Voraussetzungen des § 15 Abs. 1 Satz 1 AGG jedoch vorliegen. Die genaue Bemessung der Entschädigung obliegt den Arbeitsgerichten (§ 315 Abs. 3 BGB). Hierbei haben die Gerichte insbesondere die Höhe der entgangenen Vergütung und die Schwere der Rechtsverletzung zu berücksichtigen. Die Höhe der Entschädigung muss geeignet sein, den Arbeitgeber zukünftig zur ordnungsgemäßen Erfüllung seiner Pflichten nach dem AGG anzuhalten (spezialpräventive Funktion) und Dritte von ähnlichen Verstößen abzuhalten (generalpräventive Funktion).[1]

Gut zu wissen

Die Entschädigungs- bzw. Schadensersatzpflicht des Arbeitgebers ist nicht auf Benachteiligungen im Zusammenhang mit einem Einstellungsverfahren beschränkt. Vielmehr haftet der Arbeitgeber bei jedem Verstoß gegen das Benachteiligungsverbot.

2.3.2.1 Einwand des Rechtsmissbrauchs

Dem Entschädigungsanspruch kann nach § 242 BGB der **Einwand des Rechtsmissbrauchs** entgegenstehen. Davon ist nach der Rechtsprechung der Arbeitsgerichte auszugehen, wenn der Bewerber das Arbeitsverhältnis tatsächlich nicht begründen wollte, der Bewerbung also **kein ernsthafter Bewerberwille** zugrunde lag (Mangel der ernsthaften Bewerbung), dem Bewerber es damit nur darum gegangen ist, den formalen Status als Bewerber zu erlangen, um damit eine Entschädigung geltend zu machen.[2] Den Nachweis des Rechtsmissbrauchs muss der Arbeitgeber führen, er trägt damit die prozessuale Beweislast. Allerdings ist es aus Sicht des Arbeitgebers zunächst ausreichend, wenn er Indizien vorträgt, die den mangelnden Willen einer ernsthaften Bewerbung nahelegen.[3]

Beispiel

Lahm bewirbt sich gleichzeitig oder regelmäßig ausschließlich auf Positionen, die nicht benachteiligungsfrei i. S. d. § 11 AGG ausgeschrieben worden sind.
Lahm ist offensichtlich für die fragliche Position mangels ausreichender Qualifikationen nicht geeignet, sodass er das Anforderungsprofil der ausgeschriebenen Stelle nicht erfüllt.

---

1) BAG v. 21.6.2012 – 8 AZR 364/11, juris Langtext Rn. 57.
2) BAG v. 11.8.2016 – 8 AZR 4/15, NZA 2017, 310.
3) ErfK/Schlachter § 15 AGG Rn. 12.

2 Arbeitsvertrag

> Lahm bewirbt sich auf eine Pförtnerstelle bei der Stadt Rheinfels, obwohl er bereits in einem ungekündigten Arbeitsverhältnis zur Stadt Düssel mit deutlich höherer Vergütung steht.

2.3.2.2 Voraussetzungen des Anspruchs

Nach § 11 AGG darf ein Arbeitsplatz nicht unter Verstoß gegen das in § 7 Abs. 1 AGG statuierte **Benachteiligungsverbot** ausgeschrieben werden. Demnach dürfen Beschäftigte nicht wegen eines in § 1 AGG genannten Grundes benachteiligt werden. Als Beschäftigter im Sinne des AGG gelten nach § 6 Abs. 1 Satz 2 AGG auch die Bewerberinnen und Bewerber für ein Beschäftigungsverhältnis.

Benachteiligung

Nach § 3 AGG ist sowohl die unmittelbare (§ 3 Abs. 1 AGG) als auch die mittelbare (§ 3 Abs. 2 AGG) **Benachteiligung** untersagt.

In § 3 Abs. 1 Satz 1 AGG wird die Feststellung einer **unmittelbaren Benachteiligung** durch Vergleich mit einer anderen Person vorgeschrieben, die eine günstigere Behandlung entweder derzeit erfährt, erfahren hat oder (hypothetisch) erfahren würde. Dementsprechend ist eine Differenzierung nach einem der Gründe des § 1 AGG eine unmittelbare Benachteiligung, wenn sie sich auf die betroffenen Personen ungünstiger auswirkt als auf andere Personen in vergleichbarer Lage.[1] Die nachteilige Maßnahme muss dabei unmittelbar an das verbotene Merkmal anknüpfen bzw. mit diesem begründet werden.[2]

> **Gut zu wissen**
>
> Ein Nachteil im Rahmen einer Auswahlentscheidung, insbesondere bei einer Einstellung oder Beförderung, liegt bereits dann vor, wenn der Bewerber nicht in die Auswahl einbezogen, sondern vorab aus dem Bewerbungsverfahren ausgeschieden wird. Hier liegt die Benachteiligung in der Versagung einer Chance.[3]

Eine unmittelbare Benachteiligung liegt nur dann vor, wenn die Betroffenen sich „**in einer vergleichbaren Situation**" befinden (vgl. § 3 Abs. 1 Satz 1 AGG).[4]

> **Gut zu wissen**
>
> Das Vorliegen einer vergleichbaren Situation setzt in einem Stellenbesetzungsverfahren nicht voraus, dass der abgelehnte Bewerber objektiv für die ausgeschriebene Stelle geeignet war, da anderenfalls die Geltendmachung eines Anspruches übermäßigt erschwert würde.[5]

---

1) Schaub/Linck § 36 Rn. 30 ff.
2) BAG v. 22.6.2011 – 8 AZR 48/10, juris Langtext Rn. 33, BAGE 138, 166.
3) BAG v. 23.8.2012 – 8 AZR 285/11, juris Langtext Rn. 22.
4) BAG v. 14.11.2013 – 8 AZR 997/12, juris Langtext Rn. 28.
5) BAG v. 10.1.2016 – 8 AZR 194/14, ZTR 2016, 403.

Arbeitsvertrag 2

Eine **Benachteiligung** ist nach § 3 Abs. 2 AGG **mittelbar** merkmalsbedingt, wenn als Differenzierungskriterium, welches die nachteiligen Folgen herbeiführt, zwar nicht unmittelbar die Zugehörigkeit zur geschützten Gruppe dient, wohl aber solche Merkmale, die von Gruppenmitgliedern erheblich häufiger als von anderen Personen erfüllt werden (sog. mittelbare Benachteiligung).[1]

> **Beispiel**
> Im Einstellungsverfahren wird allen Bewerbern, die einen Wunsch auf Teilzeitbeschäftigung geltend machen, ein prozentual unterdurchschnittliches Gehaltsangebot unterbreitet. In diesem Fall werden die „Teilzeitbeschäftigten" unmittelbar benachteiligt und somit eine Personengruppe, die vom Ziel des AGG nicht umfasst ist. Allerdings wäre das Vorgehen des Arbeitgebers gleichwohl mit dem AGG nicht vereinbar, da er damit Frauen, die in unserer Gesellschaft einen Großteil der Teilzeitstellen besetzen, mittelbar benachteiligen würde.

Zu beachten ist, dass der Bewerber nach § 22 AGG zunächst lediglich **Indizien** vortragen muss, die eine Benachteiligung **wegen** eines in § 1 AGG genannten Grundes vermuten lassen. Dem Arbeitgeber obliegt es dann, darzulegen und zu beweisen, dass ein entsprechender Verstoß tatsächlich nicht vorliegt.[2]

Die **Beweiserleichterung** betrifft nicht das Vorliegen einer Benachteiligung. Vielmehr setzt diese erst ein, um den **Kausalzusammenhang** zwischen der Zugehörigkeit zu der geschützten Gruppe und dem Betroffensein von dem Nachteil zu erleichtern.[3]

> **Beispiel**
> Budde ist als schwerbehinderter Mensch im Sinne des SGB IX anerkannt. Dies hat sie der Stadt Rheinfels in ihrer Bewerbung auch mitgeteilt. Trotz dieser Kenntnis wird Budde nicht zu einem Vorstellungsgespräch eingeladen, obwohl sie alle Anforderungen des Stellenprofils erfüllt.
> Ein ausreichendes Indiz im Sinne des § 22 AGG für eine Benachteiligung wegen einer Behinderung liegt nach der Rechtsprechung vor, wenn der schwerbehinderte Mensch entgegen § 82 Satz 2 SGB IX nicht zu einem Vorstellungsgespräch eingeladen wird, obwohl diesem die fachliche Eignung nicht offensichtlich fehlt (§ 82 Satz 3 SGB IX).[4] Selbiges gilt, wenn es der Arbeitgeber entgegen § 81 Abs. 1 Satz 4 SGB IX unterlässt, der Schwerbehindertenvertretung die Bewerbungsunterlagen schwerbehinderter Bewerber zuzuleiten[5], er gegen die aus § 81 Abs. 1 Satz 9 SGB IX abzuleitenden Pflicht verstößt, die getroffene Besetzungsentscheidung unverzüglich mit allen Beteiligten zu erörtern[6] oder er die in § 81 Abs. 1 Satz 1 und 2 SGB IX normierte Förderpflicht verletzt.[7] Denn die entsprechenden Vorschriften sollen gerade den betroffenen Personenkreis, hier die schwerbehinderten Menschen, schützen.

---
1) Schaub/Linck § 36 Rn. 32 ff.
2) ErfK/Schlachter § 22 Rn. 1.
3) BAG v. 24.1.2013 – 8 AZR 188/12, juris Langtext Rn. 36 ff.
4) BAG v. 24.1.2013 – 8 AZR 188/12, juris Langtext Rn. 39.
5) VGH BW v. 10.9.2013 – 4 S 547/12, juris Langtext Rn. 26, 30.
6) BAG v. 21.2.2013 – 8 AZR 180/12, juris Langtext Rn. 37.
7) BAG v. 13.10.2011 – 8 AZR 608/10 – EzA § 15 AGG Nr. 16; 17.

2 Arbeitsvertrag

Merkmale des § 1 AGG

Gemäß § 1 AGG ist eine Benachteiligung aus Gründen der Rasse oder wegen der ethnischen Herkunft, des Geschlechts, der Religion oder Weltanschauung, einer Behinderung, des Alters oder der sexuellen Identität untersagt.

> **Gut zu wissen**
> Die in § 1 AGG vorgenommene Aufzählung der Benachteiligungsgründe ist **abschließend**.

Benachteiligung aus Gründen der Rasse oder wegen der ethnischen Herkunft

Die Begriffe **Rasse** und **ethnische Herkunft** werden vom Gesetzgeber nebeneinander verwendet, um einen möglichst umfassenden Anwendungsbereich sicherzustellen, der alle Benachteiligungen erfasst, die durch die Zugehörigkeit zu einer ethnischen Gruppierung beeinflusst werden können. Eine Benachteiligung ist daher im Hinblick auf die Hautfarbe, die Abstammung und den ethnischen Ursprung unzulässig. Eine ethnische Gruppierung ist ein Bevölkerungsteil, der durch gemeinsame Herkunft, Geschichte, Kultur oder Zusammengehörigkeitsgefühl verbunden ist. Auf andere Merkmale wie Staats- oder Religionszugehörigkeit kommt es nicht an.[1]

> **Beispiel**
> Im Rahmen einer Stellenausschreibung werden alle Roma und Sinti vom weiteren Bewerbungsverfahren ausgeschlossen.

Eine Benachteiligung erfolgt aus Gründen der Rasse, wenn das Handeln des Benachteiligenden rassistisch motiviert ist.

> **Beispiel**
> Die Bezeichnung als „Neger", „Gelber" oder „Rothaut" ist rassistisch motiviert, weil sie die Zuordbarkeit von Menschen nach bestimmten Rassen vorsieht.

Benachteiligung wegen des Geschlechts

Der Begriff des **Geschlechts** umfasst die biologische Zuordnung des Einzelnen zu einer Geschlechtsgruppe (männlich, weiblich, zwischengeschlechtlich) und nicht seine sexuelle Ausrichtung. Diese wird vielmehr durch das Merkmal der sexuellen Identität selbstständig geschützt.[2]

> **Beispiel**
> Für die Besetzung einer Stelle als Vorzimmerkraft bei der Stadt Rheinfels werden ausschließlich weibliche Bewerber gesucht.

---

1) ErfK/Schlachter § 1 AGG Rn. 4.
2) Schaub/Linck § 36 Rn. 9.

Benachteiligung wegen der Religion oder der Weltanschauung

Sowohl der Begriff der **Religion** als auch der Begriff der **Weltanschauung** ist einer rechtssicheren Definition nur schwer zugänglich. Zur Umschreibung herangezogen wird eine mit der Person des Menschen verbundene Gewissheit über bestimmte Aussagen zum Weltganzen sowie zur Herkunft und zum Ziel des menschlichen Lebens.[1])

Das Merkmal **Religion** zielt auf die Zugehörigkeit zu einer religiösen Gemeinschaft ab.

> **Beispiel**
> Christentum, Islam, Hinduismus.

Geschützt wird das Recht, seine Überzeugungen den Anforderungen der Religion entsprechend zu praktizieren, etwa durch Beteiligung an Gottesdiensten und religiösen Unterweisungen, und das Recht, religiös geprägte Regeln und Gepflogenheiten zu beachten und zu befolgen.

> **Gut zu wissen**
> Das Verbot der Benachteiligung wegen der Religion kann keine Ansprüche des Arbeitnehmers gegenüber dem Arbeitgeber begründen. Arbeitnehmer haben damit weder einen Anspruch auf Bereitstellung eines Gebetsraumes oder auf Bereitstellung bestimmter Speisen in der Betriebskantine.

Der Begriff der **Weltanschauung** ist durch eine nichtreligiöse Sinndeutung der Welt im Ganzen geprägt. Sie muss für das Selbstverständnis allerdings von einem vergleichbar umfassenden Geltungsanspruch getragen sein wie die Religion. Lebensregeln für Teilfragen genügen daher nicht.[2])

> **Beispiel**
> Die Menschenwürde ist bei allen Menschen unantastbar.

Vom Allgemeinen Gleichbehandlungsgesetz geschützt sind nur Weltanschauungen, die der freiheitlich-demokratischen Grundordnung nicht widersprechen.[3])

Benachteiligung wegen einer Behinderung

Der Begriff der **Behinderung** entspricht der gesetzlichen Definition des § 2 Abs. 1 Satz 1 SGB IX.[4]) Menschen sind demnach behindert, „wenn ihre körperliche Funktion, geistige Fähigkeit oder seelische Gesundheit mit hoher Wahrscheinlichkeit länger als sechs Monate von dem für das Lebensalter typischen Zustand abweichen und daher ihre Teilhabe am Leben in der Gesellschaft beeinträchtigt ist."

---

1) Schaub/Linck § 36 Rn. 10.
2) Schleuser/Suckow/Voigt § 1 Rn. 49.
3) Schaub/Linck, a. a. O.
4) BAG v. 16.2.2012 – 8 AZR 697/10, juris Langtext Rn. 32.

2 Arbeitsvertrag

Benachteiligung wegen des Alters
Der Begriff des Alters meint **jedes Lebensalter**, d. h. weder ein nur besonders hohes bzw. niedriges noch ausschließlich ein Alter nach Überschreitung einer bestimmten Schwelle.[1])

> **Beispiel**
> Unzulässig sind tarifliche Bestimmungen, die ein höheres Entgelt bei einem höheren Lebensalter vorsehen (sog. Lebensaltersstufen)[2]) ebenso wie eine tarifliche altersabhängige Staffelung der Urlaubsdauer[3]).

Benachteiligung wegen der sexuellen Identität
Der Begriff der **sexuellen Identität** umfasst diejenige sexuelle Ausrichtung, die als identitätsprägend wahrgenommen wird. Mithin ist das Merkmal nicht auf die tatsächlich überwiegend betroffene Gruppe der homosexuellen Männer und Frauen begrenzt, sondern bezieht eine heterosexuelle oder bisexuelle Ausrichtung mit ein.[4]) Ebenfalls einbezogen ist die Gruppe der Transsexuellen.[5])

> **Beispiel**
> Die Stadt Rheinfels teilt Lahm mit, dass er aufgrund seiner Homosexualität nicht eingestellt werden könne.

Rechtfertigung einer Ungleichbehandlung
Eine **mittelbare Benachteiligung** liegt nach § 3 Abs. 2 AGG bereits tatbestandlich nicht vor, wenn die Ungleichbehandlung durch ein rechtmäßiges Ziel sachlich gerechtfertigt und die Mittel zur Erreichung dieses Ziels angemessen und erforderlich sind.[6])

> **Beispiele**
> Betriebliche Notwendigkeiten, persönliche Fähigkeiten des Arbeitnehmers.

Liegt eine **unmittelbare Benachteiligung** im Sinne des AGG vor, ist zu prüfen, ob diese nach §§ 8–11 AGG zulässig und damit im Einzelfall gerechtfertigt ist. Die nachfolgenden Ausführungen beziehen sich nicht nur auf Benachteiligungen im Rahmen des Einstellungsverfahrens, sondern auch solche im bestehenden Arbeitsverhältnis.

---

1) BAG v. 19.8.2010 – 8 AZR 530/09, juris Langtext Rn. 58 f.
2) BAG v. 10.11.2011 – 6 AZR 148/09, juris Langtext Rn. 13.
3) BAG v. 20.3.2012 – 9 AZR 529/10, juris Langtext Rn. 11 ff.
4) Schleuser/Suckow/Voigt § 1 Rn. 73.
5) Schaub/Linck § 36 Rn. 14.
6) BAG v. 18.8.2009 – 1 ABR 47/08, juris Langtext Rn. 30.

Arbeitsvertrag 2

Gut zu wissen

Im Falle einer sog. **Mehrfachbenachteiligung** muss nach § 4 AGG jede einzelne Benachteiligung zulässig sein.[1])

Zulässige unterschiedliche Behandlung wegen beruflicher Anforderungen

Gemäß § 8 Abs. 1 AGG ist eine unterschiedliche Behandlung wegen eines in § 1 AGG genannten Grundes zulässig, wenn dieser Grund wegen der Art der auszuübenden Tätigkeit oder der Bedingungen ihrer Ausübung eine wesentliche und entscheidende berufliche Anforderung darstellt, sofern der Zweck rechtmäßig und die Anforderung angemessenen ist.

Berufliche Anforderungen sind gerechtfertigt, sobald sie objektiv für die Ausübung der übertragenen Arbeiten notwendig, also tatsächlich oder rechtlich Voraussetzung dieser Tätigkeit sind. Eine berufliche Anforderung ist **entscheidend**, wenn sie für die vertragsgemäße Erfüllung der Arbeitsleistung erforderlich ist; **wesentlich** ist sie, wenn ein hinreichend großer Teil der Gesamtanforderungen des Arbeitsplatzes betroffen ist.[2])

Beispiel

Zur Präsentation weiblicher Abendgarderobe wird in einer Stellenanzeige ein weibliches Model gesucht.

Zulässige unterschiedliche Behandlung wegen der Religion oder Weltanschauung

§ 9 Abs. 1 AGG schafft eine **bereichsspezifische Ausnahme** zum Verbot der unterschiedlichen Behandlung wegen der Religion oder Weltanschauung. Die begünstigten Einrichtungen dürfen Beschäftigte aufgrund ihrer Religion oder Weltanschauung unterschiedlich behandeln, wenn die Zugehörigkeit zu ihr für die handelnde Einrichtung entweder im Hinblick auf ihr Selbstbestimmungsrecht oder nach Art der ausgeübten Tätigkeit eine gerechtfertigte berufliche Anforderung darstellt.[3])

Beispiel

Soll ein Lehrstuhl für katholische Theologie an einer katholischen Hochschule besetzt werden, darf vom Bewerber erwartet werden, dass er der römisch-katholischen Kirche angehört.

Zulässige unterschiedliche Behandlung wegen des Alters

Gemäß § 10 AGG ist eine unterschiedliche Behandlung wegen des Alters zulässig, wenn sie **objektiv** und **angemessen** und durch ein **legitimiertes Ziel** gerechtfertigt ist. Die Mittel zur Erreichung dieses Ziels müssen angemessen und erforderlich sein. § 10 Satz 3 AGG konkretisiert im Rahmen von

---

1) Schleuser/Suckow/Voigt § 4 Rn. 5.
2) Vgl. hierzu ausführlich Schaub/Linck § 36 Rn. 45 ff.
3) ErfK/Schlachter § 9 Rn. 1.

2 Arbeitsvertrag

(nicht abschließenden) Fallgruppen die nach Satz 1 erforderlichen legitimen Ziele.

§ 10 Satz 3 Nr. 1 AGG fördert die berufliche Eingliederung solcher Personen, die gegenwärtig als Problemgruppen des Arbeitsmarktes bezeichnet werden.

Beispiel
Jugendliche und ältere Beschäftigte sowie Personen mit Fürsorgepflichten.

§ 10 Satz 3 Nr. 2 AGG gestattet eine Differenzierung entweder unmittelbar nach dem Alter oder mittelbar nach Berufserfahrung oder Dienstalter für den Zugang zur Beschäftigung oder für bestimmte Vorteile im Arbeitsverhältnis.[1])

Beispiel
Mindestalter für die Zulassung zu bestimmten Berufsausbildungsgängen.
Bestimmte geldwerte Gratifikationen (Weihnachtsgeld, 13. Monatsgehalt) werden vom Arbeitgeber erst nach einer gewissen Betriebszugehörigkeitsdauer gewährt.

In **§ 10 Satz 3 Nr. 3 AGG** wird ein legitimes Ziel definiert, das durch Höchstaltersgrenzen bei der Einstellung verfolgt werden kann. Dafür werden spezifische Ausbildungsanforderungen eines Arbeitsplatzes oder die Notwendigkeit einer angemessenen Beschäftigungsdauer vor Eintritt in den Ruhestand genannt.

Beispiel
Höchstaltersgrenze für die Zulassung zu bestimmten Ausbildungsberufen.

§ 10 Satz 3 Nr. 4 AGG schafft Sonderbestimmungen zur betrieblichen Altersversorgung. Damit einhergehend gestattet **§ 10 Satz 3 Nr. 5 AGG** Pensionsgrenzen, die an die Rentenberechtigung der Beschäftigten anknüpfen. Letztlich nimmt **§ 10 Satz 3 Nr. 6 AGG** nach Alter oder Betriebszugehörigkeit gestaffelte Leistungen in Sozialplänen vom Benachteiligungsverbot aus.

Verfall- und Klagefristen

Nach § 15 Abs. 4 Satz 1 AGG muss der Betroffene einen Entschädigungsanspruch nach Absatz 1 oder 2 innerhalb einer Frist von **zwei Monaten schriftlich** (§ 126 Abs. 1 BGB) **geltend machen**. Die Frist beginnt im Falle einer Bewerbung oder eines beruflichen Aufstiegs mit dem Zugang der Ablehnung und in den sonstigen Fällen einer Benachteiligung zu dem Zeitpunkt, in dem der oder die Beschäftigte von der Benachteiligung Kenntnis erlangt.

Darüber hinaus muss nach § 61b Abs. 1 ArbGG eine **Klage** auf Entschädigung nach § 15 AGG innerhalb von **drei Monaten**, nachdem der Anspruch schriftlich geltend gemacht worden ist, erhoben werden.

Gut zu wissen
In beiden Fällen erfolgt die Fristberechnung nach §§ 187 Abs. 1, 188 Abs. 2 Alt. 1 BGB.

---
1) Vgl. hierzu ausführlich BAG v. 20.3.2012 – 9 AZR 529/10, juris Langtext Rn. 21 ff.

2.3.3 Prüfungsschema – Schadensersatz und Entschädigung bei Benachteiligung

I Anwendungsbereich eröffnet (§ 2 Abs. 1 Nr. 1 AGG)
II Anspruchsgrundlage (§ 15 Abs. 1 und Abs. 2 AGG)
III Anspruchsvoraussetzungen
1. Verstoß gegen das Benachteiligungsverbot (§ 7 Abs. 1 AGG)
   a) Beschäftigter (§ 6 Abs. 1 Satz 2 AGG)
   b) Benachteiligung (§ 3 Abs. 1 und 2 AGG)
   c) Benachteiligungsgrund (§ 1 AGG)
2. Zulässige Benachteiligung (§§ 4, 8–10 AGG)
3. Beweiserleichterung (§ 22 AGG)
4. Verschulden (§ 15 Abs. 1 Satz 2 AGG)
5. Kausaler Schaden (§§ 249 ff. BGB, 15 Abs. 1 AGG)
6. Angemessene Entschädigung (§§ 253 BGB, 15 Abs. 2 AGG)
7. Fristgerechte schriftliche Geltendmachung (§ 15 Abs. 4 AGG)
8. Fristgerechte Klageerhebung (§ 61b Abs. 1 ArbGG)

2.3.4 Prüfe Dein Wissen

1. Besteht eine generelle Ausschreibungspflicht?
2. Wie unterscheiden sich die Ansprüche des § 15 Abs. 1 AGG und des § 15 Abs. 2 AGG?
3. Was ist unter einer Benachteiligung zu verstehen?
4. Ist die in § 1 AGG normierte Aufzählung abschließend?
5. Kann eine Benachteiligung zulässig sein?
6. Wie ist der Regelungsgehalt des § 22 AGG?
7. Ist der Entschädigungsanspruch grds. auf drei Monatsgehälter begrenzt?
8. Bedarf es eines Bewerberwillens?
9. Unterliegen die Ansprüche des § 15 Abs. 1 und 2 AGG einer Verfallfrist?

2.3.5 Ersatz der Vorstellungs- und Umzugskosten

Fordert der Arbeitgeber den Bewerber auf, sich persönlich bei ihm vorzustellen, ist er dem Bewerber gemäß §§ 662, 670 BGB zum Ersatz der **Vorstellungskosten** verpflichtet.[1] Der Anspruch entsteht bereits, wenn der Arbeitgeber dem Bewerber eine persönliche Vorstellung anheim- oder freistellt. Der Ersatzanspruch setzt nicht das spätere Zustandekommen eines Arbeitsvertrages voraus.

---
1) Wörlen/Kokemoor Rn. 65.

2 Arbeitsvertrag

Dem Bewerber sind alle Kosten zu ersetzen, die er den Umständen nach für **erforderlich** halten durfte.[1] Zu den ersatzfähigen Ausgaben des Bewerbers gehören demnach Fahrt-, Übernachtungs- und Verpflegungskosten, nicht aber die Abgeltung für einen vom Bewerber genommenen Urlaubstag oder des Verdienstausfalls. Durfte der Bewerber davon ausgehen, dass der Arbeitgeber nicht nur die Kosten öffentlicher Verkehrsmittel, sondern auch die Kraftfahrzeugkosten ersetzt, sind ihm auch diese Kosten zu ersetzen. Die Berechnung der Kosten erfolgt nach den steuerrechtlichen Vorschriften über die Abgeltung der Benutzung eines Dienstfahrzeuges. Übernachtungskosten sind zu erstatten, wenn dem Bewerber die Hin- und Rückfahrt am selben Tage nicht zugemutet werden kann.

Die Erforderlichkeit von Vorstellungskosten ist einzelfallabhängig. Grundsätzlich gilt, je höher die angestrebte Position dotiert ist, desto eher wird der Bewerber höhere Kosten für erstattungsfähig halten dürfen.

Beispiel

Wird die Stelle eines Vorstandsmitgliedes eines renommierten DAX-Unternehmens neu besetzt, so dürfte auch ein Flug in der Ersten Klasse oder eine Übernachtung in einem Hotel der Spitzenklasse angemessen und damit erstattungsfähig sein.

Allerdings können die Vertragsparteien einvernehmlich die Erstattung der Vorstellungskosten **ausschließen**.

Gut zu wissen

Weist der Arbeitgeber bei der Aufforderung zur Vorstellung ausdrücklich darauf hin, dass er Vorstellungskosten nicht ersetzen werde und nimmt der Bewerber daraufhin das Vorstellungsgespräch wahr, so hat dieser konkludent zu erkennen gegeben, dass er von der Geltendmachung eines Erstattungsanspruches absieht.[2]

2.3.6 Informationsanspruch und Fragerecht des Arbeitgebers

Um sich vor einer Einstellung Kenntnis über die persönlichen Verhältnisse des Bewerbers zu verschaffen, kann der Arbeitgeber ihn im Rahmen des Einstellungsgespräches mündlich befragen. Häufig muss der Bewerber auch bereits zur Vorbereitung eines Einstellungsgesprächs einen **Personalfragebogen** des Arbeitgebers ausfüllen. Der Personalfragebogen ist die formularmäßige Zusammenfassung von Fragen, die Aufschluss über die persönlichen Verhältnisse, Kenntnisse und Fähigkeiten einer Person ergeben sollen.

Die wahrheitswidrige Beantwortung einer Frage des Arbeitgebers im Vorstellungsgespräch bzw. eine unwahre Angabe des Bewerbers im Personalfragebogen kann zur **Anfechtung** des abgeschlossenen Arbeitsvertrages führen. Gleichzeitig kann der Arbeitgeber berechtigt sein, das Arbeitsverhältnis außerordentlich gemäß § 626 BGB zu kündigen. Beide Rechte stehen selbstständig nebeneinander und haben ihre eigenen Voraussetzungen und Rechtsfolgen.

---

1) Schaub/Linck § 26 Rn. 27 f.
2) Schaub/Linck § 25 Rn. 26.

Arbeitsvertrag 2

Gut zu wissen

Sowohl der allgemeine Kündigungsschutz des Kündigungsschutzgesetzes (vgl. § 1 Abs. 2 Satz 1 KSchG) als auch der besondere Kündigungsschutz für bestimmte Personengruppen (z. B. § 9 Abs. 1 MuSchG) muss bei der Anfechtung des Arbeitsvertrages nicht beachtet werden. Darüber hinaus gilt auch die dreiwöchige Klagefrist des § 4 KSchG.

2.3.6.1 Anfechtung wegen arglistiger Täuschung

Wer zur Abgabe einer Willenserklärung durch arglistige Täuschung bestimmt worden ist, kann die Erklärung nach § 123 Abs. 1 BGB anfechten.

Täuschung

Der Arbeitnehmer muss den Arbeitgeber durch eine Falschangabe bzw. durch eine Falschbeantwortung einer entsprechenden Frage getäuscht haben.

Gut zu wissen

Unter einer Täuschung wird jedes Verhalten verstanden, das bei dem Vertragspartner (hier der Arbeitgeber) einen Irrtum (unbewusstes Abweichen des Vorstellungsbildes von der Realität) erregt.[1])

Das **Verschweigen** nicht nachgefragter Tatsachen stellt nur dann eine Täuschung dar, wenn hinsichtlich dieser Tatsachen eine Offenbarungspflicht besteht.[2]) Eine solche Pflicht ist an die Voraussetzung gebunden, dass die betreffenden Umstände entweder dem Bewerber die Erfüllung seiner vorgesehenen arbeitsvertraglichen Leistungspflicht von vornherein unmöglich machen oder doch für die Eignung für den in Betracht kommenden Arbeitsplatz von ausschlaggebender Bedeutung sind.[3])

Kausalität

Die Täuschung des Bewerbers muss kausal geworden sein für den Abschluss des Arbeitsvertrages. Hierbei genügt es, wenn die Täuschung für die Abgabe der Willenserklärung des Arbeitgebers mitursächlich gewesen ist.[4])

Arglist

Arglistig ist die Täuschung, wenn der Täuschende weiß oder billigend in Kauf nimmt, dass seine Behauptungen nicht der Wahrheit entsprechen und deshalb oder mangels Offenbarung bestimmter Tatsachen irrige Vorstellungen beim *(künftigen)* Arbeitgeber entstehen oder aufrechterhalten werden. Fahrlässigkeit – auch grobe Fahrlässigkeit – genügt insoweit nicht.[5])

---

1) ErfK/Preis § 611 BGB Rn. 359.
2) BAG v. 12.5.2011 – 2 AZR 479/09, juris Langtext Rn. 41, AP BGB § 123 Nr. 69 = EzA BGB 2002 § 123 Nr. 10.
3) BAG v. 6.9.2012 – 2 AZR 270/11, juris Langtext Rn. 25.
4) Junker Rn. 191.
5) BAG v. 12.5 2011 – 2 AZR 479/09 – Rn. 43, AP BGB § 123 Nr. 69 = EzA BGB 2002 § 123 Nr. 10.

2 Arbeitsvertrag

Rechtswidrigkeit

Das Fragerecht des Arbeitgebers wird durch das aus dem in Art. 2 Abs. 1 i. V. m. Art. 1 Abs. 1 GG verfassungsrechtlich geschützte Persönlichkeitsrecht des Bewerbers folgendem Interesse am Schutz seiner Intimsphäre begrenzt.[1])

Ein Fragerecht steht dem Arbeitgeber nur dann zu bzw. es handelt sich nur dann um eine zulässige Frage, wenn er ein **berechtigtes, billigenswertes und schutzwürdiges Interesse** an der Beantwortung seiner Frage geltend machen kann.[2])

Gut zu wissen

Das Persönlichkeitsrecht des Bewerbers muss nur dann hinter dem unternehmerischen Interesse des Arbeitgebers zurücktreten, wenn dieser ein qualifiziertes Interesse an der Informationserlangung geltend machen kann.

Ein entsprechendes Interesse kann dem Arbeitgeber nur dann attestiert werden, wenn die Beantwortung der Frage für die Erbringung der Arbeitsleistung aufschlussreich ist und die Frage selbst nicht gegen das Benachteiligungsverbot (AGG, SGB IX.) verstößt.[3])

Für Einstellung in den öffentlichen Dienst trifft Art. 33 Abs. 2 GG eine Sonderregelung, die das Grundrecht des Art. 12 Abs. 1 GG auf freie Wahl des Arbeitsplatzes ergänzt. Nach Art. 33 Abs. 2 GG hat jeder Deutsche nach seiner Eignung, Befähigung und fachlichen Leistung gleichen Zugang zu jedem öffentlichen Amt (sog. **Leistungsgrundsatz**). Die Einstellung von Bewerbern um ein öffentliches Amt wird damit an besondere Anforderungen (Eignung, Befähigung und fachliche Leistung) geknüpft. Geeignet im Sinne von Art. 33 Abs. 2 GG ist nur, wer dem angestrebten Amt in körperlicher, psychischer und charakterlicher Hinsicht gewachsen ist. Zur Eignung gehören darüber hinaus die Fähigkeit und die innere Bereitschaft, die dienstlichen Aufgaben nach den Grundsätzen der Verfassung wahrzunehmen, insbesondere die Freiheitsrechte der Bürger zu wahren und rechtsstaatliche Regeln einzuhalten.[4])

Einzelfälle

Krankheiten und gesundheitliche Einschränkungen

Die Frage nach einer bestehenden Erkrankung oder einer gesundheitlichen Einschränkungen ist nur zulässig, soweit sie darauf abzielt, die tatsächliche Leistungsfähigkeit des Bewerbers im Hinblick auf die zukünftig zu erbringende Arbeitsleistung zu überprüfen. Entsprechendes gilt auch für die gesundheitliche Eignungsuntersuchung eines Bewerbers. Folgende Fragen sind danach berechtigt und damit zulässig:

1) Brox/Rüthers/Henssler Rn. 166.
2) BAG v. 15.11.2012 – 6 AZR 339/11, juris Langtext Rn. 22.
3) Brox/Rüthers/Henssler Rn. 167.
4) BAG v. 20.5.1999 – 2 AZR 320/98, juris Langtext Rn. 16.

Liegt eine Krankheit vor, durch die die Eignung für die vorgesehene Tätigkeit auf Dauer oder in periodischen Abständen eingeschränkt wird?

Beispiel
Starke körperliche Einschränkungen bei einem Grünflächenmitarbeiter führen dazu, dass er zukünftig nicht im Außenbereich eingesetzt werden kann.

Liegen ansteckende Krankheiten vor, die die Leistungsfähigkeit des Arbeitnehmers nicht beeinträchtigen, jedoch die zukünftigen Kollegen oder Kunden gefährden werden?

Gut zu wissen
Nach überwiegender Auffassung besteht bei nicht besonders infektionsgefährdeten Tätigkeiten kein Fragerecht des Arbeitgebers nach einer bestehenden HIV-Infektion. Stets zulässig ist jedoch die Frage nach einer akuten Aidserkrankung, da diese zur Folge hat, dass der Arbeitnehmer häufig arbeitsunfähig erkrankt bzw. sogar verstirbt, sodass das Arbeitsverhältnis stark belastet ist.

Ist zum Zeitpunkt des Arbeitsantritts bzw. in absehbarer Zeit mit einer Arbeitsunfähigkeit zu rechnen, z. B. aufgrund einer geplanten Operation?

Partei-, Religions- und Gewerkschaftszugehörigkeit

Die Frage des Arbeitgebers nach der **Gewerkschaftszugehörigkeit** ist bis zur vollzogenen Einstellung des Bewerbers unzulässig, da hierin ein Verstoß gegen die in Art 9 Abs. 3 Satz 2 GG verankerte Koalitionsfreiheit liegt.[1] Nach der Einstellung ist sie dagegen zulässig, wenn und soweit die Anwendung von Tarifverträgen davon abhängt, ob der Arbeitnehmer einer tarifschließenden Gewerkschaft angehört (§§ 3 Abs. 1, 2 Abs. 1 TVG).

Auch nach der **Partei- und Religionszugehörigkeit** des Bewerbers darf der Arbeitgeber aufgrund der gesetzlichen Wertung der verfassungsrechtlichen Grundsätze in Art. 4 GG und Art. 21 GG vor der Einstellung nicht fragen.

Allgemein anerkannt ist allerdings die grundsätzlich zulässige Frage des öffentlichen Arbeitgebers nach der **Zugehörigkeit zu Organisationen mit verfassungsfeindlichen Zielen**. Das Fragerecht besteht unabhängig davon, ob die Verfassungswidrigkeit der Organisation bereits festgestellt ist oder nicht, da zur Eignung eines Bewerbers für den öffentlichen Dienst nach Art. 33 Abs. 2 GG auch seine Verfassungstreue gehört.[2]

Beispiel
Mitgliedschaft in der NPD.

---

1) Junker Rn. 153.
2) Müller/Preis Rn. 306.

2 Arbeitsvertrag

Persönliche Eigenschaften

Da Eigenschaften wie Pünktlichkeit, Zuverlässigkeit oder Strebsamkeit bei der Erfüllung arbeitsvertraglicher Verpflichtungen einschließlich der Beachtung des geschuldeten arbeitsvertraglichen Begleitverhaltens für das Arbeitsverhältnis und seine reibungslose Abwicklung von Bedeutung sind, stehen dem Arbeitgeber entsprechende Informationen über das Verhalten des Arbeitnehmers im früheren Arbeitsverhältnis zu.

> **Beispiel**
> Der Arbeitgeber kann Auskunft über die Gründe einer verhaltens- oder personenbedingten Kündigung in einem früheren Arbeitsverhältnis oder auch die Vorlage von Arbeitszeugnissen verlangen.

Persönliche Lebensverhältnisse

Fragen, die der Ausforschung des Intimbereichs des Bewerbers gelten, sind aufgrund des grundgesetzlich garantierten Persönlichkeitsschutzes (Art. 2 Abs. 1 i. V. m. Art 1 Abs. 1 GG) unzulässig.[1])

> **Beispiel**
> Fragen nach dem Familienstand (Art 6 GG).

Schwangerschaft

Ein Fragerecht bezüglich der Schwangerschaft besteht nach der Rechtsprechung des Bundesarbeitsgerichts selbst dann nicht, wenn die Arbeitnehmerin die vereinbarte Tätigkeit aus mutterschutzrechtlichen Gründen (§§ 3, 4 MuSchG) bereits mit Beginn des Arbeitsverhältnisses nicht ausüben darf, da das Beschäftigungsverbot in diesen Fällen nur vorübergehender Natur sei und daher nicht zu einer dauerhaften Störung des Vertragsverhältnisses führe. Darüber hinaus verstößt eine entsprechende Frage auch gegen das im AGG normierte Benachteiligungsverbot wegen des Geschlechts (§§ 1, 3 Abs. 1 AGG).[2]) Dies gilt selbst dann, wenn die Bewerberin befristet als Schwangerschaftsvertretung eingestellt werden soll.[3])

Schwerbehinderteneigenschaft und Behinderung

Die Frage nach der Schwerbehinderteneigenschaft (§ 2 Abs. 2 SGB IX) und einer Behinderung (§ 2 Abs. 1 SGB IX) wurde von der Rechtsprechung in der Vergangenheit für zulässig erachtet. Dies galt ebenso für die Frage nach dem Grad der Behinderung und nach einer Gleichstellung (§ 2 Abs. 3 SGB IX). Das Bundesarbeitsgericht hat zur Begründung auf die dauerhafte finanzielle Belastung des Arbeitgebers durch die Schwerbehinderung hingewiesen.[4])

---

1) Junker Rn. 153.
2) BAG v. 6.2.2003 – 2 AZR 621/01, juris Langtext Rn. 20 ff.
3) LAG Köln v. 11.10.2012 – 6 Sa 641/12, juris Langtext Rn. 20.
4) BAG v. 18.10.2000 – 2 AZR 380/99, juris Langtext Rn. 16 ff.

Arbeitsvertrag 2

Ob an dieser Rechtsprechung zukünftig im Hinblick auf die gesetzlich normierten Benachteiligungsverbote der §§ 81 Abs. 2 SGB IX, 1 AGG noch festgehalten werden kann, ist zumindest zweifelhaft.[1])

Transsexualität

Gibt eine transsexuelle Person, deren Geschlechtsumwandlung nach §§ 8, 10 Transsexuellengesetz noch nicht erfolgt ist, bei Einstellungsverhandlungen ihr wahres Geschlecht ungefragt nicht an, so liegt darin im Hinblick auf den Schutzzweck des Transsexuellengesetzes keine rechtswidrige arglistige Täuschung im Sinne des § 123 Abs. 1 BGB. Darüber hinaus ist der Bewerber in diesem Fall durch das AGG geschützt, welches eine Benachteiligung wegen der sexuellen Identität untersagt.

Vermögensverhältnisse

Die Frage nach den Vermögensverhältnissen – Lohn- und Gehaltspfändungen, Schulden usw. – wird dann als zulässig angesehen, wenn der Arbeitgeber wegen der vorgesehenen Tätigkeit ein berechtigtes Interesse an geordneten Vermögensverhältnissen des Arbeitnehmers geltend machen kann. Die Frage ist damit zulässig bei leitenden Angestellten und bei Arbeitnehmern, denen eine besondere Vertrauensposition übertragen werden soll.[2])

> **Beispiel**
> Mitarbeiter des Ordnungsamtes, der selbst im Außendienst Geld vereinnahmt.

Des Weiteren ist die Frage dann zulässig, wenn wegen der besonderen betrieblichen Umstände, z. B. in einem Kleinbetrieb ohne besondere kaufmännische Organisation, die sachgerechte Bearbeitung zahlreicher Lohnpfändungen nicht durchführbar wäre.

Vorstrafen

Auf Fragen des Arbeitgebers nach Vorstrafen des Bewerbers muss dieser nur dann wahrheitsgemäß antworten, wenn die Vorstrafe für die Art des Arbeitsplatzes von Bedeutung ist. Das begangene Delikt muss danach die persönliche Eignung des Arbeitnehmers für die angestrebte Tätigkeit konkret in Zweifel ziehen.[3])

> **Beispiel**
> Frage nach Verkehrsdelikten bei Kraftfahrern, Fragen nach sexuellen Missbrauchsdelikten bei Erziehern (vgl. § 30a Abs. 1 Nr. 2 Buchst. a BZRG).

Ausgenommen sind vom Fragerecht allerdings diejenigen Straftaten, die nicht (mehr) in das Führungszeugnis aufgenommen werden.[4])

---

1) Insgesamt verneinend Schaub/Koch § 179 Rn. 18 ff.; ErfK/Preis § 611 Rn. 274.
2) Wörlen/Kokemoor Rn. 72; Küttner/Kreitner 80 Rn. 27.
3) BAG v. 15.1.1970 – 2 AZR 64/69, AP Nr. 7 zu § 1 KSchG.
4) BAG v. 20.3.2014 – 2 AZR 1071/12, ZTR 2014, 664; Küttner 80 Rn. 28.

2 Arbeitsvertrag

> **Beispiel**
> Nach Ablauf einer gesetzlich näher bestimmten Frist, werden bestimmte Verurteilungen nicht mehr in das Führungszeugnis aufgenommen (vgl. §§ 33, 34 BZRG).

Darüber hinaus sind im öffentlichen Dienst auch Fragen nach Vorstrafen zulässig, die Rückschlüsse auf die **charakterliche Eignung** des Bewerbers erlauben (Art. 33 Abs. 2 GG).[1]) Zur charakterlichen Eignung eines Mitarbeiters des öffentlichen Dienstes gehört auch, dass er sich zur freiheitlich demokratischen Grundordnung bekennt.

> **Beispiel**
> Fragen nach Straftaten, die zur Gefährdung des demokratischen Rechtsstaates (§§ 84–91a StGB) führen.

Letztlich erkennt das Bundesarbeitsgericht unter besonderen Umständen auch ein Fragerecht des Arbeitgebers nach laufenden bzw. abgeschlossenen Ermittlungs- bzw. anhängigen Strafverfahren an. Dies setzt allerdings voraus, dass durch das laufende Ermittlungsverfahren bzw. durch das anhängige Strafverfahren Rückschlüsse auf eine mangelnde Eignung (Art. 33 Abs. 2 GG) und Zuverlässigkeit des Bewerbers für den konkreten Arbeitsplatz gezogen werden können. Hierbei reichen begründete Zweifel aus.[2])

> **Beispiel**
> Anhängiges Ermittlungsverfahren wegen falscher Versicherung an Eides statt (§ 156 StGB) bei einem Bewerber für eine Stelle als Wissenschaftlicher Mitarbeiter am Lehrstuhl für Straf- und Strafprozessrecht.

Anfechtungsfrist

Gemäß § 124 Abs. 1 BGB kann die Anfechtung einer nach § 123 BGB anfechtbaren Willenserklärung nur binnen Jahresfrist erfolgen.

Die Frist beginnt nach § 124 Abs. 2 Satz 2 BGB im Falle der arglistigen Täuschung mit dem Zeitpunkt, in welchem der Anfechtungsberechtigte von der Täuschung **Kenntnis** erlangt und damit nicht bereits mit dem Zeitpunkt des Vertragsabschlusses. Ausgeschlossen ist die Anfechtung des Arbeitsvertrages durch den Arbeitgeber nach § 124 Abs. 3 BGB allerdings dann, wenn seit der Abgabe der Willenserklärung (Abschluss des Arbeitsvertrages) länger als zehn Jahre verstrichen sind (§ 124 Abs. 3 BGB).

> **Beispiel**
> Lahm hat der Stadt Rheinfels im Rahmen des Einstellungsverfahrens Arbeitszeugnisse vorgelegt, die er zu seinen Gunsten gefälscht hatte. Lahm wird daraufhin von der Stadt Rheinfels als Verwaltungsfachangestellter eingestellt. Acht Jahre später erfährt die Stadt Rheinfels, dass Lahm die für seine Einstellung zuständigen Mitarbei-

---

1) LAG Berlin-Brandenburg v. 31.3.2017, ZTR 2017, 419.
2) BAG v. 15.11.2012 – 6 AZR 339/11, juris Langtext Rn. 23.

ter im Einstellungsverfahren arglistig getäuscht hat. Die Stadt Rheinfels ficht daraufhin den Arbeitsvertrag drei Monate später wegen arglistiger Täuschung an, obwohl Lahm in den letzten Jahren stets überdurchschnittliche Leistungen erbracht hatte. Die Anfechtung des Arbeitsvertrages ist gerechtfertigt, da die Zehnjahresfrist (§ 124 Abs. 3 BGB) noch nicht abgelaufen ist und die Anfechtung innerhalb eines Jahres nach Kenntniserlangung der Anfechtungsgründe (§ 124 Abs. 1 und 2 BGB) erklärt worden ist. Lahm kann sich nicht auf die in der Vergangenheit erbrachten überdurchschnittlichen Leistungen berufen, da der Arbeitgeber auf sein Anfechtungsrecht nicht verzichten möchte.

Die Anfechtungserklärung ist eine einseitige, empfangsbedürftige und rechtsgestaltende Willenserklärung, die mit ihrem Zugang beim Erklärungsempfänger (Arbeitnehmer) wirksam wird (§ 130 BGB).

Rechtsfolgen

Wird die Anfechtung **vor Vollziehung** des Arbeitsvertrages erklärt, so ist dieser nach der allgemeinen Regelung des § 142 Abs. 1 BGB von Anfang an („ex tunc") nichtig.

Beispiel
Das Arbeitsverhältnis beginnt vertragsgemäß am 1.2. Gleichwohl bleibt Lahm der Arbeit unentschuldigt fern. Am 3.2. erhält die Stadt Rheinfels Kenntnis, dass Lahm diese im Rahmen des Einstellungsverfahrens arglistig getäuscht hat. Die Stadt Rheinfels erklärt sodann am selben Tag die Anfechtung des Arbeitsvertrages. Die Anfechtungserklärung entfaltet nach § 142 Abs. 1 BGB Rückwirkung, da noch keine arbeitsvertraglichen Leistungen ausgetauscht worden sind.

Wird die Anfechtung erst **nach Invollzugsetzung** des Arbeitsvertrages, d. h. erst nach dem Austausch der gegenseitigen Leistungen (Erbringung der Arbeitsleistung, Auszahlung des Arbeitsentgelts) erklärt, findet § 142 Abs. 1 BGB keine Anwendung, sodass die Anfechtung des Arbeitsvertrages lediglich kündigungsähnliche Wirkung entfaltet („ex nunc"). Die Wirkungen der Anfechtung treten dann erst mit dem Zugang der Anfechtungserklärung (§ 130 BGB) ein, da eine Rückabwicklung des Arbeitsverhältnisses nach den Vorschriften einer ungerechtfertigten Bereicherung im Hinblick auf den Einwand des Wegfalls der Bereicherung (§ 818 Abs. 3 BGB) problematisch ist (sog. **Lehre vom fehlerhaften Arbeitsvertrag**).[1])

Beispiel
Das Arbeitsverhältnis beginnt am 1.2. Lahm nimmt seine Arbeit vertragsgerecht auf. Die Stadt Rheinfels leistet entsprechende Lohnzahlungen. Am 25.8. erfährt diese, dass Lahm im Einstellungsverfahren arglistig getäuscht hat. Die Stadt Rheinfels erklärt daraufhin am 26.8. die Anfechtung des Arbeitsvertrages. Das Arbeitsverhältnis endet mit Zugang (§ 130 BGB) der Anfechtungserklärung.

---

1) ErfK/Preis § 611 Rn. 367; Junker Rn. 193.

2 Arbeitsvertrag

2.3.6.2 Anfechtung wegen Irrtums über eine verkehrswesentliche Eigenschaft

Ein Arbeitsvertrag kann wegen eines Irrtums über eine verkehrswesentliche Eigenschaft (§ 119 Abs. 2 BGB) des Arbeitnehmers angefochten werden. Die Anfechtungsrechte aus § 119 Abs. 2 BGB und § 123 Abs. 1 BGB bestehen unabhängig voneinander. Eine Anfechtung des Arbeitsvertrages nach § 119 Abs. 2 BGB setzt voraus, dass die Eigenschaft des Arbeitnehmers im Verkehr als wesentlich angesehen wird. Dies setzt voraus, dass diese in einer unmittelbaren Beziehung zum Inhalt des Arbeitsvertrages steht.[1])

Eine **Krankheit** kann eine verkehrswesentliche Eigenschaft sein, wenn dem Arbeitnehmer auf Dauer die notwendige Fähigkeit fehlt oder diese erheblich beeinträchtigt ist, die vertraglich geschuldete Arbeitsleistung zu erbringen.

Beispiel
Im Vorstellungsgespräch hat Lahm der Stadt Rheinfels verschwiegen, dass er an einer seltenen und damit schwer zu diagnostizierenden Muskelerkrankung leidet, die es ihm unmöglich macht, die geschuldete Arbeitsleistung einer Verkehrsüberwachungskraft im Außendienst zu erbringen.

Vorstrafen sind keine verkehrswesentlichen Eigenschaften. Ihre Kenntnis kann aber im Einzelfall einen Schluss auf persönliche Eigenschaften erlauben, sodass die Unkenntnis zur Anfechtung berechtigt.

Beispiel
Lahm hat der Stadt Rheinfels im Vorstellungsgespräch verschwiegen, dass er mehrfach wegen Nötigung von Verfassungsorganen (§ 105 StGB) vorbestraft ist. Im Hinblick auf die Art der Straftat können Rückschlüsse auf die mangelnde charakterliche Eignung (Art. 33 Abs. 2 GG) des Lahm für eine Tätigkeit im öffentlichen Dienst gezogen werden.

Eine Anfechtung wegen eines Irrtums über eine verkehrswesentliche Eigenschaft ist nach § 121 Abs. 1 Satz 1 BGB **unverzüglich** und damit ohne schuldhaftes Zögern zu erklären

2.3.6.3 Prüfungsschema – Anfechtung des Arbeitsvertrages

I. Anfechtungsgrund
II. Anfechtungserklärung (§§ 143 Abs. 1, 130 BGB)
  1. Irrtum über eine verkehrswesentliche Eigenschaft (§ 119 Abs. 2 BGB)
  2. Arglistige Täuschung (§ 123 Abs. 1 BGB)
     a) Täuschung durch den Bewerber (Falschbehauptung oder Verschweigen)
     b) Kausalität für die Abgabe der Willenserklärung (Vertragsabschluss)

---
[1]) Brox/Rüthers/Henssler Rn. 165.

c) Arglist (bedingter Vorsatz ausreichend)
d) Widerrechtlichkeit (berechtigtes, billigenswertes und schutzwürdiges Interesse des Arbeitgebers)
III. Anfechtungsfrist
1. Bei § 119 Abs. 2 BGB nach § 121 Abs. 1 BGB unverzüglich
2. Bei § 123 Abs. 1 BGB nach § 124 Abs. 1 und 2 BGB binnen einem Jahr nach Kenntniserlangung des Anfechtungsgrundes längstens zehn Jahre nach Vertragsbeginn (§ 124 Abs. 3 BGB)
IV. Beendigung des Arbeitsvertrages
1. Arbeitsvertrag nicht in Vollzug gesetzt; Rückwirkung nach § 143 Abs. 1 BGB
2. Arbeitsvertrag in Vollzug gesetzt mit Zugang der Anfechtungserklärung

2.3.6.4 Prüfe Dein Wissen

1. Kann der Arbeitnehmer Ersatz für seine Vorstellungskosten verlangen?
2. Besteht im Rahmen des Einstellungsverfahrens ein Fragerecht des Arbeitgebers?
3. Was bedeutet arglistige Täuschung i. S. d. § 123 Abs. 1 BGB?
4. Hat der Bewerber ein Recht zur Lüge?
5. Ist die Frage nach der Schwerbehinderteneigenschaft zulässig?
6. Ist die Frage nach einer bestehenden Schwangerschaft zulässig?
7. Ist die Schwangerschaft eine verkehrswesentliche Eigenschaft?
8. Was sind die Rechtsfolgen einer erfolgreichen Anfechtung des Arbeitsvertrages?

2.3.7 Einstellungsuntersuchung

Das Recht des Arbeitgebers zur Anordnung einer Einstellungsuntersuchung als Mittel der Personalauswahl ist im TVöD/TV-L nicht ausdrücklich geregelt. Allerdings ist davon auszugehen, dass die Einstellung eine **begründete Veranlassung** im Sinne des § 3 Abs. 4 Satz 1 TVöD/TV-L darstellt.[1]

Da es sich hierbei jeweils um einen gravierenden Eingriff in das Persönlichkeitsrecht des Arbeitnehmers handelt, muss sich das Verlangen des Arbeitgebers am **Verhältnismäßigkeitsgrundsatz** orientieren. Deshalb darf sich die Einstellungsuntersuchung nur auf solche medizinischen Feststellungen erstrecken, an denen der Arbeitgeber ein billigenswertes und schutzwürdiges Interesse hat und denen nicht überwiegend Interessen des Arbeitnehmers gegenüberstehen. Es gelten hierbei die zum Fragerecht des Arbeitgebers entwickelten Grundsätze.[2]

---
1) Breier/Dassau/Kiefer/Lang/Langenbrinck § 3 Rn. 86 f.
2) Küttner/Reinecke 157 Rn. 2.

2 Arbeitsvertrag

Die Einstellungsbehörde darf vom untersuchenden Arzt in der Regel nur die Übermittlung des Ergebnisses der Eignungsuntersuchung und dabei festgestellter Risikofaktoren verlangen (vgl. etwa § 29 Abs. 3 Satz 2 DSG NRW).

Gut zu wissen

Die Kosten einer Einstellungsuntersuchung trägt der Arbeitgeber. Dies gilt auch dann, wenn im Rahmen der ärztlichen Untersuchung die gesundheitliche Untauglichkeit des Bewerbers festgestellt wird.

2.3.8 Abschluss des Arbeitsvertrages

Das Arbeitsverhältnis wird mit Abschluss des Arbeitsvertrages begründet. Es bedarf einer Einigung der Arbeitsvertragsparteien, die durch zwei übereinstimmende Willenserklärungen, dem Angebot (§ 145 BGB) und der Annahme (§ 151 Satz 1 Hs. 1 BGB), herbeigeführt wird. Die Wirksamkeit der Willenserklärungen richtet sich nach den allgemeinen Regeln des BGB.

2.3.8.1 Inhaltliche Bestimmtheit des Arbeitsvertrages (Muster eines Arbeitsvertrages)

Für den Abschluss eines Arbeitsvertrages gilt die in Art. 12 Abs. 1, 2 Abs. 1 GG verfassungsrechtlich geschützte **Vertragsfreiheit**. Die auch in § 105 Satz 1 GewO einfachgesetzlich normierte Abschlussfreiheit bedeutet, dass die Vertragsparteien selbst bestimmen, ob und mit wem sie ein Arbeitsverhältnis begründen wollen.

Die Vertragspartner müssen sich über die **wesentlichen Vertragsbestandteile** (essentialia negotii) geeinigt haben. Diese ergeben sich aus §§ 611, 612 BGB. Erforderlich ist eine Einigung darüber

- wer die Vertragspartner sein sollen und
- welche Arbeitsleistung der Arbeitnehmer schulden soll.

Gut zu wissen

Die Höhe der individuellen Vergütung des Arbeitnehmers gehört nicht zu den wesentlichen Vertragsbedingungen. Haben sich die Vertragsparteien über eine Vergütung nicht geeinigt, gilt diese nach § 612 Abs. 1 BGB als stillschweigend vereinbart, wenn die Arbeit den Umständen nach nur gegen eine Vergütung zu erwarten ist. Die Höhe der Vergütung bemisst sich nach § 612 Abs. 2 BGB.[1]

Im öffentlichen Dienst werden häufig „**Musterarbeitsverträge**" genutzt.

---

1) Junker Rn. 170.

Arbeitsvertrag 2

Beispiel

Zwischen
der Stadt Rheinfels[1]), vertreten durch den Bürgermeister,
und
Herrn Walter Lahm[2]), geboren am 1.1... in Rheinfels,
wird folgender

Arbeitsvertrag

abgeschlossen:

§ 1

Herr Lahm wird ab   auf unbestimmte Zeit
☐ als Vollbeschäftigter eingestellt.
☐ als Teilzeitbeschäftigter mit .... v. H. der durchschnittlichen regelmäßigen wöchentlichen Arbeitszeit eines entsprechenden Vollbeschäftigten eingestellt. Der Teilzeitbeschäftigte ist im Rahmen begründeter dienstlicher Notwendigkeiten zur Leistung von Bereitschaftsdienst, Rufbereitschaft, Überstunden und Mehrarbeit verpflichtet.

§ 2

Das Arbeitsverhältnis bestimmt sich nach dem Tarifvertrag für den öffentlichen Dienst (TVöD), den besonderen Regelungen für die Verwaltung (TVöD – Besonderer Teil Verwaltung), dem Tarifvertrag zur Überleitung der Beschäftigten des Bundes in den TVöD und zur Regelung des Übergangsrechts (TVÜ-Bund) und den diese ergänzenden, ändernden oder ersetzenden Tarifverträgen in der für den Bereich des Bundes jeweils geltenden Fassung.[3])

Auf das Arbeitsverhältnis finden die Regelungen für das Tarifgebiet ☐ Ost ☐ West Anwendung.[4])

§ 3

Die Probezeit nach § 2 Abs. 4 TVöD[5]) beträgt sechs Monate.

§ 4

Der Beschäftigte ist in die Entgeltgruppe .... TVöD eingruppiert.

Der Arbeitgeber ist berechtigt, dem Beschäftigten aus dienstlichen Gründen eine andere Tätigkeit im Rahmen der Entgeltgruppe zuzuweisen.

§ 5

(1) Es wird folgende Nebenabrede vereinbart:

☐ ....

---

1) Arbeitgeber.
2) Arbeitnehmer.
3) Sog. dynamische Bezugnahmeklausel. Durch diese werden die Normen des in Bezug genommenen Tarifvertrages Gegenstand des Arbeitsvertrages. Gilt daher entsprechend auch für die Regelungen des TV-L.
4) Bestimmte Regelungen gelten z. B. nur für das Tarifgebiet West (vgl. etwa § 30 Abs. 1 Satz 2 TVöD/TV-L).
5) Entsprechende Probezeitregelung in § 2 Abs. 4 TV-L.

2 Arbeitsvertrag

(2) Die Nebenabrede kann mit einer Frist
☐ von zwei Wochen zum Monatsschluss
☐ von   zum
schriftlich gekündigt werden.[1])

§ 6
Änderungen und Ergänzungen des Arbeitsvertrages einschließlich von Nebenabreden sowie Vereinbarungen weiterer Nebenabreden sind nur wirksam, wenn sie schriftlich vereinbart werden. Dies gilt auch für die Abbedingung des Schriftformerfordernisses.

....
(Ort, Datum)

....
(Arbeitgeber)   (Beschäftigter)

2.3.8.2 AGB-Kontrolle

Vom Arbeitgeber einseitig vorformulierte Arbeitsverträge unterfallen nach § 310 Abs. 4 BGB der Inhaltskontrolle der §§ 305 ff. BGB.

> **Gut zu wissen**
> Enthält ein Arbeitsvertrag eine Bezugnahmeklausel auf den vollständigen Regelungskomplex eines Tarifvertrages bzw. einen entsprechenden Gesamtverweis, findet eine Inhaltskontrolle der tarifrechtlichen Normen nicht statt, da der Tarifvertrag das Ergebnis von Verhandlungen zweier gleichstarker Partner ist, sodass von einer Richtigkeitsgewähr auszugehen ist.

Vorformulierte Vertragsbedingungen liegen im Arbeitsrecht bereits dann vor, wenn beabsichtigt ist, diese einmal zu verwenden, da der Arbeitnehmer Verbraucher i. S. d. § 310 Abs. 3 Nr. 2 BGB ist. Die einzelnen Klauseln werden in den Vertrag nach den allgemeinen Regelungen des BGB einbezogen, da nach § 310 Abs. 4 Nr. 2 BGB die Regelung des § 305 Abs. 2 BGB nicht anwendbar ist.

Bestehen individuelle Abreden, die den AGB widersprechen, gelten diese nach § 305b BGB als abbedungen. Nach § 305c Abs. 1 BGB werden diejenigen Klauseln nicht Vertragsbestandteil, die für den Arbeitnehmer derart überraschend sind, dass er mit diesen nicht zu rechnen braucht. Eine AGB-Kontrolle findet dann nicht statt.

Die tatsächliche **Inhaltskontrolle** erfolgt nach §§ 307 Abs. 1 und 2, 308 und 309 BGB.

> **Gut zu wissen**
> Die im öffentlichen Dienst regelmäßig verwendeten Klauseln der Standardarbeitsverträge genügen der Inhaltskontrolle.

Genügt eine Klausel der Inhaltskontrolle nicht, ist diese unwirksam. Der Arbeitsvertrag als solcher behält allerdings seine Wirksamkeit (§ 306 Abs. 1 und 3 BGB).

---
1) Siehe zur Nebenabrede § 2 Abs. 4 TVöD/TV-L.

2.3.8.3 Geschäftsfähigkeit

Der Wirksamkeit des Arbeitsvertrages kann die Geschäftsunfähigkeit bzw. die beschränkte Geschäftsfähigkeit des einen oder beider Vertragsparteien entgegenstehen (§§ 104 ff. BGB).

Geschäftsunfähige Arbeitnehmer können einen Arbeitsvertrag nur durch ihren gesetzlichen Vertreter schließen. Fehlt es an einer rechtmäßigen Vertretung, so sind die Lohnansprüche nach den Grundsätzen des **faktischen Arbeitsverhältnisses** abzuwickeln. Dem Arbeitnehmer ist für die Zeit der Beschäftigung das Arbeitsentgelt zu zahlen, das nach dem nichtigen Vertrag zu zahlen wäre. Ihm stehen insoweit alle Rechte aus dem Arbeitsvertrag zu, dagegen treffen ihn nicht die Pflichten, weil er sich wegen des Mangels der Geschäftsfähigkeit nicht wirksam verpflichten konnte.

Gut zu wissen

Minderjährige werden grundsätzlich durch ihre Eltern vertreten. Nach § 113 Abs. 1 Satz 1 BGB kann der gesetzliche Vertreter den Minderjährigen jedoch ermächtigen, in Dienst und Arbeit zu treten. Die Ermächtigung durch den gesetzlichen Vertreter kann ausdrücklich oder stillschweigend erklärt werden. Sie ist konkludent erklärt, wenn die Eltern als gesetzliche Vertreter längere Zeit die ihnen bekannte Tätigkeit des Minderjährigen in einem bestimmten Betrieb oder in einer bestimmten Branche dulden und nicht einschreiten. Eine bereits erteilte Ermächtigung kann gemäß § 113 Abs. 2 BGB von dem gesetzlichen Vertreter zurückgenommen oder nachträglich eingeschränkt werden. Die Rücknahme der Ermächtigung erfolgt durch formfreie, empfangsbedürftige Willenserklärung gegenüber dem Minderjährigen.

2.3.8.4 Form

Der Abschluss eines Arbeitsvertrages bedarf **keiner** bestimmten Form, sodass ein Arbeitsvertrag auch durch übereinstimmende mündliche Erklärungen abgeschlossen werden kann.

Gemäß § 2 Abs. 1 TVöD/TV-L wird der Arbeitsvertrag im öffentlichen Dienst schriftlich abgeschlossen. Das tarifvertragliche Schriftformerfordernis ist jedoch, wie ein Vergleich mit § 2 Abs. 3 TVöD/TV-L zeigt, wonach Nebenabreden nur wirksam sind, wenn diese schriftlich vereinbart worden sind, lediglich deklaratorischer Natur und hat damit nur klarstellende Wirkung.[1]

Eine Formunwirksamkeit des mündlich abgeschlossenen Arbeitsvertrages ergibt sich nicht aus den Vorschriften des Nachweisgesetzes. Der Arbeitgeber hat nach § 2 Abs. 1 Satz 1 NachwG spätestens **einen Monat** nach dem vereinbarten Beginn des Arbeitsverhältnisses die wesentlichen Vertragsbedingungen schriftlich niederzulegen, die Niederschrift zu unterschreiben und dem Arbeitnehmer auszuhändigen. Allerdings begründet § 2 NachwG kein konstitutives gesetzliches Schriftformerfordernis im Sinne des § 125 BGB für den

---
1) BAG v. 27.7.2005 – 7 AZR 486/04, NZA 2006, 40; Breier/Dassau/Kiefer/Lang/Langenbrinck § 2 Rn. 113.

2 Arbeitsvertrag

Arbeitsvertrag, sondern lediglich eine vom Arbeitnehmer einklagbare Verpflichtung des Arbeitgebers zur Dokumentation der wesentlichen vertraglichen Bedingungen.

2.3.9 Prüfe dein Wissen

1. Ist der Arbeitnehmer verpflichtet, sich im Rahmen des Einstellungsverfahrens ärztlich untersuchen zu lassen?
2. Bedarf der Arbeitsvertrag zu seiner Rechtswirksamkeit einer ausdrücklichen Lohnabrede?
3. Unterliegt der Abschluss eines Arbeitsvertrages einer AGB-Kontrolle?
4. Welche Folgen hat es, wenn einer der beiden Vertragspartner zum Zeitpunkt des Vertragsabschlusses nicht geschäftsfähig gewesen ist?
5. Können Minderjährige rechtswirksam Arbeitsverträge abschließen?
6. Bedarf der Arbeitsvertrag zu seiner Rechtswirksamkeit der Schriftform?

2.3.10 Fallübungen

Übung 3: Stellenausschreibung und Benachteiligungsverbot

Die Stadt Rheinfels hat im Stadtanzeiger folgende Stellenanzeige geschaltet:

„Zum nächstmöglichen Termin wird eine junge, dynamische, ledige und damit ungebundene, gut aussehende Dame für den Empfangsbereich des Bürgercenters gesucht. Deutsche Muttersprache ist unerlässliche Voraussetzung. Um eine aussagekräftige Bewerbung mit Passfoto wird gebeten."

Lahm, 42-jähriger Philosophiestudent im 23. Semester, erfüllt keines der in der Stellenanzeige geforderten Anforderungskriterien. Gleichwohl bewirbt er sich auf Anraten seines Freundes Budde, der im 21. Semester kurz vor der ersten juristischen Staatsprüfung steht, auf die Stellenanzeige. Kurze Zeit später teilt die Stadt Rheinfels Lahm mit, dass seine Bewerbung aufgrund seines persönlichen Profils im weiteren Stellenbesetzungsverfahren nicht berücksichtigt werden kann.

Lahm fordert daraufhin die Stadt Rheinfels auf, ihn wegen „Diskriminierung" finanziell zu entschädigen.

Aufgabe:

Prüfen Sie in einem umfassenden Rechtsgutachten, ob und unter welchen Voraussetzungen Lahm gegen die Stadt Rheinfels geldwerte Ansprüche geltend machen kann.

Lösungshinweise:

Der sachliche Anwendungsbereich des AGG ist nach § 2 Abs. 1 Nr. 1 AGG eröffnet. Lahm könnte somit gegen die Stadt Rheinfels einen Anspruch auf Schadensersatz nach § 15 Abs. 1 Satz 1 AGG haben.

Arbeitsvertrag 2

1. Dies würde zunächst voraussetzen, dass die Stadt Rheinfels gegen das Benachteiligungsverbot verstoßen hat.

Nach § 11 AGG darf ein Arbeitsplatz nicht unter Verstoß gegen § 7 Abs. 1 AGG ausgeschrieben werden. Gemäß § 7 Abs. 1 AGG dürfen Beschäftigte nicht wegen eines in § 1 AGG genannten Grundes benachteiligt werden.

a) Demnach müsste Lahm zunächst Beschäftigter im Sinne des § 7 Abs. 1 AGG sein. Als Beschäftigte im Sinne des Gesetzes gelten nach § 6 Abs. 1 Satz 2 AGG auch Bewerber für ein Beschäftigungsverhältnis. Lahm ist demnach Beschäftigter im Sinne der §§ 7 Abs. 1, 6 Abs. 1 Satz 2 AGG.

b) Der Text der Stellenanzeige müsste gegen das Benachteiligungsverbot des § 7 Abs. 1 AGG verstoßen. Es ist zu prüfen, ob hier eine unzulässige Benachteiligung aus Gründen der Rasse oder wegen der ethnischen Herkunft, des Geschlechts, der Religion oder Weltanschauung, einer Behinderung, des Alters oder der sexuellen Identität (vgl. § 1 AGG) vorliegt. Eine Benachteiligung ist gemäß § 2 Abs. 1 Nr. 1 AGG unzulässig in Bezug auf die Bedingungen, einschließlich Auswahlkriterien und Einstellungsbedingungen, für den Zugang zu unselbstständiger und selbstständiger Erwerbstätigkeit, unabhängig von Tätigkeitsfeld und beruflicher Position.

Nach § 3 Abs. 1 Satz 1 AGG liegt eine unmittelbare Benachteiligung vor, wenn eine Person wegen eines in § 1 AGG genannten Grundes eine weniger günstige Behandlung erfährt als eine Person in einer vergleichbaren Situation erfährt, erfahren hat oder erfahren würde. Darüber hinaus liegt nach Satz 2 eine unmittelbare Benachteiligung wegen des Geschlechts in Bezug auf § 2 Abs. 1 Nr. 1 bis 4 AGG auch im Falle einer ungünstigeren Behandlung einer Frau wegen Schwangerschaft oder Mutterschaft vor.

Eine mittelbare Benachteiligung liegt hingegen nach § 3 Abs. 2 AGG vor, wenn dem Anschein nach neutrale Vorschriften, Kriterien oder Verfahren Personen wegen eines in § 1 AGG genannten Grundes gegenüber anderen Personen in besonderer Weise benachteiligen können, es sei denn, die betreffenden Vorschriften, Kriterien oder Verfahren sind durch ein rechtmäßiges Ziel sachlich gerechtfertigt und die Mittel sind zur Erreichung dieses Ziels angemessen und erforderlich.

Im Hinblick auf die Ausschreibung gilt hier Folgendes:

- jung = unmittelbare Benachteiligung wegen des Alters.
- dynamisch = keine Benachteiligung wegen eines in § 1 AGG genannten Grundes erkennbar. Vertretbar wäre allenfalls, eine mittelbare Benachteiligung schwerbehinderter Menschen festzustellen.
- ledig und ungebunden = mittelbare Benachteiligung wegen der sexuellen Identität bzw. mittelbare Benachteiligung wegen des Geschlechts, da der Arbeitgeber vermeiden will, eine schwangere Frau einzustellen.
- gut aussehend = keine Benachteiligung wegen eines in § 1 AGG genannten Grundes erkennbar.

2 Arbeitsvertrag

- Deutsche Muttersprache = unmittelbare Benachteiligung wegen der ethnischen Herkunft.
- Passfoto = unmittelbare Benachteiligung in verschiedenen Fallkonstellationen, da mittels des Passfotos das Geschlecht, Alter u. Ä. des Bewerbers zu erkennen ist (str. und daher andere Auffassung vertretbar).

2. Fraglich ist nunmehr, ob die unmittelbare Benachteiligung unter Berücksichtigung des besonderen Maßstabes der §§ 4, 8 ff. AGG bzw. die mittelbare Benachteiligung nach § 3 Abs. 2 AGG gerechtfertigt ist.

Da hier unterschiedliche Behandlungen wegen mehrerer der in § 1 AGG genannten Gründe vorliegen, bedarf es nach § 4 AGG einer Rechtfertigung, die sich auf alle Gründe bezieht. Eine Rechtfertigung der Benachteiligung käme hier möglicherweise nach § 8 Abs. 1 oder § 10 Abs. 1 AGG in Betracht.

Nach § 8 Abs. 1 AGG ist eine unterschiedliche Behandlung wegen eines in § 1 AGG genannten Grundes zulässig, wenn dieser Grund wegen der Art der auszuübenden Tätigkeit oder der Bedingungen ihrer Ausübung eine wesentliche und entscheidende berufliche Anforderung darstellt, sofern der Zweck rechtmäßig und die Anforderung angemessen ist. Demnach kann festgehalten werden, dass die oben dargelegten Benachteiligungen nicht nach § 8 Abs. 1 AGG gerechtfertigt sind.

Gemäß § 10 AGG ist eine unterschiedliche Behandlung wegen des Alters zulässig, wenn sie objektiv und angemessen und durch ein legitimiertes Ziel gerechtfertigt ist. Demnach scheidet eine Rechtfertigung nach § 10 Abs. 1 AGG aus, da ein entsprechendes Ziel nicht erkennbar ist.

Ebenso ist auch eine Rechtfertigung der mittelbaren Benachteiligung nach § 3 Abs. 2 AGG nicht ersichtlich.

3. Da auch keine Anhaltspunkte vorliegen, dass die Stadt Rheinfels die Pflichtverletzung nicht nach § 15 Abs. 1 Satz 2 AGG zu vertreten (§§ 276, 278 BGB) hat, ist sie verpflichtet, dem Lahm gemäß § 15 Abs. 1 Satz 1 AGG den durch die unzulässige Benachteiligung entstandenen Schaden (§ 249 Abs. 1 BGB) zu ersetzen. Schadenspositionen können hierbei u. a. Bewerbungskosten oder der entgangene Verdienst (§ 252 BGB) sein. Dies setzt allerdings voraus, dass der Bewerber bei benachteiligungsfreier Auswahl auch tatsächlich eingestellt worden wäre. In diesen Fällen begrenzt die h. M. die Schadenshöhe allerdings auf den Zeitpunkt, zu dem der Arbeitgeber das Beschäftigungsverhältnis frühestens hätte kündigen können. Da hier keine konkreten Schadenspositionen ersichtlich sind und Lahm auch bei benachteiligungsfreier Auswahl nicht eingestellt worden wäre, entfällt hier ein Anspruch aus § 15 Abs. 1 AGG.

Nach § 15 Abs. 2 AGG kann der Beschäftigte wegen eines Schadens, der nicht Vermögensschaden ist, eine angemessene Entschädigung in Geld verlangen. Ein entsprechender Schaden wird vermutet. Die Entschädigung darf bei einer Nichteinstellung drei Monatsgehälter nicht übersteigen, wenn der Beschäftigte auch bei benachteiligungsfreier Auswahl nicht eingestellt worden wäre.

Der Entschädigungsanspruch ist nach dem Willen des Gesetzgebers verschuldensunabhängig ausgestaltet.

Da Lahm mangels ausreichender Qualifikation auch ohne Benachteiligung nicht eingestellt worden wäre, kann er von der Stadt Rheinfels nach § 15 Abs. 2 Satz 2 AGG höchstens drei Monatsgehälter als Entschädigung verlangen.

4. Der Arbeitgeber kann gegen Ansprüche eines Bewerbers wegen Benachteiligung einwenden, dieser habe sich rechtsmissbräuchlich verhalten (§ 242 BGB). Rechtsmissbräuchlich handelt derjenige, der sich subjektiv nicht ernsthaft beworben hat. Ein Indiz für die mangelnde Ernsthaftigkeit liegt immer dann vor, wenn der Bewerber für die zu besetzende Stelle objektiv nicht geeignet ist.

Demnach kann die Stadt Rheinfels gegenüber Lahm die Einwendung des Rechtsmissbrauchs erheben. Ein Schadensersatz- oder Entschädigungsanspruch des Lahm gegenüber der Stadt Rheinfels scheidet somit aus.

Übung 4: Ersatz der erforderlichen Vorstellungskosten

Die Stadt Rheinfels beabsichtigt, mehrere freie Gärtnerstellen im Grünflächenbereich mit externen Bewerbern zu besetzen. Auf die entsprechend geschaltete Stellenanzeige im Stadtanzeiger meldet sich der in Düssel wohnende Gärtnereimeister Lahm. Da Lahm dem Anforderungsprofil der Stellenanzeige entspricht, wird er vom zuständigen Sachbearbeiter der Stadt Rheinfels Budde zu einem Vorstellungsgespräch am 8.8. um 8.00 Uhr eingeladen.

Da am 8.8. frühmorgens keine Flugverbindungen zwischen Düssel und Rheinfels bestehen, bucht Lotte für diese Strecke einen Flug erster Klasse für 350,- € für den 7.8. Gleichzeitig bucht sie für die Nacht vom 7.8. auf den 8.8. ein Hotelzimmer im Ritz für 1.500,- € die Nacht.

Nachdem Lahm nach dem Auswahlgespräch von der Stadt Rheinfels eine Absage erhalten hat, möchte dieser von der Stadt Rheinfels seine Vorstellungskosten ersetzt bekommen.

Aufgabe:

Prüfen Sie in einem umfassenden Rechtsgutachten, ob und unter welchen Voraussetzungen Lahm von der Stadt Rheinfels die Kosten für den Flug und die Übernachtung ersetzt verlangen kann.

Lösungshinweise:

Lahm könnte gegen die Stadt Rheinfels gemäß §§ 662, 670 BGB analog einen Anspruch auf Ersatz seiner Vorstellungskosten haben.

Der Ersatzanspruch besteht unabhängig von einem späteren Zustandekommen des Arbeitsvertrages. Der Bewerber kann nur die Bewerbungskosten ersetzt verlangen, die er für erforderlich halten durfte.

2 Arbeitsvertrag

Ob Kosten angemessen gewesen sind, ist durch eine Einzelabwägung zu bestimmen. Hierbei ist insbesondere entscheidend, welche Position der Bewerber (etwa Führungskraft) beim potenziellen Arbeitgeber einnehmen soll.

Der Bewerber wird insbesondere dann die Benutzung der 1. Klasse für erforderlich halten dürfen, wenn er auch zukünftig dazu berechtigt sein soll, in der ersten Klasse zu reisen. Übernachtungskosten sind dann zu erstatten, wenn dem Bewerber die Hin- und Rückfahrt am selben Tage nicht zugemutet werden kann.

Da Lahm als Gärtnermeister nicht davon ausgehen durfte, er dürfe zukünftig in der ersten Klasse reisen, sind ihm nur die Kosten für die 2. Klasse zu ersetzen. Sollte der von Lahm gebuchte Flug wesentlich teurer als eine Fahrkarte der Bahn gewesen sein, so wären Lahm nur die potenziellen Bahnkosten zu ersetzen. Lotte war es nicht zuzumuten bzw. nicht möglich, am Tag des Vorstellungsgespräches an- und abzureisen, sodass ihr die Hotelkosten zu erstatten sind. Allerdings durfte Lahm es nicht für erforderlich halten, im Ritz zu übernachten. Demnach sind ihm nur die angemessenen Übernachtungskosten zu erstatten.

Übung 5: Informationsanspruch und Fragerecht des Arbeitgebers und Anfechtung des Arbeitsvertrages

Die Stadt Rheinfels sucht für eine ihrer Kantinen einen Koch. Auf eine Stellenanzeige hin meldet sich im Personalamt der Stadt Rheinfels der als Koch ausgebildete Lahm. Auf die Frage der zuständigen Personalsachbearbeiterin Budde nach bestehenden Krankheiten und insbesondere einer HIV-Infektion antwortet Lahm, dass er gesund sei. Lahm sagt dabei bewusst die Unwahrheit, da er weiß, dass er sich mit HIV infiziert hat und die Aids-Erkrankung bei ihm bereits ausgebrochen ist. In einer darauf folgenden vertrauensärztlichen Untersuchung wird Lahm gebeten, sich Blut für einen umfassenden Bluttest abnehmen zu lassen. Da Lahm weiß, dass die Stadt Rheinfels ihm mit der Blutuntersuchung seine Aids-Erkrankung nachweisen kann, lehnt er eine Blutentnahme ab. Die Stadt Rheinfels stellt Lahm gleichwohl als Koch ein, da er sich in einem Auswahlverfahren als Leistungsbester präsentiert hat.

Da Lahm in den ersten drei Jahren seiner Beschäftigung durchschnittlich an über 35 % aller Arbeitstage arbeitsunfähig erkrankt, veranlasst die Stadt Rheinfels, dass Lahm erneut vertrauensärztlich untersucht wird.

Im Rahmen der daraufhin durchgeführten vertrauensärztlichen Untersuchung stellt der Vertrauensarzt Gesund erstmalig fest, dass bei Lahm Krankheitsanzeichen bereits äußerlich zu erkennen sind. Auf Nachfrage teilt Lahm Gesund nun mit, dass er seine Aids-Erkrankung im Vorstellungsgespräch bewusst verschwiegen hat.

Budde fühlt sich durch Lahm arglistig getäuscht. In einem mit Lahm geführtem Personalgespräch teilt sie diesem mit, dass er hiermit das Arbeitsverhältnis wegen arglistiger Täuschung anfechte.

Arbeitsvertrag 2

Aufgaben:

1. Prüfen Sie in einem umfassenden Rechtsgutachten, ob die Stadt Rheinfels das bestehende Arbeitsverhältnis ordnungsgemäß wegen arglistiger Täuschung angefochten hat. Gehen Sie hierbei davon aus, dass Budde vertretungsberechtigt gewesen ist.

2. Zu welchem Zeitpunkt kann das hier zwischen den Parteien bestehende Arbeitsverhältnis mittels Anfechtung wegen arglistiger Täuschung beendet werden?

Lösungshinweise:

Das Arbeitsverhältnis könnte nach § 142 Abs. 1 i. V. m. § 123 Abs. 1 BGB wirksam wegen arglistiger Täuschung angefochten worden sein. Die Anfechtungserklärung ist Lahm ordnungsgemäß nach § 130 BGB zugegangen.

Es ist somit zu prüfen, ob die Voraussetzungen des § 123 Abs. 1 BGB vorliegen.

1. Die Stadt Rheinfels müsste in zulässiger Weise nach der HIV-Infektion bzw. nach der Aidserkrankung des Lahm gefragt haben, bzw. Lahm müsste verpflichtet gewesen sein, seine Aidserkrankung zu offenbaren (§§ 311 Abs. 2 Nr. 2, 241 Abs. 2 BGB). Es müsste also ein berechtigtes Interesse der Stadt Rheinfels an der Informationsgewinnung vorliegen, welches das Interesse des Lahm, sein allgemeines Persönlichkeitsrecht (Art. 2 Abs. 1 GG) ungestört auszuüben, überwiegen müsste.

Da Lahm an Aids erkrankt ist, muss zukünftig mit hohen krankheitsbedingten Ausfallzeiten und damit einhergehenden entsprechenden Entgeltfortzahlungskosten gerechnet werden. Es bestand somit ein nachhaltiges Interesse der Stadt Rheinfels, über die Aidserkrankung des Lahm informiert zu werden. Lahm hätte demnach die Stadt Rheinfels über seine Erkrankung aufklären müssen, obwohl er berechtigt gewesen ist, der Blutentnahme zu widersprechen (Art. 2 Abs. 2 GG). Ob ein entsprechendes Interesse der Stadt Rheinfels auch im Hinblick auf die reine HIV-Infektion besteht, ist zumindest zweifelhaft. Ein entsprechendes Interesse ließe sich mit einer latenten Ansteckungsgefahr für Kollegen und Gäste begründen.

2. Lahm hat die Frage der Stadt Rheinfels vorsätzlich falsch beantwortet bzw. die entsprechende Information vorsätzlich verschwiegen.

3. Lahm war bewusst, dass die von ihm verschwiegene Tatsache für die Entscheidung zur Begründung des Arbeitsverhältnisses wesentlich sein kann.

4. Die arglistige Täuschung war auch kausal für den Vertragsschluss.

5. Die einjährige Anfechtungsfrist des § 124 Abs. 1 BGB wurde gewahrt.

6. Entgegen dem eindeutigen Wortlaut des § 142 Abs. 1 BGB wirkt die Anfechtung – soweit das Arbeitsverhältnis bereits in Vollzug gesetzt worden ist – nicht rückwirkend, da die ausgetauschten Leistungen bzw. explizit die Arbeitsleistung nicht nach § 812 Abs. 1 Satz 1 Alt. 1 BGB zurückgewährt wer-

2 Arbeitsvertrag

den kann. Demnach wurde das Arbeitsverhältnis erst mit Zugang der Anfechtungserklärung aufgelöst.

Übung 6: Anfechtung des Arbeitsvertrages wegen arglistiger Täuschung

Die Stadt Rheinfels schreibt im Stadtanzeiger eine Stelle als Dipl.-Ingenieur Fachrichtung Gebäudetechnik aus. Vorausgesetzt wird u. a. eine mehrjährige Berufserfahrung mit eigenverantwortlicher Projektarbeit. Lahm, der sich neben anderen auf die Stelle bewirbt, gibt zu seinem beruflichen Werdegang an, er habe sieben Jahre lang bei dem renommierten, bundesweit tätigen Bauunternehmen Mehr Tief als Hoch gearbeitet und dort zahlreiche Bauprojekte eigenverantwortlich betreut. In Wahrheit war Lahm bei der Firma Mehr Tief als Hoch an keinem einzigen Projekt eigenverantwortlich beteiligt, sondern lediglich in untergeordneter Position tätig gewesen. Das in den Bewerbungsunterlagen enthaltene Zeugnis der Firma Mehr Tief als Hoch bescheinigt dem Lahm, „stets zur vollsten Zufriedenheit" gearbeitet zu haben. Dass in dem Zeugnis von Projektarbeiten des Lahm nicht die Rede ist, wird von der Auswahlkommission in der Hektik des Verfahrens übersehen.

Lahm setzt sich im Auswahlverfahren gegen mehrere Mitbewerber als Leistungsbester durch und erhält die Stelle. Nach zwei Jahren wird das Personalamt von einem früheren Kollegen des Lahm bei der Firma Mehr Tief als Hoch über den wahren Sachverhalt informiert. Die Stadt Rheinfels erklärt daraufhin sofort die Anfechtung des mit Lahm geschlossenen Arbeitsvertrages wegen arglistiger Täuschung und fordert gleichzeitig die an Lahm gezahlte Vergütung für die Vergangenheit zurück, obwohl Lahm in der Vergangenheit stets überdurchschnittliche Arbeitsergebnisse erzielt hatte. Das entsprechende Schreiben ist Lahm ordnungsgemäß zugegangen.

Aufgabe:

Prüfen Sie in einem umfassenden Rechtsgutachten, ob und zu welchem Zeitpunkt die Stadt Rheinfels das mit Lahm bestehende Arbeitsverhältnis ordnungsgemäß angefochten hat.

Lösungshinweise:

Das Arbeitsverhältnis könnte wirksam nach § 142 Abs. 1 i. V. m. § 123 Abs. 1 BGB wegen arglistiger Täuschung angefochten worden sein.

1. Lahm hat die Stadt Rheinfels vorsätzlich und damit arglistig getäuscht, da er wahrheitswidrig behauptet hat, er habe bei der Firma Mehr Tief als Hoch zahlreiche Bauprojekte eigenverantwortlich betreut, und er hierdurch bei der Stadt Rheinfels einen Irrtum erregt hat. Lahm war verpflichtet, die Stadt Rheinfels wahrheitsgemäß über seine Qualifikationen aufzuklären (§§ 311 Abs. 2 Nr. 2, 241 Abs. 2 BGB).

2. Es besteht Kausalität zwischen der Täuschung und der Abgabe der Willenserklärung, da die Stadt Rheinfels dem Lahm die Stelle nicht übertragen hätte, wenn sie gewusst hätte, dass er keine Projekterfahrung besitzt, denn dies war entsprechend der Ausschreibung zwingende Einstellungsvoraussetzung. Zugunsten Lahms kann nicht berücksichtigt werden, dass die Stadt Rheinfels den Irrtum hätte vermeiden können, wenn sie sich das Zeugnis

genauer angesehen hätte. Entscheidend ist vielmehr, dass tatsächlich ein Irrtum vorlag.

3. Die Anfechtung des Arbeitsvertrages wurde innerhalb der einjährigen Anfechtungsfrist (§ 124 Abs. 1 BGB) und damit fristgerecht ausgesprochen.

4. Der Umstand, dass Lahm zwei Jahre lang überdurchschnittliche Arbeitsergebnisse erzielt hat, nimmt dem Anfechtungsgrund nicht so viel an Bedeutung, dass er eine Auflösung des Arbeitsverhältnisses nicht mehr rechtfertigen kann. Vielmehr ist der arglistig Täuschende im deutschen Rechtssystem nicht schutzbedürftig. Ein Verstoß gegen den Grundsatz von Treu und Glauben (§ 242 BGB) besteht daher nicht.

5. Die Anfechtung beseitigt grundsätzlich das Rechtsgeschäft rückwirkend, § 142 Abs. 1 BGB, sodass der Rechtsgrund für die Entgeltzahlungen rückwirkend entfällt. Bei in Vollzug gesetzten Arbeitsverhältnissen wirkt die Anfechtung dagegen nur für die Zukunft, da die erbrachte Arbeitsleistung nach § 812 Abs. 1 Satz 1 Alt. 1 BGB nicht rückabgewickelt werden kann. Das Arbeitsverhältnis wird damit mit Zugang der Anfechtungserklärung beendet.

Übung 7: Arbeitsvertrag mit beschränkt Geschäftsfähigen

Der 16-jährige Lahm hat ohne Wissen seiner Eltern einen mündlichen Arbeitsvertrag mit der Stadt Rheinfels geschlossen, nachdem er der Stadt Rheinfels eine Vollzeitbeschäftigung zugesagt hat. Auch auf Nachfrage ist die Stadt Rheinfels nicht bereit, den Abschluss des Arbeitsvertrages schriftlich zu bestätigen. Lahm weiß, dass seine Eltern der Aufnahme eines Arbeitsverhältnisses nicht zustimmen werden. Gleichwohl nimmt Lahm seine Arbeit bei der Stadt Rheinfels auf.

Aufgabe:

Prüfen Sie in einem umfassenden Rechtsgutachten, ob Lahm mit der Stadt Rheinfels einen wirksamen Arbeitsvertrag abgeschlossen hat.

Lösungshinweise:

Der Arbeitsvertrag als schuldrechtlicher Vertrag unterliegt den allgemeinen Regelungen des BGB. Insbesondere sind die Vorschriften über das Minderjährigenrecht anwendbar. Der Arbeitsvertrag ist für den Minderjährigen nicht lediglich rechtlich vorteilhaft, da sich der Minderjährige in ihm zur Arbeitsleistung verpflichtet.

Der erst 16 Jahre alte minderjährige Lahm ist nach §§ 2, 106 BGB nur beschränkt geschäftsfähig. Gemäß § 107 BGB bedarf er deshalb zum Abschluss des Arbeitsvertrages der Einwilligung der Eltern. Da eine solche Einwilligung nicht vorliegt, ist der Arbeitsvertrag nach § 108 Abs. 1 BGB schwebend unwirksam.

Ein wirksamer Arbeitsvertrag könnte aber unter Beachtung der Voraussetzungen des § 113 BGB zustande gekommen sein. § 113 BGB ermächtigt den Nichtvollgeschäftsfähigen zum Eintritt in Dienste oder Arbeit, soweit der gesetzliche Vertreter diesen hierzu ermächtigt hat. Vom Anwendungsbereich

2 Arbeitsvertrag

der Norm nicht umfasst sind Berufsausbildungsverhältnisse, da bei diesen nicht die Leistung von Dienst oder Arbeit, sondern die Vermittlung fachlicher Fähigkeiten und Fertigkeiten im Vordergrund steht (vgl. § 1 Abs. 2 BBiG). Da Lahm kein Berufsausbildungsverhältnis eingegangen ist, käme die Anwendung von § 113 BGB in Betracht. Allerdings fehlt es an einer entsprechenden Ermächtigung der Eltern des Lahm, sodass auch durch § 113 BGB die Wirksamkeit des Arbeitsvertrages nicht herbeigeführt werden kann. Zwar kann die Ermächtigung nach § 113 BGB sowohl vor als auch nach Begründung des Arbeitsverhältnisses auch konkludent erfolgen, jedoch muss dies hinreichend klar zum Ausdruck kommen.

Zwischen Lahm und der Stadt Rheinfels wurde kein rechtswirksamer Arbeitsvertrag geschlossen.

2.4 Befristung des Arbeitsvertrages

Ein Arbeitsvertrag kann auf unbestimmte Dauer oder befristet für eine bestimmte zeitliche Dauer abgeschlossen werden (sog. befristeter Arbeitsvertrag). Für Arbeitsverträge, die auf bestimmte Zeit abgeschlossen werden, gilt gemäß § 620 Abs. 3 BGB das Teilzeit- und Befristungsgesetz. Die Regelungen des Teilzeit- und Befristungsgesetzes sind allerdings nicht abschließend. Vielmehr bleiben nach § 23 TzBfG besondere Regelungen über die Befristung von Arbeitsverträgen nach anderen gesetzlichen Vorschriften unberührt. In diesem Zusammenhang ist etwa im Bereich der Hochschulen das Wissenschaftszeitgesetz (WissZeitVG) zu beachten.

2.4.1 Befristungsformen

§ 3 Abs. 1 Satz 1 TzBfG enthält eine **Legaldefinition** des befristeten Arbeitsvertrages. Danach ist ein Arbeitnehmer mit einem auf bestimmte Zeit geschlossenen Arbeitsvertrag befristet beschäftigt. Das Teilzeit- und Befristungsgesetz geht in § 3 Abs. 1 Satz 2 von **zwei Erscheinungsformen** des befristeten Arbeitsvertrages aus. Ein befristeter Arbeitsvertrag liegt danach vor, wenn

seine Dauer kalendermäßig bestimmt ist (**kalendermäßig befristeter Arbeitsvertrag**)

> **Beispiel**
> „Herr Lahm wird für die Dauer vom ... bis ... als ... eingestellt."

oder sich aus Art, Zweck oder Beschaffenheit der Arbeitsleistung ergibt (**zweckbefristeter Arbeitsvertrag**).

> **Beispiel**
> „Herr Lahm wird für die Dauer der Elternzeit der Frau Budde eingestellt."

Arbeitsvertrag 2

Ein Arbeitsvertrag kann des Weiteren unter einer **auflösenden Bedingung** geschlossen sein.

Beispiel
„Herr Lahm wird unter der Bedingung eingestellt, dass er zur Erbringung der Arbeitsleistung gesundheitlich geeignet ist."

Der Begriff der auflösenden Bedingung ist im Teilzeit- und Befristungsgesetz nicht näher definiert, sodass auf die allgemeine Regelung des § 158 Abs. 2 BGB zurückgegriffen werden kann. Danach endet der auflösend bedingte Arbeitsvertrag mit dem Eintritt der Bedingung. Für auflösend bedingte Arbeitsverträge gelten nach § 21 TzBfG bestimmte Regelungen des Teilzeit- und Befristungsgesetzes entsprechend. Hierbei handelt es sich u. a. um Regelungen, welche auch die Zweckbefristung betreffen.

Gut zu wissen

Die auflösende Bedingung ist von der Zweckbefristung abzugrenzen. Bei der auflösenden Bedingung ist im Gegensatz zur Befristung ungewiss, ob die Bedingung überhaupt eintreten wird, etwa in Fällen der Krankheitsvertretung.[1])

2.4.2 Schriftform

Die Befristung eines Arbeitsvertrages bedarf nach § 14 Abs. 4 TzBfG zu seiner Wirksamkeit der **Schriftform**. Maßgebender Zeitpunkt für das Vorliegen des Schriftformerfordernisses ist der Vertragsabschluss. Mündliche Befristungsabreden verstoßen gegen § 14 Abs. 4 TzBfG und sind daher ebenso wie die Befristung des Arbeitsvertrages an sich nach § 16 Satz 1 TzBfG unwirksam.

Hat der Arbeitgeber allerdings durch sein vor der Arbeitsaufnahme liegendes Verhalten verdeutlicht, dass er den Abschluss des befristeten Arbeitsvertrags von der Einhaltung des Schriftformgebots abhängig machen will, liegt in der bloßen Entgegennahme der Arbeitsleistung des Arbeitnehmers regelmäßig nicht die Annahme eines vermeintlichen Vertragsangebots des Arbeitnehmers. Dieser kann das schriftliche Angebot des Arbeitgebers dann noch nach der Arbeitsaufnahme durch die Unterzeichnung des Arbeitsvertrags annehmen. Nimmt der Arbeitnehmer in diesem Fall vor der Vertragsunterzeichnung die Arbeit auf, entsteht zwischen den Parteien lediglich ein faktisches Arbeitsverhältnis, weil es an der Abgabe der zum Vertragsschluss erforderlichen übereinstimmenden Willenserklärungen fehlt. Der Schriftlichkeitsvorbehalt gilt jedoch dann nicht, wenn der Arbeitgeber, ohne dem Arbeitnehmer ein annahmefähiges schriftliches Angebot auf Abschluss eines befristeten Arbeitsvertrags unterbreitet zu haben, ausdrücklich erklärt hat, der Arbeitsvertrag solle erst mit Unterzeichnung der Vertragsurkunde durch ihn zustande kommen, er dem Arbeitnehmer jedoch bereits zuvor in Widerspruch zu seiner Erklärung einen Arbeitsplatz zur Verfügung stellt und die Arbeitsleistung entgegennimmt. Unter diesen Umständen hat er seinerseits

1) Arnold/Gräfl/Rambach § 21 TzBfG Rn. 3.

nicht alles zur Wahrung der Schriftform getan. In einem solchen Fall ist der Vorbehalt unbeachtlich.

Eine formnichtige Befristungsabrede lässt sich nicht dadurch nachträglich heilen, dass die Parteien das nicht schriftlich Vereinbarte nach der Arbeitsaufnahme durch den Arbeitnehmer schriftlich niederlegen. Anders verhält es sich, wenn die Parteien vor Vertragsbeginn und vor Unterzeichnung des schriftlichen Arbeitsvertrags keine Befristung vereinbart haben, oder wenn sie formunwirksam eine Befristungsabrede getroffen haben, die inhaltlich mit der in dem später unterzeichneten schriftlichen Arbeitsvertrag enthaltenen Befristung nicht übereinstimmt. In diesem Fall wird in dem schriftlichen Arbeitsvertrag nicht lediglich eine zuvor formunwirksam vereinbarte Befristung schriftlich niedergelegt, sondern eine davon abweichende und damit eigenständige Befristungsabrede getroffen, durch die das zunächst bei Vertragsbeginn unbefristet entstandene Arbeitsverhältnis nachträglich befristet wird.[1])

Das Schriftformerfordernis gilt für jede Form der Befristung und für auflösend bedingte Arbeitsverträge (§ 21 TzBfG), sodass es unerheblich ist, auf welche Rechtsgrundlage die Befristung gestützt wird.[2])

Beispiel
Befristung des Arbeitsvertrages wegen Vertretung eines Arbeitnehmers für die Dauer seiner Elternzeit nach § 21 BEEG.

Die Anforderungen an die Schriftform ergeben sich aus §§ 126, 126a BGB. Gemäß § 126 Abs. 2 BGB müssen die Vertragsparteien auf derselben Urkunde ihre **Unterschrift** leisten. Die Unterzeichnung hat unterhalb des Textes zu stehen, diesen also räumlich abzuschließen. Da die Unterzeichnung durch beide Vertragsparteien eigenhändig erfolgen muss, erfüllt ein Telefax oder eine E-Mail das Formerfordernis nicht.

Gut zu wissen
Das Schriftformerfordernis bezieht sich ausschließlich auf die Befristungsabrede als solche und nicht auf den gesamten Arbeitsvertrag (vgl. 2.3.8.4). Die Befristung einzelner Vertragsbedingungen unterfällt nicht dem Erfordernis der Schriftform.[3])

Bei einer **kalendermäßigen Befristung** ist schriftlich zu vereinbaren, dass das Arbeitsverhältnis befristet sein soll. Darüber hinaus ist das Enddatum bzw. die vorgesehene Dauer festzuschreiben. Bei einer **Zweckbefristung** ist das vertragsbeendende Ereignis schriftlich zu vereinbaren. Die schriftliche Befristungsabrede kann gleichzeitig eine Zeit- und eine Zweckbefristung enthalten. Dies ist insbesondere dann sinnvoll, wenn zum Zeitpunkt des Vertragsabschlusses für die Vertragspartner noch nicht absehbar ist, zu welchem Zeit-

---

1) BAG v. 15.2.2017 – 7 AZR 223/15, ZTR 2017, 549.
2) Arnold/Gräfl § 14 Rn. 359 f.
3) BAG v. 3.9.2003 – 7 AZR 106/03, juris Langtext Rn. 11.

punkt der Befristungsgrund entfallen bzw. die auflösende Bedingung eintreten wird.

Beispiel
„Lahm wird für die Dauer der Erkrankung der Budde, längstens jedoch bis zum ... befristet beschäftigt."

Die Befristungsabrede kann auch in **elektronischer Form** (§ 126a BGB) vereinbart werden, da § 14 Abs. 4 TzBfG diese – anders als § 623 BGB für die Kündigung oder den Aufhebungsvertrag – nicht ausschließt.

2.4.3 Befristungsende

Das Ende eines befristeten Arbeitsvertrages ist in § 15 TzBfG normiert. Eine Befristung kann allerdings nur dann ihr Ende finden, wenn die Befristung selbst nicht rechtsunwirksam ist (vgl. § 16 Satz 1 TzBfG).

Ein **kalendermäßig befristeter Arbeitsvertrag** endet nach § 15 Abs. 1 TzBfG mit Ablauf der vereinbarten Zeit.

Beispiel
Lahm und die Stadt Rheinfels haben vereinbart, dass das Arbeitsverhältnis vom 1.1. bis zum 31.12. befristet werden soll. Demnach endet das befristete Arbeitsverhältnis nach § 15 Abs. 1 TzBfG zum 31.12.

Ein **zweckbefristeter Arbeitsvertrag** endet nach § 15 Abs. 2 TzBfG mit Erreichen des Zwecks, frühestens jedoch zwei Wochen (die Fristberechnung erfolgt nach §§ 187 Abs. 1, 188 Abs. 2 Alt. 1 BGB) nach Zugang der schriftlichen Unterrichtung des Arbeitnehmers durch den Arbeitgeber über den Zeitpunkt der Zweckerreichung.

Beispiel
Im zwischen Lahm und der Stadt Rheinfels bestehenden Arbeitsvertrag haben die Vertragsparteien vereinbart, dass Lahm für die Dauer der Erkrankung der Budde befristet beschäftigt werden soll. Am 1.10. nimmt Budde ihre Arbeit nach überstandener Erkrankung wieder auf. Am selben Tag teilt die Stadt Rheinfels dies dem Lahm schriftlich mit. Das Arbeitsverhältnis endet somit nach § 15 Abs. 2 TzBfG erst zwei Wochen nach der Mitteilung am 15.10. (§§ 187 Abs. 1, 188 Abs. 2 BGB).

Ein befristeter Arbeitsvertrag ist nach § 15 Abs. 3 TzBfG nur dann vor Ablauf der Befristung **ordentlich kündbar**, wenn dies einzelvertraglich oder im anwendbaren Tarifvertrag vereinbart worden ist. § 30 Abs. 5 TVöD/TV-L[1]) enthält eine entsprechende Regelung. Zulässig bleibt immer das Recht, das Arbeitsverhältnis nach § 626 BGB außerordentlich zu kündigen.

---

1) § 30 Abs. 2 bis Abs. 5 TVöD/TV-L gelten nach § 30 Abs. 1 Satz 2 TVöD/TV-L nur für Beschäftigte, auf die die Regelungen des Tarifgebiets West Anwendung finden.

2 Arbeitsvertrag

Setzt der Arbeitnehmer das Arbeitsverhältnis nach Ablauf der Zeit, für die es eingegangen ist, oder nach Zweckerreichung mit Wissen des Arbeitgebers **fort**, ohne dass dieser der Fortführung unverzüglich, d. h. ohne schuldhaftes Zögern i. S. d. § 121 Abs. 1 Satz 1 BGB, widerspricht, so gilt das Arbeitsverhältnis gemäß § 15 Abs. 5 TzBfG als auf unbestimmte Zeit verlängert. Dem Arbeitgeber zurechenbar ist nur die Kenntnis eines Mitarbeiters, der über Personalverantwortlichkeit verfügt. Ohne Bedeutung ist daher das Wissen des Fachvorgesetzten ohne personalrechtliche Befugnisse.[1])

> **Gut zu wissen**
>
> Eine Fortsetzung des Arbeitsverhältnisses liegt nur dann vor, wenn die Arbeitsleistung durch den Arbeitnehmer auch tatsächlich erbracht wird. Das „Abbummeln" von Überstunden oder Urlaub löst daher die Folgewirkung des § 15 Abs. 3 TzBfG nicht aus.[2])

2.4.4 Zeitpunkt der Befristungskontrolle

Maßgeblicher Zeitpunkt der Befristungskontrolle ist der Zeitpunkt des Vertragsabschlusses. Nachträgliche tatsächliche Änderungen führen nicht zur Unwirksamkeit der Befristung, da die Vertragsparteien auf diese oftmals keinen Einfluss nehmen können.[3])

> **Beispiel**
>
> Lahm wird für die Dauer der Spargelernte befristet mit Sachgrund vom 1.5.–30.6. eingestellt (§ 14 Abs. 1 Satz 2 Nr. 1 TzBfG). Aufgrund schlechten Wetters verdirbt ein Großteil der Spargelernte, sodass bereits am 15.6. der Spargel restlos abgeerntet ist.
> Der befristete Arbeitsvertrag bleibt wirksam und endet nach § 15 Abs. 1 TzBfG am 30.6, auch wenn der Arbeitskräftebedarf früher als prognostiziert entfallen ist.

Dies gilt grundsätzlich auch dann, wenn sich während der Dauer des befristeten Arbeitsverhältnisses die Tätigkeit des Arbeitnehmers ändert. Wird jedoch in einem Änderungsvertrag unter Beibehaltung der vertraglich vereinbarten Befristungsdauer eine Änderung der Tätigkeit und gegebenenfalls der Vergütung vereinbart, unterliegt der Änderungsvertrag als letzter Arbeitsvertrag der Befristungskontrolle. In diesem Fall kommt es darauf an, ob bei Abschluss des Änderungsvertrags ein Sachgrund für die Befristung bestand. Dabei kann die Befristung allerdings nur dann auf ihre Wirksamkeit überprüft werden, wenn der Arbeitnehmer innerhalb der Klagefrist des § 17 S 1 TzBfG die Unwirksamkeit der Befristung des Änderungsvertrags geltend macht.[4])

---

1) BAG v. 11.7.2007 – 7 AZR 197/06, juris Langtext Rn. 26.
2) Dörner Rn. 742.
3) BAG v. 27.7.2005 – 7 AZR 774/09, juris Langtext Rn. 25.
4) BAG v. 17.5.2017 – 7 AZR 301/15, NZA 2017, 1340.

2.4.5 Gegenstand der Befristungskontrolle

Schließen die Arbeitsvertragsparteien mehrere befristete Arbeitsverträge hintereinander ab (sog. **Mehrfach- oder Kettenbefristung**), bringen sie hiermit grundsätzlich zum Ausdruck, dass ausschließlich der letzte befristete Arbeitsvertrag für ihre Rechtsbeziehungen maßgeblich sein soll.[1]) Der arbeitsgerichtlichen Befristungskontrolle unterliegt damit auch lediglich der letzte befristet Arbeitsvertrag.

Beispiel
Lahm wird zunächst vom 1.1.–31.3, anschließend vom 1.4.–30.09 und abschließend vom 1.10.–31.12. bei der Stadt Rheinfels wegen der Durchführung eines Projektes im Rahmen eines nach § 14 Abs. 1 Satz 2 Nr. 1 TzBfG befristeten Arbeitsvertrages beschäftigt. Lahm erhebt daraufhin fristgerecht beim zuständigen Arbeitsgericht Entfristungsklage.
Das angerufene Arbeitsgericht wird lediglich den letzten befristeten Arbeitsvertrag (1.10.–31.12) einer Befristungskontrolle unterziehen.

Die Gerichte dürfen sich im Falle einer Mehrfach- bzw. Kettenbefristung bei der Befristungskontrolle allerdings nicht auf die Prüfung des geltend gemachten Sachgrunds beschränken. Sie sind vielmehr aus unionsrechtlichen Gründen verpflichtet, alle Umstände des Einzelfalls und dabei namentlich die Gesamtdauer und die Zahl der mit derselben Person zur Verrichtung der gleichen Arbeit geschlossenen aufeinanderfolgenden befristeten Verträge zu berücksichtigen, um auszuschließen, dass Arbeitgeber missbräuchlich auf befristete Arbeitsverträge zurückgreifen. Diese zusätzliche Prüfung ist im deutschen Recht nach den Grundsätzen des institutionellen Rechtsmissbrauchs (§ 242 BGB) vorzunehmen.[2]) Die nach den Grundsätzen des institutionellen Rechtsmissbrauchs vorzunehmende Prüfung verlangt eine Würdigung sämtlicher Umstände des Einzelfalls.[3]) Von besonderer Bedeutung sind

- die Gesamtdauer aller
- sowie die Anzahl der einzelnen befristeten Verträge.

Ferner ist der Umstand zu berücksichtigen, ob der Arbeitnehmer stets auf demselben Arbeitsplatz mit denselben Aufgaben beschäftigt wird oder ob es sich um wechselnde, ganz unterschiedliche Aufgaben handelt. Auch wenn ein ständiger Vertretungsbedarf der Annahme des Sachgrunds der Vertretung nicht entgegensteht und daher geeignet ist, die Befristung des Arbeitsverhältnisses mit dem Vertreter zu rechtfertigen, ist er dennoch ein Umstand, der im Rahmen einer umfassenden Missbrauchskontrolle in die Gesamtwürdigung einbezogen werden kann. Bei zunehmender Anzahl und Dauer der jeweils befristeten Beschäftigung eines Arbeitnehmers kann es eine missbräuchliche Ausnutzung der dem Arbeitgeber an sich rechtlich eröffneten

---
1) Dörner Rn. 110 ff.
2) BAG v. 18.7.2012 – 7 AZR 443/09, juris Langtext Rn. 37, BAGE 142, 308.
3) EuGH 26.1.2012 – C-586/10 – [Kücük], juris Langtext Rn. 40, 43, 51, 55; BAG 18.7.2012 – 7 AZR 443/09, juris Langtext Rn. 40, BAGE 142, 308.

2 Arbeitsvertrag

Befristungsmöglichkeit darstellen, wenn er gegenüber einem bereits langjährig beschäftigten Arbeitnehmer trotz der tatsächlich vorhandenen Möglichkeit einer dauerhaften Einstellung immer wieder auf befristete Verträge zurückgreift.

Zu berücksichtigen ist außerdem die Laufzeit der einzelnen befristeten Verträge sowie die Frage, ob und in welchem Maße die vereinbarte Befristungsdauer zeitlich hinter dem zu erwartenden Vertretungsbedarf zurückbleibt. Wird trotz eines tatsächlich zu erwartenden langen Vertretungsbedarfs in rascher Folge mit demselben Arbeitnehmer eine Vielzahl kurzfristiger Arbeitsverhältnisse vereinbart, liegt die Gefahr des Gestaltungsmissbrauchs näher, als wenn die vereinbarte Befristungsdauer zeitlich nicht hinter dem prognostizierten Vertretungsbedarf zurückbleibt.[1]

Bei der Gesamtwürdigung können daneben zahlreiche weitere Gesichtspunkte eine Rolle spielen. Zu denken ist dabei insbesondere an branchenspezifische Besonderheiten etwa bei Saisonbetrieben. Auch können bei der Gesamtbeurteilung grundrechtlich gewährleistete Freiheiten von beträchtlicher Bedeutung sein. Dies gilt insbesondere für die in Art. 5 Abs. 1 GG gewährleistete Pressefreiheit und die Freiheit der Berichterstattung durch Rundfunk und Film, aber auch für die in Art. 5 Abs. 3 GG garantierte Freiheit von Kunst und Wissenschaft, Forschung und Lehre.[2]

Das BAG hat mittlerweile seine Rechtsprechung weiter konkretisiert. Werden danach die in § 14 Abs. 2 Satz 1 TzBfG genannten Grenzen alternativ oder kumulativ in besonders gravierendem Ausmaß überschritten, kann die missbräuchliche Ausnutzung der an sich eröffneten Möglichkeit zur Sachgrundbefristung indiziert sein.[3] Von einem indizierten Rechtsmissbrauch ist idR auszugehen, wenn durch die befristeten Verträge einer der Werte des § 14 Abs. 2 Satz 1 TzBfG um mehr als das Fünffache überschritten wird oder beide Werte mehr als das jeweils Vierfache betragen. Das bedeutet, dass ein Rechtsmissbrauch indiziert ist, wenn die Gesamtdauer des Arbeitsverhältnisses zehn Jahre überschreitet oder mehr als 15 Vertragsverlängerungen vereinbart wurden oder wenn mehr als zwölf Vertragsverlängerungen bei einer Gesamtdauer von mehr als acht Jahren vorliegen. In einem solchen Fall hat allerdings der Arbeitgeber die Möglichkeit, die Annahme des indizierten Gestaltungsmissbrauchs durch den Vortrag besonderer Umstände zu entkräften.[4]

Im Koalitionsvertrag der Bundesregierung ist vorgesehen, das Befristungsketten auf höchstens fünf Jahre zu beschränken sind.

---

1) BAG v. 18.7.2012 – 7 AZR 443/09, juris Langtext Rn. 46.
2) BAG v. 19.2.2014 – 7 AZR 260/12, juris Langtext Rn. 36.
3) Vgl. etwa BAG v. 7.10.2015 – 7 AZR 944/13, juris Langtext Rn. 16; BAG v. 29.4.2015 – 7 AZR 310/13, juris Langtext Rn. 26; BAG v. 18.7.2012 – 7 AZR 443/09, BAGE 142, 308.
4) BAG v. 26.10.2016 – 7 AZR 135/15, NZA 2017, 382.

2 Arbeitsvertrag

2.4.6 Rechtsfolgen einer unwirksamen Befristung und Klagefrist

Ist die Befristung des Arbeitsverhältnisses unwirksam, besteht gemäß § 16 Satz 1 TzBfG ein unbefristetes Arbeitsverhältnis fort, welches den allgemeinen arbeitsrechtlichen Regelungen unterliegt. Dementsprechend kann das (unbefristete) Arbeitsverhältnis nach den allgemeinen Grundsätzen gekündigt werden. Allerdings kommt, soweit ein eigenständiges ordentliches Kündigungsrecht nicht einzelvertraglich vereinbart worden ist, eine Kündigung grundsätzlich erst nach dem vereinbarten Ende des befristeten Arbeitsvertrages in Betracht (§ 16 Satz 1 TzBfG). Ist die Befristung allein aufgrund des Mangels der Schriftform unwirksam, kann das Arbeitsverhältnis auch vor dem vereinbarten Ende ordentlich gekündigt werden (§ 16 Satz 2 TzBfG).

Hinweis

Der Arbeitnehmer, der die Unwirksamkeit der Befristung gleich aus welchem Grund gerichtlich geltend machen will, muss nach § 17 Satz 1 TzBfG innerhalb von **drei Wochen** (§§ 187 Abs. 1, 188 Abs. 2 Alt. 1 BGB) nach dem vereinbarten Ende der Befristung Klage beim zuständigen Arbeitsgericht erheben. Anderenfalls gilt die vereinbarte Befristung als rechtswirksam, sodass das Arbeitsverhältnis mit dem vereinbarten Befristungsende endgültig und unangreifbar endet (§ 17 Abs. 2 TzBfG i. V. m. §§ 5 bis 7 KSchG).

§ 17 Satz 2 TzBfG verweist für die Fälle der Fristversäumung auf die §§ 5 bis 7 KSchG. Demnach kann der Arbeitnehmer beantragen, die **Klage nachträglich zuzulassen**, wenn er trotz Anwendung aller ihm nach Lage und Umständen zuzumutenden Sorgfalt verhindert war, die Klage innerhalb von drei Wochen nach Beendigung des befristeten Arbeitsverhältnisses zu erheben.

> **Beispiel**
> Lahm verunfallt schwer. Er wird daraufhin in ein künstliches Koma versetzt, sodass es ihm nicht möglich ist, fristgerecht Entfristungsklage zu erheben.

Der Antrag muss gemäß § 5 Abs. 3 Satz 1 KSchG innerhalb von **zwei Wochen** (§§ 187 Abs. 1, 188 Abs. 2 Alt. 1 BGB) nach Behebung des Hindernisses beim Arbeitsgericht eingegangen sein. Der Antrag kann nach Ablauf von sechs Monaten, vom Ende der versäumten Frist an gerechnet, nicht mehr gestellt werden (§ 5 Abs. 3 Satz 2 KSchG). Mit dem Antrag ist die Klageerhebung zu verbinden. Der Antrag hat die für die nachträgliche Zulassung begründenden Tatsachen zu enthalten (§ 5 Abs. 2 KSchG).

2.4.7 Sachgrundbefristung

Die Befristung eines Arbeitsvertrages ist nach § 14 Abs. 1 Satz 1 TzBfG zulässig, wenn sie durch einen sachlichen Grund gerechtfertigt ist (sog. **Sachgrundbefristung**). § 14 Abs. 1 Satz 2 TzBfG sieht einen Katalog von Befristungsgründen vor. Die Aufzählung ist, wie der Wortlaut der Norm („... insbesondere ...") zeigt, **nicht** abschließend. Einer Befristung des Arbeitsvertra-

2 Arbeitsvertrag

ges können demnach auch die bisher von der Rechtsprechung anerkannten Sachgründe zugrunde gelegt werden.[1])

Beispiel
Drittmittelfinanzierung, ABM.

2.4.7.1 Vorübergehender Mehrbedarf an Arbeitskräften (Nr. 1)

Nach § 14 Abs. 1 Satz 2 Nr. 1 TzBfG liegt ein sachlicher, eine Befristung des Arbeitsverhältnisses rechtfertigender Grund vor, wenn der betriebliche Bedarf an der Arbeitsleistung nur vorübergehend besteht (sog. vorübergehender Arbeitskräftebedarf).

Jeder Arbeitgeber hält für den regulären Betrieb eine Stammbelegschaft vor. Das wirtschaftliche Risiko muss der Arbeitgeber selber tragen, sodass alleine die Ungewissheit der zukünftigen wirtschaftlichen Entwicklung eine Befristung des Arbeitsvertrages nicht rechtfertigen kann.[2])

Beispiel
Unterliegt der Arbeitgeber jährlich unregelmäßig wiederkehrenden Auftragsschwankungen, ist eine entsprechende Befristung des Arbeitsvertrages nicht gerechtfertigt.

Eine Befristung wegen eines nur vorübergehenden betrieblichen Bedarfs an der Arbeitsleistung setzt voraus, dass im Zeitpunkt des Vertragsschlusses mit hinreichender Sicherheit zu erwarten ist, dass nach dem vorgesehenen Vertragsende für die Beschäftigung des befristet eingestellten Arbeitnehmers in dem Betrieb kein dauerhafter Bedarf mehr besteht.[3]) Hierüber hat der Arbeitgeber bei Abschluss des befristeten Arbeitsvertrags eine Prognose zu erstellen, der konkrete Anhaltspunkte zugrunde liegen müssen. Die Prognose ist Teil des Sachgrunds für die Befristung.[4]) Die tatsächlichen Grundlagen für die Prognose über den nur vorübergehend bestehenden Arbeitskräftebedarf hat der Arbeitgeber im Prozess darzulegen.[3]) Wird die Befristung auf einen zusätzlichen Arbeitskräftebedarf im Bereich der Daueraufgaben gestützt, hat der Arbeitgeber darzutun, aufgrund welcher Umstände bei Abschluss des befristeten Arbeitsvertrags davon auszugehen war, dass künftig nach Ablauf der mit dem befristet beschäftigten Arbeitnehmer vereinbarten Vertragslaufzeit das zu erwartende Arbeitspensum mit dem vorhandenen Stammpersonal würde erledigt werden können. Ein die Befristung rechtfertigender vorübergehender Bedarf an der Arbeitsleistung liegt nicht vor, wenn dem Arbeitnehmer Daueraufgaben übertragen werden, die von dem beschäftigten Stammpersonal wegen einer von vornherein unzureichenden Personalaus-

---

1) Dörner Rn. 164.
2) Dörner Rn. 268.
3) BAG v. 27.7.2016 – 7 AZR 545/14, juris Langtext Rn. 17.
4) BAG v. 17.3.2010 – 7 AZR 640/08, BAGE 133, 319.

stattung nicht erledigt werden können.¹) Der Befristung eines Arbeitsvertrags nach § 14 Abs. 1 Satz 2 Nr. 1 TzBfG steht es nicht entgegen, wenn der prognostizierte vorübergehende Bedarf an der Arbeitsleistung noch über das Vertragsende des mit dem befristet beschäftigten Arbeitnehmer abgeschlossenen Arbeitsvertrags hinaus andauert. Die vom Arbeitgeber zu erstellende Prognose muss sich lediglich darauf erstrecken, dass der betriebliche Bedarf an der Arbeitsleistung des befristet beschäftigten Arbeitnehmers nur zeitweise und nicht dauerhaft eröffnet ist.

Bei der Befristungskontrolle geht es nicht um die Zulässigkeit der vereinbarten Vertragsdauer, sondern um das Vorliegen eines sachlichen Grunds dafür, dass statt eines unbefristeten nur ein befristeter Arbeitsvertrag abgeschlossen wurde (*BAG 17. März 2010 – 7 AZR 640/08 – Rn. 14, a.a.O.*). Die vereinbarte Vertragsdauer erlangt nur Bedeutung im Rahmen der Prüfung, ob ein sachlicher Grund für die Befristung iSd. § 14 Abs. 1 TzBfG vorliegt. Die Vertragsdauer muss sich am Sachgrund der Befristung orientieren und so mit ihm im Einklang stehen, dass sie den behaupteten Sachgrund nicht infrage stellt. Aus der Vertragslaufzeit darf sich nicht ergeben, dass der Sachgrund tatsächlich nicht besteht oder nur vorgeschoben ist. Das bloße Zurückbleiben der vereinbarten Vertragsdauer hinter der bei Vertragsschluss voraussehbaren Dauer des vorübergehenden Bedarfs ist daher nicht stets und ohne Weiteres geeignet, den Sachgrund für die Befristung infrage zu stellen. Der Arbeitgeber kann bei Befristungen, die auf § 14 Abs. 1 Satz 2 Nr. 1 TzBfG gestützt sind, frei darüber entscheiden, ob er den Zeitraum des von ihm prognostizierten zusätzlichen Arbeitskräftebedarfs ganz oder nur teilweise durch den Abschluss von befristeten Arbeitsverträgen abdeckt. Ein Zurückbleiben der Vertragslaufzeit hinter der voraussichtlichen Dauer des Bedarfs kann das Vorliegen des Sachgrunds für die Befristung nur infrage stellen, wenn eine sinnvolle, dem Sachgrund entsprechende Mitarbeit des Arbeitnehmers nicht mehr möglich erscheint.²)

Der vorübergehende betriebliche Mehrbedarf an Arbeitskräften kann auf einen **Zuwachs von Arbeitsaufgaben** beruhen. Dieser kann auf zwei Ursachen zurückzuführen sein:

- auf eine Zuweisung von Aufgaben von begrenzter Dauer

Beispiel
Saisonarbeiten (Spargel, Erdbeerernte), einmalige Projekte oder Ereignisse (Kommunalwahlen).

- oder auf einem begrenzten Zuwachs einer an sich dauerhaften Aufgabe.

Beispiel
Aufgrund der mit der Einführung eines Jobtickets bei der Stadt Rheinfels zusammenhängenden Mehrarbeiten (Ausstellen der Jobtickets, Anschreiben an alle Mitarbeiter usw.) besteht dort für die Einführungszeit ein Mehrbedarf an Arbeitskräften.

---

1) BAG 17.3.2010 – 7 AZR 640/08, juris Langtext Rn. 13.
2) BAG v. 14.12.2016 – 7 AZR 688/14, NZA 2017, 711.

2 Arbeitsvertrag

Der vorübergehende betriebliche Mehrbedarf kann darüber hinaus auf eine **prognostizierte Abnahme von bestehenden betrieblichen Aufgaben** beruhen. Allen Fallgruppen ist gemeinsam, dass der künftig wegfallende Bedarf an der Arbeitsleistung zum Zeitpunkt des Vertragsabschlusses noch nicht unabänderlich feststeht. Teil des Sachgrundes ist daher das ungeschriebene Tatbestandsmerkmal der auf Tatsachen beruhenden **Prognose**. Der Arbeitgeber muss im Zeitpunkt des Vertragsabschlusses aufgrund greifbarer und objektiver Tatsachen mit einiger Sicherheit erwarten dürfen, dass über das vereinbarte Vertragsende hinaus für den befristet beschäftigten Arbeitnehmer kein Bedarf besteht.[1])

> **Beispiel**
> Die Prognose stützt sich auf objektivierbare Erfahrungen des Arbeitgebers in der Vergangenheit.

Erweist sich die Prognose des Arbeitgebers als zutreffend, so ist die Befristung des Arbeitsvertrages regelmäßig gerechtfertigt. Besteht bei Ablauf der Befristung trotz ordnungsgemäßer Prognose weiterhin ein Arbeitskräftebedarf, muss der Arbeitgeber darlegen, aus welchen Gründen die tatsächliche Entwicklung des Arbeitskräftebedarfs anders verlaufen ist als bei Vertragsabschluss prognostiziert.[2])

> **Beispiel**
> Der Rat der Stadt Rheinfels beschließt, dass das gesamte Stadtgebiet innerhalb eines Jahres von allen Graffitischmierereien befreit werden muss. Er beauftragt daher die Stadtverwaltung hierfür 10 Arbeitnehmer befristet einzustellen. Lahm wird daraufhin im Rahmen eines Arbeitsvertrages befristet für ein Jahr eingestellt. Aufgrund einer Kommunalwahl eingetretenen geänderten Mehrheitsverhältnissen im Rat beschließt die neue Ratsmehrheit, das Projekt mit sofortiger Wirkung einzustellen. Die Befristung des Arbeitsvertrages bleibt in diesem Fall wirksam, da die der Befristung zugrunde liegende Prognose aufgrund objektiver Tatsachen zum Zeitpunkt des Vertragsschlusses gerechtfertigt gewesen ist.

Der Arbeitnehmer muss zur Deckung des konkreten Mehrbedarfs eingestellt worden sein (**Kausalität**). Der Arbeitgeber darf einen vorübergehenden Mehrbedarf nicht zum Anlass nehmen, beliebig viele Neueinstellungen vorzunehmen. Hieraus folgt, dass sich die Anzahl der neueingestellten Arbeitnehmer im Rahmen des vorübergehenden Mehrbedarfs halten muss.[3])

Wird der befristet eingestellte Arbeitnehmer nicht in dem Bereich eingesetzt, in dem der Mehrbedarf durch den Arbeitgeber prognostiziert worden ist, bleibt die Befristung des Arbeitsvertrages gerechtfertigt, da die Befristung

---

1) Dörner Rn. 275 ff.
2) BAG v. 7.5.2008 – 7 AZR 146/07, juris Langtext Rn. 17.
3) BAG v. 12.9.1996 – 7 AZR 790/95, juris Langtext Rn. 29; BAG v. 20.2.2008 – 7 AZR 950/06, juris Langtext Rn. 20.

des Arbeitsvertrages das Direktionsrecht des Arbeitgebers nicht beschränkt. Der Arbeitgeber muss dann allerdings darlegen, wie er die Arbeit im Einzelnen im Rahmen seines Direktionsrechtes umorganisiert hat, um den Mehrbedarf an Arbeitskräften zu decken.[1])

Beispiel
In der Abteilung A der Stadt Rheinfels besteht ein tatsächlicher Mehrbedarf an Arbeitskräften. Lahm wird daraufhin von der Stadt Rheinfels zur Deckung des Mehrbedarfs zum 1.3. befristet eingestellt und zunächst in der Abteilung A beschäftigt. Am 15.4. wird Lahm jedoch in die Abteilung B der Stadt Rheinfels umgesetzt. Im Gegenzug wechselt ein Mitarbeiter der Abteilung B im Rahmen der Umsetzung in die Abteilung A und übernimmt dort die Aufgaben des Lahm.

2.4.7.2 Anschlussbefristung (Nr. 2)

Ein die Befristung rechtfertigender Sachgrund liegt nach § 14 Abs. 1 Satz 2 Nr. 2 TzBfG vor, wenn die Befristung **im Anschluss an eine Ausbildung oder ein Studium** erfolgt, um den Übergang des Arbeitnehmers in eine Anschlussbeschäftigung zu erleichtern.

Gut zu wissen

Neben den eigentlichen **Berufsausbildungsverhältnissen** im Sinne des Berufsbildungsgesetzes fallen unter den Begriff Ausbildung auch betriebliche Bildungsmaßnahmen, die über die Vermittlung der für die Ausfüllung eines bestimmten Arbeitsplatzes notwendigen Kenntnisse hinausgehen. Keine Ausbildung stellen hingegen Maßnahmen der beruflichen Weiterbildung oder Umschulungen dar.[2])

Nicht entscheidend ist, bei welchem Arbeitgeber die Ausbildung absolviert worden ist.

Beispiel
Lahm wurde bei der Stadt Rheinfels zum Verwaltungsfachangestellten ausgebildet. Nunmehr wird er von der Stadt Düssel im Rahmen einer befristeten Anschlussbeschäftigung nach § 14 Abs. 1 Satz 2 Nr. 2 TzBfG übernommen, um ihm die Möglichkeit einer unbefristeten Anschlussbeschäftigung zu ermöglichen.

Als **Studium** ist lediglich das Bemühen um einen staatlichen oder staatlich anerkannten Abschluss an einer Universität oder Fachhochschule anzusehen.[3])

Die befristete Beschäftigung muss **im Anschluss** an die Ausbildung oder das Studium erfolgen. Dies bedeutet nicht, dass jede zeitliche Unterbrechung zwischen der abgeschlossenen Ausbildung bzw. dem abgeschlossenen Studium und der befristeten Anschlussbeschäftigung schädlich wäre. Zu fordern

---
1) BAG v. 8.7.1998 – 7 AZR 388/97, juris Langtext Rn. 14 ff.
2) Arnold/Gräfl § 14 TzBfG Rn. 78 f.
3) Arnold/Gräfl § 14 TzBfG Rn. 80.

2 Arbeitsvertrag

ist allerdings ein enger zeitlicher Zusammenhang zwischen dem Ende der Ausbildung bzw. des Studiums und der Arbeitsaufnahme.[1]) Entscheidend sind hierbei die Umstände des Einzelfalls.[2])

Beispiel

Unschädlich ist ein sich an die Ausbildung anschließender Erholungsurlaub. Gleiches gilt, wenn ein Hochschulabsolvent nach dem Studium innerhalb eines absehbaren Zeitraums noch seine Dissertation beendet.

Eine Anschlussbeschäftigung liegt nur vor, wenn es sich um die erste Beschäftigung nach einem Studium oder Ausbildung handelt.[3])

Die Befristung des Arbeitsverhältnisses soll dem Arbeitnehmer **den Übergang in eine Anschlussbeschäftigung erleichtern**. Nicht erforderlich ist, dass für den Arbeitnehmer eine konkrete Aussicht auf eine unbefristete Anschlussbeschäftigung besteht. Ebenso ist der Arbeitgeber nicht gehalten, eine Prognose zu den künftigen Berufschancen des Arbeitnehmers anzustellen. Ausreichend ist vielmehr der Wille des Arbeitgebers, dem Arbeitnehmer eine zukünftige Beschäftigung auch auf dem freien Arbeitsmarkt zu erleichtern.[4])

Eine zeitliche Beschränkung der Befristung lässt sich dem Gesetzeswortlaut nicht entnehmen. Im Hinblick auf die Möglichkeit, nach §14 Abs.2 TzBfG ein Arbeitsverhältnis sachgrundlos für die Dauer von **zwei Jahren** zu befristen, ist eine Vertragslaufzeit von zwei Jahren ohne Weiteres zulässig. Im Einzelfall kann allerdings auch eine längere Befristung gerechtfertigt sein, etwa bei akademischen Berufen.[5])

Gut zu wissen

Auszubildende haben nach §§ 16a Satz 1 TVAöD, 19 Satz 1 TVA-L BBiG nach erfolgreich bestandener Abschlussprüfung einen **Anspruch auf Übernahme** in ein auf zwölf Monate befristetes Arbeitsverhältnis, soweit ein entsprechender dienstlicher/betrieblicher Bedarf besteht, sofern nicht im Einzelfall personenbedingte, verhaltensbedingte, betriebsbedingte oder gesetzliche Gründe entgegenstehen. Auszubildende, die **Mitglieder der Jugend- und Auszubildendenvertretung** gewesen sind, haben nach der Berufsausbildung sogar einen Anspruch auf Übernahme in ein unbefristetes Arbeitsverhältnis, soweit sie ihre unbefristete Weiterbeschäftigung innerhalb der letzten drei Monate vor Beendigung der Berufsausbildung gegenüber dem Arbeitgeber geltend gemacht haben (§78a Abs.2 BetrVG, §9 Abs.2 i.V.m. §107 Satz 2 BPersVG).

---

1) ErfK/Müller-Glöge §14 TzBfG Rn.32
2) Dörner Rn.241.
3) BAG v. 10.10.2007 – 7 AZR 795/06, juris Langtext Rn.19.
4) ErfK/Müller-Glöge §14 TzBfG Rn.33.
5) Dörner Rn.247.

2.4.7.3 Vertretung (Nr. 3)

Ein sachlicher Grund für die Befristung eines Arbeitsverhältnisses liegt nach § 14 Abs. 2 Satz 2 Nr. 3 TzBfG vor, wenn der Arbeitnehmer zur Vertretung eines anderen Arbeitnehmers beschäftigt wird.

Ein **Vertretungsfall** liegt immer dann vor, wenn aufgrund des zeitlich befristeten Ausfalls eines Arbeitnehmers oder Beamten, z. B. durch Krankheit, Beurlaubung, Mutterschutz, Elternzeit, Einberufung zum Wehrdienst, ein vorübergehender Bedarf für die Beschäftigung eines anderen Arbeitnehmers besteht und dieser zur Deckung dieses Mehrbedarfes befristet eingestellt wird.[1]

Beispiel
Lahm wird zur Vertretung für die Dauer der Elternzeit der Budde befristet eingestellt.

Der Sachgrund der Befristung liegt darin, dass der Arbeitgeber bereits zu einem vorübergehend ausfallenden Mitarbeiter in einem Rechtsverhältnis steht, mit ihm seinen Arbeitskräftebedarf bis zu seinem zeitlich begrenzten Ausfall gedeckt hat und er mit der Rückkehr des Mitarbeiters rechnet.[2]

Teil des Sachgrunds der Vertretung ist eine Prognose des Arbeitgebers. Die **Prognose** hat sich darauf zu beziehen, **ob** zu erwarten ist, dass der vertretene Mitarbeiter seine Arbeit wieder aufnehmen wird.[3] Der Arbeitgeber darf bei einer Beurlaubung oder einer Erkrankung grundsätzlich davon ausgehen, dass der Vertretene seine Arbeit wieder aufnehmen wird, sodass an die Prognose keine allzu hohen Anforderungen zu stellen sind. Dies gilt auch dann, wenn der Arbeitnehmer bereits mehrfach hintereinander im Rahmen von befristeten Arbeitsverträgen bei einem Arbeitgeber beschäftigt worden ist (sog. Kettenbefristungen). In diesen Fällen sind die Arbeitsgerichte aus unionsrechtlichen Gründen jedoch gehalten, eine Missbrauchskontrolle durchzuführen.[4] Der Arbeitgeber muss nicht von sich aus Erkundigungen über die gesundheitliche Entwicklung des erkrankten oder über die Planungen des beurlaubten Arbeitnehmers einholen. Eine Befristung des Arbeitsvertrages ist in diesen Fällen nur dann unwirksam, wenn der Arbeitgeber zum Zeitpunkt des Vertragsschlusses bereits wusste, dass der vertretene Arbeitnehmer nach Ablauf der Befristung seine Arbeit nicht wieder aufnehmen wird.[5]

Beispiel
Lahm war bereits in den letzten zehn Jahren im Rahmen von fünf befristeten Arbeitsverträgen zur Vertretung der Budde, die sich in der Vergangenheit um die Betreuung ihrer minderjährigen Kinder gekümmert hat, bei der Stadt Rheinfels beschäftigt. Da Budde nochmals wegen Kinderbetreuung eine dreijährige Beurlaubung beantragt, wird Lahm für weitere drei Jahre befristet weiterbeschäftigt.

1) Arnold/Gräfl § 14 TzBfG Rn. 87.
2) BAG v. 4.6.2003 – 7 AZR 523/02, ZTR 2004, 209; Dörner Rn. 299.
3) BAG v. 13.10.2004 – 7 AZR 654/03, ZTR 2005. 268; Dörner Rn. 304.
4) BAG v. 10.7.2013 – 7 AZR 761/11, juris Langtext Rn. 26 f.
5) BAG v. 24.8.2016 – 7 AZR 41/15; Arnold/Gräfl § 14 TzBfG Rn. 89 ff.

2 Arbeitsvertrag

> Die Befristung des Arbeitsvertrages ist rechtswirksam, auch wenn noch nicht feststeht, ob Antje ihre Beschäftigung nach ihrer aktuellen Beurlaubung wieder aufnehmen wird.[1])
>
> Die **Dauer der Befristung** muss sich **nicht** mit der **tatsächlichen Dauer des Vertretungsbedarfs decken**, da es allein dem Arbeitgeber obliegt, den Arbeitsausfall zu überbrücken oder für die Dauer des Arbeitsausfalls auf eine zusätzliche Arbeitskraft zu verzichten. Dementsprechend bleibt es der Entscheidung des Arbeitgebers vorbehalten, die Vertretung für eine kürzere Zeit zu regeln.[2])

Beispiel
Budde befindet sich die nächsten drei Jahre in Elternzeit. Lahm wird von der Stadt Rheinfels daraufhin befristet für zwei Jahre zur Vertretung der Budde eingestellt.
Die Befristung des mit Lahm abgeschlossenen Arbeitsvertrages ist wirksam, obwohl die Stadt Rheinfels die mögliche Befristungsdauer nicht voll ausgeschöpft hat.

Die rechtswirksame Befristung eines Arbeitsvertrages zur Vertretung setzt nicht voraus, dass der Vertreter die zeitweilig ausfallende Stammkraft unmittelbar vertritt.[3]) Neben der unmittelbaren Vertretung sind als weitere Befristungsmöglichkeiten die mittelbare Vertretung und die Zuordnungsvertretung anerkannt.[4])

Ein Fall der mittelbaren Vertretung/Zuordnungsvertretung liegt vor, wenn der befristet beschäftigte Arbeitnehmer zwar wegen des Vertretungsbedarfs eingestellt worden ist, er allerdings nicht die vom vertretenen bisher ausgeübten Aufgaben wahrnimmt. Es bedarf immer eines **ursächlichen Zusammenhangs** zwischen dem vorübergehenden Ausfall der Stammkraft und der befristeten Einstellung des Vertreters. Ein solcher kausaler Zusammenhang setzt voraus, dass der Arbeitgeber dem Vertretenen bei seiner Rückkehr die dem Vertreter übertragenden Aufgaben im Rahmen des Direktionsrechts (§§ 6 Abs. 2, 106 Satz 1 GewO) zuweisen könnte und der Arbeitgeber dem befristet beschäftigten Arbeitnehmer die Aufgaben des Vertretenen zum Zeitpunkt des Vertragsschlusses gedanklich zugeordnet hat (sog. Vertretungskette).[5]) Darüber hinaus muss der Arbeitgeber eine Zuordnung der Arbeitsaufgaben vornehmen. Dies ist etwa dadurch möglich, dass der Arbeitgeber den vertretenen Arbeitnehmer im befristeten Arbeitsvertrag des Vertreters benennt.[6])

---

1) Vgl. Dörner Rn. 308a.
2) BAG v. 6.12.2000 – 7 AZR 262/99, juris Langtext Rn. 20.
3) Arnold/Gräfl § 14 TzBfG Rn. 103.
4) Eine Vertretungsbefristung ist nach der Rechtsprechung des BAG v. 10.7.2013 – 7 AZR 761/11, juris Langtext Rn. 11 ff. auch als Abordnungsvertretung möglich.
5) BAG v. 10.3.2004 – 7 AZR 402/03, ZTR 2004, 474; Arnold/Gräfl § 14 TzBfG Rn. 105.
6) BAG v. 10.10.2012 – 7 AZR 462/11, ZTR 2013, 138; Dörner Rn. 313 ff.

Arbeitsvertrag 2

Beispiel
Budde, die bei der Stadt Rheinfels als Verwaltungsfachangestellte beschäftigt und in Entgeltgruppe 9 eingruppiert ist, wurde ein Jahr Sonderurlaub wegen der Teilnahme an einem UNICEF-Projekt gewährt. Lahm wird darauf hin befristet zur Vertretung der Budde für ein Jahr als Verwaltungsfachangestellter in Entgeltgruppe 9 eingestellt. Allerdings werden ihm nicht die Aufgaben der Budde, sondern die Aufgaben des Verwaltungsfachangestellten Theo, der auch in Entgeltgruppe 9 eingruppiert ist, übertragen. Gleichzeitig wird Theo mit den Aufgaben der Budde betraut, da die Stadt Rheinfels der Auffassung ist, dass die dortige ordnungsgemäße Aufgabenerfüllung interne Verwaltungserfahrungen voraussetzt.
Die Befristung des Arbeitsvertrages des Lahm ist wirksam, da Budde nach ihrer Rückkehr mit den Aufgaben des Lahm im Rahmen des Direktionsrechts betraut werden könnte, da sowohl die Tätigkeitsbeschreibung (Verwaltungsfachangestellte/r) als auch die Eingruppierung (EGr. 9) beider Mitarbeiter identisch ist (§§ 6 Abs. 2, 106 Satz 1 GewO). Darüber hinaus fand eine ausreichende gedankliche Zuordnung statt („... eingestellt zur Vertretung der Budde...").

2.4.7.4 Eigenart der Arbeitsleistung (Nr. 4)

Die Befristung eines Arbeitsverhältnisses kann gemäß § 14 Abs. 1 Satz 2 Nr. 4 TzBfG auch durch die Eigenart der Arbeitsleistung gerechtfertigt sein.

Da es sich hierbei um einen unbestimmten Rechtsbegriff handelt und eine Katalogisierung der diesbezüglichen Befristungsgründe nicht möglich ist, ist im Hinblick auf die nähere Bestimmung auf die entsprechende Rechtsprechung des Bundesarbeitsgerichtes zurückzugreifen.[1]

§ 14 Abs. 1 Satz 2 Nr. 4 TzBfG trägt u. a. verfassungsrechtlichen Besonderheiten Rechnung.[2] Das Bundesverfassungsgericht hält es wegen der für die Erhaltung der **Rundfunkfreiheit** (Art. 5 Abs. 1 Satz 2 GG) erforderlichen Breite und Vielfalt des Programms für notwendig, dass die Rundfunkanstalten frei von fremdem Einfluss über die Auswahl, Einstellung und Beschäftigung von Mitarbeitern bestimmen können. Der Arbeitgeber kann sich auf die aus der Rundfunkfreiheit folgende Eigenart der Arbeitsleistung allerdings nur im Falle der befristeten Beschäftigung von solchen Mitarbeitern berufen, die an den Hörfunk- und Fernsehsendungen **inhaltlich gestaltend mitwirken**.[3]

Beispiel
Arbeitsverträge mit Intendanten.

Arbeitnehmer, die nur betriebstechnische und verwaltende Tätigkeiten ausführen, können daher nicht mit dem Sachgrund der Eigenart der Arbeitsleistung rechtswirksam befristet beschäftigt werden. Selbiges gilt für Arbeitsverhältnisse von Rundfunksprechern.

---

1) ErfK/Müller-Glöge § 14 TzBfG Rn. 44.
2) Arnold/Gräfl § 14 TzBfG Rn. 116.
3) BVerfG v. 13.1.1982 – 1 BvR 848/77, juris Langtext Rn. 54 ff.

2 Arbeitsvertrag

In gleicher Weise kann mit der verfassungsgemäß garantierten **Freiheit der Kunst** (Art. 5 Abs. 3 Satz 1 GG) das Recht der Bühnen begründet werden, entsprechend dem vom Intendanten verfolgten künstlerischen Konzept, die Arbeitsverträge mit den Solisten (Schauspielern, Solosängern, Tänzern, Dirigenten) jeweils befristet abzuschließen.[1]) Die Befristung der Arbeitsverträge mit Bühnenarbeitern kann demgegenüber nicht aus der Eigenart der Arbeitsleistung gerechtfertigt werden.

Die Eigenart der Arbeitsleistung kann auch **branchenspezifisch** aus dem Abwechslungsbedürfnis des Publikums folgen (sog. Verschleißtatbestand).[2])

Beispiel
Arbeitsverträge mit Sportlern, Trainern, Künstlern, Schauspielern oder Regisseuren.

2.4.7.5 Probezeitbefristung (Nr. 5)

Ein sachlicher Grund liegt nach § 14 Abs. 1 Satz 2 Nr. 5 TzBfG vor, wenn die Befristung des Arbeitsvertrages zur Erprobung erfolgt. Die Befristung des Arbeitsvertrages zur Erprobung ist auch möglich, wenn der Tarifvertrag spezielle Probezeiten vorsieht (vgl. § 2 Abs. 4 Satz 1 TVöD/TV-L).[3])

Gut zu wissen

Der Arbeitnehmer hat im Falle der **erfolgreichen Erprobung** nach Ablauf der Befristung keinen Anspruch auf Abschluss eines unbefristeten Arbeitsvertrages.[4]) Etwas anderes gilt nur dann, wenn der Arbeitgeber dem Arbeitnehmer rechtsverbindlich zugesagt hat, dass er im Falle der Bewährung während der Probezeit in ein unbefristetes oder aber befristetes Anschlussarbeitsverhältnis übernommen wird.

§ 14 Abs. 1 Satz 2 Nr. 5 TzBfG enthält keine Höchstdauer für die Befristung zur Erprobung. Die Dauer der Befristung muss allerdings angemessen und darf nicht vorgeschoben sein. Angemessen ist die Erprobungszeit in Anlehnung an § 2 Abs. 4 Satz 1 TVöD/TV-L und § 1 Abs. 1 KSchG, wenn sie **sechs Monate** nicht überschreitet.

2.4.7.6 In der Person des Arbeitnehmers liegende Gründe (Nr. 6)

§ 14 Abs. 1 Satz 2 Nr. 6 TzBfG eröffnet die Möglichkeit, das Arbeitsverhältnis aufgrund in der Person des Arbeitnehmers liegenden Gründen rechtswirksam zu befristen.

---

1) ErfK/Müller-Glöge § 14 TzBfG Rn. 47.
2) ErfK/Müller-Glöge § 14 TzBfG Rn. 44.
3) BAG v. 15.3.1978 – 5 AZR 831/76, AP Nr. 45 zu § 620 BGB Befristeter Arbeitsvertrag.
4) Arnold/Gräfl § 14 TzBfG Rn. 161 ff.

Arbeitsvertrag **2**

Wunsch des Arbeitnehmers

Der ausdrückliche Wunsch des Arbeitnehmers, lediglich befristet beschäftigt zu werden, kann die Befristung eines Arbeitsverhältnisses rechtfertigen.[1])
Die Befristung des Arbeitsvertrages ist nur dann gerechtfertigt, wenn der Arbeitnehmer sich selbst dann für die befristete Beschäftigung entschieden hätte, wenn ihm die Möglichkeit einer unbefristeten Beschäftigung eröffnet worden wäre.[2])

Beispiel
Lahm hat am 15.3. mit der Stadt Rheinfels einen unbefristeten Arbeitsvertrag als Verwaltungsfachangestellter abgeschlossen. Allerdings beginnt das Vertragsverhältnis erst mit dem 1.8. Lahm schließt daraufhin mit der Deutschen Post AG einen befristeten Arbeitsvertrag als Briefzusteller vom 1.4. bis zum 31.7. ab, um die Zeit bis zur Arbeitsaufnahme bei der Stadt Rheinfels zu überbrücken.
Die Befristung des Arbeitsvertrages mit der Deutschen Post AG ist rechtswirksam, da diese im Hinblick auf die bereits vereinbarte unbefristete Beschäftigung des Lahm bei der Stadt Rheinfels seinem ausdrücklichen Willen entspricht.

Befristete Aufenthaltserlaubnis

Der Arbeitsvertrag kann für die Dauer einer **befristeten Aufenthaltserlaubnis** befristet werden. Die Befristung ist jedoch nur dann gerechtfertigt, wenn zum Zeitpunkt des Vertragsschlusses **feststeht**, dass die Aufenthaltserlaubnis nicht verlängert wird, da die Befristung des Arbeitsvertrages nur dann auch dem ausdrücklichen Wunsch des Arbeitnehmers entspricht.[3])

2.4.7.7 Vergütung aus Haushaltsmittel für befristete Beschäftigung (Nr. 7)

Die Befristung eines Arbeitsverhältnisses ist nach § 14 Abs. 1 Satz 2 Nr. 7 TzBfG sachlich gerechtfertigt, wenn der Arbeitnehmer aus Haushaltsmitteln vergütet wird, die haushaltsrechtlich nur für eine befristete Beschäftigung bestimmt sind, und er auch dementsprechend beschäftigt wird. Dies gilt allerdings dann nicht, wenn das haushaltsaufstellende Organ und der Arbeitgeber identisch sind und es an einer unmittelbaren demokratischen Legitimation des Haushaltsplangebers fehlt (sog. Selbstverwaltungskörperschaften).[4])

Beispiel
Der Vorstand der Bundesagentur für Arbeit stellt den Haushaltsplan auf und vertritt zugleich die Bundesagentur für Arbeit als Arbeitgeber. Die Bundesagentur für Arbeit kann sich daher nicht auf den Befristungsgrund des § 14 Abs. 1 Satz 2 Nr. 7 TzBfG berufen. Dieses Ergebnis ist sachgerecht, da es der Bundesagentur für Arbeit ansonsten ohne Weiteres möglich wäre, als Haushaltsgesetzgeber für sich selbst als Arbeitgeber beliebige Befristungsgründe zu schaffen.

---

1) BAG v. 6.11.1996 – 7 AZR 909/95, juris Langtext Rn. 14; v. 19.1.2005 – 7 AZR 115/04, juris Langtext Rn. 38.
2) Dörner Rn. 231.
3) ErfK/Müller-Glöge § 14 TzBfG Rn. 52.
4) BAG v. 9.3.2011 – 7 AZR 47/10, juris Langtext Rn. 8.

2 Arbeitsvertrag

Sind das den Haushaltsplan aufstellende Organ und der Arbeitgeber nicht identisch, kann dieser sich zur Rechtswirksamkeit der Befristung eines Arbeitsvertrages auf § 14 Abs. 1 Satz 2 Nr. 7 TzBfG berufen.

Beispiel
Eine Kommune kann sich auf den Befristungsgrund der Haushaltsbefristung berufen, da für diese der Rat als Haushaltsgesetzgeber (§ 80 Abs. 4 Satz 1 GO NRW) und der Bürgermeister als Vertreter des Arbeitgebers (§ 73 Abs. 3 GO NRW) handelt.

Die Befristung des Arbeitsverhältnisses ist nach § 14 Abs. 1 Satz 2 Nr. 7 TzBfG gerechtfertigt, wenn der Arbeitgeber zum Zeitpunkt des Vertragsschlusses aufgrund konkreter Tatsachen die **Prognose** erstellen kann, dass für die Beschäftigung des Arbeitnehmers Haushaltsmittel nur vorübergehend zur Verfügung stehen und der befristet beschäftigte Arbeitnehmer auch aus diesen Haushaltsmitteln vergütet wird. Hierbei ist zudem noch zu beachten, dass die Befristungsdauer die prognostizierte Verfügbarkeit der Haushaltsmittel nicht überschreiten darf.[1])

2.4.7.8 Gerichtlicher Vergleich (Nr. 8 TzBfG)

Die Befristung eines Arbeitsverhältnisses ist gemäß § 14 Abs. 1 Satz 2 Nr. 8 TzBfG gerechtfertigt, wenn diese auf einen **gerichtlichen Vergleich** beruht.

Die verantwortliche Mitwirkung des Gerichts an einem Vergleich gemäß § 278 Abs. 6 S. 1 Alt. 1 ZPO ist allerdings nicht erfüllt und genügt somit nicht den Anforderungen des § 14 Abs. 1 S. 2 Nr. 8 TzBfG, wenn der Beitrag des Gerichts sich lediglich auf die Feststellung des Zustandekommens und den Inhalt des Vergleichs beschränkt.[2])

Die Befristung des Arbeitsvertrages durch gerichtlichen Vergleich ist ohne vorherige Beteiligung des Personalrates möglich.

2.4.7.9 Sonstige in § 14 Abs. 1 TzBfG nicht genannte Befristungsgründe

Da die Aufzählung des § 14 Abs. 1 Satz 2 TzBfG nicht abschließend ist („... insbesondere ..."), kann sich der Arbeitgeber auch auf **ungeschriebene** Befristungsgründe berufen, soweit diese von der arbeitsgerichtlichen Rechtsprechung anerkannt sind.

Aus-, Fort- und Weiterbildung

Berufsausbildungsverhältnisse und andere der Ausbildung dienende Vertragsverhältnisse i. S. d. § 19 BBiG (z. B. Volontariat, Praktikum) sind, soweit es sich im Einzelfall nicht um einen Arbeitsvertrag handelt, nach § 20 Satz 1 BBiG befristet.

Soweit **Arbeitsverträge** der Aus-, Fort- oder Weiterbildung dienen und dem betreffenden Arbeitnehmer keine Daueraufgaben übertragen werden, kann

---
1) Dörner Rn. 202 f.
2) BAG v. 21.3.2017 – 7 AZR 369/15, ZTR 2017, 432.

allein der **Bildungszweck** die Befristung des Arbeitsverhältnisses rechtfertigen. Erforderlich ist, dass ein konkreter und abgrenzbarer Weiterbildungszweck besteht.[1])

Drittmittelfinanzierung

Die Drittmittelfinanzierung eines Arbeitsverhältnisses kann dessen Befristung rechtfertigen.[2])

Beispiel
Finanzierung von kommunalen Projekten durch die Bundesländer, den Bund oder die Europäische Union.

Die Befristung des Arbeitsvertrages ist nur dann gerechtfertigt, wenn der Arbeitgeber zum Zeitpunkt des Vertragsschlusses aufgrund konkreter Tatsachen die Einschätzung treffen konnte, gerade die drittmittelfinanzierte Aufgabe sei nur begrenzt zu erledigen (Prognose).[3])

Freihalten von Arbeitsplätzen

Ein sachlicher Grund für die Befristung eines Arbeitsverhältnisses liegt vor, wenn der Arbeitnehmer nur vorübergehend bis zu dem Zeitpunkt beschäftigt werden soll, in dem ein Auszubildender des Arbeitgebers seine Berufsausbildung beendet und anschließend in ein Arbeitsverhältnis übernommen werden soll. Ausreichend ist hierbei, dass der Arbeitgeber im Zeitpunkt des Vertragsschlusses die Übernahme des Auszubildenden für den Fall eines normalen Geschehensablaufs plant.[4])

Gut zu wissen

Dieser Befristungsgrund wird zum Teil auch unter den Sachgrund der Vertretung nach § 14 Abs. 1 Satz 2 Nr. 3 TzBfG subsumiert.[5])

Arbeitsbeschaffungsmaßnahme (§ 260 SGB III)

Die Befristung eines Arbeitsvertrages ist gerechtfertigt, wenn der Arbeitnehmer dem Arbeitgeber im Rahmen einer Arbeitsbeschaffungsmaßnahme von der Bundesagentur für Arbeit zugewiesen worden ist und sich die Dauer der Befristung des Arbeitsvertrages an der Dauer der Zuweisung orientiert.[6])

---

1) Arnold/Gräfl § 14 TzBfG Rn. 243.
2) BAG v. 29.7.2009 – 7 AZR 907/07, juris Langtext Rn. 35.
3) Dörner Rn. 225.
4) BAG v. 19.9.2001 – 7 AZR 333/00, juris Langtext Rn. 14.
5) ErfK/Müller-Glöge § 14 TzBfG Rn. 41.
6) BAG v. 19.1.2005 – 7 AZR 250/04, juris Langtext Rn. 26.

2 Arbeitsvertrag

2.4.8 Befristung ohne Sachgrund

Ein Arbeitsvertrag kann nach § 14 Abs. 2 Satz 1 TzBfG ohne Sachgrund kalendermäßig (§ 3 Abs. 1 Satz 2 Alt. 2 TzBfG) befristet werden (sog. Zeitbefristung). Im Koalitionsvertrag haben die Regierungsparteien am 15.2.2018 vereinbart, dass bei Arbeitgebern mit mehr als 75 Beschäftigten lediglich maximal 2,5 % der Belegschaft sachgrundlos beschäftigt werden können.

2.4.8.1 Ersteinstellung – Anschlussverbot

Die sachgrundlose Befristung eines Arbeitsvertrages ist nach dem Wortlaut des § 14 Abs. 2 Satz 2 TzBfG nur dann gerechtfertigt, wenn mit **demselben Arbeitgeber** zuvor kein befristetes oder unbefristetes Arbeitsverhältnis bestand.

Gut zu wissen

Arbeitgeber i. S. d. § 14 Abs. 2 Satz 2 TzBfG ist der **Vertragsarbeitgeber**, also die natürliche oder juristische Person, die mit dem Arbeitnehmer den Arbeitsvertrag abgeschlossen hat. Ein vorhergehender Arbeitsvertrag hat daher nur dann mit demselben Arbeitgeber bestanden, wenn der Vertragspartner des Arbeitnehmers bei beiden Verträgen dieselbe natürliche oder juristische Person ist.[1] Ein früheres Beamtenverhältnis steht demnach der sachgrundlosen Befristung nach § 14 Abs. 2 Satz 1 TzBfG mit dem ehemaligen Dienstherrn nicht entgegen. Denn ein Beamtenverhältnis ist kein Arbeitsverhältnis iSv. § 14 Abs. 2 Satz 2 TzBfG.[2]

Das in § 14 Abs. 2 Satz 2 TzBfG normierte **Anschlussverbot** kann durch seine zeitlich unbeschränkte Geltung zu einem ungewollten Einstellungshindernis führen, wodurch die Berufsfreiheit des Arbeitnehmers (Art. 12 Abs. 1 GG) unverhältnismäßig eingeschränkt wird. Eine verfassungsorientierte Auslegung des § 14 Abs. 2 Satz 2 TzBfG erfordert damit eine Konkretisierung der zeitlichen Grenzen des Anschlussverbots.[3] Die Anwendung des Verbotes kann nur insoweit gerechtfertigt sein, als dies zur Verhinderung von Befristungsketten erforderlich ist. Die Gefahr missbräuchlicher Befristungsketten besteht nicht mehr, wenn zwischen dem Ende des früheren Arbeitsverhältnisses und dem sachgrundlos befristeten neuen Arbeitsvertrag **mehr als drei Jahre** liegen. Dieser Zeitraum entspricht auch der gesetzgeberischen Wertung, die in der regelmäßigen dreijährigen zivilrechtlichen Verjährungsfrist (§ 195 BGB) zum Ausdruck kommt. Demnach sind alle Altverträge unschädlich, die älter als drei Jahre sind.[4]

Beispiel

Lahm war bereits im Jahr 2007 bei der Stadt Rheinfels im Rahmen eines befristeten Arbeitsverhältnisses als Verwaltungsfachangestellter tätig. Aufgrund starken Personalbedarfs wird Lahm von der Stadt Rheinfels erneut befristet vom 1.9.2011 bis zum

---

1) BAG v. 15.5.2013 – 7 AZR 525/11, juris Langtext Rn. 19; ErfK/Müller-Glöge § 14 TzBfG Rn. 93.
2) BAG v. 24.2.2016 – 7 AZR 712/13, ZTR 2016, 410.
3) Arnold/Gräfl § 14 TzBfG Rn. 279.
4) BAG v. 6.4.2011 – 7 AZR 716/09, juris Langtext Rn. 20 ff.

Arbeitsvertrag 2

31.8.2013 als Verwaltungsfachangestellter eingestellt. Das Anschlussverbot des § 14 Abs. 2 Satz 2 TzBfG greift nicht, da die frühere Beschäftigung mehr als drei Jahre zurückliegt, sodass die sachgrundlose Befristung des Arbeitsvertrages nach § 14 Abs. 2 TzBfG gerechtfertigt ist.

Ein schädliches Arbeitsverhältnis i. S. d. § 14 Abs. 2 Satz 2 TzBfG, welches das Anschlussverbot auslösen könnte, liegt nicht vor, wenn

- ein Arbeitsvertrag erstmalig mit einem Arbeitnehmer abgeschlossen wird, der unmittelbar zuvor als **Leiharbeitnehmer** in demselben Betrieb tätig war,
- das Arbeitsverhältnis an eine vorangegangene Beschäftigung im Rahmen eines **freiwilligen sozialen Jahres** angeschlossen wird,
- ein **selbstständiges Mitarbeiterverhältnis** aufgrund eines Dienst- oder Werkvertrages vorangegangen ist,
- zuvor ein **Eingliederungsvertrag** gemäß §§ 229 ff. SGB III,
- ein **Berufsausbildungsverhältnis**,
- ein Heimarbeitverhältnis[1]) oder
- ein **Beamtenverhältnis** bestanden hat.

Auch die sachgrundlose Befristung eines Arbeitsvertrages darf nicht rechtsmissbräuchlich isd § 242 BGB sein. Dies ist etwa der Fall, wenn ein Vertragspartner eine an sich rechtlich mögliche Gestaltung in einer mit Treu und Glauben unvereinbaren Weise nur dazu verwendet, sich zum Nachteil des anderen Vertragspartners Vorteile zu verschaffen, die nach dem Zweck der Norm und des Rechtsinstituts nicht vorgesehen sind. Auch die Ausnutzung der durch das Teilzeit- und Befristungsgesetz vorgesehenen Gestaltungsmöglichkeiten kann unter bestimmten Voraussetzungen rechtsmissbräuchlich sein, etwa wenn mehrere rechtlich und tatsächlich verbundene Vertragsarbeitgeber in bewusstem und gewolltem Zusammenwirken aufeinanderfolgende befristete Arbeitsverträge mit einem Arbeitnehmer ausschließlich deshalb schließen, um auf diese Weise über die nach § 14 Abs. 2 Satz 1 TzBfG vorgesehenen Befristungsmöglichkeiten hinaus sachgrundlose Befristungen aneinanderreihen zu können.[2]) Besteht der Zweck des Arbeitgeberwechsels allein darin, dass sich die verbundenen Arbeitgeber auf diese Weise eine nach § 14 Abs. 2 TzBfG nicht mehr mögliche sachgrundlose Befristung mit demselben Arbeitnehmer erschließen wollen, kommt es nicht darauf an, ob der vormalige Arbeitgeber die „Höchstgrenzen" für eine sachgrundlose Befristung des Vertrags nach § 14 Abs. 2 TzBfG bereits überschritten und ob für die vormalige Befristung ein rechtfertigender Sachgrund bestanden hat. Bei einer rechtsmissbräuchlichen Ausnutzung der Möglichkeit sachgrundlos befristete Arbeitsverträge nach § 14 Abs. 2 Satz 1 TzBfG abzuschließen – konkret: bei einer Umgehung des Anschlussverbots nach § 14 Abs. 2 Satz 2 TzBfG –

---
1) BAG v. 24.8.2016 – 7 AZR 625/15, NZA 2017, 244.
2) BAG 4.12.2013 – 7 AZR 290/12, BAGE 146, 371; BAG v. 19.3.2014 – 7 AZR 527/12, juris Langtext Rn. 25 mwN.

2 Arbeitsvertrag

besteht die mit Treu und Glauben nicht zu vereinbarende Rechtsfolge nicht in dem Vertragsschluss „an sich", sondern in der Rechtfertigung der in dem Vertrag vereinbarten Befristung nach § 14 Abs. 2 Satz 1 TzBfG. Der unredliche Vertragspartner kann sich auf eine solche Befristung nicht berufen.[1])

2.4.8.2 Verlängerung der Befristung

Bis zur **Gesamtdauer von zwei Jahren**[2]) ist die höchstens **dreimalige Verlängerung**[3]) eines sachgrundlos befristeten Arbeitsvertrages zulässig (§ 14 Abs. 2 Satz 1 Hs. 2 TzBfG), wobei die Dauer der ersten Befristung des Arbeitsvertrages mindestens sechs Monate betragen muss (§ 30 Abs. 3 Satz 1 TVöD/TV-L). Die Verlängerungsmöglichkeit gilt ausschließlich für Befristungen nach § 14 Abs. 2 TzBfG und damit nicht für Befristungen nach § 14 Abs. 1 TzBfG.

Die Verlängerung einer Befristung muss vor Ablauf der Befristung vereinbart worden sein. Darüber hinaus darf es nicht zu einer Unterbrechung des Arbeitsvertrages kommen, sodass sich die Vertragslaufzeit des Verlängerungsvertrages unmittelbar an diejenige des vorangegangenen Vertrages anschließen muss.[4])

> **Beispiel**
> Die Stadt Rheinfels vereinbart mit dem Verwaltungsfachangestellten Lahm am 28.3., dass das nach § 14 Abs. 2 TzBfG für zunächst sechs Monate bis zum 31.3. befristete Arbeitsverhältnis um weitere sechs Monate verlängert werden soll. Da der 31.3. jedoch ein Freitag ist, soll die Befristung erst ab Montag, dem 3.4. um weitere sechs Monate bis zum 2.10. verlängert werden.
> Die Befristung wurde nicht ordnungsgemäß nach § 14 Abs. 2 Satz 1 TzBfG verlängert. Zwar wurde die Verlängerung vor dem Befristungsende vereinbart. Allerdings schließt die beabsichtigte Verlängerung nicht unmittelbar an die ursprüngliche Befristung an. Es handelt sich demnach um keine Verlängerung der ursprünglichen Befristungsabrede, sondern um die Vereinbarung eines neuen befristeten Arbeitsvertrages. Diese Befristung ist jedoch im Hinblick auf § 14 Abs. 2 Satz 2 TzBfG unwirksam (§ 16 Satz 1 TzBfG).

Eine Verlängerung der Befristung setzt voraus, dass ausschließlich das Befristungsende verändert wird und der übrige Vertragsinhalt unberührt bleibt.[5])

> **Beispiel**
> Die Stadt Rheinfels vereinbart mit dem als Hausmeister eingestellten Lahm, den auf Grundlage des § 14 Abs. 2 TzBfG bis zum 30.6. befristeten Arbeitsvertrag um weitere sechs Monate bis zum 31.12. zu verlängern. Gleichzeitig vereinbaren die Vertragspar-

---

1) BAG 15.5.2013 – 7 AZR 525/11, BAGE 145, 128; BAG v. 19.3.2014 – 7 AZR 527/12 juris, Langtext Rn. 25; BAG v. 24.6.2015 – 7 AZR 452/13, ZTR 2016, 46.
2) Laut Koalitionsvertrag der Bundesregierurng soll die Gesamtdauer auf 18 Monate beschränkt werden.
3) Im Koalitionsvertrag der Bundesregierung wurde vereinbart, nur noch eine einmalige Verlängerung zuzulassen.
4) Küttner 90 Rn. 11.
5) BAG v. 18.1.2006 – 7 AZR 178/05, NZA 2006, 605.

Arbeitsvertrag 2

> teien, dass Lahm aufgrund seines Gesundheitszustandes ab dem 1.7. nicht mehr als Hausmeister, sondern im Rahmen einer überwiegend sitzenden Tätigkeit als Pförtner beschäftigt wird.
> Die Verlängerung der Befristung ist unwirksam (§ 16 Satz 1 TzBfG), da im Rahmen dieser Vereinbarung gleichzeitig der vertragliche Inhalt geändert wurde.

Verlängerungsunschädlich sind alle Änderungsvereinbarungen die außerhalb der Verlängerungsabrede während der Vertragslaufzeit getroffen werden.

2.4.8.3 Abweichung durch Tarifvertrag oder durch individualrechtliche Vereinbarung

§ 14 Abs. 2 Satz 3 TzBfG eröffnet die Möglichkeit, durch Tarifvertrag die Anzahl der Verlängerungen oder die Höchstdauer der Befristung abweichend von Satz 1 festzulegen. Darüber hinaus können die Tarifvertragsparteien die sachgrundlose Befristung gänzlich ausschließen.[1]) Eine entsprechende abweichende Regelung enthält der TVöD/TV-L nicht.

2.4.8.4 Befristung mit älteren Arbeitnehmern

Eine sachgrundlose Befristung des Arbeitsvertrages bis zu einer Dauer von fünf Jahren ist nach § 14 Abs. 3 Satz 1 TzBfG möglich, wenn

- der Arbeitnehmer bei Beginn des befristeten Arbeitsverhältnisses das 52. Lebensjahr vollendet hat,
- er unmittelbar vor Beginn des befristeten Arbeitsverhältnisses mindestens vier Monate beschäftigungslos i. S. d. § 119 Abs. 1 Nr. 1 SGB III gewesen ist oder
- Transferkurzarbeitergeld bezogen oder
- an einer öffentlich geförderten Beschäftigungsmaßnahme nach dem SGB II oder III teilgenommen hat.

§ 14 Abs. 3 TzBfG dürfte den Vorgaben des § 5 Nr. 1 der der Richtlinie 1999/70/EG zugrunde liegenden Rahmenvereinbarung entsprechen. Darüber hinaus dürfte die Vorschrift auch nicht gegen den unionsrechtlichen Grundsatz des Verbots der Benachteiligung wegen des Alters verstoßen (vgl. Richtlinie 2000/78/EG).[2]) Dies hat das BAG zumindest für die erstmalige Anwendung des § 14 Abs. 3 TzBfG zwischen denselben Arbeitsvertragsparteien ausdrücklich bestätigt.[3])

---

1) Arnold/Gräfl § 14 TzBfG Rn. 296.
2) Ausführlich Arnold/Gräfl § 14 TzBfG Rn. 355 f.
3) BAG v. 28.5.2014 – 7 AZR 360/12, ZTR 2015, 102.

2 Arbeitsvertrag

2.4.9 Elternzeitvertretung

Nach § 23 TzBfG bleiben besondere Regelungen über die Befristung von Arbeitsverträgen nach anderen gesetzlichen Vorschriften unberührt. Ein die Befristung rechtfertigender sachlicher Grund liegt nach § 21 Abs. 1 BEEG vor, wenn ein Arbeitnehmer zur Vertretung eines anderen Arbeitnehmers für die Dauer eines Beschäftigungsverbotes nach dem Mutterschutzgesetz, einer Elternzeit, einer auf Tarifvertrag, Betriebsvereinbarung oder einzelvertraglicher Vereinbarung beruhenden Arbeitsfreistellung zur Betreuung eines Kindes oder für diese Zeiten zusammen oder für Teile davon eingestellt wird. Darüber hinaus ist nach § 21 Abs. 2 BEEG eine Befristung für die Dauer der Einarbeitungszeit zulässig.

Die Dauer der Befristung des Arbeitsvertrages muss nach § 21 Abs. 3 BEEG kalendermäßig bestimmt oder bestimmbar oder den in den Absätzen 1 und 2 genannten Zwecken zu entnehmen sein. Zulässig ist damit sowohl ein zeit- (§ 3 Abs. 1 Satz 2 Alt. 1 TzBfG) als auch ein zweckbefristeter (§ 3 Abs. 1 Satz 2 Alt. 2 TzBfG) Arbeitsvertrag.

§ 21 Abs. 4 Satz 1 BEEG räumt dem Arbeitgeber ein **besonderes Kündigungsrecht** ein. Demnach kann der Arbeitgeber den befristeten Arbeitsvertrag unter Einhaltung einer Frist von mindestens drei Wochen, jedoch frühestens zum Ende der Elternzeit kündigen, wenn die Elternzeit ohne Zustimmung des Arbeitgebers vorzeitig endet und der Arbeitnehmer die vorzeitige Beendigung seiner Elternzeit mitgeteilt hat. Eine vorzeitige Beendigung ohne Zustimmung des Arbeitgebers kommt in Betracht, wenn das Kind während der Elternzeit stirbt (§ 16 Abs. 4 BEEG). § 21 Abs. 4 Satz 1 BEEG gilt nach Satz 2 entsprechend, wenn der Arbeitgeber die vorzeitige Beendigung der Elternzeit in den Fällen des § 16 Abs. 3 Satz 2 BEEG nicht ablehnen darf.

2.4.10 Tarifrechtliche Besonderheiten

§ 30 TVöD/TV-L enthält weitere befristungsrechtliche Regelungen.

Gut zu wissen

§ 30 Abs. 2 bis 5 TVöD/TV-L gilt nach § 30 Abs. 1 Satz 2 TVöD/TV-L nur für Beschäftigte, auf die Regelungen des Tarifgebiets West Anwendung finden.

2.4.10.1 Dauer der Befristung

Kalendermäßig befristete Arbeitsverträge mit **sachlichem Grund** (sog. Sachgrundbefristung nach § 14 Abs. 1 TzBfG) sind nach § 30 Abs. 2 Satz 1 TVöD/TV-L nur zulässig, wenn die Dauer des einzelnen befristeten Vertrages fünf Jahre nicht übersteigt. Die Möglichkeit von Kettenbefristungen bleibt damit unberührt, solange die einzelne Befristung den Vorgaben des § 30 Abs. 2 Satz 1 TVöD/TV-L entspricht.

Ein befristeter Arbeitsvertrag **ohne sachlichen Grund** (sog. sachgrundlose Befristung nach § 14 Abs. 2 TzBfG) soll nach § 30 Abs. 3 Satz 1 TVöD/TV-L in

Arbeitsvertrag 2

der Regel zwölf Monate nicht unterschreiten; die Vertragsdauer und damit die erste Befristung des Arbeitsvertrages muss mindestens sechs Monate betragen.

Beispiel
Die Stadt Rheinfels und Lahm haben zunächst vereinbart, dass der Arbeitsvertrag sachgrundlos vom 1.1. bis zum 30.6. befristet werden soll. Anschließend verlängern die Vertragsparteien die Befristung um drei Monate bis zum 30.9.
Die Befristung des Arbeitsvertrages und dessen Verlängerung wurde rechtswirksam vereinbart, da mit der ersten Befristung bereits die im § 30 Abs. 3 Satz 1 TVöD/TV-L vorgesehene Mindestvertragsdauer erreicht worden ist.

2.4.10.2 Probezeiten

Bei befristeten Arbeitsverträgen **ohne sachlichen Grund** gelten nach § 30 Abs. 4 Satz 1 TVöD/TV-L die ersten sechs Wochen und bei befristeten Arbeitsverträgen **mit sachlichem Grund** die ersten sechs Monate als Probezeit. Innerhalb der Probezeit kann der Arbeitsvertrag nach § 30 Abs. 4 Satz 2 TVöD/TV-L mit einer Frist von zwei Wochen zum Monatsschluss gekündigt werden.

2.4.10.3 Kündigungsfristen

Die gesetzlichen Kündigungsfristen bei Arbeitsverhältnissen sind in § 620 Abs. 1 bis 3 BGB normiert. Nach § 620 Abs. 4 Satz 1 BGB können hiervon abweichende Regelungen durch einen Tarifvertrag vereinbart werden. Eine entsprechende Regelung enthält § 30 Abs. 5 TVöD/TV-L.

Eine ordentliche Kündigung ist nach § 30 Abs. 5 Satz 1 TVöD/TV-L **nach Ablauf der Probezeit** nur zulässig, wenn die Vertragsdauer mindestens zwölf Monate beträgt. Nach Ablauf der Probezeit beträgt die Kündigungsfrist nach Satz 2 in einem oder mehreren aneinandergereihten Arbeitsverhältnissen bei demselben Arbeitgeber

- von insgesamt mehr als sechs Monaten vier Wochen,
- von insgesamt mehr als ein Jahr sechs Wochen zum Schluss eines Kalendermonats,
- von insgesamt mehr als zwei Jahren drei Monate,
- von insgesamt mehr als drei Jahren vier Monate zum Schluss eines Kalendervierteljahres.

Bei der Bemessung der maßgebenden Beschäftigungsdauer ist nach § 30 Abs. 5 Satz 3 TVöD/TV-L eine Unterbrechung bis zu drei Monaten unschädlich, es sei denn, dass das Ausscheiden von dem Beschäftigten verschuldet oder veranlasst war. Die Unterbrechungszeit selbst bleibt nach Satz 4 allerdings unberücksichtigt.

2 Arbeitsvertrag

2.4.11 Befristung einzelner Vertragsbedingungen

Neben der Befristung des gesamten Arbeitsvertrages ist es auch möglich, einzelne Vertragsbedingungen zu befristen.

Beispiel
Befristete Übertragung von arbeitsvertragsfremden Tätigkeiten, befristete Erhöhung oder Reduzierung der wöchentlichen Arbeit.

§ 14 TzBfG findet insoweit keine Anwendung, da dessen Anwendungsbereich auf die Befristung des gesamten Arbeitsvertrage beschränkt ist. Die Befristung einzelner Arbeitsbedingungen unterliegt allerdings der **Vertragsinhaltskontrolle** nach §§ 305 ff. BGB.[1])

Wird die Befristung für eine Vielzahl von Fällen formularmäßig vereinbart, unterliegt diese der Inhaltskontrolle nach § 307 Abs. 1 BGB. Die befristete Änderung einzelner Vertragsbedingungen benachteiligt den Arbeitnehmer immer dann nicht unangemessen, wenn diese auf Umständen beruht, die auch die Befristung des gesamten Arbeitsvertrages gerechtfertigt hätten.[2])

Beispiel
Die Stadt Rheinfels und Lahm vereinbaren für die Dauer der Erkrankung des Mitarbeiters Budde eine vertretungsweise Erhöhung der vertraglich geschuldeten wöchentlichen Arbeitszeit von 15 auf 30 Stunden. Budde war bei der Stadt Rheinfels bis zu seiner Erkrankung ebenfalls mit 15 Stunden in der Woche beschäftigt.
Die befristete Erhöhung der wöchentlichen Arbeitszeit des Lahm von 15 auf 30 Stunden hält einer Inhaltskontrolle nach §§ 307 ff. BGB stand, da für die Befristung der sachliche Grund der Vertretung streitet (§ 14 Abs. 1 Satz 2 Nr. 3 TzBfG).

2.4.12 Prüfungsschema – Rechtmäßige Befristung eines Arbeitsvertrages

I. Schriftform (§ 14 Abs. 4 TzBfG i. V. m. §§ 126, 126a BGB)
II. Befristung mit Sachgrund (§ 14 Abs. 1 TzBfG)
   1. Vorübergehender Arbeitskräftebedarf
   2. Anschlussbefristung
   3. Vertretung
   4. Eigenart der Arbeitsleistung
   5. Erprobung
   6. In der Person des Arbeitnehmers liegende Gründe
   7. Vergütung aus Haushaltsmitteln
   8. Gerichtlicher Vergleich
   9. Ungeschriebene Befristungsgründe
   10. Befristungshöchstdauer fünf Jahre (§ 30 Abs. 2 Satz 1 TVöD/TV-L)

---

1) Schaub/Koch § 38 Rn. 81.
2) BAG v. 8.8.2007 – 7 AZR 855/06, juris Langtext Rn. 23.

III. Sachgrundlose Befristung (§ 14 Abs. 2 TzBfG)
   1. Befristungsmindestdauer von sechs Monaten (§ 30 Abs. 3 Satz 1 TVöD/TV-L)
   2. Befristungshöchstdauer 24 Monate (Satz 1)
   3. Dreimalige Verlängerung möglich (Satz 1)
   4. Kein Verstoß gegen das Anschlussverbot (Satz 2)
IV. Befristung mit älteren Arbeitnehmern (§ 14 Abs. 3 TzBfG)
V. Beendigung des befristeten Arbeitsvertrages
   1. Befristung muss wirksam vereinbart worden sein (§ 16 Satz 1 TzBfG)
   2. Kalenderbefristung (§ 15 Abs. 1 TzBfG)
   3. Zweckbefristung (§ 15 Abs. 2 TzBfG)
   4. Keine unzulässige Weiterbeschäftigung (§ 15 Abs. 5 TzBfG)

2.4.13 Prüfe dein Wissen

1. Wie unterscheidet sich der kalendermäßig befristete Arbeitsvertrag vom zweckbefristeten Arbeitsvertrag?
2. Kann ein Arbeitsvertrag auflösend bedingt werden?
3. Wann endet ein befristeter Arbeitsvertrag?
4. Darf das befristete Arbeitsverhältnis über das vereinbarte Befristungsende hinaus fortgesetzt werden?
5. Bedarf die Befristung der Schriftform?
6. Sind Kettenbefristungen möglich?
7. Welcher befristeter Arbeitsvertrag wird vom Arbeitsgericht im Falle einer Kettenbefristung auf seine Rechtmäßigkeit überprüft?
8. Sind die in § 14 Abs. 1 TzBfG aufgezählten Sachgründe abschließend?
9. Bedarf die Befristung eines Arbeitsvertrages nach § 14 Abs.. 1 Satz 2 Nr. 1 TzBfG zu ihrer Rechtswirksamkeit einer Prognoseentscheidung?
10. Welche Vertretungskonstellationen sind im Rahmen des § 14 Abs. 1 Satz 2 Nr. 3 TzBfG rechtlich zulässig?
11. Welche Möglichkeiten einer Probezeitvereinbarung bestehen?
12. Was beinhaltet das sog. Anschlussverbot des § 14 Abs. 2 Satz 2 TzBfG
13. Was versteht eine Verlängerung der Befristung nach § 14 Abs. 2 Satz 1 TzBfG voraus?
14. Bestehen tarifrechtliche Besonderheiten für befristete Arbeitsverträge?
15. Unter welchen Voraussetzungen können einzelne Vertragsbedingungen befristet werden?

2 Arbeitsvertrag

2.4.14 Fallübungen

Übung 8: Nachträglicher Vertragsschluss

Der Rat der Stadt Rheinfels verlangt vom städtischen Personalamt schnellstmöglich, im Rahmen des vom Rat beschlossenen und von der Verwaltung umzusetzenden Projekts „Saubere Stadt Rheinfels", einige Arbeitnehmer für die Projektdauer befristet einzustellen. Der zuständige Personalsachbearbeiter Budde vereinbart am 31.7. mündlich mit Lahm, dessen „Blindbewerbung" dem Budde bereits vorlag, dass er bei der Stadt Rheinfels ab dem 1.8. bis zum 31.7. des folgenden Jahres als Tarifbeschäftigter im Rahmen eines befristeten Arbeitsverhältnisses beschäftigt wird. Am Morgen des 1.8 nimmt Lahm absprachegemäß seine Arbeit bei der Stadt Rheinfels auf. Erst am 4.8. unterzeichnen Lahm und Budde den nunmehr schriftlich ausgefertigten Arbeitsvertrag. Im Rahmen des Arbeitsvertrages ist niedergelegt, dass wie vorab vereinbart, dieser beginnend am 1.8. für die Dauer eines Jahres befristet ist.

Aufgabe:

Prüfen Sie in einem umfassenden Rechtsgutachten, ob die Befristung des Arbeitsvertrages formwirksam vereinbart worden ist.

Lösungshinweise:

Fraglich ist, ob der Arbeitsvertrag wirksam befristet worden ist.

1. Gemäß § 14 Abs. 4 TzBfG bedarf die Befristung eines Arbeitsvertrages zu ihrer Wirksamkeit der Schriftform.

Die Stadt Rheinfels und Lahm haben am 31.7. zunächst mündlich vereinbart, dass Lahm vom 1.8. bis zum 31.7. des Folgejahres bei der Stadt Rheinfels im Rahmen eines befristeten Arbeitsverhältnisses beschäftigt wird. Dementsprechend hat Lahm am 1.8. seine Arbeit absprachegemäß aufgenommen. Da die Befristung nicht schriftlich fixiert worden ist, ist diese rechtsunwirksam, sodass der Arbeitsvertrag, der nach § 2 Abs. 1 TVöD/TV-L auch ohne Schriftform wirksam ist, nach § 16 Satz 1 i. V. m. § 14 Abs. 4 TzBfG i. V. m. § 134 BGB als auf unbestimmte Zeit geschlossen gilt.

2. Fraglich ist nunmehr wie die am 4.8. zwischen der Stadt Rheinfels und Lahm geschlossene Vereinbarung auszulegen ist. Nach §§ 133, 157 BGB sind empfangsbedürftige Willenserklärungen so auszulegen, wie sie der Erklärungsempfänger nach Treu und Glauben unter Berücksichtigung der Verkehrssitte verstehen musste.

Da die Parteien den schriftlichen Arbeitsvertrag auf den 1.8 zurückdatiert haben und sie bereits am 31.7. die Befristung des Arbeitsvertrages beginnend mit dem 1.8. vereinbart haben und Lahm seine Tätigkeit auch fristgerecht aufgenommen hat, sind die Erklärungen der Parteien dahingehend auszulegen, dass sie keinen neuen befristeten Arbeitsvertrag schließen wollten (kein neuer Rechtsbindungswille), sondern lediglich den bereits geschlossenen (unwirksamen) befristeten Arbeitsvertrag schriftlich bestätigen wollten, sodass die Befristung des Arbeitsvertrages mangels Schriftform unwirksam bleibt. Eine nachträgliche Heilung der unwirksamen Befristung ist nicht möglich.

Etwas anderes hätte die Auslegung der Erklärungen nur dann ergeben, wenn der schriftliche Arbeitsvertrag nicht rückdatiert worden wäre. Hätten die Parteien am 4.8. nachträglich schriftlich vereinbart, dass der Arbeitsvertrag vom 4.8. bis zum 31.7. des Folgejahres befristet wird, so wäre dieser neue befristete Arbeitsvertrag formwirksam abgeschlossen worden. Dieser neue wirksam befristete Arbeitsvertrag hätte dann den ursprünglich unwirksam befristeten Arbeitsvertrag in seinem Bestand abgelöst.

Übung 9: Sachgrundbefristung

In der Kindertagesstätte „Spielkiste" der Stadt Rheinfels besteht dringender Vertretungsbedarf, da zum einen die Mitarbeiterin Lotte für zwei Jahre Elternzeit in Anspruch nehmen will und zum anderen der Mitarbeiter Lahm zunächst für fünf Jahre Sonderurlaub beanspruchen möchte. Während der Beurlaubungsphase möchte Lahm in Tibet im Rahmen eines staatlich geförderten Projektes Kleinkinder unterrichten und betreuen.

Aufgabe:

Prüfen Sie in einem umfassenden Rechtsgutachten, ob und unter welchen Voraussetzungen die Stadt Rheinfels die Stellen befristet besetzen kann.

Lösungshinweise:

Fraglich ist, ob die Stadt Rheinfels die beiden Stellen rechtssicher befristet besetzen kann.

Nach § 14 Abs. 1 Satz 2 Nr. 3 TzBfG ist die Befristung eines Arbeitsvertrages zulässig, wenn der Arbeitnehmer zur Vertretung eines anderen Arbeitnehmers beschäftigt wird. Für die Wirksamkeit der Befristung nach § 14 Abs. 1 Satz 2 Nr. 3 TzBfG ist eine Prognose des Arbeitgebers zu fordern. Diese Prognose muss sich auf den Wegfall des Vertretungsbedarfs durch die zu erwartende Rückkehr des zu vertretenden Mitarbeiters, nicht aber auch auf den Zeitpunkt dieser Rückkehr und damit auf die Dauer des Vertretungsbedarfs erstrecken. Der Arbeitgeber ist nicht verpflichtet, Erkundigungen beim zu vertretenen Mitarbeiter einzuholen. Nur wenn der Arbeitgeber im Ausnahmefall Zweifel an der Rückkehr des zu vertretenen Mitarbeiters haben muss, kann dies dafür sprechen, der Befristungsgrund der Vertretung sei nur vorgeschoben.

Da hier keine Anhaltspunkte vorliegen, dass die beiden zu vertretenen Mitarbeiterrinnen nicht zurückkehren werden, ist es in beiden Fällen möglich, den jeweiligen Arbeitsvertrag nach § 14 Abs. 1 Satz 2 Nr. 3 TzBfG zu befristen. Im Verhältnis zu Lotte ist allerdings zu beachten, dass die allgemeine Befristungsvorschrift des § 14 Abs. 1 Satz 2 Nr. 3 TzBfG durch die speziellere Vorschrift des § 21 Abs. 1 BEEG verdrängt wird (vgl. § 23 TzBfG).

2 Arbeitsvertrag

Da Lotte lediglich für zwei Jahre Elternzeit in Anspruch nehmen möchte, wäre in diesem Fall auch eine Befristung des Arbeitsvertrages nach § 14 Abs. 2 TzBfG denkbar.

Übung 10: Sachgrundlose Befristung

Das zwischen der Stadt Rheinfels und Lahm bestehende Arbeitsverhältnis wird zunächst vom 1.2. bis einschließlich zum 31.12. sachgrundlos befristet, obwohl die Stadt Rheinfels wusste, dass Lahm vor zehn Jahren bereits auf eigenem Wunsch aus einem Arbeitsverhältnis mit der Stadt Rheinfels ausgeschieden ist. Am 30.12. wird die Befristung einvernehmlich formwirksam um ein weiteres halbes Jahr bis zum 30.6. verlängert. Am 1.7. vereinbaren Lahm und der zuständige Personalsachbearbeiter Budde, dass die Befristung des Arbeitsverhältnisses nochmals um weitere sieben Monate bis zum 31.1. des Folgejahres nach § 14 Abs. 2 TzBfG verlängert wird. Gleichzeitig wird vereinbart, dass Lahm aufgrund der in der Vergangenheit gezeigten besonders guten Leistungen zukünftig eine monatliche Sonderzahlung in einer Höhe von 100,- € erhält.

Aufgabe:

Prüfen Sie in einem umfassenden Rechtsgutachten, ob die vereinbarte Befristung des Arbeitsverhältnisses insgesamt rechtmäßig ist.

Lösungshinweise:

Fraglich ist, ob die Befristung des Arbeitsvertrags rechtswirksam nach § 14 Abs. 2 TzBfG abgeschlossen worden ist.

1. Gemäß § 14 Abs. 2 Satz 1 TzBfG ist die kalendermäßige Befristung eines Arbeitsvertrages ohne sachlichen Grund bis zur Dauer von zwei Jahren zulässig. Bis zu dieser Gesamtdauer ist die höchstens dreimalige Verlängerung eines kalendermäßig befristeten Arbeitsvertrages zulässig.

a) Die Befristungsdauer übersteigt die erlaubte Gesamtdauer von zwei Jahren nicht.

b) Fraglich ist allerdings, ob es sich hier tatsächlich um eine tatsächliche Verlängerung der Befristung handelt, da die entsprechende Vereinbarung erst am 1.7. erfolgte. Eine tatsächliche Verlängerung des Arbeitsvertrages liegt nur dann vor, wenn die Einigung über die Verlängerung der Vertragsdauer noch während der ursprünglich vereinbarten Vertragsdauer zustande kommt. Da sich hier die Vertragsparteien erst am 1.7. über die Verlängerung der Befristung geeinigt haben, liegt keine Verlängerung der ursprünglichen Befristung vor. Vielmehr haben die Vertragsparteien nach Ablauf der Befristung einen neuen befristeten Arbeitsvertrag abgeschlossen. Die diesbezügliche Befristung ist im Hinblick auf das Anschlussverbot nach § 14 Abs. 2 Satz 2 TzBfG unwirksam.

c) Die Verlängerung der Befristung ist darüber hinaus auch aufgrund der gleichzeitigen Vereinbarung einer Sonderzahlung unwirksam. Die allein die Befristungsdauer regelnde Vereinbarung hat den sonstigen Vertragsinhalt

Arbeitsvertrag 2

unberührt zu lassen. Einer Verlängerung der Befristung steht allerdings eine Änderung des Arbeitsvertrags vor oder nach Abschluss der Verlängerungsvereinbarung nicht entgegen.

2. Unschädlich ist es, dass Lahm bereits vor zehn Jahren in einem Arbeitsverhältnis zur Stadt Rheinfels stand. Maßgebend sind vielmehr lediglich vorhergehende Arbeitsverhältnisse der letzten drei Jahre. Dies entspricht der in § 195 BGB erkennbaren Wertung des Gesetzgebers.

3. Die am 1.7. vereinbarte Verlängerung der Befristung des Arbeitsvertrages ist unwirksam. Der befristete Arbeitsvertrag gilt daher nach § 16 Satz 1 TzBfG als auf unbestimmte Zeit geschlossen.

2.5 Pflichten des Arbeitgebers

2.5.1 Lohnzahlungspflicht – Eingruppierung

Durch den Abschluss eines Arbeitsvertrages wird der Arbeitgeber nach § 611 Abs. 1 BGB zur Gewährung der **vereinbarten Vergütung** verpflichtet.

Gut zu wissen

An den Arbeitnehmer ausgezahlt wird der **Nettolohn**. Dieser wird ermittelt, indem vom vereinbarten Bruttolohn die Lohn- und u. U. die Kirchensteuer sowie der Solidaritätszuschlag und die Sozialversicherungsbeiträge abgezogen werden.

Die Zahlung erfolgt am letzten Tag des Monats (Zahltag) für den laufenden Kalendermonat auf ein von der/dem Beschäftigten benanntes Konto innerhalb eines Mitgliedstaats der Europäischen Union. Fällt der Zahltag auf einen Samstag, einen Wochenfeiertag oder den 31. Dezember, gilt der vorhergehende Werktag, fällt er auf einen Sonntag, gilt der zweite vorhergehende Werktag als Zahltag (§ 24 Abs. 1 Satz 2 und 3 TVöD/TV-L).

2.5.1.1 Tabellenentgelt und Eingruppierung

Maßgebend für die **Höhe der Vergütung** ist i. d. R. der TVöD/TV-L.

Der Arbeitnehmer erhält nach § 15 Abs. 1 Satz 1 TVöD/TV-L monatlich ein **Tabellenentgelt**. Die individuelle Höhe des monatlichen Entgeltes bestimmt sich nach Satz 2 nach der Entgeltgruppe, in der der Arbeitnehmer **eingruppiert ist** und nach der für ihn geltenden Stufe. Die Entgelttabellen enthalten i. d. R. die Entgeltgruppen zwei bis fünfzehn.[1])

Gut zu wissen

Die Bestimmung der Entgeltgruppe erfolgt tarifautomatisch, ohne dass es einer weiteren Willensäußerung der Vertragsparteien bedarf (sog. **Tarifautomatik**). Der Arbeitnehmer ist in der Entgeltgruppe **eingruppiert**, deren Tätigkeitsmerkmalen die gesamte von ihm nicht nur vorübergehend **auszuübende** Tätigkeit entspricht.

---

1) Für Beschäftigte im Sozial- und Erziehungsdienst sieht die Entgelttabelle die Stufen S 2 bis S 18 vor.

2 Arbeitsvertrag

Maßgeblich für die tarifgerechte Eingruppierung ist damit die vom Arbeitgeber bei der Einstellung oder später dauerhaft zugewiesene bzw. übertragene (= *auszuübende*) Tätigkeit. Der Tarifwortlaut stellt nicht auf die (tatsächlich) *ausgeübte* Tätigkeit ab, die ja in der betrieblichen Praxis möglicherweise – aus verschiedenen Gründen – abweichen kann von der vom Arbeitgeber eigentlich übertragenen bzw. vorgesehenen Tätigkeit. Die gesamte auszuübende Tätigkeit entspricht den Tätigkeitsmerkmalen einer Entgeltgruppe, wenn zeitlich mindestens zur Hälfte Arbeitsvorgänge anfallen, die für sich genommen die Anforderungen eines Tätigkeitsmerkmals oder mehrerer Tätigkeitsmerkmale dieser Entgeltgruppe erfüllen (§ 12 Abs. 1 und Abs. 2 Satz 1 und 2 TVöD/TV-L).

Arbeitsvorgänge sind Arbeitsleistungen (einschließlich Zusammenhangsarbeiten), die, bezogen auf den Aufgabenkreis des Arbeitnehmers, zu einem bei natürlicher Betrachtung abgrenzbaren Arbeitsergebnis führen (z.b. unterschriftsreife Bearbeitung eines Aktenvorgangs, eines Widerspruchs oder eines Antrags, Erstellung eines EKG, Fertigung einer Bauzeichnung, Konstruktion einer Brücke oder eines Brückenteils, Bearbeitung eines Antrags auf eine Sozialleistung, Betreuung einer Person oder Personengruppe, Durchführung einer Unterhaltungs- oder Instandsetzungsarbeit). Jeder einzelne Arbeitsvorgang ist als solcher zu bewerten und darf dabei hinsichtlich der Anforderungen zeitlich nicht aufgespalten werden.

Maßgebend für die Bestimmung des Arbeitsvorgangs ist damit das Arbeitsergebnis.[1] Dabei kann die gesamte vertraglich geschuldete Tätigkeit einen einzigen Arbeitsvorgang ausmachen. Nur wenn es tatsächlich möglich ist, Tätigkeiten von unterschiedlicher Wertigkeit abzutrennen, werden diese nicht zu einem Arbeitsvorgang zusammengefasst. Wiederkehrende, gleichartige und gleichwertige Bearbeitungen können zusammengefasst werden. Nicht zusammengefasst werden können jedoch Bearbeitungen, die tariflich unterschiedlich zu bewerten sind, sofern die unterschiedlich wertigen Arbeitsleistungen von vornherein - sei es aufgrund der Schwierigkeit oder anderer Umstände – auseinandergehalten werden. Dafür reicht jedoch nicht die theoretische Möglichkeit, einzelne Arbeitsschritte oder Einzelaufgaben verwaltungstechnisch isoliert auf andere Angestellte übertragen zu können, solange sie als einheitliche Arbeitsaufgabe einer Person übertragen sind. Tatsächlich getrennt sind Arbeitsschritte nicht, wenn sich erst im Laufe der Bearbeitung herausstellt, welchen tariflich erheblichen Schwierigkeitsgrad der einzelne Fall aufweist.[2]

Die Bewertung der Arbeitsvorgänge erfolgt anhand der **Tätigkeitsmerkmale** der jeweiligen Entgeltordnung VKA/Bund oder TV-L.

Beispiel zur Entgeltordnung VKA

AV	Auszuübende Tätigkeit	Tätigkeitsmerkmal	Zeitanteil	Entgeltordnung	Entgeltgruppe
1	Sachbearbeitung im Rechtsgebiet A	gründliche Fachkenntnisse	20 %	Teil A Abschnitt I Ziffer 3	EG 5 FG 2
2	Sachbearbeitung im Rechtsgebiet B	gründliche Fachkenntnisse	30 %	Teil A Abschnitt I Ziffer 3	EG 5 FG 2

---

1) St. Rspr., etwa BAG v. 21.3.2012 – 4 AZR 266/10, juris Langtext Rn. 24; BAG v. 25.8.2010 – 4 AZR 5/09, juris Langtext Rn. 22.
2) BAG v. 27.9.2017 – 4 AZR 666/14, juris Langtext Rn. 15.

AV	Auszuübende Tätigkeit	Tätigkeitsmerkmal	Zeitanteil	Entgeltordnung	Entgeltgruppe
3	Sachbearbeitung im Rechtsgebiet C	gründliche Fachkenntnisse	50 %	Teil A Abschnitt I Ziffer 3	EG 5 FG 2

Die Eingruppierung erfolgt nach Entgeltgruppe 6. Jeder der drei Arbeitsvorgänge erfüllt für sich das Tätigkeitsmerkmal „gründliche Fachkenntnisse" der Entgeltgruppe 5 Fallgruppe 2. Im Rahmen einer zusammenfassenden Betrachtung und Bewertung ergibt sich aber insgesamt eine Eingruppierung des Arbeitnehmers in die Entgeltgruppe 6, da in quantitativer Hinsicht eine Erweiterung der Fachkenntnisse zu „gründlichen und vielseitigen Fachkenntnissen" zu attestieren ist.

Die Angabe der Entgeltgruppe im Arbeitsvertrag hat grundsätzlich nur deklaratorische Bedeutung.[1]) Die Vertragsparteien machen hiermit nur deutlich, welche Entgeltgruppe sie bei Abschluss des Arbeitsvertrages als tarifgerecht angesehen haben.[2]) Entspricht die im Arbeitsvertrag angegebene Vergütungsgruppe nicht der Wertigkeit der ausgeübten Tätigkeit, weil der Arbeitgeber dem Arbeitnehmer irrig eine zu hoch bewertete Tätigkeit zugewiesen hat, ist dieser berechtigt, die zu hohe Eingruppierung einseitig im Wege des Direktionsrechts zu korrigieren (**korrigierende Rückgruppierung**).[3])

Gut zu wissen

Eingruppierungsrelevant ist nur diejenige Tätigkeit, die dem Arbeitnehmer wirksam nach §§ 106 Satz 1, 6 Abs. 2 GewO zugewiesen worden ist. Die Tätigkeit muss dem Arbeitnehmer daher von der für Personalangelegenheiten **zuständigen Stelle** schriftlich, mündlich oder konkludent zugewiesen worden sein.[4])

2.5.1.2 Stufen

Neben der Entgeltgruppe ist die Stufe für die Höhe des monatlichen Entgelts maßgebend. Nach § 16 Abs. 1 Satz 1 TVöD-VKA umfassen die Entgeltgruppen 2 bis 15 jeweils sechs Stufen. Nach § 16 Abs. 1 Satz 1 TVöD-Bund/TV-L umfassen die Entgeltgruppen 9 bis 15 fünf Stufen und die Entgeltgruppen 2 bis 8 sechs Stufen.

Liegt keine einschlägige Berufserfahrung vor, wird der Arbeitnehmer bei seiner Einstellung der Stufe 1 zugeordnet (§ 16 Abs. 2 Satz 1 TVöD-VKA/ TV-L).[5]) Dies gilt nach § 16 Abs. 3 Satz 1 TVöD-Bund auch für die Entgeltgruppen 2 bis 8. Im Übrigen ist nach § 16 Abs. 2 Satz 1 TVöD-Bund die Zuordnung zur ersten Stufe zwingend vorgesehen, unabhängig vorheriger einschlägiger Berufserfahrung. Die Berufserfahrung ist einschlägig, wenn sie zumindest gleichartig ist. Die Berufserfahrung muss damit der eingruppie-

---
1) Groeger/Schlewing Teil 7 Rn. 34 ff.
2) BAG v. 1.9.1982 – 4 AZR 951/79, RiA 1983, 127.
3) Müller/Preis Rn. 599.
4) Gröger/Schlewing Teil 7 Rn. 42 f.
5) Vgl. zur Stufenzuordnung ausführlich Groeger/Spelge Teil 8 Rn. 13 ff.

2 Arbeitsvertrag

rungsrechtlichen Wertigkeit der Tätigkeit entsprechen (vgl. Protokollerklärung Nr. 1 zu § 16 Abs. 2 und 3 TVöD-Bund bzw. zu § 16 Abs. 2 TV-L).

Die Beschäftigten erreichen nach § 16 Abs. 3 Satz 1 TVöD/TV-L die jeweils nächste Stufe – von Stufe 3 an in Abhängigkeit von ihrer Leistung gemäß § 17 Absatz 2 TVöD/TV-L – nach folgenden Zeiten einer ununterbrochenen Tätigkeit innerhalb derselben Entgeltgruppe bei ihrem Arbeitgeber (**Stufenlaufzeit**):

- Stufe 2 nach einem Jahr in Stufe 1,
- Stufe 3 nach zwei Jahren in Stufe 2,
- Stufe 4 nach drei Jahren in Stufe 3,
- Stufe 5 nach vier Jahren in Stufe 4 und
- Stufe 6 nach fünf Jahren in Stufe 5 (bei den Entgeltgruppen 2 bis 8)[1]).

Bei Eingruppierung in eine höhere Entgeltgruppe werden die Arbeitnehmer nach § 17 Abs. 5 Satz 1 TVöD-Bund, § 14 Abs. 4 Satz 1 TVöD/TV-L der gleichen Stufe zugeordnet, die sie in der niedrigeren Entgeltgruppe erreicht haben, mindestens jedoch der Stufe 2.[2])

2.5.1.3 Leistungsbezogene Bezahlung

Der TVöD sieht im Gegensatz zum TV-L[3]) eine zusätzliche leistungsbezogene Bezahlung vor. Nach § 18 TVöD erhalten die Arbeitnehmer ein **Leistungsentgelt**.

Gut zu wissen

§ 18 TVöD-VKA enthält für die Kommunen eine tarifvertragliche Regelung des Leistungsentgelts, die unmittelbar eine Umsetzung auf Ebene der Dienststellen und Betriebe ermöglicht. Dagegen handelt es sich bei § 18 TVöD-Bund lediglich um eine bloße Rahmenvorschrift, die zu ihrer Umsetzung den Abschluss eines weiteren Tarifvertrages erfordert. Entsprechende enge und detaillierte Vorgaben enthält der Leistungs-TV Bund.

Das Leistungsentgelt wird zusätzlich zum Tabellenentgelt gezahlt (§ 18 Abs. 2 Satz 2 TVöD-VKA/§ 18 Abs. 1 Satz 2 TVöD-Bund). Die Leistungsbewertung erfolgt durch eine Zielvereinbarung[4]) oder eine systematische Leistungsbewertung[5]) (§ 18 Abs. 5 Satz TVöD-VKA/§§ 3 bis 7 Leistungs-TV-Bund).

Nach § 18 Abs. 7 Satz 1 TVöD-VKA/§ 14 Leistungs-TV-Bund ist eine betriebliche Kommission einzurichten, deren Mitglieder je zur Hälfte vom Arbeitge-

---

1) Gilt nicht im TVöD-VKA.
2) Im Tarifbereich der VKA beginnt nach der Rechtsprechung des BAG v. 1.6.2017 – 6 AZR 741/15, ZTR 2017, 529 nach einer Herabgruppierung die Stufenlaufzeit neu. Dies gilt nicht für den Tarifbereich Bund und TV-L.
3) Der entsprechende § 18 TV-L wurde zwischenzeitlich wieder gestrichen.
4) Vgl. zum Begriff und zum Inhalt einer Zielvereinbarung Groeger/Brock Teil 3 C Rn. 32 ff.
5) Vgl. zum Begriff und zum Inhalt einer systematischen Leistungsbewertung Groeger/Brock Teil 3 C Rn. 47 ff.

ber und vom Personal- oder Betriebsrat benannt werden. Die betriebliche Kommission wirkt bei der Entwicklung und beim ständigen Controlling des betrieblichen Systems mit. Darüber hinaus ist sie nach § 18 Abs. 7 Satz 2 TVöD-VKA auch zur Bereinigung von Konfliktsituationen zuständig.

Kommunen

Als Formen des Leistungsentgelts kommen nach § 18 Abs. 4 TVöD-VKA

- eine **Leistungsprämie** (einmalige Zahlung i. d. R. auf der Grundlage einer systematischen Leistungsbewertung),
- eine **Erfolgsprämie** (i. d. R. abhängig von einem wirtschaftlichen Erfolg) oder
- eine **Leistungszulage** (befristete, widerrufliche, monatliche Zahlung i. d. R. auf der Basis einer Zielvereinbarung)

in Betracht.

Die konkrete Ausgestaltung der leistungsbezogenen Bezahlung erfolgt nach § 18 Abs. 6 Satz 3 TVöD-VKA ausschließlich durch eine Betriebs- oder Dienstvereinbarung.

Bund

Der Leistungs-TV Bund enthält detaillierte Vorgaben zur Ausgestaltung des Leistungsentgeltsystems. In den §§ 9 und 10 Leistungs-TV-Bund sind Regelungen zur Aufteilung des Entgeltvolumens und zur Berechnung der individuellen Leistungsentgelte enthalten. Das Beschwerdeverfahren vor der betrieblichen Kommission ist in § 13 Leistungs-TV-Bund näher ausgestaltet.

2.5.1.4 Zuschläge und sonstige besondere Zahlungen

Der Arbeitnehmer enthält nach § 8 Abs. 1 Satz 1 und 2 TVöD/TV-L neben dem Tabellenentgelt für die tatsächliche Arbeitsleistung einen **Zeitzuschlag** für Überstunden, Nacht-, Sonntags- und Feiertagsarbeit, Arbeit am 24.12. und am 31.12., und für Arbeit an Samstagen.

Ist die zu erbringende Arbeitsleistung durch außergewöhnliche Erschwernisse geprägt, erhält der Arbeitnehmer nach § 19 Abs. 1 Satz 1 TVöD/TV-L einen **Erschwerniszuschlag**. § 19 Abs. 2 TVöD/TV-L enthält eine Aufzählung von besonders außergewöhnlichen Erschwernissen i. S. d. § 19 Abs. 1 Satz 1 TVöD/TV-L.

Arbeitnehmer, die am 1.12. des jeweiligen Jahres in einem Arbeitsverhältnis stehen, haben nach § 20 TVöD/TV-L Anspruch auf Zahlung einer **Jahressonderzahlung**. Die Jahressonderzahlung belohnt die Betriebstreue des Arbeitnehmers. Die Höhe der jährlichen Sonderzahlung ist von der jeweiligen Entgeltgruppe des Arbeitnehmers, in die dieser eingruppiert ist, abhängig.

2 Arbeitsvertrag

§ 23 TVöD/TV-L eröffnet dem Arbeitnehmer folgende Ansprüche:[1])
- Anspruch auf **vermögenswirksame Leistungen** (Abs. 1),
- Anspruch auf **Jubiläumsgeld** (Abs. 2),
- Anspruch auf **Sterbegeld** (Abs. 3) und
- Anspruch auf Erstattung von **Reise- und Umzugskosten** sowie **Trennungsgeld** nach den beamtenrechtlichen Vorschriften (Abs. 4).

Zudem haben Arbeitnehmer Anspruch auf betriebliche Altersversorgung durch Versicherung unter eigener Beteiligung zum Zwecke einer zusätzlichen Alters- und Hinterbliebenenversorgung (§ 25 TVöD/TV-L).

2.5.2 Arbeitsentgelt ohne Arbeitsleistung

Der Arbeitnehmer hat seine Arbeit grundsätzlich selbst, d. h. höchstpersönlich zu leisten (§ 613 Satz 1 BGB). Erbringt der Arbeitnehmer seine Arbeitsleistung nicht zu dem vertraglich vereinbarten Zeitpunkt, ist die Leistungserbringung aufgrund ihres **Fixschuldcharakters** nicht mehr nachholbar. Folglich tritt im Augenblick der Nichtleistung Unmöglichkeit ein, sodass der Arbeitnehmer nach § 275 Abs. 1 bis 3 BGB von seiner Verpflichtung zur Erbringung der Arbeitsleistung befreit wird. Damit entfällt nach § 326 Abs. 1 BGB gleichzeitig die Lohnzahlungspflicht des Arbeitgebers.[2])

Beispiel
Lahm befindet sich morgens auf dem Weg zu seinem Arbeitsplatz bei der Stadt Rheinfels. Es wurde vereinbart, dass Lahm im Rahmen einer Fünftagewoche von Montag bis Freitag täglich im Rahmen einer Teilzeitbeschäftigung von 8 Uhr bis 12 Uhr arbeiten muss. Aufgrund einer Vollsperrung der Autobahn schafft es Lahm jedoch am 6.6. nicht, seine Arbeit vertragsgemäß aufzunehmen; Urlaub hat Lahm für diesen Tag nicht beantragt.
Mangels Erbringung der vertraglich geschuldeten Arbeitsleistung steht Lahm gegen die Stadt Rheinfels für den 6.6. kein Lohnanspruch zu (§§ 275 Abs. 1, 326 Abs. 1 Satz 1 BGB).

Der Grundsatz „ohne Arbeit kein Lohn" wird durch eine Vielzahl von gesetzlichen und tarifvertraglichen Regelungen durchbrochen.

2.5.2.1 Annahmeverzug des Arbeitgebers

Der Arbeitnehmer hat nach § 615 Satz 1 i. V. m. §§ 293 ff. BGB Anspruch auf die vereinbarte Vergütung, wenn der Arbeitgeber mit der Annahme der Arbeitsleistung in Verzug gerät (Annahmeverzugslohn). § 615 Satz 1 BGB enthält insoweit eine Rechtsgrundverweisung auf die Annahmeverzugsvorschriften.

---

1) Vgl. ausführlich Wichmann/Langer Teil III Rn. 612 ff.
2) Wörlen/Kokemoor Rn. 111; Brox/Rüthers/Henssler Rn. 364.

Arbeitsvertrag 2

Angebot des Arbeitnehmers

Der Arbeitgeber gerät in Annahmeverzug, wenn er ein **Angebot** des Arbeitnehmers zur Arbeitsleistung **ablehnt** (§ 293 BGB).

Der Arbeitnehmer muss dem Arbeitgeber seine Arbeitsleistung tatsächlich so anbieten, wie sie zu bewirken ist (§§ 294, 613 Satz 1 BGB), d. h. zur rechten Zeit, am rechten Ort (sog. Erfüllungsort) und in der rechten Art und Weise.

> **Beispiel**
> Lahm erscheint wie mit der Stadt Rheinfels vertraglich vereinbart am 16.6. an seinem Arbeitsplatz. Der Vorgesetzte nimmt die Arbeitsleistung des Lahm mit der Begründung nicht an, dass er seine Arbeitsleistung am heutigen Tag nicht benötige.

Nach § 295 BGB genügt ein **wörtliches Angebot** des Arbeitnehmers, wenn der Arbeitgeber bereits erklärt hat, er werde die Arbeitsleistung nicht annehmen. Das mündliche Angebot kann vor Ort am Arbeitsplatz selbst aber auch telefonisch oder schriftlich übermittelt werden.

> **Beispiel**
> Der Vorgesetzte weist Lahm am 15.6. darauf hin, dass er morgen am Arbeitsplatz nicht erscheinen brauche, da seine Arbeitskraft nicht benötigt würde. Am 16.6. meldet Lahm sich daraufhin bei der Stadt Rheinfels telefonisch und bietet seine Arbeitsleistung an.

Ein **Angebot** des Arbeitnehmers ist nach § 296 Satz 1 BGB **entbehrlich**, wenn der Arbeitgeber die Arbeitsleistung des Arbeitnehmers aufgrund einer arbeitgeberseitigen Kündigung zurückweist, die sich im Nachhinein im Rahmen eines Kündigungsschutzprozesses als rechtsunwirksam herausstellt, da der Arbeitgeber dem Arbeitnehmer einen funktionsfähigen Arbeitsplatz zur Verfügung zu stellen, ihm ferner Arbeit zuzuweisen und somit eine nach dem Kalender bestimmte Mitwirkungshandlung gemäß § 296 Satz 1 BGB vorzunehmen hat.[1]

Leistungsvermögen des Arbeitnehmers

Der Arbeitgeber gerät nicht in Annahmeverzug, wenn der Arbeitnehmer außerstande ist, die Leistung ordnungsgemäß zu erbringen bzw. anzubieten.

> **Beispiel**
> An der Leistungsfähigkeit des Arbeitnehmers fehlt es, wenn dieser arbeitsunfähig erkrankt ist, sodass für die Dauer der Arbeitsunfähigkeit Ansprüche aus Annahmeverzug des Arbeitgebers ausscheiden. Allerdings kann dem Arbeitnehmer gegen den Arbeitgeber ein Anspruch auf Entgeltfortzahlung im Krankheitsfall nach § 3 Abs. 1 EFZG zustehen.

---

1) BAG v. 24.09.2003 – 5 AZR 500/02, juris Langtext Rn. 14.

2 Arbeitsvertrag

Beendigung des Annahmeverzugs

Der Annahmeverzug des Arbeitgebers endet, wenn dieser sich bereit erklärt, die Arbeitsleistung des Arbeitnehmers wieder vertragsgemäß annehmen zu wollen. Der Arbeitgeber muss den Arbeitnehmer zur Arbeitsleistung auffordern, um den Annahmeverzug für die Zukunft zu beenden.

Berechnung des nachzuzahlenden Entgelts

Dem Arbeitnehmer bleibt gemäß § 615 Satz 1 BGB für die Dauer des Annahmeverzuges der Anspruch auf Zahlung der vertraglich geschuldeten Vergütung erhalten. Die Höhe des Annahmeverzuglohns bestimmt sich nach dem **Lohnausfallprinzip**.[1] Der Arbeitnehmer muss so gestellt werden, als hätte er während des Annahmeverzuges weitergearbeitet. Folglich sind während des Annahmeverzuges eingetretene Entgelterhöhungen (z. B. durch eine Tariflohnerhöhung) ebenso zu berücksichtigen, wie fiktiv angefallene Überstunden.

Fälligkeit und Verjährung

Die aus § 615 S. 1 BGB folgenden Lohnansprüche werden zu dem Zeitpunkt fällig, in dem sie bei ordnungsgemäßer Abwicklung des Arbeitsverhältnisses fällig geworden wären. Dieser Fälligkeitszeitpunkt ist maßgeblich für die Berechnung der dreijährigen Verjährungsfrist (§ 195 BGB).

2.5.2.2 Betriebs- und Wirtschaftsrisiko

Nach § 615 Satz 3 BGB gelten die Vorschriften des Annahmeverzuges entsprechend in Fällen, in denen der Arbeitgeber das Risiko des Arbeitsausfalls trägt (**Betriebsrisikolehre**). Der Arbeitgeber trägt das Risiko des Arbeitsausfalls, wenn er aufgrund äußerer Einflüsse die angebotene Arbeitsleistung des Arbeitnehmers nicht annehmen kann. In diesen Fällen verbleibt es bei der Lohnzahlungsverpflichtung des Arbeitgebers.[2]

> **Beispiel**
> Lahm, der von der Stadt Rheinfels als Restaurator für das historische Archiv der Stadt eingestellt worden ist, erscheint am 5.5. vertragsgemäß auf seiner Arbeitsstelle. Aufgrund Hochwassers der nahegelegenen Düssel wurden in der vorherigen Nacht alle Arbeits- und Büroräume des historischen Archivs überschwemmt. Die Stadt Rheinfels kann somit am 5.5. die Arbeitsleistung des Lahm nicht annehmen.
> Da die Stadt Rheinfels in diesem Fall das Risiko des Arbeitsausfalles tragen muss, behält Lahm für den 5.5. seinen Lohnanspruch.

Kann der Arbeitnehmer aufgrund einer Naturkatastrophe den Betrieb des Arbeitgebers nicht erreichen, verliert er seinen Lohnanspruch, da er das **Wegerisiko** trägt.[3]

---

1) Preis § 43 IV.
2) Vgl. ausführlich Preis § 44 I.
3) Brox/Rüthers/Hensslar Rn. 392.

Arbeitsvertrag 2

2.5.2.3 Arbeitsverhinderung aus persönlichen oder sonstigen Gründen

Der Arbeitnehmer behält nach § 616 Satz 1 BGB seinen Anspruch auf die volle Arbeitsvergütung, wenn er für eine verhältnismäßig nicht erhebliche Zeit durch einen **in seiner Person liegenden Grund** ohne Verschulden an der Arbeitsleistung verhindert ist (sog. persönliche Leistungsverhinderung).

§ 616 Satz 1 BGB ist durch Tarifvertrag abdingbar. Eine abschließende Aufzählung der Anlässe der Freistellung von der Arbeit gegen Fortzahlung der Vergütung enthält § 29 TVöD/TV-L.

Beispiel
Niederkunft der Ehefrau (1 Arbeitstag), schwere Erkrankung eines Kindes, das das 12. Lebensjahr noch nicht vollendet hat bzw. Erkrankung der Betreuungsperson, wenn das Kind noch nicht das 8. Lebensjahr vollendet hat (bis zu 4 Arbeitstage im Kalenderjahr), ärztliche Behandlung, wenn diese während der Arbeitszeit erfolgen muss (erforderliche nachgewiesene Abwesenheitszeit einschließlich erforderlicher Wegezeiten).

2.5.2.4 Entgeltfortzahlung bei Arbeitsunfähigkeit

Der Arbeitgeber ist nach §§ 1, 3 Abs. 1 Satz 1 ff. EFZG, 22 Abs. 1 Satz 1 TVöD/TV-L verpflichtet, **bis zu sechs Wochen Entgeltfortzahlung** zu leisten, wenn der Arbeitnehmer durch Arbeitsunfähigkeit infolge einer Krankheit an seiner Arbeitsleistung verhindert ist, ohne dass ihn ein Verschulden trifft. Der Anspruch des Arbeitnehmers entsteht nach § 3 Abs. 3 EFZG erst nach einer vierwöchigen ununterbrochenen Dauer des Arbeitsverhältnisses. Die Wartefrist gilt allerdings nicht im Anwendungsbereich des TVöD/TV-L. Vielmehr entsteht dort der Anspruch auf Entgeltfortzahlung im Krankheitsfall mit Beginn des Arbeitsverhältnisses.

Gut zu wissen

Die **Wartezeit** beginnt mit dem rechtlichen Beginn des Arbeitsverhältnisses. Maßgebend ist damit nicht die tatsächliche Arbeitsaufnahme durch den Arbeitnehmer.[1]

Begriff der Arbeitsunfähigkeit

Ein Arbeitnehmer ist infolge Krankheit **arbeitsunfähig**, wenn ein Krankheitsgeschehen ihn außerstande setzt, die ihm nach dem Arbeitsvertrag obliegende Arbeit zu verrichten, oder, wenn er diese Arbeit nur unter der Gefahr fortsetzen könnte, in absehbarer Zeit seinen Gesundheitszustand zu verschlimmern.[2] Dementsprechend führt nicht jede Erkrankung des Arbeitnehmers zu seiner Arbeitsunfähigkeit (z. B. leichte Heiserkeit).

Der Ausfall der Arbeitsleistung muss allein auf die krankheitsbedingte Arbeitsunfähigkeit des Arbeitnehmers zurückzuführen sein. Ein Anspruch

---
1) Müller/Preis Rn. 634.
2) Brox/Rüthers/Henssler Rn. 370.

2 Arbeitsvertrag

auf Entgeltfortzahlung ist daher etwa ausgeschlossen, wenn dem Arbeitnehmer Sonderurlaub oder Elternzeit gewährt wird.

Verschuldensmaßstab

Der Arbeitnehmer hat seine Arbeitsunfähigkeit **verschuldet**, wenn das konkrete Verhalten in einem erheblichen Maß gegen die von einem verständigen Menschen im eigenen Interesse zu erwartende Verhaltensweise verstößt und bei der es unbillig wäre, den Arbeitgeber mit einer Zahlungspflicht zu belasten, weil der Arbeitnehmer die ihm zumutbare Sorgfalt gegen sich selbst nicht beachtet und dadurch die Arbeitsunfähigkeit verursacht hat (Verschulden gegen sich selbst).[1])

> **Beispiel**
>
> Lahm nimmt an dem jährlich stattfindenden Sommerfest seiner Arbeitgeberin, der Stadt Rheinfels, teil. Trotz des Konsums erheblicher Alkoholmengen fährt er anschließend noch mit seinem privaten PKW heimwärts. Aufgrund der mit dem Alkohol einhergehenden stark verminderten Reaktions- und Steuerungsfähigkeit verursacht er einen Verkehrsunfall. Lahm erleidet hierbei ein sog. Schleudertrauma.
>
> Da Lahm seine Arbeitsunfähigkeit selbst verschuldet hat, scheidet ein Anspruch auf Entgeltfortzahlung nach §§ 3 Abs. 1 Satz 1 EFZG, 22 Abs. 1 Satz 1 TVöD/TV-L aus.

Dauer und Höhe der Entgeltfortzahlung

Dem Arbeitnehmer ist nach § 4 Abs. 1 EFZG das ihm bei der für ihn maßgebenden regelmäßigen Arbeitszeit zustehende Arbeitsentgelt fortzuzahlen. Auszugehen ist von der regelmäßigen Arbeitszeit. Durch das in § 4 Abs. 1 EFZG normierte **Lohnausfallprinzip** enthält der Arbeitnehmer grundsätzlich die volle Vergütung nebst etwaiger Zuschläge.[2]) § 21 TVöD/TV-L enthält eine Bemessungsgrundlage für die Festsetzung der Höhe der Entgeltfortzahlung.

Liegen die Voraussetzungen für eine Entgeltfortzahlungspflicht des Arbeitgebers vor, erhält der Arbeitnehmer gemäß §§ 3 Abs. 1 Satz 1 EFZG, § 22 Abs. 1 Satz 1 TVöD/TV-L zunächst für die Dauer von **sechs Wochen** Entgeltfortzahlung. Wird der Arbeitnehmer infolge derselben Krankheit erneut arbeitsunfähig, verliert er wegen der erneuten Arbeitsunfähigkeit den Anspruch auf Entgeltfortzahlung für einen weiteren Zeitraum von sechs Wochen nicht, wenn er entweder vor der erneuten Arbeitsunfähigkeit mindestens sechs Monate nicht infolge derselben Krankheit arbeitsunfähig war oder seit Beginn der ersten Arbeitsunfähigkeit infolge derselben Krankheit eine Frist von zwölf Monaten abgelaufen ist (§§ 3 Abs. 1 Satz 2 EFZG, 22 Abs. 1 Satz 2 TVöD/TV-L).

Nach Ablauf des Entgeltfortzahlungszeitraumes erhalten die Arbeitnehmer für die Zeit, für die ihnen Krankengeld oder entsprechende Leistungen gezahlt werden, vom Arbeitgeber einen **Krankengeldzuschuss** in Höhe des Unterschiedsbetrags zwischen den tatsächlichen Barleistungen des Sozialleis-

---
1) Jünger Rn. 174.
2) ErfK/Dörner/Reinhard § 4 EFZG Rn. 11.

Arbeitsvertrag 2

tungsträgers und dem Nettoentgelt (§ 22 Abs. 2 Satz 1 TVöD/TV-L). Der Krankengeldzuschuss wird bei einer Beschäftigungszeit (§ 34 Abs. 3 TVöD/TV-L)

- von mehr als einem Jahr längstens bis zum Ende der 13. Woche und
- von mehr als drei Jahren längstens bis zum Ende der 39. Woche seit dem Beginn der Arbeitsunfähigkeit gezahlt.

Beispiel
Lahm ist bei der Stadt Rheinfels seit zwei Jahren als Verwaltungsfachangestellter beschäftigt. Aufgrund eines chronischen Rückenleidens war Lahm vom 1.2. bis zum 31.3., vom 8.9. bis zum 7.10. und vom 8.2. bis zum 28.2. des Folgejahres arbeitsunfähig krank.
Lahm kann folgende Entgeltfortzahlungsansprüche gegen die Stadt Rheinfels geltend machen:

1.2. bis 14.3. (sechs Wochen):	Entgeltfortzahlung nach §§ 3 Abs. 1 Satz 1 EFZG, 22 Abs. 1 Satz 1 TVöD/TV-L.
15.3. bis 31.3.:	Krankengeldzuschuss nach § 22 Abs. 2 Satz 1, Abs. 3 Satz 1 TVöD/TV-L.
8.9. bis 7.10.:	Entgeltfortzahlung nach §§ 3 Abs. 1 Satz 2 Nr. 1 EFZG, 22 Abs. 1 Satz 2 TVöD/TV-L.
8.2. bis zum 28.2.:	Entgeltfortzahlung nach §§ 3 Abs. 1 Satz 2 Nr. 2 EFZG, 22 Abs. 1 Satz 2 TVöD/TV-L.

Vorlage einer Arbeitsunfähigkeitsbescheinigung – Leistungsverweigerungsrecht

Der Arbeitnehmer hat gemäß § 5 Abs. 1 Satz 1 EFZG die Dauer seiner Arbeitsunfähigkeit dem Arbeitgeber unverzüglich (§ 121 Abs. 1 Satz 1 BGB), d. h. ohne schuldhaftes Zögern, mitzuteilen. Dauert die Arbeitsunfähigkeit länger als drei Kalendertage an, kann der Arbeitgeber die **Fortzahlung des Arbeitsentgelts verweigern**, wenn der Arbeitnehmer die Arbeitsunfähigkeitsbescheinigung schuldhaft nicht spätestens am vierten Kalendertag der Erkrankung vorgelegt hat (§§ 7 Abs. 1 Nr. 1, 5 Abs. 1 Satz 2 EFZG). Der Arbeitgeber ist nach § 5 Abs. 1 Satz 3 EFZG berechtigt, die Vorlage der ärztlichen Bescheinigung durch den Arbeitgeber früher zu verlangen.

Anspruchsübergang

Wurde die Arbeitsunfähigkeit des Arbeitnehmers durch einen Dritten herbeigeführt und kann der Arbeitnehmer von diesem aufgrund gesetzlicher Vorschriften Schadensersatz wegen des Verdienstausfalls beanspruchen, der ihm durch die Arbeitsunfähigkeit entstanden ist, geht dieser Anspruch auf den Arbeitgeber nach § 6 Abs. 1 Satz 1 EFZG insoweit über, als er dem Arbeitnehmer Arbeitsentgelt in Folge der Arbeitsunfähigkeit fortgezahlt hat.

2 Arbeitsvertrag

> **Beispiel**
>
> Lahm wird ohne sein Verschulden in eine Kneipenschlägerei verwickelt. Hierbei wird er von Budde derart stark verletzt, dass er mehrere Wochen arbeitsunfähig erkrankt. Der dem Lahm gegenüber dem Budde wegen des krankheitsbedingten Lohnausfalles zustehende Schadensersatzanspruch aus §823 Abs. 1 BGB geht auf die Stadt Rheinfels als Arbeitgeberin des Lahm nach §6 Abs. 1 Satz 1 EFZG insoweit über, als diese infolge der Arbeitsunfähigkeit dem Lahm Entgeltfortzahlung nach §3 Abs. 1 Satz 1 EFZG gewährt. Die Stadt Rheinfels kann den auf sie übergegangenen Schadensersatzanspruch gegenüber Budde (gerichtlich) geltend machen.

Urlaubsentgelt

Jedem Arbeitnehmer steht nach §1 BUrlG im jeden Kalenderjahr ein Anspruch auf bezahlten Erholungsurlaub zu. Der tarifvertraglich gewährleistete Urlaubsanspruch geht über den gesetzlichen Mindesturlaubsanspruch von 24 Werktagen (§3 Abs. 1 BUrlG) hinaus. Er beträgt nach §26 Abs. 1 Satz 2 TVöD/TV-L bei Verteilung der Arbeitszeit auf fünf Tage in der Kalenderwoche 30 Arbeitstage je Kalenderjahr.

Während der Dauer des Erholungsurlaubs erhält der Arbeitnehmer **Urlaubsentgelt**. Dieses bemisst sich nach dem fiktiven Durchschnittsverdienst je Arbeitstag. Der in §11 Abs. 1 BurlG enthaltene Bezugszeitraum bildet die Bemessungsgrundlage für die Berechnung des tatsächlichen Urlaubsentgelts.[1] Darüber hinaus enthält §21 TVöD/TV-L eine zusätzlich tarifrechtliche Grundlage zur Festsetzung der Höhe der Entgeltfortzahlung.

2.5.3 Prüfungsschema – Anspruch auf Lohnzahlung

I. Anspruch entstanden (§611 Abs. 1 BGB i. V. m. Arbeitsvertrag bzw. i. V. m. TVöD/TV-L)

  1. Bestehendes Arbeitsverhältnis
  2. Anwendbarkeit des TVöD/TV-L

II. Anspruch untergegangen wegen Unmöglichkeit (§§275 Abs. 1, 326 Abs. 1 BGB)

III. Ausnahmen

  1. Annahmeverzug des Arbeitgebers (§§615 Satz 1, 293 ff. BGB)
     a) Angebot des Arbeitnehmers (§§294–296 BGB)
     b) Leistungsvermögen des Arbeitnehmers (§297 BGB)
     c) Höhe des Annahmeverzuglohns (§615 Satz 1 BGB)
  2. Betriebs- und Wirtschaftsrisiko (§615 Satz 3 BGB)
  3. Arbeitsverhinderung aus persönlichen Gründen (§§616 Satz 1 BGB, 29 TVöD/TV-L)

---

1) Zöllner/Loritz/Hergenröder §17 IV 7.

4. Entgeltfortzahlung im Krankheitsfall (§§ 3 Abs. 1 EFZG, 22 Abs. 1 TVöD/TV-L)
   a) Arbeitsunfähigkeit des Arbeitnehmers infolge Krankheit
   b) Kein Verschulden des Arbeitnehmers (Verschulden gegen sich selbst)
   c) Höhe und Dauer der Entgeltfortzahlung (§§ 3 Abs. 1, 4 EFZG, 21, 22 TVöD)

IV. Anspruch durchsetzbar
1. Leistungsverweigerungsrecht des Arbeitgebers bei Arbeitsunfähigkeit (§§ 7 Abs. 1 Nr. 1, 5 Abs. 1 EFZG)
2. Verjährung (§§ 195, 214 Abs. 1 BGB).
3. Tarifliche Ausschlussfrist (§ 37 Abs. 1 TVöD/TV-L)

2.5.4 Prüfe dein Wissen

1. Ist die Arbeitsleistung eine Fixschuld?
2. Was ist unter dem Begriff der Eingruppierung zu verstehen?
3. Was bedeutet der Begriff der Tarifautomatik?
4. Was bedeutet der Begriff Tabellenentgelt?
5. Wie werden die Stufen festgesetzt?
6. Ist im öffentlichen Dienst eine Leistungsbezogene Bezahlung vorgesehen?
7. Wann gerät der Arbeitgeber in Annahmeverzug?
8. Was ist unter der Betriebsrisikolehre zu verstehen?
9. Ist § 616 BGB tarifdispositiv?
10. Wann wird der Entgeltfortzahlungsanspruch des Arbeitnehmers bei Krankheit ausgelöst?

2.5.5 Allgemeine Fürsorgepflicht

Den Arbeitgeber treffen im Rahmen eines Arbeitsverhältnisses **Fürsorge- und Schutzpflichten**, die vom Schutz für Leben und Gesundheit des Arbeitnehmers über den Schutz eingebrachter Sachen bis hin zur ordnungsgemäßen Abführung von Sozialversicherungsbeiträgen reichen. Die Fürsorgepflicht des Arbeitgebers ist häufig gesetzlich näher normiert (wie z. B. der Anspruch auf Erholungsurlaub des Arbeitnehmers). Gleichwohl kann auf den Begriff der allgemeinen Fürsorgepflicht nicht verzichtet werden.[1]

Beispiel
Die Fürsorgepflicht verpflichtet den Arbeitgeber dem Arbeitnehmer beizustehen, wenn dieser durch Dritte schikaniert wird (Mobbing).

---

1) Vgl. ausführlich Zöllner/Loritz/Hergenröder § 17 III.

2 Arbeitsvertrag

2.5.6 Gefahrabwehrpflicht

Der Arbeitgeber ist durch die privatrechtlichen Normen der §§ 618 BGB, 62 HGB, 120a GewO verpflichtet, Räume, Vorrichtungen und Gerätschaften, die er zur Verrichtung der Dienste zu beschaffen hat, so einzurichten und zu unterhalten und die Dienstleistung so zu regeln, dass der Arbeitnehmer gegen Gefahren für Leben und Gesundheit soweit geschützt ist, wie die Natur des Betriebes und der Arbeit es gestatten. Ziel dieser gesetzlichen Fürsorgepflicht ist die Vorsorge gegen betriebsspezifische Gefahren für Leben und Gesundheit des Arbeitnehmers.

2.5.7 Beschäftigungspflicht

Der Arbeitgeber ist nach § 611 Abs. 1 BGB verpflichtet, den Arbeitnehmer vertragsgemäß zu beschäftigen.[1]) Es ist damit nicht möglich, einen Arbeitnehmer von seiner Pflicht zur Beschäftigung einseitig durch den Arbeitgeber zu entbinden. Vielmehr muss der Arbeitnehmer hierzu – etwa konkludent – seine Zustimmung erteilen.

Gut zu wissen

Während der Dauer eines Kündigungsrechtsstreites ist die Frage nach einer Beschäftigungspflicht des Arbeitnehmers im Rahmen einer Interessenabwägung zu beantworten. Für die erstinstanzliche Verfahrensdauer überwiegt das Interesse des Arbeitgebers, den Arbeitnehmer nicht weiter zu beschäftigen. Obsiegt der Arbeitnehmer erstinstanzlich vor dem Arbeitsgericht, überwiegt für die zweite Instanz vor dem Landesarbeitsgericht das Interesse des Arbeitnehmers.[2])

2.5.8 Zeugnis

Der Arbeitnehmer hat nach § 630 Satz 4 BGB, §§ 109 Abs. 1, 6 Abs. 2 GewO, § 35 Abs. 1 TVöD/TV-L bei Beendigung des Arbeitsverhältnisses einen Anspruch auf Erteilung eines schriftlichen Zeugnisses über Art und Dauer seiner Tätigkeit (**einfaches Zeugnis**), das sich, wenn er dies wünscht, auch auf Führung, Leistung und Verhalten erstrecken muss (**qualifiziertes Zeugnis**). Der Anspruch auf Zeugniserteilung unterliegt der allgemeinen dreijährigen Verjährungsfrist des § 195 BGB.

Gut zu wissen

Nach einer ordentlichen Kündigung des Arbeitsverhältnisses muss der Arbeitgeber bei einer längeren Kündigungsfrist ebenso wie bei einem Stellenwechsel, einer Umsetzung bzw. Versetzung oder einem Vorgesetztenwechsel ein vorläufiges Zeugnis (§ 35 Abs. 3 TVöD/TV-L) ausstellen.[3])

---

1) Zöllner/Loritz/Hergenröder § 17 II 1.
2) BAG v. 27.2.1985 – GS 1/84, juris Langtext Rn. 71.
3) BAG v. 1.10.1998 – 6 AZR 176/97, NZA 1999, 894.

Arbeitsvertrag 2

2.5.8.1 Wahrheits- und Wohlwollensgrundsatz

Neben dem **Wahrheitsgrundsatz** hat der Arbeitgeber aufgrund der bestehenden Fürsorgepflicht bei der Ausfertigung eines Zeugnisses den **Wohlwollensgrundsatz** zu berücksichtigen. Das Zeugnis soll von verständigem Wohlwollen für den Arbeitnehmer getragen sein und ihm sein weiteres berufliches Fortkommen nicht unnötig erschweren.[1]

2.5.8.2 Allgemeine Grundsätze

Der Arbeitgeber muss bei der Zeugniserteilung einige formelle Vorgaben beachten.[2]

Das Zeugnis muss alle wesentlichen Tatsachen und Bewertungen enthalten, die für die Gesamtbeurteilung des Arbeitnehmers von Bedeutung und für potenzielle neue Arbeitgeber von Interesse sind (sog. **Vollständigkeitsgrundsatz**).[3]

Der Arbeitgeber darf nur ein einheitliches und nicht etwa mehrere getrennte Zeugnisse für verschiedene ausgeübte Tätigkeiten erteilen (sog. **Einheitlichkeitsgrundsatz**).[4]

Das Zeugnis muss die Person des beurteilten Arbeitnehmers unzweifelhaft bezeichnen. Darüber hinaus muss es die Dauer des Arbeitsverhältnisses und die vom Arbeitnehmer bis zur Zeugniserteilung verrichteten Tätigkeiten enthalten.[5]

Das Zeugnis ist **schriftlich** und **in deutscher Sprache** zu erteilen. Entsprechend dem heutigen Standard muss es mindestens maschinenschriftlich erstellt werden. Hierbei sind ein im Geschäftsleben üblicher Schrifttyp und eine übliche Schriftgröße zu verwenden. Werden vom Arbeitgeber im normalen Briefverkehr Firmenbögen verwendet, ist das Zeugnis auch auf einem entsprechenden **Briefbogen** auszufertigen und vom Arbeitgeber selbst bzw. von seinem Vertretungsorgan auszustellen und zu **unterzeichnen**.[6] Die Unterschrift muss in der Weise erfolgen wie auch sonst betriebliche Dokumente unterzeichnet werden.[7]

Das Zeugnis muss in einer **Überschrift** als solches ausgewiesen sein und äußerlich sauber und ordentlich geschrieben sein. Rechtschreib- und Grammatikmängel sind zwingend zu vermeiden.

Der Arbeitnehmer muss nur dann die Aushändigung einer Kopie des Zeugnisses akzeptieren, soweit es sich um eine ordentliche Kopie handelt und diese eine Originalunterschrift aufweist.

---

1) Küttner/Reinecke 470 Rn. 1.; Schaub/Linck § 147 Rn. 28.
2) Vgl. Küttner/Reinecke 470 Rn. 16 ff.
3) ErfK/Müller-Glöge § 109 GewO Rn. 19.
4) ErfK/Müller-Glöge § 109 GewO Rn. 18.
5) ErfK/Müller-Glöge § 109 GewO Rn. 30.
6) BAG v. 21.9.1999 – 9 AZR 893/98, NZA 2000, 257.
7) LAG Hamm v. 27.7.2016 – 4 Ta 118/16, juris Langtext Rn. 26.

2 Arbeitsvertrag

2.5.8.3 Inhalt und Bestandteile eines qualifizierten Zeugnisses

Das **qualifizierte Zeugnis** enthält gegenüber dem einfachen Zeugnis weiterführende Beurteilungen des Arbeitnehmers.[1]

Die Beurteilung der **Leistung** muss sich an der dem Arbeitnehmer jeweils gestellten Arbeitsaufgabe und ihren Anforderungen orientieren. Körperliches und geistiges Leistungsvermögen, Fachkenntnisse, Arbeitsqualität und -güte, Arbeits- und Verantwortungsbereitschaft kennzeichnen die Leistung wie etwa auch Verhandlungsgeschick, Ausdrucksvermögen, Durchsetzungsfähigkeit und Entscheidungsbereitschaft.[2]

Die Beurteilung der **Führung** betrifft dagegen das Sozialverhalten gegenüber Vorgesetzten, Kollegen und Dritten wie auch gegenüber nachgeordneten Mitarbeitern sowie die Beachtung der betrieblichen Ordnung.

Die **Verhaltensbeurteilung** widmet sich dem Sozialverhalten des Arbeitnehmers und bezieht sich nur auf den dienstlichen Bereich. Beschrieben werden die Charaktereigenschaften und die Persönlichkeitszüge des Arbeitnehmers.[3]

2.5.9 Pflicht zu Gewährung von Erholungsurlaub

§ 1 BUrlG bestimmt, dass jeder Arbeitnehmer in jedem Kalenderjahr einen Anspruch auf bezahlten Erholungsurlaub hat. Für diese Zeit hat der Arbeitgeber den Arbeitnehmer unter Fortzahlung des Entgelts von der Pflicht zur Erbringung der Arbeitsleistung **freizustellen** (sog. gesetzlicher Freistellungsanspruch).[4] Nach § 2 BUrlG sind Arbeitnehmer i. S. d. Gesetzes Arbeiter und Angestellte sowie die zu ihrer Berufsbildung Beschäftigten.

2.5.9.1 Erholungsbedürftigkeit als Anspruchsvoraussetzung?

Der Arbeitnehmer ist weder verpflichtet, seine Erholungsbedürftigkeit nachzuweisen, diese wird vielmehr nach § 1 BUrlG für jeden Arbeitnehmer vermutet, noch ist er verpflichtet, sich während des Urlaubs auch tatsächlich zu erholen.

2.5.9.2 Tatsächliche Arbeitsleistung als Anspruchsvoraussetzung?

Der Anspruch des Arbeitnehmers auf Erholungsurlaub entsteht bei **bestehendem Arbeitsverhältnis** nach Ablauf der vorgesehenen Wartezeit (§§ 1, 4 BUrlG). Unerheblich ist, ob der Arbeitnehmer im laufenden Urlaubsjahr auch tatsächlich gearbeitet hat oder wegen Krankheit, Elternzeit o. Ä. von der Arbeit fern geblieben ist.[5]

---

1) Vgl. Küttner/Reinecke 470 Rn. 25 ff.
2) ErfK/Müller-Glöge § 109 GewO Rn. 40.
3) ErfK/Müller-Glöge § 109 GewO Rn. 43.
4) Zöllner/Loritz/Hergenröder § 17 IV 1.
5) Wörlen/Kokemoor Rn. 128.

Arbeitsvertrag 2

Beispiel

Lahm war das gesamte Jahr bis einschließlich Oktober aufgrund eines Verkehrsunfalles arbeitsunfähig krank. Mit Arbeitsaufnahme am 1.11. beantragt er bei seinem Arbeitgeber der Stadt Rheinfels seinen Jahresurlaub.

Aufgrund des bestehenden Arbeitsverhältnisses ist der Anspruch des Lahm auf Erholungsurlaub entstanden, obwohl er in diesem Jahr bis zur Antragsstellung noch keine Arbeitsleistung erbracht hat.

2.5.9.3 Wartezeit

Der Erholungsurlaub wird nach § 4 BUrlG **erstmalig** nach **sechsmonatigem ununterbrochenem Bestehen** des Arbeitsverhältnisses erworben (sog. Wartezeit). Da das Arbeitsverhältnis nach dem Arbeitsvertrag i. d. R. an einem bestimmten Tag beginnt, sind für die Fristberechnung die §§ 187 Abs. 2, 188 Abs. 2 BGB maßgebend. In der Folgezeit entsteht der jährliche Urlaubsanspruch immer mit dem ersten Kalendertag eines jeden Jahres (§ 1 BUrlG).

Mit der Entstehung des Urlaubsanspruches wird dieser nach § 271 BGB fällig. Der Urlaubsanspruch des Arbeitnehmers ist sodann auf sein Verlangen vom Arbeitgeber als Schuldner zu erfüllen.[1]

2.5.9.4 Dauer des Erholungsurlaubes

Der gesetzlich garantierte **Mindesturlaub** beträgt nach § 3 Abs. 1 BUrlG jährlich mindestens 24 Werktage. Nach Abs. 2 der Vorschrift gelten als Werktage alle Kalendertage, die nicht Sonn- oder gesetzliche Feiertage sind. Grundlage des Urlaubsanspruchs ist damit eine Sechstagewoche. Ist der Arbeitnehmer im Rahmen einer Fünftagewoche tätig, beträgt der jährliche Mindesturlaub daher nur 20 Arbeitstage. Eine längere Dauer des Erholungsurlaubs schreibt das Gesetz für Schwerbehinderte (§ 125 SGB IX) und für Jugendliche (§ 19 JArbSchG) vor

§ 26 Abs. 1 Satz 2 TVöD/TV-L i. V. m. § 13 Abs. 1 BUrlG sieht zugunsten des Arbeitnehmers einen über den gesetzlichen Mindesturlaub hinausgehenden **tariflichen Urlaubsanspruch** des Arbeitnehmers vor.

Der jährliche Erholungsurlaub in einer **Fünftagewoche** beträgt danach 30 Arbeitstage.

Gut zu wissen

Nach dem Alter gestaffelte (tarifliche) Urlaubsregelungen stellen eine Benachteiligung wegen des Alters dar und verstoßen damit gegen das AGG und sind damit nicht zulässig bzw. unwirksam. Im Einzelfall kann allerdings eine altersbedingte Staffelung der Urlaubsansprüche nach § 10 AGG gerechtfertigt sein, wenn diese angemessen und durch ein legitimes Ziel gerechtfertigt ist (z. B. besonderer Gesundheitsschutz bei älteren Arbeitnehmern).[2]

---

1) Preis § 47 III 1.
2) BAG v. 20.3.2012 – 9 AZR 529/10, juris Langtext Rn. 13 ff.

2 Arbeitsvertrag

Nach der Rechtsauffassung des EuGH kann ein Urlaubsanspruch, der in der Zeit einer Vollbeschäftigung im Urlaubsjahr nicht genommen werden konnte (z. B. wegen Erkrankung), bei einem Wechsel von einer Voll- in eine Teilzeitbeschäftigung nicht entsprechend gekürzt werden.[1]) Eine Kürzung des Urlaubsanspruchs ist auch dann ausgeschlossen, wenn der Arbeitnehmer im laufenden Urlaubsjahr von einer Voll- in eine Teilzeitbeschäftigung wechselt. Damit ist der Urlaubsanspruch in diesen Fällen jeweils abzurechnen.

Beispiel
Der Arbeitnehmer ist vom 1.1. bis zum 30.6. Vollzeit in einer Fünftagewoche beschäftigt. Ab dem 1.7 bis zum 31.12 arbeitet der Arbeitnehmer in Teilzeit an drei Tagen in der Woche jeweils vier Stunden. Am 30.9. beantragt der Arbeitnehmer seinen Jahresurlaub. Ihm sind insgesamt 24 Tage Urlaub zu gewähren. 15 Tage für das erste Halbjahr und 9 Tage für das zweite Halbjahr. Bei der Höhe des Urlaubsentgelts ist zu differenzieren. Während der ersten 15 Tage des Urlaubs ist der Arbeitgeber nach § 21 TVöD/TV-L verpflichtet, bei der Berechnung des Urlaubsentgelts die ehemalige Vollzeitbeschäftigung des Arbeitnehmers zugrunde zu legen. Erst danach ist die Teilzeitbeschäftigung des Arbeitnehmers Bemessungsgrundlage für die Entgeltfortzahlung.

§ 5 BUrlG i. V. m. § 26 Abs. 2 Buchst. B TVöD/TV-L enthält Regelungen zum **Teilurlaub**.

Der Arbeitnehmer hat gemäß § 5 Abs. 1 Buchst. a BUrlG für Zeiten eines Kalenderjahres, für die er **wegen Nichterfüllung der Wartezeit** in diesem Kalenderjahr keinen vollen Urlaubsanspruch erwirbt, einen Anspruch auf ein Zwölftel des Jahresurlaubs für jeden vollen Monat des Bestehens des Arbeitsverhältnisses (**Zwölftelungsprinzip**). Der Teilurlaubsanspruch aus § 5 Abs. 1 a) BUrlG entsteht in seinem gesamten Umfang bereits mit Beginn des Arbeitsverhältnisses. Allerdings brauchen Teilurlaubsansprüche erst dann erfüllt zu werden, wenn feststeht, dass ein weiterer Urlaubsanspruch, insbesondere ein Vollurlaubsanspruch, nicht besteht.

Nach § 5 Abs. 1 Buchst. b BUrlG hat der Arbeitnehmer einen Anspruch auf Teilurlaub, wenn er **vor erfüllter Wartezeit aus dem Arbeitsverhältnis ausscheidet**.

Die Ansprüche nach Buchstabe a und b schließen sich gegeneinander aus, weil der erste das Fortbestehen des Arbeitsverhältnisses nach Erfüllung der Wartezeit voraussetzt, der zweite aber dessen Beendigung vor Erfüllung der Wartezeit.

2.5.9.5 Befristung des Urlaubsanspruchs und Übertragung auf das Folgejahr

Der Urlaubsanspruch ist streng an das Kalenderjahr gebunden (§ 1 BUrlG, § 26 Abs. 1 Satz 1 TVöD/TV-L). Folglich **verfällt** der Urlaub, wenn er nicht bis zum 31.12. des jeweiligen Jahres genommen worden ist, es sei denn, die

---
1) EuGH v. 13.6.2013 – C-415/12, ZTR 2013, 432.

Übertragungsvoraussetzungen der §§ 7 Abs. 3 BUrlG, 26 Abs. 2 Buchst. a TVöD/TV-L liegen vor. Demnach gilt Folgendes:

Der Jahresurlaub ist grundsätzlich während des **Kalenderjahres** zu nehmen (§ 1 BUrlG).

Gesetzliche Übertragungsregelung (§ 7 Abs. 3 BUrlG):

Eine Übertragung bis zum 31.3. des Folgejahres ist möglich (der Urlaub muss bis dahin genommen worden sein), wenn dringende betriebliche (dringende Auftragserledigung im ablaufenden Kalenderjahr) oder in der Person des Arbeitnehmers (z. B. Krankheit) liegende Gründe dies rechtfertigen (§ 7 Abs. 3 BUrlG).

Tarifliche Übertragungsregelung (§ 26 Abs. 2 Buchst. a TVöD/TV-L):

Für die Übertragung des Erholungsurlaubs bis zum 31.3. des Folgejahres gilt die gesetzliche Regelung. Allerdings ist es ausreichend, dass der Urlaub bis zum Ablauf des Übertragungszeitraumes vom Arbeitnehmer angetreten worden ist. Soweit der Erholungsurlaub aus betrieblichen Gründen oder wegen Arbeitsunfähigkeit des Arbeitnehmers nicht bis zum 31.3. angetreten werden kann, ist er bis zum 31.5. anzutreten.

Kann der Arbeitnehmer den Urlaub auch während des Übertragungszeitraumes wegen langanhaltender Krankheit nicht verwirklichen, verfällt ausschließlich der über den gesetzlichen Mindesturlaub hinausgehende tarifvertragliche Urlaubsanspruch.[1]) Gleiches gilt auch für den gesetzlichen Sonderurlaub nach § 125 SGB IX, der das Schicksal des gesetzlichen Mindesturlaubs teilt.[2])

Aber auch der gesetzliche Mindesturlaub bleibt einem dauerhaft erkrankten Arbeitnehmer nicht schrankenlos erhalten. Vielmehr ist § 7 Abs. 3 BUrlG durch richtlinienkonforme Auslegung bzw. Rechtsfortbildung eine Verfallfrist von 15 Monaten hineinzulesen. Demnach gehen sämtliche Urlaubsansprüche bei durchgehender Arbeitsunfähigkeit spätestens 15 Monate nach dem Ende des jeweiligen Urlaubsjahres unter und müssen auch bei einer späteren Beendigung des Arbeitsverhältnisses nicht abgegolten werden.[3])

2.5.9.6 Zeitliche Festlegung des Erholungsurlaubs

Der Arbeitgeber kann die Lage und die Dauer des Erholungsurlaubes des Arbeitnehmers nicht einseitig bestimmen.

Bestimmung des Urlaubszeitpunkts

Der Arbeitgeber gewährt den Urlaub auf Antrag des Arbeitnehmers durch die Bestimmung der Urlaubszeit. Das Urlaubsverlangen des Arbeitnehmers

---

1) EuGH v. 20.1.2009 – C 350/06, ZTR 2009, 87; BAG v. 22.5.2010 – 9 AZR 575/10, juris Langtext Rn. 10ff.
2) BAG v. 23.3.2010 – 9 AZR 128/09, ZTR 2010, 376.
3) BAG v. 7.8.2012 – 9 AZR 353/10, ZTR 2012, 642.

muss so rechtzeitig erfolgen, dass die Gewährung des Urlaubs noch vor Ablauf der gesetzlichen oder tariflichen Urlaubsbefristung möglich ist. Der Urlaub ist nach § 7 Abs. 2 Satz 1 BUrlG zusammenhängend zu gewähren, es sei denn, dass dringende betriebliche oder in der Person des Arbeitnehmers liegende Gründe eine Teilung des Urlaubs erforderlich machen. Allerdings sieht die Protokollerklärung zu § 26 Abs. 1 Satz 5 TVöD/TV-L vor, dass bei der Gewährung des Erholungsurlaubs ein Urlaubsteil von zwei Wochen Dauer angestrebt werden soll.

Bei der Festlegung des Urlaubs sind nach § 7 Abs. 1 Satz 1 BUrlG durch den Arbeitgeber die **Urlaubswünsche des Arbeitnehmers** grundsätzlich zu berücksichtigen, es sei denn, dass ihrer Berücksichtigung dringende betriebliche Belange entgegenstehen.

Beispiel
Aufgrund von Betriebsferien einer Kindertageseinrichtung während der ersten Hälfte der Sommerferien sind die dort beschäftigten Mitarbeiter gehalten, einen Teil ihres Jahresurlaubs während der Betriebsferien anzutreten.

Dem Urlaubsverlangen eines Arbeitnehmers können auch **Urlaubswünsche anderer Arbeitnehmer** entgegenstehen, soweit diese unter sozialen Gesichtspunkten vorrangig zu berücksichtigen sind.

Beispiel
Urlaubswünsche von Arbeitnehmern schulpflichtiger Kinder für die gesetzlichen Schulferienzeiten.

In diesem Fall ist der Urlaubsantrag des Arbeitnehmers abzulehnen. Lehnt der Arbeitgeber den Urlaubsantrag allerdings ohne hinreichende Gründe ab, kann er sich schadensersatzpflichtig machen.

2.5.9.7 Bindung an die Urlaubsfestlegung

Arbeitgeber und Arbeitnehmer sind an die vorgenommene Urlaubsfestlegung **grundsätzlich gebunden** und zu einer einseitigen Änderung der zeitlichen Festlegung nicht berechtigt. Der Arbeitgeber kann den Arbeitnehmer damit auch nicht aus dem Urlaub zurückrufen.[1]

2.5.9.8 Erkrankung während des Urlaubs

Bei Erkrankungen während des Urlaubs werden die durch ärztliches Zeugnis nachgewiesenen Zeiten der Arbeitsunfähigkeit (§ 9 BUrlG) **nicht** auf den Jahresurlaub angerechnet.

Der Erholungsurlaub verlängert sich jedoch weder automatisch um die durch die Krankheit ausgefallenen Tage, noch ist der Arbeitnehmer zur eigenmächtigen Verlängerung des Urlaubs berechtigt. Vielmehr ist er gehalten, die

---

1) Preis § 47 III 2 a.

Gewährung des Urlaubs nochmals zu beantragen.[1]) Der Arbeitgeber darf in diesem Fall die Nachgewährung des Urlaubs so lange verweigern, bis der Arbeitnehmer ein Attest im Original vorlegt.

2.5.9.9 Urlaubsanspruch bei aufeinander folgenden Arbeitsverhältnissen

Ist der im früheren Arbeitsverhältnis entstandene jährliche Urlaubsanspruch bereits durch den Arbeitgeber erfüllt worden, entsteht in einem sich anschließenden bzw. nachfolgenden Arbeitsverhältnis bei einem neuen Arbeitgeber kein neuer Urlaubsanspruch (§ 6 Abs. 1 BUrlG). Hat der Arbeitnehmer jedoch in beiden Arbeitsverhältnissen gemäß § 5 Abs. 1 Buchst. a BUrlG nur Teilansprüche erworben, kommt eine Anrechnung der Urlaubsansprüche nicht in Betracht, da ausgeschlossen ist, dass der Arbeitnehmer insgesamt einen höheren Urlaubsanspruch erwirbt, als nach dem Bundesurlaubsgesetz vorgesehen.

2.5.9.10 Prüfungsschema – Pflicht zur Urlaubsfreistellung

I. Erholungsbedürftigkeit und tatsächliche Arbeitsleistung als Anspruchsvoraussetzung?

II. Erfüllung der sechsmonatigen Wartezeit (§ 4 BUrlG) und Zwölftelung (§ 5 BUrlG)

III. Dauer des Erholungsurlaubs (§ 3 BUrlG, § 26 Abs. 1 Satz 2 TVöD/TV-L)

IV. Befristung des Urlaubsanspruchs und Übertragung auf das Folgejahr (§ 7 Abs. 3 BUrlG, § 26 Abs. 2 Buchst. a TVöD/TV-L)

V. Zeitliche Festlegung des Urlaubs (§ 7 Abs. 1 und 2 BUrlG)
   1. Wunsch des Arbeitnehmers maßgebend
   2. Entgegenstehende dringende betriebliche Belange
   3. Wünsche anderer Arbeitnehmer

VI. Bindung an die Urlaubsfestlegung

VII. Erkrankung während des Urlaubs (§ 9 BUrlG)

VIII. Urlaubsanspruch bei aufeinander folgenden Arbeitsverhältnissen (§ 6 Abs. 1 BUrlG)

2.5.10 Pflicht zur Gewährung einer Teilzeitbeschäftigung

Teilzeitbeschäftigt ist ein Arbeitnehmer nach der Legaldefinition des 2 Abs. 1 Satz 1 TzBfG, dessen regelmäßige Wochenarbeitszeit (vgl. § 6 Abs. 1 TVöD/TV-L) kürzer ist als die eines vergleichbaren vollzeitbeschäftigten Arbeitnehmers (Teilzeitbeschäftigung). § 8 TzBfG beinhaltet einen Rechtsanspruch des Arbeitnehmers auf eine Teilzeitbeschäftigung.[2]) Darüber hinaus bestehen weitere gesetzliche Vorschriften, die eine Teilzeitbeschäftigung des Arbeitnehmers ermöglichen.

---
1) Preis § 47 III 2 e.
2) Im Koalitionsvertrag der Bundesregierung ist ein Rückkehranspruch in Vollzeit vorgesehen. Dies gilt jedoch nur für Arbeitgeber mit mehr als 45 Mitarbeitern.

2 Arbeitsvertrag

Beispiel

Anspruch auf Teilzeitbeschäftigung während einer Elternzeit (§ 15 Abs. 6 und Abs. 7 BEEG), Anspruch eines schwerbehinderten Arbeitnehmers auf eine Teilzeitbeschäftigung, wenn die kürzere Arbeitszeit wegen der Schwere oder Art der Behinderung notwendig ist (§ 81 Abs. 5 Satz 3 SGB IX).

2.5.10.1 Rechtsnatur und Form des Teilzeitbegehrens

Wie sich aus § 8 Abs. 3 TzBfG ergibt, stellt sich das Verlangen des Arbeitnehmers auf Abschluss einer Vereinbarung über die Verringerung der Arbeitszeit und/oder deren Neuverteilung vertraglich als **Antrag auf Änderung des Arbeitsvertrages** dar. Der Antrag muss so konkret sein, dass er mit einem einfachen „Ja" vom Arbeitgeber angenommen werden kann.[1]) Das Teilzeitbegehren des Arbeitnehmers ist **formfrei** wirksam und bedarf keiner Begründung. Die Geltendmachung ist eine Willenserklärung, die mit ihrem Zugang wirksam wird und anschließend nicht mehr einseitig widerrufbar ist.[2])

Gut zu wissen

Begehrt der Arbeitnehmer gleichzeitig die Verringerung der Arbeitszeit und deren Neuverteilung, ist erfahrungsgemäß davon auszugehen, dass **beide Wünsche voneinander abhängen**. Üblicherweise ist der Teilzeitwunsch eines Arbeitnehmers Ergebnis von Planungen, für die auch die Verteilung der Arbeitszeit von Bedeutung ist. Dementsprechend bedarf es für eine gegenteilige Auslegung der Erklärung des Arbeitnehmers (§ 133 BGB) besonderer Anhaltspunkte.

Verbindet der Arbeitnehmer sein Angebot auf Verringerung der Arbeitszeit mit einem vertraglichen Angebot hinsichtlich ihrer Verteilung, führt dieses Angebot nur zu einer Vertragsänderung, wenn es **einheitlich und unverändert** vom Arbeitgeber angenommen wird (§ 150 Abs. 2 BGB).

2.5.10.2 Konkurrenz zu tariflichen Regelungen

Auf Antrag soll dem Arbeitnehmer nach § 11 Abs. 1 Satz 1 TVöD/TV-L die Möglichkeit der Teilzeitbeschäftigung eingeräumt werden, wenn Kinder oder Dritte durch ihn zu betreuen sind.

Die Tarifvorschrift wird **nicht** durch § 8 Abs. 4 TzBfG verdrängt. Der in § 8 Abs. 4 TzBfG geregelte Anspruch des Arbeitnehmers auf Verringerung der Arbeitszeit und ihre Verteilung ist zwingend und bindet die Tarifvertragsparteien. Tarifliche Regelungen, die dem gesetzlichen Teilzeitanspruch widersprechen, sind daher unwirksam. **Günstigere Regelungen** sind jedoch möglich und können rechtswirksam durch die Tarifvertragsparteien vereinbart werden (§§ 22 Abs. 1 TzBfG, 4 Abs. 3 TVG).[3])

---

1) BAG v. 15.11.2011 – 9 AZR 729/07, juris Langtext Rn. 25.
2) ErfK/Preis § 8 TzBfG Rn. 12.
3) Die gesetzliche Vorschrift des § 8 TzBfG geht über die tarifliche Regelung des § 11 Abs. 2 TzBfG/TV-L erheblich hinaus.

Arbeitsvertrag 2

§ 11 Abs. 1 TVöD/TV-L beinhaltet eine entsprechende günstigere Regelung, da dem Teilzeitwunsch des Arbeitnehmers nach Satz 1 lediglich dringende betriebliche Gründe entgegenstehen können und die Teilzeitbeschäftigung nach Satz 2 auf bis zu fünf Jahre zeitlich befristet werden kann. Die Vorschrift enthält nach ihrem Wortlaut lediglich eine „Sollregelung". Diese ist jedoch – wie andere entsprechende tarifliche Regelungen – dahingehend auszulegen, dass bei Erfüllung der tariflichen Voraussetzungen ein Rechtsanspruch auf Teilzeitbeschäftigung besteht, da entgegenstehende dringende dienstliche und betriebliche Belange bereits im Rahmen der Tatbestandsvoraussetzungen geprüft werden. Sind die Voraussetzungen des § 11 Abs. 1 Satz 1 TVöD/TV-L erfüllt, hat der Arbeitnehmer ein Anspruch gegen den Arbeitgeber auf willkürfreie Entscheidung.[1])

2.5.10.3 Anspruchsvoraussetzungen

Einen Anspruch auf Verringerung der Arbeitszeit haben nach § 8 Abs. 1 TzBfG alle Arbeitnehmer, wenn das **Arbeitsverhältnis ununterbrochen länger als sechs Monate** bestanden hat (sog. Wartezeit). Beginnt das Arbeitsverhältnis aufgrund einer arbeitsvertraglichen Abrede mit einem bestimmten Tag, sind für die Fristberechnung die §§ 187 Abs. 2, 188 Abs. 2 BGB maßgebend. Möglich ist auch, dass ein bereits in Teilzeit beschäftigter Arbeitnehmer eine weitere Reduzierung seiner Arbeitszeit beantragt.[2]) Im Hinblick auf die dreimonatige Ankündigungsfrist des § 8 Abs. 2 Satz 1 TzBfG ist damit eine Verringerung der Arbeitszeit erstmalig nach neun Monaten möglich.

Der Anspruch auf Teilzeitarbeit setzt des Weiteren voraus, dass der Arbeitgeber in der Regel mehr als **15 teilzeit- und/oder vollzeitbeschäftigte Arbeitnehmer** beschäftigt (§ 8 Abs. 7 TzBfG). Beschäftigte in Berufsausbildungsverhältnissen bleiben hierbei unberücksichtigt.

2.5.10.4 Inhalt und Zeitpunkt der Geltendmachung

Der Arbeitnehmer muss dem Arbeitgeber nach § 8 Abs. 2 Satz 1 TzBfG die gewünschte Verringerung seiner Arbeitszeit und den Umfang der Verringerung mitteilen. Er soll nach § 8 Abs. 2 Satz 2 TzBfG darüber hinaus die gewünschte Verteilung der Arbeitszeit angeben. Der Arbeitnehmer kann somit nicht nur die Verringerung der Arbeitszeit, sondern auch die Verteilung der Arbeitszeit auf bestimmte Tage bzw. auf bestimmte Tagesabschnitte einfordern. Mitzuteilen ist ebenfalls, zu welchem Zeitpunkt die Arbeitszeitverringerung wirksam werden soll.

Beispiel
Lahm beantragt bei seinem Arbeitgeber, der Stadt Rheinfels, dass er ab dem 1.7. seine wöchentliche Arbeitszeit von 39 auf 25 Stunden reduzieren wolle. Darüber hinaus wolle er täglich von Montag bis Freitag jeweils von 8:00 bis 13:00 Uhr arbeiten.

---

1) Müller/Preis Rn. 809.
2) BAG v. 13.11.2012 – 9 AZR 259/11, ZTR 2013, 268.

2 Arbeitsvertrag

Der Arbeitnehmer hat dem Arbeitgeber seinen Wunsch nach § 8 Abs. 2 Satz 1 TzBfG **drei Monate** vor dem Beginn der gewünschten Arbeitszeitverringerung mitzuteilen. Es handelt sich hierbei um eine Mindestfrist, sodass der Arbeitnehmer seinen Wunsch auch früher äußern kann.

Gut zu wissen

Die Drei-Monats-Frist berechnet sich nach §§ 187 Abs. 1, 188 Abs. 2 BGB. Sie beginnt mit dem Zugang des Verlangens des Arbeitnehmers beim Arbeitgeber. § 193 BGB ist nicht anzuwenden.[1])

Ein zu kurzfristig gestelltes Verlangen des Arbeitnehmers, welches die gesetzliche Ankündigungsfrist nicht wahrt, ist der Auslegung (§ 130 BGB) zugänglich. In der Regel ist ein nicht fristgerecht gestelltes Verlangen so auszulegen, dass es sich nicht nur auf den zu kurz bemessenen Beginn der Veränderung der Arbeitszeitregelung bezieht, sondern hilfsweise auch auf den nach der gesetzlichen Regelung zulässigen.[2])

Beispiel

Lahm beantragt am 1.4. bei seinem zuständigen Personalsachbearbeiter der Stadt Rheinfels seine Arbeitszeit ab dem 15.6. von 39 Stunden auf 30 Stunden zu reduzieren.
Die dreimonatige Antragsfrist beginnt nach § 187 Abs. 1 BGB am 2.4. und endet nach § 188 Abs. 2 BGB am 1.7. Das Teilzeitbegehren des Lahm wahrt damit nicht die gesetzliche Mindestantragsfrist. Es kann nach § 130 BGB allerdings dahingehend ausgelegt werden, dass die Arbeitszeit zum frühestmöglichen Zeitpunkt verringert werden soll. Dies wäre hier zum 1.7.

2.5.10.5 Erörterungsanspruch und Zustimmungspflicht

Nach § 8 Abs. 3 Satz 1 TzBfG hat der Arbeitgeber mit dem Arbeitnehmer die gewünschte Verringerung und Verteilung der Arbeitszeit mit dem Ziel einer einvernehmlichen Lösung zu **erörtern**. § 8 Abs. 3 TzBfG beinhaltet keine einklagbare Verpflichtung, sondern lediglich eine Obliegenheit des Arbeitgebers, Verhandlungen mit dem Arbeitnehmer durchzuführen.[3])

Das Änderungsverlangen des Arbeitnehmers löst die **Verhandlungsobliegenheit** des Arbeitgebers auch dann aus, wenn es nicht die Drei-Monats-Frist des § 8 Abs. 2 Satz 1 TzBfG wahrt. Gesetzlich wird an dem Zugang des Verlangens auf Verringerung und Neuverteilung der Arbeitszeit angeknüpft, nicht an den vom Arbeitnehmer verlangten Beginn der geänderten Arbeitszeit.

---

1) ErfK/Preis § 8 TzBfG Rn. 13.
2) BAG v. 20.7.2004 – 9 AZR 626/03, juris Langtext Rn. 24 f.
3) ErfK/Pries § 8 TzBfG Rn. 15.

Arbeitsvertrag 2

Gut zu wissen

Eine **Verletzung der Verhandlungsobliegenheit** durch den Arbeitgeber führt nicht dazu, dass die Ablehnung des Teilzeitverlangens durch den Arbeitgeber unwirksam ist, da eine entsprechende Rechtsfolge vom Gesetzgeber nicht vorgesehen ist.[1]) Eine Fiktionswirkung tritt nach § 8 Abs. 5 Satz 2 und 3 TzBfG nur für den Fall ein, dass sich der Arbeitgeber innerhalb der Frist nicht zu dem Verlangen des Arbeitnehmers äußert, die Arbeitszeit zu verringern und neu zu verteilen. Allerdings darf sich der Arbeitgeber, der gegen die Verhandlungspflicht verstoßen hat, später nicht auf solche Ablehnungsgründe berufen, die durch eine Verhandlung hätten ausgeräumt werden können. Ein Verstoß gegen § 8 Abs. 3 TzBfG führt damit zu einer **Präklusion betrieblicher Gründe**.[2])

2.5.10.6 Ablehnende Entscheidung des Arbeitgebers und Teilzeitfiktion

Haben die Arbeitsvertragsparteien in der Verhandlungsphase sich über das Teilzeitbegehren des Arbeitnehmers geeinigt, bedarf es keiner weiteren Entscheidung über den geltend gemachten Teilzeitanspruch.

Möchte der Arbeitgeber den Verringerungsanspruch oder aber nur den Verteilungsanspruch des Arbeitnehmers ablehnen, muss er den Teilzeitanspruch nach § 8 Abs. 5 Satz 1 TzBfG (ablehnend) „bescheiden".

Um die formalen Anforderungen des § 8 Abs. 5 Satz 1 TzBfG zu wahren, ist es erforderlich, dass die Entscheidung, die nicht begründet werden muss[3]), dem Arbeitnehmer spätestens **einen Monat** vor dem gewünschten Teilzeitbeginn **schriftlich** mitgeteilt wird. Die Monatsfrist wird nach §§ 187 Abs. 1, 188 Abs. 2 BGB bestimmt. Um die Schriftform zu wahren, müssen die Voraussetzungen des § 126 oder des § 126b BGB erfüllt sein.[4]) Liegt eine form- und fristgerechte Ablehnung des Arbeitgebers vor, führt dies dazu, dass der Arbeitnehmer zu den bisherigen Arbeitszeiten weiterarbeiten muss. Ein Selbstvollzugsrecht des Arbeitnehmers besteht nicht.

Liegt dagegen eine formal unwirksame Entscheidung des Arbeitgebers vor, führt dies zur **Teilzeitfiktion**. Die Teilzeitfiktion kann nach § 8 Abs. 5 Satz 2 und 3 TzBfG sowohl hinsichtlich des Verringerungsanspruchs als auch hinsichtlich des Verteilungsanspruchs eintreten.

2.5.10.7 Einwendung entgegenstehender betrieblicher Gründe

Der Arbeitgeber hat gemäß § 8 Abs. 4 Satz 1 TzBfG der beabsichtigten Verringerung der Arbeitszeit zuzustimmen und ihre Verteilung entsprechend den Wünschen des Arbeitnehmers festzulegen, soweit **betriebliche Gründe** nicht entgegenstehen.

---

1) Küttner 402 Rn. 32.
2) BAG v. 18.2.2003 – 9 AZR 356/02, juris Langtext Rn. 26.
3) ErfK/Preis § 8 TzBfG Rn. 16.
4) Vgl. ausführlich ErfK/Preis § 8 TzBfG Rn. 17.

2 Arbeitsvertrag

Dreistufige Prüfung des Bundesarbeitsgerichts

Das Bundesarbeitsgericht hat eine **dreistufige Prüfungsfolge** aufgestellt, um gerichtlich feststellen zu können, ob betriebliche Gründe zur Ablehnung des Teilzeitanspruchs berechtigen.[1]

Erste Stufe

Zunächst ist zu prüfen, ob überhaupt und wenn ja, welches **betriebliche Organisationskonzept** der vom Arbeitgeber als erforderlich angesehenen „richtigen" Arbeitszeitregelung zugrunde liegt. Organisationskonzept ist das Konzept, mit dem die unternehmerische Aufgabenstellung im Betrieb verwirklicht werden soll. Dieses Konzept muss die Arbeitszeitregelung bedingen.[2]

> **Beispiel**
> Die Stadt Rheinfels hat beschlossen, alle Leiter der Kindertagesstätten in Vollzeit zu beschäftigen, damit diese für die zu betreuenden Kinder und deren Eltern ganztägig als kompetente Ansprechpartner zur Verfügung stehen können.[3]

Zweite Stufe

In einem weiteren Schritt ist zu prüfen, inwieweit die Arbeitszeitregelung dem Arbeitszeitverlangen des Arbeitnehmers **tatsächlich entgegensteht**. Dabei ist der Frage nachzugehen, ob durch eine dem Arbeitgeber zumutbare Änderung von betrieblichen Abläufen oder des Personaleinsatzes die betrieblich erforderliche Arbeitszeitregelung unter Wahrung des Organisationskonzeptes mit dem individuellen Arbeitszeitwunsch des Arbeitnehmers zur Deckung gebracht werden kann.[4]

Dritte Stufe

Ergibt sich, dass das Arbeitszeitverlangen des Arbeitnehmers nicht mit dem Organisationskonzept und der daraus folgenden Arbeitszeitregelungen des Arbeitgebers in Einklang gebracht werden kann, ist in einer dritten Stufe das **Gewicht der entgegenstehenden Gründe** zu prüfen. Es ist im Rahmen einer Einzelfallprüfung zu fragen, ob die vom Arbeitnehmer gewünschte Abweichung die in § 8 Abs. 4 Satz 2 TzBfG genannten besonderen betrieblichen Belange oder das betriebliche Organisationskonzept und die ihm zugrunde liegende unternehmerische Aufgabenstellung wesentlich beeinträchtigen.[5]

---

1) Grundlegend BAG v. 18.2.2003 – 9 AZR 164/02, NZA 2003, 1392.
2) Ausführlich und mit weiteren Nachweisen ErfK/Preis § 8 TzBfG Rn. 26.
3) BAG v. 18.3.2003 – 9 AZR 126/02, ZTR 2004, 143.
4) Mit weiteren Nachweisen ErfK/Preis § 8 TzBfG Rn. 27a.
5) BAG v. 21.6.2005 – 9 AZR 409/04, juris Langtext Rn. 44.

Arbeitsvertrag 2

Beispiel

Lahm wurde von der Stadt Rheinfels als vollzeitbeschäftigter Mitarbeiter des stadteigenen Callcenters eingestellt. Nunmehr beantragt Lahm fristgerecht die Reduzierung seiner Arbeitszeit auf zehn Stunden wöchentlich. Aufgrund eines Organisationskonzeptes der Stadt Rheinfels werden im Callcenter ausschließlich Mitarbeiter in Vollzeit beschäftigt, da dort mangels anderweitiger Räumlichkeiten keine weiteren Mitarbeiter beschäftigt werden können und die optimale telefonische Erreichbarkeit der Stadt Rheinfels lediglich mit der vorhandenen vollen Mitarbeiteranzahl realisiert werden kann.

Aufgrund des vorbezeichneten Organisationskonzeptes der Stadt Rheinfels muss diese dem Teilzeitbegehren des Lahm nicht entsprechen, da Lahm im Rahmen einer Teilzeitbeschäftigung im Callcenter nicht beschäftigt werden kann, ihm keine anderweitige Aufgaben zugewiesen werden können und im Falle der Teilzeitbeschäftigung des Lahm die optimale telefonische Erreichbarkeit der Stadt Rheinfels nicht mehr gesichert wäre.

Einzelfälle

In folgenden Einzelfällen können betriebliche Gründe vorliegen, die es dem Arbeitgeber gestatten, das Teilzeitbegehren des Arbeitnehmers rechtswirksam abzulehnen.

Nicht kompensierbarer Wegfall eines bestimmten Arbeitsvolumens

Grund für die Ablehnung eines Teilzeitbegehrens des Arbeitnehmers kann der durch die Umsetzung des Teilzeitwunschs bedingte **Wegfall des Arbeitsvolumens** sein, welches dem Anspruchsteller bislang zugeordnet war. Lässt sich das wegfallende Arbeitsvolumen nicht kompensieren, führt dies zu einem Entgegenstehen des Ablehnungsgrundes im Sinne der 2. Prüfungsstufe.

Wichtigste **Kompensationsmöglichkeit** auf der 2. Prüfungsstufe ist das Einstellen einer geeigneten Ersatzkraft. Dem Arbeitgeber wird grundsätzlich zugemutet, eine geeignete Ersatzkraft für das frei werdende Arbeitsvolumen zu suchen und einzustellen. Der Arbeitgeber ist jedoch von der Einstellung einer Ersatzkraft befreit, wenn er nachweist, dass eine dem Berufsbild des Arbeitnehmers, der seine Arbeitszeit reduzieren möchte, entsprechende zusätzliche Arbeitskraft auf dem für ihn maßgeblichen Arbeitsmarkt nicht zur Verfügung steht.[1])

Um seiner Verpflichtung nachzukommen, muss der Arbeitgeber den zu besetzenden Arbeitsplatz inner- und außerbetrieblich ausschreiben. Darüber hinaus bedarf es einer Anfrage bei der Agentur für Arbeit, ob das benötigte Personal vermittelbar ist.[2]) Melden sich potenzielle Ersatzkräfte auf eine Stellenanzeige, muss der Arbeitgeber prüfen, ob diese geeignet sind, die anfallenden Arbeitsaufgaben nach einer gewissen Einarbeitungszeit vertragsgemäß zu erledigen.

---

1) BAG v. 14.10.2003 – 9 AZR 636/02, juris Langtext Rn. 52 ff.
2) Vgl. hierzu teils abweichend ErfK/Preis § 8 Rn. 35.

2 Arbeitsvertrag

Findet der Arbeitgeber auf dem Arbeitsmarkt keine geeignete Ersatzkraft, ist er nicht verpflichtet, das weggefallene Arbeitsvolumen durch die Anordnung von Überstunden anderer Arbeitnehmer auszugleichen. Auch besteht keine Verpflichtung des Arbeitgebers, Leiharbeitnehmer zum Zwecke der Kompensation zu beschäftigen.

Erforderliche Betreuungskontinuität und Servicekonzepte

Unter dem Stichwort „Erforderliche Betreuungskontinuität" und „Servicekonzepte" lassen sich Fallkonstellationen zusammenfassen, in denen Mitarbeiter ständig für Dritte zur Verfügung stehen sollen, oder wenn Vertragspartner des Arbeitgebers die volle Verfügbarkeit eines Arbeitnehmers verlangen, da sie einen ständigen Ansprechpartner benötigen.

Ein pädagogisches Konzept, welches die durchgängige Betreuung der Kindergartenkinder durch eine Bezugsperson (Erzieherin) vorsieht, kann einen betrieblichen Grund im Sinne des § 8 Abs. 4 Satz 2 TzBfG darstellen.[1])

Auf ein entsprechendes Servicekonzept kann sich der Arbeitgeber nicht berufen, wenn das Konzept aufgrund langer „Öffnungszeiten" selbst mit Vollzeitkräften nicht erreichbar ist.

Unverhältnismäßige Kosten

Ein betrieblicher Grund liegt vor, wenn die Verwirklichung des Teilzeitwunsches **unverhältnismäßige Kosten** verursacht.[2])

Bei dem Begriff der „unverhältnismäßigen Kosten" handelt es sich um einen unbestimmten Rechtsbegriff. Der Begriff „Kosten" spricht den finanziellen Aufwand an, der mit der Arbeitsplatzteilung verbunden ist. Dieser finanzielle Aufwand muss „unverhältnismäßig" sein. Ins Verhältnis zu setzen sind Kosten, die üblicherweise mit dem eingerichteten Arbeitsplatz verbunden sind mit denjenigen, die bei einer Arbeitsplatzteilung anfallen. Nach dem Schutzziel des Gesetzes sind u. a. die Kosten außer Ansatz zu lassen, die mit der Personalverwaltung zusammenhängen. Der Arbeitgeber hat die allgemein mit jeder Teilzeitarbeit einhergehenden Belastungen hinzunehmen. Hierzu zählen grundsätzlich auch die für die Einarbeitung einer Ersatzkraft anfallenden Kosten.[3])

Fehlen einer geeigneten Ersatzkraft

Der Arbeitgeber kann als möglichen betrieblichen Grund i. S. d. § 8 Abs. 4 Satz 1 TzBfG einwenden, keine geeignete Ersatzkraft finden zu können, die die durch den Teilzeitwunsch des Arbeitnehmers ausgefallene Arbeitszeit übernimmt. Allerdings muss der Arbeitgeber nachweisen, dass eine dem Berufsbild des Arbeitnehmers entsprechende zusätzliche Arbeitskraft, die

---

1) BAG v. 18.3.2003 – 9 AZR 126/02, ZTR 2004, 143; BAG v. 19.9.2003 – 9 AZR 452/02, ZTR 2004, 542.
2) BAG v. 21.6.2005 – 9 AZR 409/04, ZTR 2006, 275; ausführlich ErfK/Preis § 8 TzBfG Rn. 31.
3) BAG v. 23.11.2004 – 9 AZR 644/03, juris Langtext Rn. 38 ff.

Arbeitsvertrag 2

ihre Arbeitszeit reduziert, auf dem für ihn maßgeblichen Arbeitsmarkt nicht zur Verfügung steht.

2.5.10.8 Prüfungsschema – Teilzeitanspruch nach § 8 TzBfG

I. Voraussetzungen des Teilzeitanspruchs
   1. Wartezeit von sechs Monaten erfüllt (§ 8 Abs. 1 TzBfG)
   2. In der Regel mehr als 15 Arbeitnehmer beschäftigt (§ 8 Abs. 7 TzBfG)
   3. Fristgerechter Antrag des Arbeitnehmers (§ 8 Abs. 2 Satz 1 TzBfG)
II. Verringerung der Arbeitszeit
   1. Arbeitnehmer und Arbeitgeber einigen sich (§ 8 Abs. 3 TzBfG)
   2. Arbeitgeber lehnt den Antrag des Arbeitnehmers nicht schriftlich oder verspätet ab (§ 8 Abs. 5 Satz 1 TzBfG)
   3. Arbeitgeber reagiert gar nicht (§ 8 Abs. 5 Satz 2 TzBfG)
   4. Kein Entgegenstehen von betrieblichen Gründen (§ 8 Abs. 4 Satz 1 TzBfG)
      a) Betriebliches Organisationskonzept des Arbeitgebers
      b) Unvereinbarkeit des Arbeitszeitverlangen des Arbeitnehmers mit den Arbeitszeitregelungen des Arbeitgebers
      c) Gewichtung der entgegenstehenden betrieblichen Gründe (Einzelfallprüfung)

2.5.11 Prüfe Dein Wissen

1. In welchen Fällen hat der Arbeitnehmer einen Anspruch auf Ausstellung eines Zeugnisses?
2. Was beinhaltet ein qualifiziertes Zeugnis?
3. Wann entsteht der Anspruch des Arbeitnehmers auf Erholungsurlaub?
4. Ist der Erholungsurlaub zusammenhängend zu gewähren?
5. Bedarf der Antritt des Erholungsurlaubs der Erholungsbedürftigkeit des Arbeitnehmers?
6. Wer bestimmt die zeitliche Lage des Erholungsurlaubs?
7. Auf welche Teilzeitregelungen kann der Arbeitnehmer sich berufen?
8. Kann der Arbeitgeber den Teilzeitanspruch des Arbeitnehmers aus § 8 TzBfG ablehnen?

2.5.12 Pflicht zur Arbeitsleistung

Der Arbeitnehmer ist gemäß § 611 Abs. 1 BGB verpflichtet, die arbeitsvertraglich geschuldete Arbeit zu erbringen. Der Arbeitnehmer hat die Arbeit im Zweifel nach § 613 Satz 1 BGB in Person zu leisten. Versäumt der Arbeitnehmer Arbeitszeit, verliert er für die versäumte Zeit seinen Lohnanspruch (§§ 275 Abs. 1, 326 Abs. 1 BGB). Soweit den Arbeitnehmer diesbezüglich ein

2 Arbeitsvertrag

Verschulden trifft, begeht er darüber hinaus eine Vertragspflichtverletzung, die zu einer Abmahnung oder Kündigung des Arbeitsverhältnisses führen kann.

2.5.12.1 Direktionsrecht des Arbeitgebers

Das Direktionsrecht ist das Recht des Arbeitgebers, die im Arbeitsvertrag nur rahmenmäßig umschriebene Leistungspflicht des Arbeitnehmers **einseitig** durch Weisungen zu konkretisieren (§§ 6 Abs. 2, 106 GewO). § 106 GewO enthält eine allgemeingültige Definition des Direktionsrechts des Arbeitgebers. Nach Satz 1 kann der Arbeitgeber **Inhalt, Ort und Zeit der Arbeitsleistung nach billigem Ermessen** näher bestimmen, soweit diese Arbeitsbedingungen nicht durch den Arbeitsvertrag, Bestimmungen einer Betriebsvereinbarung, eines anwendbaren Tarifvertrages oder gesetzliche Vorschriften festgelegt sind. Selbiges gilt für die **Ordnung und das Verhalten des Arbeitnehmers im Betrieb** (Satz 2). Die durch die Ausübung des Direktionsrechts entstehende **Weisungsabhängigkeit** des Arbeitnehmers ist das charakteristische Merkmal eines Arbeitsverhältnisses. Allerdings ist ein Arbeitnehmer nach § 106 Satz 1 GewO, § 315 BGB nicht – auch nicht vorläufig – an eine Weisung des Arbeitgebers gebunden, die die Grenzen billigen Ermessens nicht wahrt (unbillige Weisung).[1]

Inhalt des Direktionsrechts

Das Direktionsrecht beinhaltet nach § 106 Satz 1 GewO die Befugnis des Arbeitgebers, die im Arbeitsvertrag oftmals nur ungenau beschriebene Leistungspflicht nach Art, Ort, Umfang und Zeit im Einzelnen einseitig zu bestimmen.

Das Direktionsrecht findet seine Grenze in den im Arbeitsvertrag festgelegten oder in anderweitigen höherrangigen Bestimmungen (§ 106 Satz 1 GewO). Eine Weisung des Arbeitgebers darf damit weder gegen Bestimmungen des Arbeitsvertrages, einer Dienstvereinbarung oder eines Tarifvertrages noch gegen gesetzliche Vorschriften verstoßen.

Beispiel

Lahm wird durch seinen Vorgesetzten aufgefordert, zur Vorbereitung der am Sonntag stattfindenden Kommunalwahlen bei der Stadt Rheinfels am vorherigen Samstag von 06:00 Uhr bis 20:00 Uhr zu arbeiten, obwohl er aufgrund seines Arbeitsvertrages lediglich zur Ableistung einer Fünftagewoche von Montag bis Freitag verpflichtet ist.

Die Weisung des Vorgesetzten verstößt hinsichtlich der Lage der Arbeitszeit gegen die entgegenstehende arbeitsvertragliche Regelung. Darüber hinaus verstößt die Weisung im Hinblick auf die Dauer der Arbeitszeit gegen die gesetzliche Regelung des § 3 ArbZG, sodass die Weisung rechtswidrig ist.

---

[1] BAG v. 18.10.2017 – 10 AZR 330/16, ZTR 2017, 731.

2.5.12.2 Konkretisierung der Arbeitspflicht (inhaltliche Weisungsgebundenheit)

Mithilfe des Direktionsrechts ist es dem Arbeitgeber möglich, die Arbeitspflicht **inhaltlich** näher festzulegen. Dies bezieht sich sowohl auf die einzelnen Tätigkeiten und ihre Reihenfolge als auch auf die Begleitumstände, unter denen die Arbeit zu verrichten ist.[1])

Das Direktionsrecht des Arbeitgebers findet seine Grenze in der im Arbeitsvertrag enthaltenen **Tätigkeitsbeschreibung**. Im öffentlichen Dienst wird der Arbeitnehmer häufig nicht für eine konkrete Tätigkeit, sondern für einen allgemein umschriebenen Aufgabenbereich eingestellt.

Beispiel
Lahm wird bei der Stadt Rheinfels als Verwaltungsfachangestellter eingestellt.

Der Arbeitgeber kann dem Arbeitnehmer dann nur Tätigkeiten inhaltlich zuweisen, die der Tätigkeit des umschriebenen Aufgabenbereichs entsprechen. In neuerer Zeit wird sogar zum Teil gänzlich darauf verzichtet, einen Aufgabenbereich des Arbeitnehmers im Arbeitsvertrag zu umschreiben. In diesen Fällen wird der Arbeitnehmer als „Beschäftigter" eingestellt. Der weitere Aufgabenbereich wird dann nur durch die Nennung einer **Entgeltgruppe** näher bezeichnet.[2])

Das Direktionsrecht des Arbeitgebers erstreckt sich auf alle Tätigkeiten, deren Merkmale in der einschlägigen Entgeltgruppe aufgeführt sind, in die der Arbeitnehmer eingruppiert ist.[3]) Soweit darüber hinaus eine Fallgruppe im Arbeitsvertrag ausdrücklich als bindend festgeschrieben worden ist, beschränkt sich das Direktionsrecht auf Tätigkeiten der entsprechenden Entgelt- und Fallgruppe.

Das bedeutet jedoch nicht, dass jeder einzelne Arbeitsvorgang, der dem Arbeitnehmer zugewiesen wird, den Merkmalen der einschlägigen Entgeltgruppe entsprechen muss. Entscheidend für die Eingruppierung ist nach § 12 Abs. 2 Satz 1 TVöD/TV-L, dass die gesamte vom Arbeitnehmer auszuübende Tätigkeit den Merkmalen der Entgeltgruppe entspricht. Das ist dann der Fall, wenn zeitlich mindestens zur Hälfte Arbeitsvorgänge anfallen, die für sich genommen die Anforderungen eines oder mehrerer Tätigkeitsmerkmale der vereinbarten Entgeltgruppe erfüllen. Im Übrigen können andere Tätigkeiten zugewiesen werden, unabhängig davon, wie diese für sich genommen zu vergüten wären. Hierbei ist zu beachten, dass die jeweilige Zuweisung nach § 106 Satz 1 GewO billigem Ermessen entsprechen muss. Billigem Ermessen entspricht etwa die Zuweisung von sog. Zusammenhangstätigkeiten, auch wenn diese für sich der vereinbarten Entgeltgruppe nicht entsprechen.

---

1) Ausführlich Schaub/Linck § 45 Rn. 23 ff.
2) Groeger/Laber Teil 3 D Rn 55.
3) BAG v. 14.4.2010 – 7 AZR 121/09, juris Langtext Rn. 23.

2 Arbeitsvertrag

Beispiel
Autofahrten zwischen verschiedenen Einsatzorten, Kopieren von Unterlagen, Installation bzw. Updaten benötigter Software.

Im Rahmen des Direktionsrechts ist es nicht möglich, dem Arbeitnehmer geringwertigere Tätigkeiten zuzuweisen.

Beispiel
Lahm ist als Verwaltungsfachangestellter bei der Stadt Rheinfels in Entgeltgruppe 10 eingruppiert. Sein Vorgesetzter überträgt ihm Tätigkeiten, die insgesamt nur der Entgeltgruppe 8 entsprechen.

2.5.12.3 Vorübergehende Übertragung einer höherwertigen Tätigkeit

Der Arbeitgeber kann einem Arbeitnehmer nach § 14 Abs. 1 TVöD/TV-L **vorübergehend** eine Tätigkeit übertragen, die den Tätigkeitsmerkmalen einer höheren als seiner Eingruppierung (Entgeltgruppe) entspricht. In diesem Fall liegt keine Höhergruppierung vor. Vielmehr erhält der Arbeitnehmer, soweit er die höherwertige Tätigkeit mindestens einen Monat ausgeübt hat, eine persönliche Zulage rückwirkend ab dem ersten Tag der Übertragung der Tätigkeit (§ 14 Abs. 1 und Abs. 3 TVöD/TV-L).

Die **persönliche Zulage** bemisst sich nach § 14 Abs. 3 Satz 1 TVöD/TV-L für Arbeitnehmer, die in eine der Entgeltgruppen 9 bis 14 eingruppiert sind, aus dem Unterschiedsbetrag zu dem Tabellenentgelt, das sich für den Arbeitnehmer bei dauerhafter Übertragung nach § 17 Abs. 4 Satz 1 und 2 TVöD/TV-L ergeben hätte. Für Arbeitnehmer, die in einer Entgeltgruppe 1 bis 8 eingruppiert sind, beträgt die Zulage nach § 14 Abs. 3 Satz 2 TVöD/TV-L 4,5 v. H. des individuellen Tabellenentgelts des Arbeitnehmers.

Die **Rechtmäßigkeit** der vorübergehenden Übertragung einer höherwertigen Tätigkeit bemisst sich nach den Regeln, die der Arbeitgeber bei der Ausübung des Direktionsrechtes nach § 106 Satz 1 GewO beachten muss.[1] Die Übertragung einer höherwertigen Tätigkeit muss damit billigem Ermessen entsprechen. In diesem Zusammenhang ist eine doppelte Billigkeitsprüfung durchzuführen, sodass eine zweistufige Prüfung erfolgen muss.[2]

Erste Stufe: Die Übertragung der höherwertigen Tätigkeit muss durch einen sachlichen Grund bedingt sein.

Beispiel
- Wahrzunehmende Tätigkeit fällt in absehbarer Zeit weg.
- Arbeitgeber hält den Arbeitsplatz für einen besser qualifizierten Arbeitnehmer, der in absehbarer Zeit zur Verfügung steht, frei.
- Vorübergehend erhöhter Arbeitsanfall.

---

1) Wichmann/Langer Teil III Rn. 610.
2) BAG v. 27.1.2016 – 4 AZR 468/14, ZTR 2016, 447; BAG v. 14.12.2005 – 4 AZR 474/04, NZA-RR 2006, 388.

Arbeitsvertrag 2

- Vertretung eines erkrankten Mitarbeiters.
- Erprobung

Zweite Stufe: Die zeitliche Begrenzung der Übertragung ist auf ihre Billigkeit hin zu überprüfen. Hierbei ist das Interesse des Arbeitnehmers auf dauerhafte Übertragung der höherwertigen Tätigkeit und das Interesse des Arbeitgebers, die Tätigkeit nur befristet für die Dauer des Vorliegens eines sachlichen Grundes zu übertragen, gegeneinander abzuwägen.[1])

Ein Anspruch auf Gewährung einer persönlichen Zulage besteht nicht, wenn der Arbeitnehmer **ständiger Vertreter** des ausfallenden und damit zu vertretenden Mitarbeiters ist. In diesem Fall ist die Übernahme der höherwertigen Tätigkeiten bereits mit der normalen tariflichen Entgeltzahlung abgegolten, ohne dass es auf den zeitlichen Umfang der Vertretung ankommt.[2])

Beispiel
Lahm wurde zuletzt die Position des stellvertretenden Amtsleiters des Personalamtes übertragen. Hiermit einhergehend ist er arbeitsvertraglich verpflichtet, seinen unmittelbaren Vorgesetzten, den Leiter des Personalamtes, im Falle seiner vorübergehenden Abwesenheit zu vertreten.
Lahm ist demnach ständiger Vertreter des Amtsleiters des Personalamtes, sodass die Gewährung einer Zulage für dessen Vertretung nach § 14 Abs. 1 TVöD/TV-L ausgeschlossen ist.

2.5.12.4 Arbeitszeit

Im Rahmen des Direktionsrechts kann der Arbeitgeber den Arbeitsbeginn, das Arbeitsende und die Lage und Dauer der Pausen festlegen. Das arbeitgeberseitige Direktionsrecht ist in der Regel durch arbeits- oder tarifvertragliche Regelungen, durch Betriebs- oder Dienstvereinbarungen oftmals in der Form von Gleitzeitvereinbarungen oder durch gesetzliche Regelungen (§§ 4 ff. ArbZG) beschränkt.

Gut zu wissen

§ 2 Abs. 1 ArbZG enthält eine **Legaldefinition der Arbeitszeit**. Danach gilt als Arbeitszeit die Zeit vom Beginn bis zum Ende der Arbeit ohne die Ruhepausen, sodass Pausenzeiten nicht als Arbeitszeit bewertet werden.

Regelmäßige Arbeitszeit und Arbeitszeitunterbrechungen

In § 6 Abs. 1 Satz 1 TVöD/TV-L ist die **regelmäßige Arbeitszeit** für die Tarifgebiete West und Ost für eine Vollbeschäftigung jeweils individuell festgelegt.

Die Arbeitszeit wird nach § 4 Satz 1 ArbZG durch vorab feststehende **Ruhepausen** unterbrochen. Die Dauer der Ruhepausen beträgt

---
1) Gröger Teil 3 D Rn. 62.
2) BAG v. 16.4.2015 – 6 AZR 242/14, ZTR 2015, 439.

2 Arbeitsvertrag

- bei einer Arbeitszeit von mehr als sechs Stunden mindestens 30 Minuten und
- bei einer Arbeitszeit von mehr als neun Stunden mindestens 45 Minuten.

Die Arbeitszeit wird nicht nur durch Ruhepausen, sondern auch durch **Ruhezeiten** unterbrochen. Ein Arbeitnehmer muss nach § 5 Abs. 1 ArbZG nach der Beendigung der täglichen Arbeitszeit eine ununterbrochene Ruhezeit von mindestens elf Stunden haben. Abweichende Regelungen sind nach § 5 Abs. 2 und 3 ArbZG u. a. in Krankenhäusern möglich.

Sonderformen der Arbeit

Die Arbeitnehmer sind nach § 6 Abs. 5 TVöD/TV-L im Rahmen begründeter betrieblicher/dienstlicher Notwendigkeit zur Leistung von Sonntags-, Feiertags-, Nacht-, Wechselschicht-, Schichtarbeit sowie – bei Teilzeitbeschäftigung aufgrund arbeitsvertraglicher Regelung oder mit ihrer Zustimmung – zu Bereitschaftsdienst, Rufbereitschaft, Überstunden und Mehrarbeit verpflichtet.

Gut zu wissen

§ 7 TVöD/TV-L definiert die in § 6 Abs. 5 TVöD/TV-L abschließend aufgezählten Sonderformen der Arbeit.

Wechselschichtarbeit ist nach § 7 Abs. 1 Satz 1 TVöD/TV-L die Arbeit nach einem Schichtplan, der einen regelmäßigen Wechsel der täglichen Arbeitszeit in Wechselschichten vorsieht, bei denen die Arbeitnehmer durchschnittlich längstens nach Ablauf eines Monats erneut zur Nachtschicht (mindestens zwei Stunden Nachtarbeit i. S. d. § 7 Abs. 1 Satz 3, Abs. 5 TVöD/TV-L) herangezogen werden. Wechselschichten sind nach § 7 Abs. 1 Satz 2 TVöD/TV-L wechselnde Arbeitsschichten, in denen ununterbrochen bei Tag und Nacht, werktags, sonntags und feiertags gearbeitet wird.

Beispiel

Schicht 1	Schicht 2	Schicht 3
05:00 bis 13:00	13:00 bis 21:00	21:00 bis 05:00

Arbeitnehmer, die ständig Wechselschichten leisten, erhalten nach § 8 Abs. 5 Satz 1 TVöD/§ 8 Abs. 7 Satz 1 TV-L eine Wechselschichtzulage von 105,- €.

Schichtarbeit ist nach § 7 Abs. 2 TVöD/TV-L die Arbeit nach einem Schichtplan, der einen regelmäßigen Wechsel des Beginns der täglichen Arbeitszeit um mindestens zwei Stunden in Zeitabschnitten von längstens einem Monat vorsieht, und die innerhalb einer Zeitspanne von mindestens 13 Stunden geleistet wird. Die Schichtarbeit unterscheidet sich von der Wechselschicht dahingehend, dass keine Arbeit rund um die Uhr vorliegen muss.

Beispiel

Schicht 1	Schicht 2
05:00 bis 14:00	08:00 bis 17:00

Arbeitnehmer, die ständig Schichtarbeit leisten, erhalten nach § 8 Abs. 6 Satz 1 TVöD/§ 8 Abs. 8 Satz 1 TV-L eine Schichtzulage von 40,– € monatlich. Abzugrenzen ist der Bereitschaftsdienst von der Rufbereitschaft. **Bereitschaftsdienst** setzt nach § 7 Abs. 3 TVöD/TV-L voraus, dass sich der Arbeitnehmer außerhalb der regelmäßigen Arbeitszeit auf Anordnung des Arbeitgebers an einer bestimmten Stelle aufhält, um im Bedarfsfall die Arbeit unverzüglich aufnehmen zu können. Ein Arbeitnehmer leistet **Rufbereitschaft**, wenn er sich nicht an einer Stelle aufhalten muss, die der Arbeitgeber vorgibt. Vielmehr ist der Arbeitnehmer nach § 7 Abs. 4 Satz 1 TVöD/TV-L verpflichtet, seinen Aufenthaltsort anzuzeigen, um die Arbeit im Bedarfsfall schnellstmöglich aufnehmen zu können.

Zu unterscheiden ist zwischen der Mehrarbeit und Überstunden. **Mehrarbeit** können nach § 7 Abs. 6 TVöD/TV-L nur teilzeitbeschäftigte Arbeitnehmer leisten. **Überstunden** sind nach § 7 Abs. 7 TVöD/TV-L die auf Anordnung des Arbeitgebers geleisteten Arbeitsstunden, die über die im Rahmen der regelmäßigen Arbeitszeit von Vollbeschäftigten hinausgehen und nicht bis zum Ende der folgenden Kalenderwoche ausgeglichen werden.

Beispiel
Lahm ist bei der Stadt Rheinfels (Tarifgebiet West) mit einer wöchentlichen Arbeitszeit von 35 Stunden teilzeitbeschäftigt. Auf Anordnung seines Vorgesetzten hat er 43 Wochenstunden geleistet.
Lahm hat damit vier Stunden Mehrarbeit und vier Überstunden erbracht.

Überstunden sind nach § 8 Abs. 1.1 Satz 1 TVöD/§ 8 Abs. 2 Satz 1 TV-L grundsätzlich durch entsprechenden Freizeitausgleich auszugleichen.

2.5.12.5 Arbeitsort

Der Arbeitgeber ist nach § 106 Satz 1 GewO berechtigt, den Arbeitsort festzulegen, soweit im Arbeitsvertrag ein konkreter Arbeitsort nicht bereits ausdrücklich bestimmt ist. Im öffentlichen Dienst ist der Ort der Arbeitsleistung i. d. R. mangels weiterer Konkretisierung im Arbeitsvertrag mit der Dienststelle identisch. Innerhalb der Dienststelle kann der Arbeitgeber dem Arbeitnehmer kraft des ihm zustehenden Direktionsrechts jeden beliebigen Einsatzort zuweisen (Umsetzung).

Gut zu wissen

Allein die Nennung des Arbeitsortes im Arbeitsvertrag führt nicht zu einer Begrenzung des Direktionsrechts des Arbeitgebers. Vielmehr dient die Bezeichnung des Arbeitsortes im Arbeitsvertrag nur der Festlegung des ersten Einsatzortes.[1] Etwas anderes gilt nur dann, wenn eine darüber hinausgehende ausdrückliche und klare Absprache oder eine entsprechende Zusage des Arbeitgebers vorliegt.

---

1) BAG v. 24.1.2004 – 6 AZR 583/02, NZA 2005, 61.

2 Arbeitsvertrag

Das gesetzliche Direktionsrecht des Arbeitgebers wird durch die tarifliche Regelung des § 4 TVöD/TV-L erweitert. Demnach kann der Arbeitnehmer nach Abs. 1 und Abs. 2 nicht nur umgesetzt, sondern auch **versetzt, abgeordnet** oder **zugewiesen** werden. Darüber hinaus sieht Abs. 3 die Möglichkeit der **Personalgestellung** vor.

Die Personalmaßnahmen ermöglichen dem Arbeitgeber, dem Arbeitnehmer Tätigkeiten entweder bei einer anderen Dienststelle oder bei einem Dritten zuzuweisen. Sie unterscheiden sich im Einzelnen wie folgt:

Eine **Abordnung** ist die Zuweisung einer **vorübergehenden** Beschäftigung bei einer anderen Dienststelle oder einem anderen Betrieb desselben oder eines anderen Arbeitgebers unter Fortsetzung des bestehenden Arbeitsverhältnisses (Protokollerklärung Nr. 1 zu § 4 Abs. 1 TVöD/TV-L). Eine befristete Abordnung erfolgt häufig im Vorfeld einer endgültigen Versetzung zur vorherigen Erprobung des Arbeitnehmers.

> **Beispiel**
> Lahm ist als Verwaltungsfachangestellter bei der Stadt Rheinfels in Entgeltgruppe 10 eingruppiert. Zum 1.2. werden ihm bei der Stadt Düssel ebenfalls Aufgaben eines Verwaltungsfachangestellten in Entgeltgruppe 10 für die Dauer von sechs Monaten zur Erprobung übertragen.

Eine **Versetzung** ist die Zuweisung einer **auf Dauer** bestimmten Beschäftigung bei einer anderen Dienststelle oder einem anderen Betrieb **desselben Arbeitgebers** unter Fortsetzung des bestehenden Arbeitsverhältnisses (Protokollerklärung Nr. 2 zu § 4 Abs. 1 TVöD/TV-L).

> **Beispiel**
> Lahm, eingruppiert in Entgeltgruppe 10, ist als Verwaltungsfachangestellter des Landes Nordrhein bei der Bezirksregierung Rheinfeld eingesetzt. Zum 1.2. werden ihm auf Dauer Tätigkeiten eines Verwaltungsfachangestellten der Entgeltgruppe 10 bei der landeszugehörigen Bezirksregierung Dattel zugewiesen.

Die **Zuweisung** wird definiert als eine – unter Fortsetzung des bestehenden Arbeitsverhältnisses – **vorübergehende** Beschäftigung bei einem Dritten im In- und Ausland, bei dem der Allgemeine Teil des TVöD/TV-L nicht zur Anwendung kommt (Protokollerklärung zu § 4 Abs. 2 TVöD/TV-L). Eine Zuweisung ist damit nur möglich, wenn der aufnehmende Arbeitgeber nicht unter den sachlichen Anwendungsbereich des TVöD/TV-L fällt.

> **Beispiel**
> Lahm, Verwaltungsfachangestellter der Stadt Rheinfels, übernimmt vorübergehend Aufgaben beim Menschenrechtsrat der Vereinten Nationen in Genf oder beim Jobcenter.

Die **Personalgestellung** dient der Vereinfachung von Auslagerungen von Aufgaben oder Betriebsteilen. Werden entsprechende Aufgaben auf einen Dritten verlagert, muss der Arbeitnehmer auf Verlangen des Arbeitgebers unter Fortsetzung des bestehenden Arbeitsverhältnisses seine Arbeitsleistung **auf Dauer** beim Dritten erbringen (Protokollerklärung zu § 4 Abs. 3 TVöD/TV-L).

> **Beispiel**
> Die Kliniken der Stadt Rheinfels werden in eine GmbH überführt. Lahm, langjähriger Mitarbeiter der Kliniken, widerspricht dem Betriebsübergang nach § 613a Abs. 6 BGB. Daraufhin werden ihm auf Dauer die bereits vor dem Betriebsübergang ausgeübten Tätigkeiten bei der GmbH zugewiesen.

Übt der Arbeitnehmer vergleichbare Tätigkeiten über einen längeren Zeitraum am selben Arbeitsort aus, führt dies weder zu einer Konkretisierung der Arbeitsleistung noch zu einer Konkretisierung des Arbeitsortes, da beides die tatsächliche Abänderung des Arbeitsvertrages voraussetzen würde. Hierfür fehlt zumindest ein erkennbarer rechtserheblicher Wille des Arbeitgebers (§§ 133, 157 BGB).

2.5.12.6 Betriebliche Ordnung

Nach § 106 Satz 2 GewO kann der Arbeitgeber im Rahmen des ihm zustehenden billigen Ermessens die betriebliche Ordnung durch einseitige Weisungen regeln. Dies gilt auch für das Verhalten des Arbeitnehmers.

> **Beispiel**
> Kleiderordnung, Rauchverbot innerhalb der Diensträume.

2.5.13 Arbeitnehmerhaftung

Verursacht der Arbeitnehmer im Rahmen seiner betrieblichen Tätigkeit einen Schaden, kann er gegenüber dem Arbeitgeber, anderen Mitarbeitern oder Dritten zum **Schadensersatz** verpflichtet sein (sog. Arbeitnehmerhaftung). Dies gilt nach der Rechtsprechung des BAG auch für Berufsausbildungsverhältnisse.[1]

2.5.13.1 Haftung für Personenschäden an Arbeitskollegen

Verursacht der Arbeitnehmer einen Personenschaden bei einem Mitarbeiter desselben Arbeitgebers kann nach § 105 SGB VII ein **vollständiger Haftungsausschluss** eintreten.

Dieser **tritt ein**, wenn

- der Arbeitskollege aufgrund eines **Arbeitsunfalls** (§ 8 SGB VII) geschädigt wird,
- den der Arbeitnehmer **nicht vorsätzlich** verursacht hat und

---
1) BAG v. 19.3.2015 – 8 AZR 67/14.

2 Arbeitsvertrag

- der auch nicht auf dem nach § 8 Abs. 2 Nr. 1-4 SGB VII versicherten Weg eingetreten ist (**kein Wegeunfall**).

Dementsprechend haftet der Arbeitnehmer geschädigten Kollegen nur dann auf Schadensersatz, wenn er den Personenschaden vorsätzlich und/oder im Zusammenhang mit einem Wegeunfall herbeigeführt hat.

2.5.13.2 Haftung gegenüber dem Arbeitgeber

Der Arbeitnehmer haftet dem Arbeitgeber zunächst für jeden Schaden, den er schuldhaft, d. h. nach § 276 Abs. 1 BGB fahrlässig oder vorsätzlich, verursacht hat.

Gut zu wissen

Aufgrund der Beweislastregelung des § 619a BGB ist der Arbeitgeber verpflichtet, nicht nur die Pflichtverletzung und den Schaden, sondern auch das Verschulden des Arbeitnehmers gerichtlich nachzuweisen.

Der Arbeitnehmer des öffentlichen Dienstes genießt allerdings eine tarifvertragliche **Haftungsprivilegierung**. Nach § 3 Abs. 6 TVöD ist die Schadenshaftung des Arbeitnehmers bei dienstlich oder betrieblich veranlassten Tätigkeiten auf **Vorsatz und grobe Fahrlässigkeit** beschränkt. Dies gilt auch nach § 3 Abs. 7 TV-L, da für die Schadenshaftung der Arbeitnehmer die Bestimmungen, die für die Beamten des jeweiligen Landes jeweils gelten, entsprechende Anwendung finden.

2.5.13.3 Schadenshaftung bei Kraftfahrzeugunfällen

Nach § 2 Abs. 2 PflVG haben der Bund, die Länder, Gemeinden mit mehr als 100.000 Einwohnern sowie die anderen dort genannten Einrichtungen die Stellung eines gesetzlichen Haftpflichtversicherers, sodass sie für den Fahrer und Schadensverursacher einstehen müssen, wie dies eine Haftpflichtversicherung tun müsste. Der Arbeitgeber kann somit den Arbeitnehmer in diesen Fällen **wegen eines Fremdschadens** grundsätzlich **nicht** im Rahmen der Arbeitnehmerhaftung **in Anspruch** nehmen, es sei denn, es liegen die besonderen versicherungsrechtlichen Rückgriffsvoraussetzungen vor (z. B. Trunkenheit, Verkehrsunfallflucht).

Bei der Haftung des Arbeitnehmers **für Eigenschäden** am Kraftfahrzeug des Arbeitgebers verbleibt es bei der tarifvertraglichen Haftungsprivilegierung. Allerdings dürfte der Arbeitgeber regelmäßig eine Kraftfahrzeugkaskoversicherung für die in seinem Eigentum stehenden Fahrzeuge abgeschlossen haben, sodass der ihm durch den Unfall des Arbeitnehmers entstandene Schaden oftmals auf eine Erhöhung der Versicherungsprämie beschränkt ist.

2.5.14 Treuepflicht

Den Arbeitnehmer treffen aus dem Arbeitsverhältnis Treuepflichten. Die Treuepflicht ist der **Oberbegriff** der arbeitsvertraglichen Nebenpflichten des Arbeitnehmers. Einige dieser Nebenpflichten sind tarifvertraglich normiert.

Arbeitsvertrag 2

Der Arbeitnehmer des öffentlichen Dienstes **unterliegt der politischen Treuepflicht.** Er ist damit verpflichtet, sich durch sein gesamtes Verhalten zur freiheitlich demokratischen Rechtsordnung im Sinne des Grundgesetzes zu bekennen (vgl. § 41 TVöD BT-V/§ 3 Abs. 1 Satz 2 TV-L).[1]) Allerdings unterliegt der Arbeitnehmer nicht immer der einem Beamten obliegenden Treuepflicht.[2]) Nach der sog. Funktionstheorie ist das Maß der einem Arbeitnehmer abzuverlangenden Loyalität gegenüber der Verfassung nach der Stellung und dem Aufgabenbereich zu beurteilen, der dem Arbeitnehmer laut Arbeitsvertrag übertragen ist. Im Einzelfall ist entscheidend, inwieweit die außerdienstlichen politischen Aktivitäten in die Dienststelle hineinwirken und entweder die allgemeine Aufgabenstellung des öffentlichen Arbeitgebers oder das konkrete Aufgabengebiet des Arbeitnehmers berühren.[3]) Allein die Mitgliedschaft in der NPD oder in einer vergleichbaren Partei oder Organisation steht allerdings einer Weiterbeschäftigung im öffentlichen Dienst nicht entgegen.[2])

Der Arbeitnehmer ist darüber hinaus verpflichtet,

- Betriebs- und Geschäftsgeheimnisse zu wahren (§ 3 Abs. 1 TVöD/§ 3 Abs. 2 TV-L),
- die geschuldete Leistung gewissenhaft zu erbringen (§ 3 Abs. 1.1 Satz 1 TVöD/§ Abs. 1 Satz 1 TV-L)
- dem Gebot der Unbestechlichkeit zu folgen (§ 3 Abs. 2 TVöD/§ 3 Abs. 3 TV-L),
- Nebentätigkeiten anzuzeigen (§ 3 Abs. 3 Satz 1 TVöD/§ 3 Abs. 4 Satz 1 TV-L),
- jeglichen Wettbewerb zu unterlassen[4]) und
- dem Arbeitgeber drohende oder bereits eingetretene Schäden anzuzeigen[5]).

2.5.15 Prüfe Dein Wissen

1. Wo ist das arbeitgeberseitige Direktionsrecht gesetzlich normiert?
2. Welche Grenzen hat der Arbeitgeber bei der Ausübung seines Direktionsrechtes zu beachten?
3. Welche Tätigkeiten kann der Arbeitgeber dem Arbeitnehmer im Rahmen des ihm zustehenden Direktionsrechts zuweisen?
4. Kann der Arbeitgeber dem Arbeitnehmer höherwertige Tätigkeiten zuweisen?
5. Was bedeutet regelmäßige Arbeitszeit?
6. Was bedeutet Schichtarbeit?

---

1) Müller/Preis Rn. 543.
2) BAG v. 6.9.2012 – 2 AZR 372/11, ZTR 2013, 261.
3) BAG v. 12.5.2011 – 2 AZR 479/09, ZTR 2011, 739.
4) Vgl. ausführlich Müller/Preis Rn. 565 ff.
5) Müller/Preis Rn. 563.

2 Arbeitsvertrag

7. Was ist das wesentliche Abgrenzungskriterium zwischen einer Abordnung und einer Versetzung?
8. Haftet der Arbeitnehmer schadensrechtlich privilegiert?
9. Unterliegt der Arbeitnehmer einer Treuepflicht?

2.5.16 Fallübungen

Übung 11: Fixschuldcharakter der Arbeitsleistung

Lahm ist bei der Stadt Rheinfels im Grünflächenamt als Gärtner beschäftigt. Die Stadt Rheinfels bietet allen Gärtnern des Grünflächenamtes einen kostenlosen Transport zu den Arbeitsstätten mit einem stadteigenen Werksbus an. Lahm nimmt wie viele andere seiner Kollegen dieses Angebot seit Jahren wahr. Am 12.8. wartet Lahm morgens an der vorgegebenen Haltestelle vergeblich auf den Bus. Aufgrund eines ausgelösten Smog-Alarms hat die zuständige Bezirksregierung Düssel ein behördliches Verbot erlassen, demzufolge der Betrieb eines KFZ während der Smoglage unzulässig ist. Lahm ist es nicht möglich bzw. unzumutbar mit anderen Verkehrsmitteln die Arbeitsstelle zu erreichen.

Aufgabe:

Prüfen Sie in einem umfassenden Rechtsgutachten, ob Lahm für den 12.8. gegen die Stadt Rheinfels einen Anspruch auf Zahlung des Arbeitsentgeltes hat.

Lösungshinweise:

Lahm könnte gegen die Stadt Rheinfels für den 12.8. einen Anspruch auf Zahlung des Entgeltes (Lohn) aus § 611 Abs. 1 BGB i. V. m. Arbeitsvertrag haben.

1. Problematisch ist, dass Lahm seine Arbeitsleistung am 12.8. nicht erbracht hat. Fraglich ist daher, ob Lahm gleichwohl seinen Anspruch auf Lohn behält und zur Nachleistung der Arbeit verpflichtet ist.

Aufgrund des Fixschuldcharakters der Arbeitsleistung liegt hier kein Fall des Verzuges, sondern der Unmöglichkeit vor (Grundsatz: „ohne Arbeit kein Lohn"). Der Anspruch auf Lohn könnte daher gemäß § 275 Abs. 1 i. V. m. § 326 Abs. 1 BGB (teilweise) untergegangen sein. Dies würde voraussetzen, dass keine Ausnahmeregelung einschlägig ist.

2. Die Stadt Rheinfels hat die Unmöglichkeit der Arbeitsleistung nicht verschuldet (§ 276 Abs. 1 Satz 1, Abs. 2 BGB), da ein objektives Leistungshindernis (Smog-Alarm) den Straßenverkehr zum Erliegen brachte.

3. Ein typisches Betriebsrisiko im Sinne des § 615 Satz 3 BGB hat sich nicht verwirklicht. Vielmehr liegt ein objektives Leistungshindernis vor. Mit dem Angebot des kostenlosen Bustransports hat die Stadt Rheinfels nicht das allgemeine Risiko übernommen, dass Lahm aufgrund eines allgemeinen Leistungshindernisses nicht die Arbeit aufnehmen kann.

4. Die Voraussetzungen des §616 BGB liegen nicht vor, da der Grund für die Arbeitsverhinderung nicht in der Person des Lahm begründet ist.

5. Auch die Annahmeverzugsvoraussetzungen sind nicht gegeben. Das Angebot, den Bus kostenlos zu nutzen, ändert nicht den Erfüllungsort der Arbeitsleistung, sodass Lahm die Arbeitsleistung nach §294 BGB im Betrieb hätte anbieten müssen. Allein das Erscheinen an der vereinbarten Bushaltestelle macht ein ordnungsgemäßes Angebot der Arbeitsleistung nicht entbehrlich.

Ein Anspruch des Lahm gegen die Stadt Rheinfels auf Lohn für den 12.8. scheidet daher aus.

Übung 12: Ohne Arbeit kein Lohn und Verschulden des Arbeitgebers

Lahm ist für die Zeit der Bayreuther Festspiele als erster Geiger im Orchester des Festspielhauses beschäftigt. In dem mit Budde, dem Veranstalter der Festspiele, ausgehandelten Vertrag ist eine tägliche Gage von 300,- € vorgesehen. Aus Unachtsamkeit der Reinigungsfrau Lotte des Budde wird die hochwertige Geige des Lahm leicht beschädigt und muss repariert werden. Während der zwei Tage dauernden Reparatur kann Lahm nicht spielen, da auch eine andere gleichwertige Geige sowohl dem Anspruch des Lahm als auch den Festspielen nicht gerecht werden würde.

Aufgabe:

Prüfen Sie in einem umfassenden Rechtsgutachten, ob Lahm für die beiden Tage der Reparatur gegen Budde einen Anspruch auf Gage hat.

Lösungshinweise:

Lahm könnte einen Anspruch auf Zahlung der täglichen Gage von 300,- € gemäß §611 Abs.1 BGB i.V.m. dem zwischen Lahm und Budde abgeschlossenen Vertrag haben. Die vereinbarte Gage stellt insofern die Vergütung i.S.d. §611 Abs.1 BGB dar.

1. Fraglich ist zunächst die Rechtsnatur des zwischen Lahm und Budde geschlossenen Vertrages. Insofern kommt sowohl der Abschluss eines Werkvertrages, eines Dienstvertrages als auch eines Arbeitsvertrages in Betracht.

a) Soweit mit einem Künstler ein Werkvertrag abgeschlossen worden ist, ist dieser verpflichtet, eine bestimmte künstlerische Wertschöpfung zu erbringen. Dagegen sind Verträge, die allein auf eine Mitwirkung des Künstlers an Aufführungen gerichtet sind, je nach den Umständen als Dienst- oder Arbeitsvertrag zu qualifizieren.

Die Tätigkeit des Lahm ist vorliegend primär auf die Mitwirkung an den Aufführungen gerichtet. Er ist – wenn auch in herausragender Stellung – nicht als Alleinunterhalter tätig, sondern Bestandteil des Orchesters. Ein Werkvertrag ist daher abzulehnen.

b) Die Unterscheidung zwischen Dienst- und Arbeitsvertrag hängt maßgeblich davon ab, wie weit sich Lahm vertraglich der Selbstbestimmung über

2 Arbeitsvertrag

seine Leistung begeben hat und somit weisungsabhängig im Sinne der §§ 6 Abs. 2, 106 Satz 1 GewO ist. Bei einem gastierenden Künstler wird man einen freien Dienstvertrag eher annehmen als bei einem Ensemblemitglied, bei Spitzendarstellern eher als bei weniger bekannten Künstlern.

Wenn auch die Stellung von Lahm möglicherweise über die der anderen Orchestermitglieder hinausragt, so ist er doch Ensemblemitglied und nicht gastierender Künstler. Zudem hat er auf die Aufführung selbst keinen Einfluss, da er an die Vorgaben des Dirigenten gebunden ist. Darüber hinaus bestimmt allein der Veranstalter, wie das Programm der Festspiele zusammengesetzt wird. Lahm ist daher voll weisungsabhängig, sodass zwischen den Parteien ein Arbeitsvertrag abgeschlossen worden ist.

2. Da Lahm seine arbeitsvertragliche Leistung nicht erbracht hat, scheidet aufgrund des Fixschuldcharakters der Arbeitsleistung gemäß §§ 275 Abs. 1, 326 Abs. 1 BGB ein Zahlungsanspruch aus § 611 Abs. 1 BGB i. V. m. dem Arbeitsvertrag aus.

3. Ein Zahlungsanspruch des Lahm gegen Budde könnte sich jedoch aus § 326 Abs. 2 Satz 1 Alt. 1 BGB ergeben.

a) Wie bereits dargelegt, haben Lahm und Budde einen Arbeitsvertrag geschlossen. Die hieraus resultierende Pflicht zur Erbringung der Arbeitsleistung ist dem Lahm unmöglich geworden.

b) Die Unmöglichkeit müsste vom Arbeitgeber, d. h. von Budde zu vertreten sein.

Grundsätzlich hat der Schädiger nach § 276 Abs. 1 Satz 1 BGB Vorsatz und Fahrlässigkeit zu vertreten. Budde hat die Unmöglichkeit nicht selbst verschuldet. Eine Haftung für eigenes Verschulden scheidet daher aus.

Budde müsste sich jedoch möglicherweise das Verschulden seines Personals nach § 278 Satz 1 BGB zurechnen lassen. Dann müsste hier eine Verbindlichkeit des Budde vorgelegen haben, zu deren Erfüllung er sich einer anderen Person bedient hat. Zwar war das Personal dazu eingesetzt, die Räumlichkeiten zu reinigen. Allerdings ist Budde nach § 241 Abs. 2 BGB verpflichtet, Gegenstände, die dem Arbeitnehmer gehören und die dieser berechtigterweise in den Arbeitsräumen aufbewahrt, vor Verlust oder Beschädigung zu schützen.

Indem Lotte die Geige des Lahm aus Unachtsamkeit und mithin zumindest leicht fahrlässig beschädigt hat, wurde diese Pflicht schuldhaft verletzt. Dies ist dem Budde gemäß § 278 Satz 1 BGB wie eigenes Verschulden zuzurechnen. Damit hat Budde die Unmöglichkeit zu vertreten.

Lahm hat somit einen Anspruch gegen Budde auf Zahlung der vereinbarten täglichen Gage von 300,– € gemäß § 326 Abs. 2 Satz 1 Alt. 1 BGB auch für die zwei Tage der Reparatur.

Arbeitsvertrag 2

Übung 13: Betriebliche Übung

Die Kliniken GmbH hat in den letzten vier Jahren an alle Arbeitnehmer ein zusätzliches Urlaubsgeld in Höhe von 300,– € gezahlt, ohne dass sich die Kliniken GmbH einen Widerruf der Zahlung vorbehalten hat. Die Zahlung erfolgte jeweils mit dem Augustgehalt. Aufgrund roter Zahlen verweigert die Kliniken GmbH nunmehr die Zahlung des Urlaubsgeldes mit dem Hinweis auf den freiwilligen Charakter der bisherigen Urlaubsgeldgewährung. Lahm, der in den letzten vier Jahren das zusätzliche Urlaubsgeld erhalten hat, fordert die Kliniken GmbH auf, ihm die zugesagten 300,– €, wie jedes Jahr, mit dem Augustgehalt auszuzahlen.

Aufgabe:

Prüfen Sie in einem umfassenden Rechtsgutachten, ob Lahm gegen die Kliniken GmbH einen Anspruch auf Zahlung der 300,– € hat.

Lösungshinweise:

Lahm könnte gegen die Kliniken GmbH einen Anspruch auf Zahlung des zusätzlichen Urlaubsgeldes in Höhe von 300,– € aus § 611 BGB i. V. m. dem Arbeitsvertrag i. V. m. den Grundsätzen über die betriebliche Übung haben.

1. Zwischen der Kliniken GmbH und Lahm besteht unstreitig ein Arbeitsvertrag. Aus diesem ergibt sich jedoch kein Anspruch auf das zusätzliche Urlaubsgeld, da dieses nicht ausdrücklich vereinbart worden ist.

2. Ein Anspruch ließe sich möglicherweise über die Grundsätze der betrieblichen Übung begründen.

a) Unter einer betrieblichen Übung ist die regelmäßige Wiederholung bestimmter Verhaltensweisen des Arbeitgebers, aus der die Arbeitnehmer schließen können, dass ihnen die aufgrund dieser Verhaltensweise gewährten Leistungen oder Vergünstigungen auch künftig auf Dauer gewährt werden sollen, zu verstehen. Dem tatsächlichen Verhalten des Arbeitgebers wird mit dem Rechtsinstitut der betrieblichen Übung anspruchserzeugende Wirkung beigemessen.

Abzugrenzen ist die betriebliche Übung von der Gesamtzusage. Anders als bei der betrieblichen Übung liegt bei der Gesamtzusage ein ausdrücklicher Erklärungstatbestand vor. Die Gesamtzusage ist ein Vertragsangebot des Arbeitgebers, welches lediglich aus Vereinfachungsgründen in einer besonderen Form (z. B. Aushang am schwarzen Brett) ausgesprochen wird.

Die betriebliche Übung entsteht allein durch die gleiche wiederholte Praktizierung eines bestimmten Verhaltens des Arbeitgebers, ohne dass es dabei auf einen Verpflichtungswillen des Arbeitgebers ankommt. Maßgeblich ist allein, wie die Arbeitnehmer als Erklärungsempfänger das Verhalten des Arbeitgebers nach Treu und Glauben und unter Berücksichtigung sämtlicher Begleitumstände verstehen durften.

Im Einzelfall kann sich aus den Umständen ein fehlender Bindungswille des Arbeitgebers ergeben, wie z. B. bei jährlichen Gehaltsanpassungen oder bei

2 Arbeitsvertrag

kleineren Aufmerksamkeiten aus Anlass des Weihnachtsfestes. Wird an die Arbeitnehmer „nach Gutdünken" über einen Zeitraum von mehreren Jahren ein Weihnachtsgeld in jährlich unterschiedlicher Höhe ausgezahlt, fehlt es dagegen bereits an einer regelmäßigen gleichförmigen Wiederholung bestimmter Verhaltensweisen. Der Arbeitgeber kann die Bindungswirkung einer betrieblichen Übung für die Zukunft ausschließen, wenn er z. B. eine Leistung als „freiwillige Leistung unter Ablehnung eines Rechtsanspruchs für die Zukunft" oder als „widerrufliche Leistung" erbringt. Gleiches gilt, wenn der Arbeitgeber ausdrücklich darauf hinweist, die konkrete Regelung gelte nur für das laufende Jahr. In diesen Fällen kann der Arbeitnehmer berechtigterweise nicht darauf vertrauen, dass die Leistung auch im Folgejahr erbracht werden wird. Dies gilt bei einem Freiwilligkeitsvorbehalt auch für das laufende Jahr. Hier besteht keine Verpflichtung des Arbeitgebers, bereits frühzeitig auf die voraussichtlich unterbleibende Zahlung hinzuweisen.

b) Die drei- oder mehrmalige Zahlung von Urlaubsgeld durch die Kliniken GmbH führte zum Entstehen einer betrieblichen Übung. Die Leistungen erfolgten gleichmäßig und gleichförmig, Vorbehalte wurden nicht erklärt. Die Arbeitnehmer konnten im Hinblick auf die Häufigkeit der Zahlungen davon ausgehen, dass diese zukünftig wiederkehrend sind. Es liegt somit eine betriebliche Übung vor, die die Kliniken GmbH rechtlich bindet.

Die entstandene betriebliche Übung ist nicht dadurch beendet worden, dass die Kliniken GmbH die Zahlung unter Hinweis auf den freiwilligen Charakter des Urlaubsgelds und die schlechte Geschäftsentwicklung verweigert. Die einmal entstandene betriebliche Übung ist Bestandteil der Arbeitsverträge mit den bereits beschäftigten Arbeitnehmern geworden. Sie kann deshalb nur unter den gleichen Bedingungen wie eine einzelvertragliche Vereinbarung beendet bzw. geändert werden, etwa durch Änderungskündigung, Aufhebungsvertrag oder durch eine dem Arbeitnehmer nachteilige betriebliche Übung. Eine einseitige Lossagung des Arbeitgebers reicht zur Beseitigung der betrieblichen Übung dagegen nicht.

Lahm hat gegen die Kliniken GmbH nach den Grundsätzen der betrieblichen Übung einen Anspruch auf Zahlung von 300,– €.

Übung 14: Anspruch auf Entgeltfortzahlung im Krankheitsfall

Lahm, Arbeitnehmer der Stadt Rheinfels, erleidet beim Fußballspielen ohne Eigenverschulden einen schweren Beinbruch, sodass er für die folgenden sechs Monate arbeitsunfähig krank ist.

Aufgabe:

Prüfen Sie rechtsgutachterlich, ob Lahm von der Stadt Rheinfels für diesen Zeitraum seine Vergütung verlangen kann!

Abwandlung 1:

Würde sich an dem Ergebnis etwas ändern, wenn Lahm sich beim Kickboxen verletzt hätte?

Arbeitsvertrag 2

Abwandlung 2:

Würde sich an dem Ergebnis etwas ändern, wenn Lahm zum Zeitpunkt seiner Verletzung erst seit vier Tagen bei der Stadt Rheinfels beschäftigt gewesen wäre?

Lösungshinweise:

Lahm könnte gegen die Stadt Rheinfels einen Anspruch auf Entgeltfortzahlung aus § 3 Abs. 1 Satz 1 EFZG haben.

§ 3 EFZG ordnet für bestimmte Fälle der Unmöglichkeit der Arbeitsleistung als Ausnahme zu § 326 Abs. 1 BGB das Fortbestehen des Lohnzahlungsanspruchs trotz Nichtleistung der Arbeit an.

1. Zwischen Lahm und der Stadt Rheinfels besteht unstreitig ein Arbeitsverhältnis.

2. Lahm müsste aufgrund einer Erkrankung arbeitsunfähig gewesen sein. Der Begriff der Erkrankung ist weder in arbeitsrechtlichen noch in sozialversicherungsrechtlichen Gesetzen definiert. Medizinisch ist unter einer Krankheit ein regelwidriger körperlicher oder geistiger Zustand zu verstehen, der von der durch das Leitbild eines gesunden Menschen geprägten Norm abweicht. Ein Beinbruch ist damit eine Erkrankung.

3. Lahm war infolge des Beinbruchs arbeitsunfähig, da er außerstande gewesen ist, die ihm nach dem Arbeitsvertrag obliegende Arbeit zu verrichten.

4. Die Krankheit war alleinige Ursache für den Verdienstausfall des Lahm, da er ohne seine Erkrankung die geschuldete Tätigkeit hätte verrichten können.

5. Fraglich ist, ob die negative Anspruchsvoraussetzung des Nichtverschuldens vorliegt.

Das Gesetz spricht nicht aus, wann eine Krankheit verschuldet ist. Es besteht allerdings Einigkeit darüber, dass Verschulden i. S. d. § 3 Abs. 1 EFZG nur dann vorliegt, wenn die Krankheit durch einen gröblichen Verstoß gegen das von einem verständigen Menschen im eigenen Interesse zu erwartende Verhalten verursacht wurde und es unbillig wäre, die Folgen dieses Verstoßes auf den Arbeitgeber abzuwälzen (sog. Verschulden gegen sich selbst).

Bei Sportverletzungen wird ein Verschulden dann angenommen, wenn es sich entweder um eine gefährliche Sportart handelt, der Arbeitnehmer in grober und leichtsinniger Weise gegen die anerkannten Regeln der jeweiligen Sportart verstößt oder der Arbeitnehmer eine Sportart betreibt, die seine Kräfte und Fähigkeiten bei weitem übersteigt. Der Fußballsport ist weder eine besonders gefährliche Sportart noch liegen Anhaltspunkte dafür vor, dass Lahm in anderer Weise pflichtwidrig gehandelt hat.

6. Der Anspruch besteht für die Dauer von sechs Wochen (§ 3 Abs. 1 EFZG) und entsteht mit Eintritt der krankheitsbedingten Arbeitsunfähigkeit.

2 Arbeitsvertrag

7. Der Arbeitgeber kann die Entgeltfortzahlung nach § 7 Abs. 1 Nr. 1 EFZG verweigern, solange der Arbeitnehmer keine ärztliche Bescheinigung gemäß § 5 Abs. 1 EFZG vorgelegt hat.

8. Die Höhe des Anspruchs richtet sich nach § 4 EFZG und entspricht der Höhe des für Lahm maßgeblichen Arbeitseinkommens.

Abwandlung 1:

Der Kickboxsport wird von der Rechtsprechung als gefährliche Sportart eingestuft. Anders sieht das die Rechtsprechung etwa bei Moto-Cross-Rennen, Fingerhakeln oder Drachenfliegen. Demnach besteht hier kein Entgeltfortzahlungsanspruch.

Abwandlung 2:

Ein Anspruch auf Entgeltfortzahlung im Krankheitsfall entsteht nach § 3 Abs. 3 EFZG erst nach einer vierwöchigen ununterbrochenen Dauer des Arbeitsverhältnisses. Die Vorschrift stellt nicht auf die ununterbrochene vierwöchige Tätigkeit, sondern allein auf den vierwöchigen Bestand des Arbeitsverhältnisses ab.

Lahm war am Tag des Unfalls erst vier Tage bei seinem Arbeitgeber beschäftigt. Damit war der Anspruch auf Entgeltfortzahlung zu diesem Zeitpunkt noch nicht entstanden. Erst nach Ablauf der vierwöchigen Wartezeit hat Lahm, sofern er weiter arbeitsunfähig krank ist, Anspruch auf – ungekürzte – Entgeltfortzahlung gemäß § 3 Abs. 1 EFZG bis zur Dauer von sechs Wochen. Der Anspruch entfaltet allerdings keine Rückwirkung ab dem Zeitpunkt des Eintritts der krankheitsbedingten Arbeitsunfähigkeit.

Übung 15: Urlaubsgewährung

Lahm ist seit mehreren Jahren bei der Stadt Rheinfels beschäftigt. Aufgrund arbeitsvertraglicher Bezugnahmeklausel ist auf das Arbeitsverhältnis der TVöD/TV-L anzuwenden. Vom 10.1. bis zum 15.12. war Lahm arbeitsunfähig krank. Am 12.3. des Folgejahres teilt Lahm seinem Personalsachbearbeiter Budde mit, dass er vom 19.3 bis zum 27.4. seine noch ausstehenden 25 Tage Urlaub aus dem vorherigen Jahr nehmen wolle.

Budde gewährt den Urlaub nicht. Er verweist darauf, dass Lahm im letzten Jahr kaum gearbeitet habe. Zudem sei der Urlaub längst verfallen. Bedingt durch die Erfüllung termingebundener Aufträge könne zudem im März kein Urlaub mehr gewährt werden.

Aufgabe:

Prüfen Sie in einem umfassenden Rechtsgutachten, ob Budde den Antrag des Lahm auf Urlaubsgewährung zu Recht abgelehnt hat.

Lösungshinweise:

Fraglich ist, ob Lahm einen Anspruch auf Gewährung seines Urlaubs aus § 26 Abs. 1 TVöD/TV-L i. V. m. Arbeitsvertrag aus dem Vorjahr hat.

Arbeitsvertrag 2

1. Aufgrund der im Arbeitsvertrag enthaltenden Bezugnahmeklausel gelten hier neben dem Bundesurlaubsgesetzes die Regelungen des TVöD/TV-L.

2. Die sechsmonatige Wartezeit des § 4 BUrlG ist bereits abgelaufen, sodass grundsätzlich ein Urlaubsanspruch des Lahm besteht. Hierbei ist es unerheblich, dass Lahm fast das gesamte Urlaubsjahr arbeitsunfähig erkrankt war, da der Anspruch auf Erholungsurlaub lediglich den Bestand eines Arbeitsverhältnisses und nicht auch gleichzeitig das Ableisten von Arbeit voraussetzt. Demnach ist es unerheblich, ob der Arbeitnehmer erholungsbedürftig ist.

3. Fraglich ist allerdings, ob der Anspruch nicht nach § 7 Abs. 3 BUrlG i. V. m. § 26 Abs. 2 Buchst. a TVöD/TV-L verfallen ist. Demnach muss der Erholungsurlaub, soweit dieser abweichend von § 7 Abs. 3 Satz 1 BUrlG auf das Folgejahr übertragen worden ist, in den ersten drei Monaten des folgenden Kalenderjahres angetreten werden. Kann der Erholungsurlaub wegen Arbeitsunfähigkeit oder aus betrieblichen Gründen nicht bis zum 31.3. angetreten werden, ist er bis zum 31.5. anzutreten.

§ 26 Abs. 2 Buchst. a TVöD/TV-L weicht von den Vorgaben des § 7 Abs. 3 BUrlG insoweit ab, als es bei einer Übertragung von Urlaub in das nächste Urlaubsjahr ausreicht, wenn der Arbeitnehmer den übergegangenen Urlaub im ersten Quartal antritt, er muss ihn nicht, wie das Bundesurlaubsgesetz vorschreibt, innerhalb der ersten drei Monate verbrauchen. Es genügt also, dass der übertragene Urlaub spätestens am letzten Arbeitstag im März beginnt.

Da Lahm beantragt hat, ihm seinen Urlaub bereits zum 19.3. zu gewähren, liegen die Übertragungsvoraussetzungen des § 26 Abs. 2 Buchst. a TVöD/TV-L vor.

4. Fraglich ist noch, ob die Stadt Rheinfels den Erholungsurlaub auch tatsächlich nach § 7 Abs. 1 und 2 BUrlG gewähren muss. Gemäß § 7 Abs. 1 BUrlG sind bei der zeitlichen Festlegung des Urlaubs die Urlaubswünsche des Arbeitnehmers zu berücksichtigen, es sei denn, dass ihrer Berücksichtigung dringende betriebliche Belange entgegenstehen.

Dringende betriebliche Belange sind nicht nur dann anzunehmen, wenn dem Arbeitgeber durch die Arbeitsbefreiung tatsächlich ein Schaden entstehen würde. Im Konfliktfall hat der Arbeitgeber die jeweiligen Umstände des Einzelfalls zu bewerten.

Da hier dringende terminliche Aufträge noch im März abgearbeitet werden müssen, dürften hier entsprechende dringende betriebliche Belange vorliegen. Die Stadt Rheinfels kann daher den Urlaubswunsch des Lahm ablehnen. Dieser kann jedoch seinen Urlaub im April noch ungekürzt antreten (§ 26 Abs. 2 Buchst. a TVöD/TV-L).

Übung 16: Direktionsrecht des Arbeitgebers und Glaubensfreiheit

Lotte ist Mitarbeiterin des Sozialamtes der Stadt Rheinfels. Dort ist sie seit zehn Jahren im Außendienst zur Betreuung von Obdachlosen in EGr. 6 TVöD VKA im

2 Arbeitsvertrag

Stadtbezirk Mühlfels eingesetzt. Als Arbeitsort wurde im Arbeitsvertrag die Stadt Rheinfels vereinbart. Da Lotte zwischenzeitlich einen arabisch stämmigen Mann geheiratet hat, hat sie den islamischen Glauben angenommen. Sie erscheint daher mit einem Kopftuch bekleidet zur Arbeit. Nach wenigen Wochen untersagt die Vorgesetzte Vettel der Lotte das Tragen des Kopftuches während der Arbeitszeit, da ein Teil des von Lotte betreuten Klientels es ablehnt, von einer Frau mit Kopftuch betreut zu werden und ihr ein anderes Aufgabengebiet nicht übertragen werden kann. Darüber hinaus wird Lotte eröffnet, dass sie zukünftig im Stadtbezirk Chorfels eingesetzt wird. Dort werden ihr überwiegend Aufgaben übertragen, die nicht mehr der Entgeltgruppe 6, sondern nur noch der Entgeltgruppe 5 entsprechen.

Aufgabe:

Prüfen Sie in einem umfassenden Rechtsgutachten, ob Lotte den Anordnungen der Vettel folgen muss.

Lösungshinweise:

Fraglich ist zunächst, ob Vettel der Lotte das Tragen des Kopftuches untersagen durfte.

Nach § 106 Satz 1 i. V. m. § 6 Abs. 2 GewO kann der Arbeitgeber Inhalt, Ort und Zeit der Arbeitsleistung nach billigem Ermessen näher bestimmen, soweit diese Arbeitsbedingungen nicht durch den Arbeitsvertrag, Bestimmungen einer Betriebs- oder Dienstvereinbarung, eines anwendbaren Tarifvertrages oder gesetzliche Vorschriften festgelegt sind. Dies gilt nach Satz 2 auch hinsichtlich der Ordnung und des Verhaltens der Arbeitnehmer im Betrieb.

Über § 106 GewO finden die verfassungsrechtlich abgesicherten Grundrechte des Arbeitnehmers bei der Beurteilung der Rechtmäßigkeit von Weisungen Berücksichtigung. Die vorgesehene Ermessensentscheidung gebietet es, die Grundrechte des Arbeitnehmers bei der Ausübung von Weisungen gebührend in die Interessenabwägung einzubeziehen (sog. mittelbare Drittwirkung von Grundrechten).

Lotte beruft sich hier auf die in Art. 4 Abs. 2 GG grundgesetzlich geschützte Religionsfreiheit. Demnach ist hier das Interesse der Stadt Rheinfels auf einen reibungslosen Betriebsablauf mit dem Interesse der Lotte auf Ausübung ihrer Religionsfreiheit im Rahmen der Ermessensentscheidung gegeneinander abzuwägen.

Für die Rechtmäßigkeit der Weisung spricht zunächst, dass Lotte ein anderes Aufgabengebiet nicht übertragen werden kann. Darüber hinaus wird der Betriebsablauf durch das Tragen des Kopftuches nachhaltig gestört, da Lotte ihre Arbeitsleistung nicht mehr im vollen Umfang erbringen kann. Des Weiteren ist zu beachten, dass Lottes Freiheit der Religionsausübung lediglich während der Arbeitszeit und damit nicht in ihrer Freizeit eingeschränkt ist. Letztlich war es auch für die Stadt Rheinfels bei der Einstellung der Lotte nicht absehbar, dass diese sich später dem islamischen Glauben zuwenden

Arbeitsvertrag 2

wird. Die Weisung der Stadt Rheinfels, der Lotte das Tragen des Kopftuches während der Arbeitszeit zu untersagen, ist somit ermessensfehlerfrei.

Selbiges gilt für die Entscheidung, Lotte in den Stadtbezirk Chorfels umzusetzen. Insbesondere kann sich Lotte in diesem Zusammenhang trotz ihres 10-jährigen Einsatzes im Stadtbezirk Mühlfels nicht auf eine Konkretisierung des Arbeitsvertrages berufen, da es hierfür an einem entsprechenden Rechtsbindungswillen des Arbeitgebers mangelt (§§ 133, 157 BGB). Vielmehr ist grundsätzlich davon auszugehen, dass es nicht dem Willen des Arbeitgebers entspricht, sein Direktionsrecht einzuschränken.

Vettel kann Lotte jedoch im Rahmen des Direktionsrechts keine unterwertigen Tätigkeiten zuweisen. Einem Arbeitnehmer im öffentlichen Dienst können einseitig im Rahmen des Direktionsrechts nur solche Tätigkeiten zugewiesen werden, die zum einen dem Aufgabenprofil der vereinbarten Tätigkeit und zum anderen seiner Eingruppierung entsprechen. Demnach ist die Weisung Vettels, Lahm zukünftig nur noch Tätigkeiten der Entgeltgruppe 5 zuzuweisen, rechtswidrig.

Übung 17: Direktionsrecht des Arbeitgebers und Gewissensfreiheit

Beim Robert-Foch-Institut wird bei Forschungsarbeiten eine Substanz entdeckt, die geeignet ist, Erbrechen zu unterdrücken. Die ersten Forschungsergebnisse werden in einem Dokument wie folgt zusammengefasst:

„Falls sich die Strahlenkrankheit, hervorgerufen entweder bei der Strahlenbehandlung des Krebses oder als mögliche Folge eines Nuklearkrieges, durch eine Anwendung der Substanz als behandelbar oder verhütbar erweisen sollte, würde das Marktpotenzial für solch eine Substanz signifikant erhöht werden."

In der Forschungsabteilung, in der an der genannten Substanz gearbeitet wird, ist auch der Arzt Lahm beschäftigt. Aus medizinisch-ethischen Gründen weigert er sich, die Substanz weiter zu betreuen. Er beruft sich auf seine vom Grundgesetz geschützte Gewissensfreiheit, die es ihm verbiete, an der Entwicklung einer Substanz mitzuwirken, die in erster Linie militärischen Zwecken diene.

Aufgabe:

Prüfen Sie in einem umfassenden Rechtsgutachten, inwieweit Lahm verpflichten werden kann, an dem Forschungsprojekt mitzuarbeiten.

Lösungshinweise:

Fraglich ist, ob Lahm durch seinen Arbeitgeber verpflichtet werden kann, an dem Forschungsprojekt mitzuarbeiten. Lahm müsste der Aufforderung des Arbeitgebers nachkommen, wenn die erteilte Weisung rechtmäßig wäre.

Nach §§ 106 Satz 1, 6 Abs. 2 GewO kann der Arbeitgeber Inhalt, Ort und Zeit der Arbeitsleistung nach billigem Ermessen näher bestimmen, soweit diese Arbeitsbedingungen nicht durch den Arbeitsvertrag, Bestimmungen einer Betriebsvereinbarung, eines anwendbaren Tarifvertrages oder gesetzliche Vorschriften festgelegt ist.

2 Arbeitsvertrag

Die Weisung des Arbeitgebers, den Lahm bei dem in Frage stehenden Projekt einzusetzen, verstößt weder gegen gesetzliche noch personalvertretungsrechtliche oder tarifvertragliche Bestimmungen. Fraglich ist somit nur, ob die Weisung einer Ermessensüberprüfung gemäß § 106 Satz 1 GewO standhält.

Bei der Billigkeitsüberprüfung müssen sowohl die Interessen des Arbeitgebers als auch die Interessen des Arbeitnehmers gegeneinander abgewogen werden. Das Direktionsrecht wird inhaltlich auch durch das Grundrecht der Gewissensfreiheit (Art. 4 Abs. 1 GG) bestimmt. Dogmatisch handelt es sich hierbei um eine sog. mittelbare Drittwirkung von Grundrechten.

Da sich Lahm darauf beruft, er könne die Teilnahme an dem Projekt mit seinem Gewissen nicht vereinbaren, muss eine Gewissensentscheidung vorliegen. Eine Gewissensentscheidung ist jede ernste, sittliche, d. h. an den Kategorien von „gut" und „böse" orientierte Entscheidung, die der Einzelne in einer bestimmten Lage als für sich bindend und unbedingt verpflichtend innerlich erfährt, sodass er gegen sie nicht ohne ernste Gewissensnot handeln könnte.

Da Lahm seine Entscheidung ernsthaft und nachvollziehbar erläutern kann, hat er eine Gewissensentscheidung getroffen.

Der Gewissenskonflikt war für Lahm nicht vorhersehbar. Er musste zwar durch seine Beschäftigung in einem Pharmakonzern mit der Beteiligung an der Entwicklung von Medikamenten rechnen, die im Kriegsfall auch an Soldaten verabreicht werden können. Hierin liegt jedoch nicht sein Gewissenskonflikt. Lahm hat die Mitarbeit an dem Medikament deshalb verweigert, weil die Substanz eine Indikation bekämpft, die gerade im Falle atomarer Verstrahlung massenhaft vorkommen würde.

Dafür, dass Lahm wiederholt mit der Entwicklung von entsprechenden Präparaten, die im Falle atomarer Auseinandersetzungen verwendet werden könnten, beauftragt werden sollte, liegen keine Anhaltspunkte vor. Ebenso wenig ist erkennbar, dass aktuelle betriebliche Erfordernisse gegen die Beteiligung des Lahm an dem umstrittenen Projekt bestehen.

Eine Abwägung der Interessen von Arbeitgeber und Arbeitnehmer ergibt somit, dass die Gewissensentscheidung des Lahm dem Interesse des Arbeitgebers an der Beteiligung des Lahm an dem fraglichen Projekt überwiegt.

Lahm ist daher nicht verpflichtet, an dem Forschungsprojekt mitzuwirken.

Übung 18: Haftung des Arbeitnehmers

Lahm ist seit fünf Jahren bei den Stadtwerken der Stadt Rheinfels beschäftigt und dort für die Instandhaltung und für kleinere Reparaturen verschiedener Produktionsgeräte verantwortlich. Auf das Arbeitsverhältnis findet der TVöD/TV-L kraft arbeitsvertraglicher Bezugnahmeklausel Anwendung. Bei den Stadtwerken kommt es am 23.2. zu überdurchschnittlich vielen Störfällen. Lahm muss daher viele Maschinen in kürzester Zeit warten und instand setzen. Unglücklicherweise zieht er bei einer Reparatur eine kleine Schraube so fest an, dass in der Maschine eine erhebliche Rei-

Arbeitsvertrag 2

bungswärme entsteht. Da er zudem ein Papierhandtuch in der Maschine vergisst, kommt es nach zwei Stunden zu einem Brand der Maschine. Binnen kürzester Zeit ist die gesamte Produktionshalle voller Rauch, sodass die Arbeitnehmer die Halle voller Panik verlassen. Es entsteht ein Gesamtschaden von 1.125.000,– €. Weder Lahm noch die Stadtwerke sind hiergegen versichert.

Aufgabe:

Prüfen Sie in einem umfassenden Rechtsgutachten, welche Ansprüche die Stadtwerke gegen Lahm unter welchen Voraussetzungen geltend machen kann?

Lösungshinweise:

1. Die Stadt Rheinfels könnte gegen Lahm einen Anspruch auf Zahlung von 1.125.00,– € aus §§ 280 Abs. 1, 241 Abs. 2 BGB haben. Dies setzt voraus, dass Lahm seine Pflicht aus dem Arbeitsverhältnis, auf die Rechtsgüter der Stadt Rheinfels Rücksicht zu nehmen, verletzt hat.

a) Die erforderliche Pflichtverletzung ist darin zu sehen, dass Lahm die Schraube der Maschine zu fest anzog, sodass diese sich erhitzen konnte. Darüber hinaus hat er pflichtwidrig ein Papierhandtuch in der Maschine vergessen.

b) Diese Pflichtverletzung müsste Lahm zu vertreten haben. Das Verschulden wird abweichend von § 280 Abs. 1 Satz 2 BGB gemäß § 619a BGB nicht vermutet, sondern muss vom Arbeitgeber nachgewiesen werden.

Grundsätzlich ist gemäß § 276 Abs. 1 BGB Vorsatz wie auch jede Fahrlässigkeit zu vertreten. Hier hat Lahm fahrlässig und damit schuldhaft gehandelt. Aufgrund der arbeitsvertraglichen Bezugnahmeklausel gelten die Vorschriften des TVöD/TV-L. Demnach ist nach § 3 Abs. 6 TVöD die Schadenshaftung der Arbeitnehmer bei dienstlich oder betrieblich veranlassten Tätigkeiten auf Vorsatz und grobe Fahrlässigkeit beschränkt. Nach § 3 Abs. 7 TV-L finden für die Schadenshaftung der Beschäftigten die Bestimmungen, die für die Beamten des jeweiligen Landes jeweils gelten, entsprechende Anwendung. Dementsprechend gilt auch im Anwendungsbereich des TV-L eine Beschränkung der Haftung auf Vorsatz und grobe Fahrlässigkeit.

Da hier ein grobfahrlässiges Verhalten des Lahm nicht vorliegt, entfällt eine entsprechende Haftung (andere Ansicht ist vertretbar).

2. Aufgrund der tariflichen Haftungsprivilegierung besteht auch kein Anspruch auf Schadensersatz aus § 823 Abs. 1 BGB.

Übung 19: Schadensersatz und Freistellungsansprüche

Lahm ist Außendienstmitarbeiter des städtischen Elektrizitätswerkes. Auf das Arbeitsverhältnis findet kraft vertraglicher Bezugnahmeklausel der TVöD/TV-L Anwendung. Nach einer Überprüfung des Stromzählers der Familie Budde stößt Lahm aus Unachtsamkeit gegen seine Kaffeetasse, sodass sich deren gesamter Inhalt

2 Arbeitsvertrag

über den Gameboy des Hausherren Hubert ergießt. Am Gameboy des Hubert entsteht hierdurch ein Schaden in einer Höhe von 150,- €.

Aufgabe:

Prüfen Sie in einem umfassenden Rechtsgutachten, ob die städtischen Elektrizitätswerke Lahm von Ansprüchen des Hubert freistellen muss.

Lösungshinweise:

1. Außerhalb des Arbeitsverhältnisses stehende Personen gegenüber haftet der Arbeitnehmer unbeschränkt. Es wird allgemein abgelehnt, dem Arbeitnehmer im Außenverhältnis zu dem geschädigten Dritten die Haftungserleichterungen (innerbetrieblicher Schadensausgleich, § 3 Abs. 6 TVöD/§ 3 Abs. 7 TV-L) zugute kommen zu lassen. Dementsprechend haftet Lahm dem Hubert für den entstandenen Schaden nach § 823 Abs. 1 BGB.

2. Anerkannt ist, dass dem Arbeitnehmer im Innenverhältnis zu seinem Arbeitgeber – abweichend von § 840 Abs. 2 BGB – ein Freistellungsanspruch zusteht, der den Arbeitgeber verpflichtet, den Arbeitnehmer unter Beachtung der zwischen den Arbeitsvertragsparteien bestehenden Haftungsprivilegierung freizustellen.

Anspruchsgrundlage des Freistellungsanspruchs sind die §§ 670, 257 Satz 1 BGB.

Da Lahm hier gegenüber der Stadt Rheinfels aufgrund der bestehenden Haftungsprivilegierung des § 3 Abs. 6 TVöD/§ 3 Abs. 7 TV-L nicht haften würde, ist die Stadt Rheinfels verpflichtet, Lahm von der gegenüber Hubert bestehenden Haftung freizustellen.

3 Beendigung und Kündigung von Arbeitsverhältnissen

Das Arbeitsverhältnis ist ein **Dauerschuldverhältnis**, endet also nicht mit dem einmaligen Austausch von Leistungen.

3.1 Beendigungstatbestände

Das Arbeitsverhältnis kann enden durch

- Erreichen der Regelaltersrente (§ 33 Abs. 1 Buchst. a TVöD/TV-L)
- Auflösungsvertrag (§ 33 Abs. 1 Buchst. b TVöD/TV-L)
- Rente wegen Erwerbsminderung (§ 33 Abs. 2 TVöD/TV-L)
- Tod des Arbeitnehmers (vgl. § 613 BGB)
- Zeitablauf (§ 15 Abs. 1 und 2 TzBfG)
- Anfechtung des Arbeitsvertrages (§§ 119, 123 BGB)
- Kündigung des Arbeitsvertrages (§§ 622, 626 BGB)

3.1.1 Erreichen der Regelaltersgrenze

Das Arbeitsverhältnis wird nicht kraft Gesetzes mit Erreichen der Regelaltersgrenze beendet. Es bedarf vielmehr einer ausdrücklichen Befristungsregelung auf diesen Zeitpunkt, entweder durch eine arbeitsvertragliche Vereinbarung oder durch einen Tarifvertrag. Eine entsprechende tarifliche Regelung enthält § 33 Abs. 1 Buchst. a TVöD/TV-L. Diese sind nach § 10 Nr. 5 AGG ausdrücklich gestattet.

3.1.2 Rente wegen Erwerbsminderung

Das Arbeitsverhältnis endet nach § 33 Abs. 2 TVöD/TV-L mit Ablauf des Monats, in dem der Bescheid eines Rentenversicherungsträgers zugestellt wird, wonach der Arbeitnehmer voll oder teilweise erwerbsgemindert ist. Maßstab für die Erwerbsminderung ist nicht nur der erlernte bzw. zuletzt ausgeübte Beruf, sondern alle Berufe.

Nach § 43 Abs. 1 Satz 1 Nr. 1 SGB VI haben Versicherte bis zum Erreichen der Regelaltersgrenze Anspruch auf Rente wegen **teilweiser Erwerbsminderung**, wenn sie teilweise erwerbsgemindert sind. Teilweise erwerbsgemindert sind Versicherte nach § 43 Abs. 1 Satz 2 SGB VI, wenn sie wegen Krankheit oder Behinderung auf nicht absehbare Zeit außerstande sind, unter den üblichen Bedingungen des allgemeinen Arbeitsmarktes mindestens sechs Stunden täglich erwerbstätig zu sein.

3 Beendigung und Kündigung von Arbeitsverhältnissen

Einen Anspruch auf Rente wegen **voller Erwerbsminderung** haben Versicherte nach § 43 Abs. 2 Satz 2 SGB VI, die wegen Krankheit oder Behinderung auf nicht absehbare Zeit außerstande sind, unter den üblichen Bedingungen des allgemeinen Arbeitsmarktes mindestens drei Stunden täglich erwerbstätig zu sein.

Der Arbeitnehmer ist nach § 33 Abs. 2 Satz 2 TVöD/TV-L verpflichtet, den Arbeitgeber über die Zustellung des Rentenbescheids unverzüglich, d. h. ohne schuldhaftes Zögern i. S. d. § 121 Abs. 1 Satz 1 BGB, zu unterrichten. Da § 33 Abs. 2 Satz 1 TVöD/TV-L das Arbeitsverhältnis auflösend bedingt[1]), ist es dem Arbeitgeber nach dieser Unterrichtung möglich, dem Arbeitnehmer gemäß §§ 21, 15 Abs. 2 TzBfG schriftlich auf die Beendigung des Arbeitsverhältnisses hinzuweisen. Bei schwerbehinderten Menschen ist nach § 92 SGB IX grundsätzlich vorab die Zustimmung des Integrationsamtes einzuholen. Der Beendigungszeitpunkt wird in diesen Fällen nach § 33 Abs. 2 Satz 4 TVöD/TV-L auf den Tag der Zustellung des Zustimmungsbescheids verlagert.

Wurde lediglich eine Rente auf Zeit gewährt, wird das Arbeitsverhältnis nach § 33 Abs. 2 Satz 4 und 5 TVöD/TV-L für diesen Zeitraum ruhend gestellt, sodass es nicht sein Ende findet.

3.1.3 Tod des Arbeitnehmers

Da der Arbeitnehmer die geschuldete Arbeitsleistung nach § 613 BGB grundsätzlich persönlich erbringen muss, endet das Arbeitsverhältnis mit seinem Tod.

3.1.4 Auflösungsvertrag

Das Arbeitsverhältnis kann nach § 33 Abs. 1 Buchst. b TVöD/TV-L durch einen Auflösungsvertrag beendet werden. Der Auflösungsvertrag bedarf zu seiner Wirksamkeit nach § 623 BGB der Schriftform.

Gut zu wissen

Wird ein Auflösungsvertrag mit einer Auslauffrist abgeschlossen, ist im Rahmen der Auslegung nach §§ 133, 157 BGB zu ermitteln, ob Gegenstand der Vereinbarung die tatsächliche Beendigung des Arbeitsverhältnisses oder die verdeckte befristete Weiterbeschäftigung des Arbeitnehmers ist. Für das Vorliegen eines Auflösungsvertrages spricht, wenn die Vereinbarung typische Elemente eines Auflösungsvertrages enthält.[2])

3.2 Begriff und Grundformen der Kündigung

Die Kündigung ist eine **einseitige empfangsbedürftige Willenserklärung**. Das BGB sieht zwei Grundformen der Kündigung vor, zum einen die ordentliche auch fristgerechte Kündigung nach § 622 BGB und zum anderen die

---

1) BAG v. 23.6.2004 – 7 AZR 440/03, juris Langtext Rn. 36.
2) BAG v. 15.2.2007 – 6 AZR 286/06, juris Langtext Rn. 19 f.

Beendigung und Kündigung von Arbeitsverhältnissen 3

außerordentliche Kündigung nach § 626 BGB. Bei der ordentlichen Kündigung ist regelmäßig eine nach der Betriebszugehörigkeit gestaffelte Kündigungsfrist einzuhalten (§§ 622 Abs. 2, 4 BGB, 34 Abs. 1, 2 TVöD/TV-L). Die außerordentliche Kündigung beendet das Arbeitsverhältnis mit dem Zugang der Kündigungserklärung.[1]) Soweit der Arbeitnehmer etwa nach § 34 Abs. 2 TVöD/TV-L nicht mehr ordentlich kündbar ist, kann im Einzelfall auch eine außerordentliche Kündigung mit sozialer Auslauffrist in Betracht kommen, wobei sich die Länge der Auslauffrist in der Regel an der denkbar längsten Kündigungsfrist orientiert.

3.3 Allgemeine Wirksamkeitsvoraussetzungen

Die allgemeinen Wirksamkeitsvoraussetzungen müssen sowohl bei einer ordentlichen als auch bei einer außerordentlichen Kündigung vorliegen.

3.3.1 Kündigungsberechtigung

Kündigungsberechtigt ist der Arbeitgeber.[2]) Dieser kann seine Befugnis jedoch im Wege der Vollmachtserteilung nach § 167 Abs. 1 BGB auf Dritte, z. B. auf den Amtsleiter des Personalamtes, übertragen.

Im Falle der Vertretung muss dem Kündigungsschreiben eine vom Arbeitgeber unterzeichnete **Vollmacht** beigefügt werden, da die Kündigung unwirksam ist, wenn der Vertreter nicht eine Vollmachtsurkunde vorlegt und der Arbeitnehmer (oder sein Rechtsanwalt) die Kündigung aus diesem Grunde unverzüglich, d. h. ohne schuldhaftes Zögern (§ 121 Abs. 1 Satz 1 BGB) zurückweist (§ 174 Satz 1 BGB). Die Zurückweisung ist ausgeschlossen, wenn der Arbeitgeber den Arbeitnehmer von der Bevollmächtigung in Kenntnis gesetzt hat (§ 174 Satz 2 BGB). Dies ist bereits dann der Fall, wenn die Kündigung von einer Person ausgesprochen wird, die üblicherweise kündigungsberechtigt und damit bevollmächtigt ist.[3])

Beispiel
Der Bürgermeister der Stadt Rheinfels bevollmächtigt den Amtsleiter des Personalamtes Schlau, für ihn in allen arbeits- und dienstrechtlichen Dingen rechtsverbindlich zu handeln. Lahm wird darauf hin von Schlau bei der Stadt Rheinfels mit beidseitig unterschriebenem Arbeitsvertrag vom 1.6. eingestellt. Nunmehr geht Lahm eine von Schlau als Personalamtsleiter unterzeichnete Kündigungserklärung der Stadt Rheinfels zu, ohne dass dem Kündigungsschreiben eine Vollmacht beigefügt ist.
Lahm kann die Kündigungserklärung der Stadt Rheinfels nicht nach § 174 BGB unverzüglich zurückweisen, da der Amtsleiter des Personalamtes üblicherweise kündigungsberechtigt ist.

---

1) Küttner/Eisemann 256 Rn. 2.
2) Die arbeitsrechtlichen Entscheidungen treffen bei juristischen Personen des öffentlichen Rechts die gesetzlichen Vertreter, etwa der Bürgermeister nach § 73 Abs. 3 Satz 1 GO.
3) BAG v. 18.5.1994 – 2 AZR 920/93, juris Langtext Rn. 29 ff.; APS/Preis Grundlagen D. Rn. 81.

3 Beendigung und Kündigung von Arbeitsverhältnissen

3.3.2 Kündigungserklärung

Die Kündigung wird wirksam mit formwirksamen Zugang der Kündigungserklärung.

3.3.2.1 Inhalt der Kündigungserklärung

Die Kündigungserklärung unterliegt als privatrechtliche Willenserklärung den allgemeinen Bestimmungen und Regeln des Bürgerlichen Gesetzbuches. Sie muss demnach ausreichend bestimmt sein (sog. **Bestimmtheitsgrundsatz**).[1])

Aus der Kündigungserklärung muss hervorgehen,

- zu welchem Termin das Arbeitsverhältnis beendet wird,
- ob es sich um eine ordentliche oder außerordentliche Kündigung handelt und
- ob eine besondere Kündigungsart vorliegt (Änderungskündigung, Verdachtskündigung).

Beispiel
„… hiermit kündige ich das bestehende Arbeitsverhältnis fristgerecht unter Beachtung der tariflichen Kündigungsfrist zum 30.9." (ordentliche Kündigung).
„… hiermit kündige ich das bestehende Arbeitsverhältnis fristlos. Das Arbeitsverhältnis endet mit Zugang der Kündigungserklärung" (außerordentliche Kündigung).

Die Kündigung ist als rechtsgestaltende Willenserklärung **bedingungsfeindlich**. Sie darf daher weder unter einer aufschiebenden noch unter einer auflösenden Bedingung erklärt werden (vgl. § 158 BGB).

Beispiel
„… hiermit kündige ich das bestehende Arbeitsverhältnis fristgerecht unter Beachtung der tariflichen Kündigungsfrist zum 30.9. unter der Bedingung, dass Sie bis zum Ablauf der Kündigungsfrist weiterhin dauerhaft arbeitsunfähig sind."

Die Kündigung muss nicht schriftlich begründet werden.[2]) Eine Ausnahme sieht lediglich § 22 Abs. 3 BBiG für die Kündigung eines Berufsausbildungsverhältnisses nach der Probezeit vor.

Bei einer außerordentlichen Kündigung müssen die Kündigungsgründe nachträglich auf Verlangen des Arbeitnehmers unverzüglich schriftlich mitgeteilt werden (§ 626 Abs. 2 Satz 3 BGB).

3.3.2.2 Form der Kündigungserklärung

Jede Kündigung unterliegt nach § 623 BGB der **Schriftform** § 126 Abs. 1 BGB. Die Urkunde muss durch den Aussteller (Kündigungsberechtigten) eigen-

---
1) Küttner/Eisemann 256 Rn. 39 f.
2) Küttner/Eisemann 256 Rn. 36 ff.

Beendigung und Kündigung von Arbeitsverhältnissen 3

händig unterzeichnet werden. Die elektronische Form nach § 126a BGB ist ausdrücklich ausgeschlossen. Eine E-Mail oder ein Fax genügen dem Schriftformerfordernis ebenso nicht. Ein Verstoß gegen das Schriftformerfordernis führt nach § 125 BGB zur Nichtigkeit der Kündigung.

3.3.2.3 Zugang

Die Kündigung wird mit dem Zugang[1]) der Kündigungserklärung beim Empfänger wirksam. Der Zugang der Kündigungserklärung ist darüber hinaus für fast alle mit der Kündigung zusammenhängenden Fristen bedeutsam.

Beispiel
Kündigungsfrist (§§ 622 Abs. 1, 2 BGB, 30 Abs. 5 TVöD/TV-L, 34 Abs. 1, 2 TVöD/TV-L), Kündigungserklärungsfrist (§ 626 Abs. 2 BGB), tariflicher Ausschluss der ordentlichen Kündigung (§ 34 TVöD), Kündigungsschutzklagefrist (§ 4 KSchG), zeitliche Anwendbarkeit des KSchG (§ 1 Abs. 1 KSchG).

Begriff des Zugangs

Der Zugang kann **unter Anwesenden** durch Übergabe des Kündigungsschreibens möglichst wegen Beweiszwecken gegen Empfangsbekenntnis und **unter Abwesenden** bewirkt werden. Die Kündigungserklärung geht dann zu, wenn sie so in den Machtbereich des Empfängers gelangt ist, dass für diesen unter gewöhnlichen Verhältnissen die Möglichkeit der Kenntnisnahme besteht (§ 130 Abs. 1 Satz 1 BGB).[2]) Der Zugang setzt somit keine tatsächliche Kenntnisnahme von der Kündigungserklärung voraus.

Gut zu wissen
Der Arbeitgeber muss den ordnungsgemäßen Zugang der Kündigungserklärung im Streitfall nachweisen, etwa durch Vorlage eines Zustellungs- oder Übergabeprotokolls.

Einzelfälle

Der **Einwurf in den Briefkasten** an der Wohnung bewirkt den Zugang der Kündigungserklärung, wenn und sobald mit der Leerung zu rechnen ist. Ein durch einen Boten nach der ortsüblichen, jedoch noch im Rahmen der **allgemein üblichen Postzustellzeit** in den Hausbriefkasten des Arbeitnehmers eingeworfenes Kündigungsschreiben geht diesem noch am selben Tage zu.[3]) Wird das Kündigungsschreiben erst nach den allgemein gültigen Postzustellzeiten in den Briefkasten eingeworfen, geht dieses noch am selben Tag zu, wenn **im Einzelfall** damit zu rechnen ist, dass der Arbeitnehmer seinen Briefkasten auch noch zu späteren Zeiten lehren wird.[4])

---

1) Die nachfolgenden Ausführungen zum Zugang gelten allgemein für den Zugang rechtsgeschäftlicher Willenserklärungen (z.B. § 15 II TzBfG).
2) BAG v. 2.3.1989 – 2 AZR 275/88, juris Langtext Rn. 22; APS/Preis Grundlagen D. Rn. 41.
3) APS/Preis Grundlagen D. Rn. 42.
4) Küttner/Eisemann 256 Rn. 52.

3 Beendigung und Kündigung von Arbeitsverhältnissen

> **Beispiel**
> Lahm ist alleinstehend. Er ist bei der Stadt Rheinfels als Verwaltungsfachangestellter mit festen täglichen Arbeitszeiten von 08:00 bis 16:30 Uhr beschäftigt. Der zuständige Personalsachbearbeiter Budde wirft das Kündigungsschreiben um 16:00 Uhr in den Briefkasten des Lahm ordnungsgemäß ein.
> Die Kündigungserklärung ist mit dem Einwurf in den Briefkasten des Lahm ordnungsgemäß zugegangen, da unter gewöhnlichen Verhältnissen erwartet werden kann, dass Lahm seinen Briefkasten nach seiner Rückkehr von der Arbeitsstelle noch leeren wird.

Wird die Kündigungserklärung mittels **Einschreiben** versandt, ist wie folgt zu **unterscheiden**:

Das **Einwurf-Einschreiben** gelangt wie ein normaler Brief in den Briefkasten des Arbeitnehmers.[1]) Daher gelten für seinen Zugang dieselben Grundsätze wie bei einem üblich frankierten Brief. Allerdings kann der Einwurf in den Briefkasten durch die entsprechende Dokumentation bei der Post nachgewiesen werden.

Beim **Übergabe-Einschreiben** ist der Zugang erst dann bewirkt, wenn die Sendung dem Arbeitnehmer ausgehändigt wird.[2]) Hinterlässt die Post einen Benachrichtigungszettel über die eingeschriebene Sendung im Briefkasten des Arbeitnehmers, ersetzt dieser nicht den Zugang der Kündigungserklärung. Das Kündigungsschreiben geht erst zu, wenn der Arbeitnehmer dieses bei der Poststelle in Empfang nimmt.

Verhindert der Arbeitnehmer den Zugang des Einschreibens allerdings **rechtsmissbräuchlich** (§ 241 Abs. 2 BGB), indem er es bewusst nicht abholt oder die Aushändigung verhindert, muss er sich nach Treu und Glauben (§ 242 BGB) so behandeln lassen, als sei ihm das Schreiben zugegangen.[3]) Der Arbeitnehmer handelt rechtsmissbräuchlich, wenn er weiß oder zumindest damit rechnen muss, dass der Arbeitgeber das Arbeitsverhältnis aufkündigen will und er das Einschreiben trotz Kenntnis vom Benachrichtigungsschein nicht fristgerecht bei der Poststelle abholt.

> **Beispiel**
> Lahm wird von seinem Arbeitgeber, der Stadt Rheinfels, darüber unterrichtet, dass der zuständige Personalrat im Rahmen eines gegen ihn eingeleiteten Kündigungsverfahrens ordnungsgemäß beteiligt worden ist. Daraufhin verschickt die Stadt Rheinfels ein entsprechendes Kündigungsschreiben mittels Übergabe-Einschreiben. Da Lahm vom Postzusteller am Zustelltag nicht angetroffen wird, hinterlegt dieser das Einschreiben bei der zuständigen Postfiliale. Hierüber wird Lahm schriftlich durch Einwurf des Benachrichtigungsscheins in den Briefkasten informiert und gleichzeitig aufgefordert, das Einschreiben schnellstmöglich bei der benannten Postfiliale

---
1) Schaub/Linck § 123 Rn. 45.
2) Schaub/Linck § 123 Rn. 43a.
3) BAG v. 26.3.2015 – 2 AZR 483/14, juris Langtext Rn. 21; BAG v. 7.11.2002 – 2 AZR 475/01, juris Langtext Rn. 40 f; ArbG Berlin v. 30.10.2015 – 28 Ca 10591/15.

Beendigung und Kündigung von Arbeitsverhältnissen 3

abzuholen. Obwohl Lahm weiß, dass es sich bei dem Einschreiben um das Kündigungsschreiben handelt, holt er dieses nicht ab.
Die Kündigungserklärung ist dem Lahm nicht zugegangen, da sie nicht in seinen Machtbereich gelangt ist. Allerdings hat sich Lahm nach §§ 242, 241 Abs. 2 BGB treuwidrig verhalten, sodass er sich so behandeln lassen muss, als ob die Kündigungserklärung ordnungsgemäß zugegangen ist.

Beim **Einschreiben-Rückschein** ist die für die gerichtliche Zustellung gemäß § 175 ZPO geltende – widerlegbare – Vermutung auch im Privatrecht zu beachten, dass das Einschreiben an dem im Rückschein benannten Datum zugestellt worden ist.

Die Kündigungserklärung kann auch mittels **Postzustellungsauftrag** dem Arbeitnehmer zugestellt werden. Hierbei wird vom Zusteller urkundlich festgehalten, wem, wann, wo und unter welchen Umständen das Schriftstück zugestellt wurde. Die ausgefüllte Zustellungsurkunde geht dann an den Arbeitgeber zurück.

Der Zugang kann nach § 132 Abs. 1 BGB durch den **Gerichtsvollzieher** nach den Vorschriften der ZPO vorgenommen werden (§§ 166 ff. ZPO).

Nach § 132 Abs. 2 BGB kann bei Unkenntnis über den Aufenthaltsort des Erklärungsempfängers eine **öffentliche Zustellung** veranlasst werden (§ 185 ZPO).

Empfänger ist grundsätzlich der Arbeitnehmer selbst, bei entsprechender Vollmacht auch sein Rechtsanwalt oder eine dritte bevollmächtigte Person (sog. **Empfangsbevollmächtigter**).

Beispiel
Bevollmächtigter Rechtssekretär der DGB Rechtsschutz GmbH.

Verweigert der Erklärungsempfänger die **Annahme** der Kündigungserklärung trotz gültiger Empfangsbevollmächtigung grundlos, muss der Arbeitnehmer sich nach Treu und Glauben so behandeln lassen, als ob die Kündigungserklärung zugegangen wäre, da für einen Empfangsbevollmächtigten dieselben Rücksichtsnahmepflichten (§ 241 Abs. 2 BGB) gelten, wie für den Arbeitnehmer selbst.

Angehörige, Partner einer nichtehelichen Lebensgemeinschaft und Haushaltsmitglieder des Empfängers, die in dessen Wohnung leben, außerdem Hausangestellte und Zimmervermieter gelten nach Treu und Glauben (§ 242 BGB) als **Empfangsboten** zur Entgegennahme von Erklärungen für den Empfänger ermächtigt.[1]

Die Kündigung gilt in dem Zeitpunkt als zugegangen, in dem üblicherweise mit der Weitergabe an den Empfänger gerechnet werden kann, und zwar auch dann, wenn der Empfangsbote die Kündigung tatsächlich verspätet

---
1) APS/Preis Grundlagen D. Rn. 47.

3 Beendigung und Kündigung von Arbeitsverhältnissen

oder überhaupt nicht übermittelt.[1]) Die Kündigungserklärung geht dem Arbeitnehmer mit Übergabe an den Empfangsboten auch dann zu, wenn die Übergabe außerhalb des Wohnsitzes, etwa am Arbeitsort des Empfangsboten, erfolgt.[2]) Verweigert der Empfangsbote die Annahme der Kündigungserklärung, geht diese dem Arbeitnehmer nicht zu, da der Empfangsbote zur Entgegennahme von rechtsverbindlichen Erklärungen zwar befugt, aber nicht verpflichtet ist.

Die Kündigungserklärung geht etwa durch Einwurf in den Briefkasten des Arbeitnehmers auch dann zu, wenn der Arbeitgeber weiß, dass der Arbeitnehmer seinen Briefkasten nicht zeitnah leeren wird, da der Arbeitnehmer das Kenntnisnahmerisiko trägt.[3])

Beispiel
Arbeitnehmer befindet sich auf einer längeren Urlaubsreise, wurde in ein Krankenhaus stationär aufgenommen oder wurde wegen Fluchtgefahr in Untersuchungshaft genommen.

Maßgeblich ist im Fall eines **Umzugs** die vom Arbeitnehmer dem Arbeitgeber zuletzt mitgeteilte Wohnanschrift. Verzögert sich der Zugang der Kündigungserklärung, weil der Arbeitnehmer seine neue Adresse nicht mitgeteilt hat, ist es ihm nach Treu und Glauben (§ 242 BGB) verwehrt, sich auf die Verspätung des Zugangs zu berufen.[4])

Beispiel
Lahm ist seit Beginn seines Arbeitsverhältnisses bereits mehrfach umgezogen. Auf einer durch Lahm beim Personalamt eingereichten Arbeitsunfähigkeitsbescheinigung ist die neueste Wohnanschrift des Lahm vermerkt. Gleichwohl wirft der zuständige Personalsachbearbeiter der Stadt Rheinfels, Budde, das Kündigungsschreiben in den Briefkasten an der alten Meldeadresse des Lahm ein.
Das Kündigungsschreiben ist dem Lahm nicht zugegangen, da sich die Stadt Rheinfels die Unkenntnis des Budde zurechnen lassen muss.

3.4 Allgemeine Nichtigkeitsgründe

Eine Kündigung ist nichtig und damit unwirksam, wenn sie gegen die allgemeinen Nichtigkeitsgründe der §§ 612a, 134, 138, 242 BGB verstößt. Darüber hinaus sind die allgemeinen Grundsätze des Allgemeinen Gleichbehandlungsgesetzes zu beachten.

---

1) Schaub/Linck § 123 Rn. 37.
2) BAG v. 9.6.2011 – 6 AZR 687/09, juris Langtext Rn. 17.
3) BAG v. 16.3.1988 – 7 AZR 587/87, juris Langtext Rn. 24.
4) BAG v. 22.9.2005 – 2 AZR 366/04, juris Langtext Rn. 14 ff.

Beendigung und Kündigung von Arbeitsverhältnissen 3

3.4.1 Maßregelungsverbot

Der Arbeitgeber darf den Arbeitnehmer nicht benachteiligen, nur weil dieser in zulässiger Weise seine Rechte ausübt. Kündigt der Arbeitgeber gleichwohl das mit dem Arbeitnehmer bestehende Arbeitsverhältnis auf, ist die Kündigung nach § 612a BGB unwirksam.[1])

Beispiel
Lahm ist Mitglied der Gewerkschaft Varius. Im Rahmen seiner Mitgliedschaft nimmt er außerhalb der Arbeitszeit an verschiedenen Veranstaltungen der Gewerkschaft teil. Der Stadt Rheinfels ist die Varius-Gewerkschaft ein Dorn im Auge, da sie sich vehement für Arbeitnehmerrechte einsetzt. Dementsprechend kündigt die Stadt Rheinfels das mit Lahm bestehende Arbeitsverhältnis wegen seiner Gewerkschaftszugehörigkeit fristgerecht.
Die Kündigung ist nach § 612a BGB unwirksam, da sich Lahm außerhalb der Arbeitszeit gewerkschaftlich ohne weitere Einschränkungen betätigen darf. Dieses Recht ist durch Art. 9 GG verfassungsrechtlich geschützt.

3.4.2 Sittenwidrigkeit

Die Kündigung kann gemäß § 138 Abs. 1 BGB sittenwidrig sein, wenn sie nach umfassender Würdigung aller Umstände des Einzelfalles gegen das Anstandsgefühl aller billig und gerecht Denkenden verstößt. Allerdings kann der schwere Vorwurf der Sittenwidrigkeit nur in **Ausnahmefällen** erhoben werden.[2])

Beispiel
Budde, vertretungsberechtigter Leiter des Personalamtes der Stadt Rheinfels, kündigt das mit Lahm bestehende Arbeitsverhältnis formwirksam. Gegenüber dem Personalrat hat Budde seinen Kündigungsentschluss dahingehend begründet, dass seine Ehefrau nunmehr mit Lahm zusammen lebe.
Die Kündigung des Lahm ist gemäß § 138 Abs. 1 BGB sittenwidrig und damit nichtig, da sie auf einem verwerflichen Motiv („Rachsucht") beruht.

3.4.3 Treu und Glauben

Eine Kündigung ist unwirksam, wenn ihr zwar kein verwerfliches Motiv zugrunde liegt, das formale Ergebnis der Rechtsanwendung aber Treu und Glauben widerspricht (§ 242 BGB).[3])

Beispiel
Der Arbeitgeber hat sein Kündigungsrecht verwirkt, da er dem Arbeitnehmer verbindlich zugesagt hat, dass er ihm wegen des zugrundeliegenden Vorfalls nicht kündigen werde.

---

1) Vgl. BAG v. 28.8.2003 – 2 AZR 333/02, EzA § 242 BGB 2002 Kündigung Nr. 4; Küttner/Eisemann 263 Rn. 35 ff.
2) Küttner/Eisemann 263 Rn. 21 ff.
3) Küttner/Eisemann 263 Rn. 24 ff.

3 Beendigung und Kündigung von Arbeitsverhältnissen

3.4.4 Verstoß gegen das AGG

Eine Kündigung muss die Benachteiligungsverbote des Allgemeinen Gleichbehandlungsgesetzes beachten. Bestimmt sich die Rechtswirksamkeit einer Kündigung nach dem Kündigungsschutzgesetz, sind die Benachteiligungsverbote im Rahmen der Prüfung der Sozialwidrigkeit der Kündigung zu berücksichtigen. § 2 Abs. 4 AGG schließt das AGG nicht aus dem Kündigungsrecht aus. Außerhalb des Anwendungsbereiches des Kündigungsschutzgesetzes ist die Rechtswirksamkeit einer Kündigung unmittelbar an den Bestimmungen des Allgemeinen Gleichbehandlungsgesetzes zu messen.[1])

Beispiel
Der Arbeitgeber begründet seinen Kündigungsentschluss mit dem Hinweis, dass der Arbeitnehmer nicht deutscher Herkunft sei.
Die Kündigung ist wegen eines Verstoßes gegen das Benachteiligungsverbot nach §§ 7 Abs. 1, 3 Abs. 1, 1 AGG (ethnische Herkunft) i. V. m. § 134 BGB unwirksam.

3.5 Kündigungserklärungsfrist – Verwirkung

Kündigungserklärungsfrist ist die Frist zwischen Erlangung der Kenntnis vom Kündigungsgrund und dem Zugang der Kündigung. Zwar besteht eine solche Frist für die ordentliche Kündigung grundsätzlich nicht, doch kann eine Kündigung im Einzelfall wegen Verwirkung (§ 242 BGB) unzulässig sein. Das Kündigungsrecht ist verwirkt, wenn

- der Kündigende längere Zeit trotz Vorliegens eines Kündigungsgrundes die Kündigung nicht ausgesprochen hat, obwohl ihm das möglich und zumutbar war, (**Zeitmoment**) und
- er dadurch beim Kündigungsempfänger das Vertrauen erweckt hat, die Kündigung werde unterbleiben (**Umstandsmoment**).

Beispiel
Am 13.2. beobachtet der Vorgesetzte des Lahm, Schlau, wie Lahm während der Arbeitszeit einen mehrstündigen privaten Einkauf tätigt. Schlau weist Lahm darauf hin, dass er seine Beobachtungen dem kündigungsberechtigten Leiter des Personalamtes, Budde, mitteilen werde. Nach erfolgter Mitteilung wendet sich Budde an Lahm und teilt diesem mit, dass er sich keine Sorgen machen müsse. Wegen solch einer Bagatelle sei noch niemandem bei der Stadt Rheinfels gekündigt worden. Neun Monate später findet Lahm in seinem Briefkasten ein von Budde unterschriebenes Kündigungsschreiben der Stadt Rheinfels vor. Die Kündigung wird mit dem am 13.2. von Schlau beobachtetem Vorfall begründet.
Die Stadt Rheinfels hat ihr Recht zur Kündigung nach § 242 BGB verwirkt, da die Kündigung über eine längere Zeit von neun Monaten nach Bekanntwerden des Vorfalls nicht ausgesprochen worden ist (Zeitmoment) und Budde durch seine Äußerungen bei Lahm das Vertrauen geweckt hat, dass eine Kündigung nicht erfolgen wird (Umstandsmoment).

---

1) BAG v. 19.12.2013 – 6 AZR 190/12, juris Langtext Rn. 14; Küttner/Eisemann 263 Rn. 32 ff.

Beendigung und Kündigung von Arbeitsverhältnissen 3

3.6 Ordentliche Kündigung

3.6.1 Kündigungsfristen

Eine ordentliche bzw. fristgerechte Kündigung beendet das Arbeitsverhältnis erst nach Ablauf einer gesetzlichen oder tarifvertraglichen Kündigungsfrist. Maßgeblich sind im öffentlichen Dienst regelmäßig die tariflichen Kündigungsfristen (§ 34 Abs. 1 TVöD/TV-L), die im Anwendungsbereich des Tarifvertrages den gesetzlichen Kündigungsfristen des § 622 Abs. 1 bis 3 BGB vorgehen (§ 622 Abs. 4 BGB).

Gut zu wissen

Für befristete Arbeitsverhältnisse gelten die besonderen Kündigungsfristen des § 30 Abs. 5 TVöD/TV-L, soweit die Voraussetzungen des § 30 Abs. 1 Satz 2 TVöD/TV-L erfüllt sind.

Während der **ersten sechs Monate** seit Beginn des Arbeitsverhältnisses beträgt die Kündigungsfrist nach § 34 Abs. 1 Satz 1 TVöD/TV-L zwei Wochen zum Monatsschluss.

Im Übrigen gilt die in § 34 Abs. 1 Satz 2 TVöD/TV-L nach **Beschäftigungszeiten** aufgeführte Staffelung. Demnach beträgt die längste Kündigungsfrist bei einer Beschäftigungsdauer von mindestens zwölf Jahren sechs Monate zum Schluss eines Kalendervierteljahres.

Für die Bestimmung der Kündigungsfrist gelten die §§ 187 ff. BGB. Der Lauf der Kündigungsfrist **beginnt** mit dem auf den Zugang der Kündigungserklärung folgenden Tag (§ 187 Abs. 1 BGB). Die Frist **endet** mit dem Ablauf des dem Tag des Kündigungszugangs entsprechenden Wochen- oder Monatstages (§ 188 Abs. 2 BGB). § 193 BGB gilt bei der Berechnung von Kündigungsfristen nicht.

Beispiel

Soweit die Kündigungsfrist einen Monat zum Monatsschluss beträgt (§ 34 Abs. 1 Satz 2 TVöD/TV-L) und die Kündigung am 29.5. zugeht, beginnt die Frist am 30.5. (§ 187 Abs. 1 BGB). Die einmonatige Frist endet am 29.6. (§ 188 Abs. 2 BGB), sodass das Arbeitsverhältnis zum 30.6. (zum Monatsschluss) beendet wird. Dies gilt auch dann, wenn der 30.6. ein Sonntag wäre.

Wird die Kündigung nicht fristgerecht erklärt, ist diese nicht unwirksam. Vielmehr tritt die Beendigungswirkung dann im Rahmen der Umdeutung gemäß § 140 BGB zum nächst zulässigen Termin ein (erst-recht-Schluss).[1]

---

1) Schaub/Linck § 126 Rn. 26b.

3 Beendigung und Kündigung von Arbeitsverhältnissen

> **Beispiel**
> Die Kündigungsfrist beträgt sechs Monate zum Schluss eines Kalendervierteljahres (§ 34 Abs. 1 Satz 2 TVöD). Die Kündigung geht am 29.5. zu, dann endet das Arbeitsverhältnis am 31.12. Kündigt der Arbeitgeber aber irrtümlich bereits zum 30.11., bleibt die Kündigung wirksam, sie beendet das Arbeitsverhältnis allerdings erst zum 31.12. (§ 140 BGB).

3.6.2 Allgemeiner Kündigungsschutz nach dem Kündigungsschutzgesetz

Greift der allgemeine Kündigungsschutz des Kündigungsschutzgesetzes nicht, muss sich die Kündigung nur an den allgemeinen Nichtigkeitsgründen messen lassen.

3.6.2.1 Anwendbarkeit des KSchG

Im Anwendungsbereich des Kündigungsschutzgesetzes muss eine Kündigung zu ihrer Rechtswirksamkeit sozial gerechtfertigt sein. Eine Kündigung ist nach § 1 Abs. 2 Satz 1 KSchG sozial gerechtfertigt, wenn sie durch Gründe, die in der Person oder in dem Verhalten des Arbeitnehmers liegen oder durch dringende betriebliche Erfordernisse bedingt sind und dem Arbeitgeber die weitere Beschäftigung des Arbeitnehmers daher nicht zumutbar ist.

Persönlicher Anwendungsbereich

Das KSchG gilt für alle Arbeitnehmer. Eine Kündigung muss sich an den Voraussetzungen des § 1 Abs. 2 KSchG messen lassen, wenn das Arbeitsverhältnis in demselben Betrieb oder Unternehmen ohne Unterbrechung länger als sechs Monate bestanden hat (§ 1 Abs. 1 KSchG). Da der Beginn des Arbeitsverhältnisses für den Beginn der Frist maßgebend ist, bestimmt sich diese nach den §§ 187 Abs. 2, 188 Abs. 2 BGB.

> **Beispiel**
> Das Arbeitsverhältnis beginnt am 1.1. Nach § 187 Abs. 2 BGB beginnt die sechsmonatige Wartefrist am 1.1. und endet nach § 188 Abs. 2 Alt. 2 BGB am 30.6.

Maßgeblich ist der **rechtliche Bestand** des Arbeitsverhältnisses. Tatsächliche Unterbrechungen der Beschäftigung sind unschädlich, solange das Arbeitsverhältnis fortbesteht.

> **Beispiel**
> Krankheit, Urlaub, Freistellung, Mutterschutz, Änderungen des Inhalts des Arbeitsvertrages unterbrechen den Lauf der Wartezeit nicht.

Darüber hinaus sind die Beschäftigungszeiten aus einem früheren Arbeitsverhältnis derselben Vertragsparteien trotz rechtlicher Unterbrechung in den folgenden Fällen auf die Wartezeit des § 1 Abs. 1 KSchG anzurechnen:[1]

---

[1] Vgl. Küttner/Eisemann 263 Rn. 58 ff.

Beendigung und Kündigung von Arbeitsverhältnissen 3

Schließt ein Arbeitsverhältnis ohne Unterbrechung an ein früheres an, wird der Ablauf der Wartezeit nicht unterbrochen. Unschädlich für den Lauf der Wartezeit ist damit auch die unmittelbare Aneinanderreihung mehrerer befristeter Arbeitsverträge, auch mit unterschiedlichen Arbeitsbedingungen.[1])

Auch **kurze zeitliche Unterbrechung** hat keine Auswirkung auf den Lauf der Wartezeit, wenn das neue Arbeitsverhältnis in einem engen sachlichen Zusammenhang mit dem früheren steht. Für die Frage, ob ein enger sachlicher Zusammenhang besteht, ist im Rahmen einer Einzelfallbetrachtung auf Anlass und Dauer der Unterbrechung und auf die Art der Weiterbeschäftigung abzustellen.[2])

Beispiel
Verneint wurde ein innerer Zusammenhang zwischen zwei rechtlich unterbrochenen Arbeitsverhältnissen im Falle eines Lehrers bei einer Unterbrechungszeit von 6 ½ Wochen zur Überbrückung der Sommerferien und anschließender – bereits vorgesehener – Wiedereinstellung durch dieselbe Anstellungsbehörde.[3])

Der Ablauf der sechsmonatigen Wartezeit und damit das Eingreifen des Kündigungsschutzes sind **unabhängig von** einer etwaigen längeren oder kürzeren **Probezeit**. Maßgebender Zeitpunkt für die Beurteilung, ob der Arbeitnehmer sich auf den allgemeinen Kündigungsschutz berufen kann, ist der Zeitpunkt des Zugangs der Kündigungserklärung.

Beispiel
Nach § 2 Abs. 4 Satz 1 TVöD/TV-L haben die Stadt Rheinfels und Lahm eine dreimonatige Probezeit vom 1.3. bis zum 30.5. vereinbart. Am 25.5. geht dem Lahm eine von der Stadt Rheinfels ausgesprochene ordentliche Kündigung des Arbeitsverhältnisses ordnungsgemäß zu.
Der allgemeine Kündigungsschutz des KSchG gilt hier trotz abgelaufener Probezeit nicht, da das Arbeitsverhältnis bei Kündigungszugang noch nicht sechs Monate bestand. Unerheblich ist, dass das Arbeitsverhältnis erst zum 30.6., also nach Ablauf der sechsmonatigen Frist, beendet worden ist (§ 34 Abs. 1 TVöD/TV-L), da maßgebender Zeitpunkt der Zugang der Kündigungserklärung ist.

Sachlicher Anwendungsbereich

Die Vorschriften des ersten Abschnitts und somit die Kündigungsschutzvorschriften mit Ausnahme der §§ 4 bis 7 und des § 12 Abs. 1 Satz 1 und 2 gelten gemäß § 23 Abs. 1 Satz 2 KSchG **nicht** für Betriebe und Verwaltungen, in denen in der Regel **fünf oder weniger** Arbeitnehmer ausschließlich der zu ihrer Berufsausbildung Beschäftigten beschäftigt werden (sog. Kleinbetriebsklausel). Allerdings sieht Satz 3 vor, dass in Betrieben und Verwaltungen, in

---
1) BAG v. 12.2.1981 – 2 AZR 1108/78, juris Langtext Rn. 22 ff.
2) BAG v. 18.1.1979 – 2 AZR 254/77, juris Langtext Rn. 24 ff.
3) BAG v. 28.8.2008 – 2 AZR 101/07, juris Langtext Rn. 19 ff.

3 Beendigung und Kündigung von Arbeitsverhältnissen

denen in der Regel **zehn oder weniger** Arbeitnehmer ausschließlich der zu ihrer Berufsausbildung Beschäftigten beschäftigt werden, die obigen Vorschriften nicht für Arbeitnehmer gelten, deren Arbeitsverhältnis nach dem 31.12.2003 begonnen hat.

Gut zu wissen

Bei der Feststellung der Zahl der beschäftigten Arbeitnehmer sind nach § 23 Abs. 1 Satz 4 KSchG teilzeitbeschäftigte Arbeitnehmer mit einer regelmäßigen wöchentlichen Arbeitszeit von nicht mehr als 20 Stunden mit 0,5 und von nicht mehr als 30 Stunden mit 0,75 zu berücksichtigen.

3.6.2.2 Soziale Rechtfertigung einer verhaltensbedingten Kündigung

Eine Kündigung ist aus Gründen im Verhalten des Arbeitnehmers gemäß § 1 Abs. 2 KSchG sozial gerechtfertigt, wenn

- der Arbeitnehmer seine Vertragspflichten erheblich verletzt hat,
- das Arbeitsverhältnis dadurch auch künftig konkret beeinträchtigt wird,
- eine zumutbare Möglichkeit einer anderen, eine weitere Störung zuverlässig ausschließenden Beschäftigung nicht besteht und
- die Lösung des Arbeitsverhältnisses in Abwägung der Interessen beider Vertragsteile billigenswert und angemessen erscheint.[1]

Erhebliche Vertragspflichtverletzung

Eine erhebliche Vertragspflichtverletzung des Arbeitnehmers setzt ein **steuer- und zurechenbares**, d. h. willensmäßig beeinflussbares **Verhalten** des Arbeitnehmers voraus. Infrage kommen hierbei Verstöße des Arbeitnehmers gegen die vertragliche Hauptpflicht (§ 611 Abs. 1 BGB) oder gegen arbeitsvertragliche (§ 241 Abs. 2 BGB) oder tarifvertragliche Nebenpflichten.[2] Zudem muss das Verhalten dem Arbeitnehmer vorwerfbar sein. Dies wird in der Regel nur der Fall sein, wenn dieser schuldhaft gehandelt hat.[3]

Beispiel

Lahm ist vertraglich verpflichtet, seine tägliche Arbeit bei der Stadt Rheinfels bis spätestens 09:00 Uhr auf der Dienststelle aufzunehmen. Da Lahm ein Langschläfer ist, nimmt er seine Arbeit jedoch erst um 10:00 Uhr auf.

Lahm hat mit der verspäteten Arbeitsaufnahme gegen seine Hauptleistungspflicht verstoßen, da er verpflichtet gewesen ist, seine Arbeitsleistung bereit ab 09:00 Uhr zu erbringen.

Lahm ist Mitarbeiter des Bauamtes der Stadt Rheinfels. Bauunternehmer Groß beantragt bei Lahm den Erlass einer Baugenehmigung. Obwohl Lahm weiß, dass das Projekt nicht genehmigungsfähig ist, da es gegen eine Vielzahl von baurechtlichen Schutzvorschriften verstößt, erlässt er die beantragte Baugenehmigung. Hierfür erhält Lahm von Groß einen Betrag von 10.000,- €.

---

1) Schaub/Linck § 133 Rn. 2.
2) Schaub/Linck § 133 Rn. 3.
3) BAG v. 15.12.2016 – 2 AZR 42/16, juris Langtext Rn. 16.

Beendigung und Kündigung von Arbeitsverhältnissen 3

Lahm hat sich der Bestechlichkeit strafbar gemacht (§ 332 Abs. 1 StGB). Sein Verhalten verstößt gegen die tariflich normierte Pflicht des § 3 Abs. 2 TVöD/§ 3 Abs. 3 TV-L, wonach der Arbeitnehmer von Dritten keine Belohnungen und Geschenke in Bezug auf sein Amt entgegennehmen darf. Darüber hinaus hat er nach § 241 Abs. 2 BGB gegen seine Pflicht zur Rücksichtnahme auf die Rechte, Rechtsgüter und Interessen der Stadt Rheinfels verstoßen. Demnach hat der Arbeitnehmer seine Verpflichtung aus dem Arbeitsverhältnis so zu erfüllen und die im Zusammenhang mit dem Arbeitsverhältnis stehenden Interessen des Arbeitgebers so zu wahren, wie dies von ihm unter Berücksichtigung seiner Tätigkeit und seiner Stellung im Betrieb, seiner eigenen Interessen und der Interessen der anderen Arbeitnehmer des Betriebs nach Treu und Glauben billigerweise verlangt werden kann. Unter diesen Gesichtspunkten ist es Lahm untersagt, geltende rechtliche Bestimmungen zu umgehen bzw. Geld für seine Verwaltungsleistungen zu Unrecht entgegenzunehmen.

Negative Zukunftsprognose

Für eine verhaltensbedingte Kündigung gilt das **Prognoseprinzip**.[1]) Die Kündigung ist keine Sanktion für vergangenes Fehlverhalten, sie soll vielmehr weitere Vertragsverletzungen verhindern. Die vergangene Pflichtverletzung muss sich deshalb noch in der Zukunft belastend auswirken.

Gut zu wissen

Eine negative Prognose liegt vor, wenn aus der konkreten Vertragspflichtverletzung und der daraus resultierenden Vertragsstörung geschlossen werden kann, der Arbeitnehmer werde auch nach einer Kündigungsandrohung erneut und in gleicher Weise verletzen. Deshalb setzt eine Kündigung wegen einer Vertragspflichtverletzung regelmäßig eine Abmahnung voraus. Sie dient der Objektivierung der negativen Prognose.[2])

Eine Abmahnung ist nur entbehrlich, wenn eine Verhaltensänderung in Zukunft trotz Abmahnung nicht erwartet werden kann oder es sich um eine schwere Pflichtverletzung handelt, deren Rechtswidrigkeit dem Arbeitnehmer ohne Weiteres erkennbar ist und bei der die Hinnahme des Verhaltens durch den Arbeitgeber offensichtlich ausgeschlossen ist.[1])

Beispiel

Lahm wurde in der Vergangenheit bereits mehrfach wegen erheblichen Überschreitens der Pausenzeiten abgemahnt. In mehreren Gesprächen hat Lahm gegenüber seinem Vorgesetzten deutlich gemacht, dass er auch zukünftig die Pausenzeiten nach eigenem Ermessen festlegen werde.

Der Ausspruch einer weiteren Abmahnung ist entbehrlich, da auch dann zukünftig mit einer Verhaltensänderung des Lahm nicht zu rechnen ist.

Lahm ist Außendienstmitarbeiter des Ordnungsamtes der Stadt Rheinfels und leidenschaftlicher Pokerspieler. Im Rahmen seiner Tätigkeit ist Lahm berechtigt, für die Stadt Rheinfels Verwarngelder zu erheben und unmittelbar vom Bürger einzuziehen. Um seine Spielfreude zu befriedigen, hat Lahm in der Vergangenheit bereits

---

1) BAG v. 12.11.2006 – 2 AZR 179/05, juris Langtext Rn. 55 ff.
2) Schaub/Linck § 133 Rn. 5.

3 Beendigung und Kündigung von Arbeitsverhältnissen

10.000,- € Verwarngelder nicht an die Stadt Rheinfels abgeführt, sondern für eigene Zweck unterschlagen (§ 246 Abs. 1 StGB). Seine letzte Tat wurde von seinem Vorgesetzten beobachtet, der den Sachverhalt unmittelbar an die zuständige Stelle des Personalamtes der Stadt Rheinfels weitergeleitet hat. Die Stadt Rheinfels kündigt daraufhin das mit Lahm bestehende Arbeitsverhältnis nach dessen umfassenden Geständnis fristlos (§ 626 BGB).

Eine vorherige Abmahnung war hier entbehrlich, da die Pflichtverletzungen von derartigem Gewicht sind, dass Lahm nicht erwarten konnte, die Stadt Rheinfels werde sein Verhalten hinnehmen und das Arbeitsverhältnis nach erfolgter Abmahnung fortsetzen.

Keine anderweitige Beschäftigungsmöglichkeit

§ 1 Abs. 2 Satz 2 Nr. 2 Buchst. b KSchG bestimmt, dass eine Kündigung sozial ungerechtfertigt ist, wenn der Arbeitnehmer an einem **anderen Arbeitsplatz** in derselben Dienststelle oder in einer anderen Dienststelle desselben Verwaltungszweiges an demselben Dienstort weiterbeschäftigt werden kann und die zuständige Personalvertretung aus diesem Grund fristgerecht gegen die Kündigung Einwendungen erhoben hat. Der Personalrat muss hierzu allerdings eine konkrete freie Stelle benennen. Selbiges gilt, wenn die Weiterbeschäftigung des Arbeitnehmers nach zumutbaren Umschulungs- oder Fortbildungsmaßnahmen oder eine Weiterbeschäftigung des Arbeitnehmers unter geänderten Arbeitsbedingungen möglich ist und der Arbeitnehmer sein Einverständnis hiermit erklärt hat.

Der Arbeitgeber ist auch im Hinblick auf den **allgemeinen Verhältnismäßigkeitsgrundsatz** ohne Widerspruch des Personalrats verpflichtet, dem Arbeitnehmer eine anderweitige Beschäftigung zu übertragen, wenn anschließend weitere zukünftige Störungen ausgeschlossen sind.[1] Ist mit der Übertragung der neuen Tätigkeit eine entsprechende positive Prognose möglich, muss der Arbeitgeber zur Abwendung der Sozialwidrigkeit der Kündigung dem Arbeitnehmer die anderweitige Tätigkeit im Rahmen des ihm zustehenden Weisungsrechts (§§ 6 Abs. 2, 106 Satz 1 GewO) übertragen. Kann der Arbeitgeber dem Arbeitnehmer die Tätigkeiten nicht einseitig zuweisen, etwa weil die zuzuweisende Tätigkeit nicht der Tätigkeitsbeschreibung des Arbeitsvertrages oder der Eingruppierung des Arbeitnehmers entspricht, ist der Arbeitgeber vor Ausspruch einer reinen Beendigungskündigung gehalten, eine Änderungskündigung zu erklären (§ 2 KSchG). Der Arbeitgeber ist in diesem Zusammenhang nicht verpflichtet, Arbeitsplätze zu schaffen oder dem Arbeitnehmer höherwertige Tätigkeiten zuzuweisen.

Beispiel

Lahm ist im Rahmen einer Vorgesetztenfunktion Mitarbeiter des Jugendamtes der Stadt Rheinfels. Da Lahm weiß, dass sein Mitarbeiter Budde ein Verhältnis mit seiner Ehefrau hat, schikaniert er diesen täglich.

---

1) BAG v. 22.7.1982 – 2 AZR 30/81, juris Langtext Rn. 33.

Beendigung und Kündigung von Arbeitsverhältnissen 3

Da mangels anderweitiger Anhaltspunkte zu erwarten ist, dass sich das aggressive Verhalten Lahms ausschließlich gegen Budde richtet, kann das mit Lahm bestehende Arbeitsverhältnis zunächst nicht durch die Stadt Rheinfels aufgekündigt werden. Vielmehr ist zunächst zu prüfen, ob Lahm außerhalb seines Einflussbereiches auf Budde eine andere freie Stelle bzw. eine andere Tätigkeit zugewiesen werden kann.

Interessenabwägung

Zur Prüfung, ob der Kündigungsgrund gewichtig genug ist, die Kündigung als sozial gerechtfertigt erscheinen zu lassen, bedarf es einer Interessenabwägung, die **alle wesentlichen Umstände des Einzelfalls** berücksichtigt, die für oder gegen die Weiterbeschäftigung des Arbeitnehmers sprechen. Hierbei ist zu prüfen, ob die Lösung des Arbeitsverhältnisses in Abwägung der Interessen beider Vertragsteile billigenswert und angemessen ist.[1] Folgende Umstände sind im Rahmen der Interessenabwägung u. a. zu beachten:

- Art, Schwere und Häufigkeit des Fehlverhaltens
- Stellung des Arbeitnehmers im Betrieb (Vertrauens- oder Vorgesetztenstellung?)
- bisheriges Verhalten des Arbeitnehmers
- Grad des Verschuldens (Fahrlässigkeit oder Vorsatz)
- Vorliegen eines Irrtums über die Pflichtwidrigkeit seines Verhaltens
- Dauer der Betriebszugehörigkeit
- Lebensalter des Arbeitnehmers
- Unterhaltspflichten des Arbeitnehmers gegenüber Dritten
- Betriebsablaufstörungen
- Störung des Betriebsfriedens
- Vermögensschäden
- Gefährdung der Sicherheit der Belegschaft
- Ansehensverlust des Arbeitgebers in der Öffentlichkeit

Abmahnung

Das Abmahnungserfordernis ist bei jeder Kündigung wegen eines steuerbaren Verhaltens des Arbeitnehmers zu prüfen, also grundsätzlich vor jeder verhaltensbedingten Kündigung, wenn eine Wiederherstellung des Vertrauens zwischen Arbeitnehmer und Arbeitgeber möglich erscheint.[2] Eine Abmahnung muss dem Verhältnismäßigkeitsgrundsatz entsprechen. Sie muss eine verhältnismäßige Reaktion auf ein Fehlverhalten des Arbeitnehmers darstellen.[3]

---

1) APS/Dörner/Vossen § 1 KSchG Rn. 80; Küttner/Eisemann 260 Rn. 11 f.
2) APS/Dörner/Vossen § 1 KSchG Rn. 343.
3) APS/Dörner/Vossen § 1 KSchG Rn. 392 ff.

3 Beendigung und Kündigung von Arbeitsverhältnissen

Begriff und Funktion

Die arbeitsrechtliche Abmahnung ist eine empfangsbedürftige, **geschäftsähnliche Willensäußerung** und damit keine Willenserklärung im Rechtssinne.[1] Die Abmahnung muss dem Arbeitnehmer zugehen. Darüber hinaus ist es erforderlich, dass der Arbeitnehmer tatsächlich Kenntnis vom Inhalt der Abmahnung erhält, da es ihm nur dann möglich ist, sein zukünftiges Verhalten vertragsgemäß anzupassen.[2]

Die Abmahnung erfordert eine **konkrete Rüge**, die dem Arbeitnehmer klar und deutlich vor Augen führt, welches Verhalten beanstandet wird. Als Vertragsrüge stellt die Abmahnung klar, dass der Arbeitgeber an den bisherigen vertraglichen Rechten und Pflichten festhält und verhindert damit eine schleichende Vertragsänderung (**Rügefunktion der Abmahnung**).[3]

Darüber hinaus dient die Abmahnung als Warnung für den Arbeitnehmer. Dem Arbeitnehmer sollen die Folgen seines vertragswidrigen Verhaltens vor Augen geführt und deutlich gemacht werden, dass das Arbeitsverhältnis im Wiederholungsfall beendet wird. Die dem Arbeitnehmer vorgeworfene Pflichtwidrigkeit muss hinreichend konkretisiert sein (**Warnfunktion der Abmahnung**).[4]

Gut zu wissen

Eine kündigungserhebliche Abmahnung ist von einer Ermahnung abzugrenzen. Eine **Ermahnung** ist das schriftlich oder mündlich ausgesprochene Verlangen des Arbeitgebers, die arbeitsvertraglichen Pflichten einzuhalten, ohne eine Rechtsfolge anzudrohen. In diesem Punkt unterscheidet sich die Ermahnung von der Abmahnung. Sie hat im Gegensatz zur Abmahnung keine kündigungsrechtlich relevanten Auswirkungen.

Kündigungsrelevanz der Abmahnung

Eine ausgesprochene Abmahnung entfaltet für eine nachfolgende Kündigung des Arbeitsverhältnisses nur unter bestimmten Voraussetzungen Kündigungsrelevanz.

Der verhaltensbedingten Kündigung muss ein neuer Pflichtverstoß zugrunde liegen. Hat der Arbeitgeber auf einen Pflichtverstoß des Arbeitnehmer bereits mit dem Ausspruch einer Abmahnung reagiert, hat er damit hinsichtlich dieses Pflichtverstoßes sein Kündigungsrecht verwirkt (§ 242 BGB).

Der Pflichtenverstoß muss **gleichartig** (nicht identisch) mit dem bereits abgemahnten sein, denn nur dann kann eine negative Zukunftsprognose mit dem Ergebnis fehlender Zuverlässigkeit gestellt werden.[5]

1) Schaub/Linck § 132 Rn. 6.
2) BAG v. 9.8.1984 – 2 AZR 400/83, juris Langtext Rn. 27.
3) Wörlen/Kokemoor Rn. 176.
4) Schaub/Linck § 132 Rn. 10.
5) Küttner/Eisemann 2 Rn. 20.

Beendigung und Kündigung von Arbeitsverhältnissen 3

Beispiel
Verspätete Krankmeldung und verspätetes Einreichen der Arbeitsunfähigkeitsbescheinigung (vgl. § 5 EFZG).

Die vorherige Abmahnung muss **wirksam** sein. Zudem ist das Rechtsinstitut der Verwirkung (§ 242 BGB) zu beachten. Strenge zeitliche Vorgaben sind hierbei nicht möglich. Zeit- und Umstandsmoment sind im ihrer Wechselbeziehung angemessen zu berücksichtigen.[1])

Form der Abmahnung und Anhörung des Arbeitnehmers

Die Abmahnung bedarf zu ihrer Wirksamkeit nicht der Schriftform, sie ist somit **formfrei**. Eine gesetzliche Pflicht zur Anhörung des Arbeitnehmers vor dem Ausspruch einer Abmahnung besteht nicht.

Inhalt einer Abmahnung

Der Inhalt der Abmahnung folgt aus ihrer Funktion. Der Betroffene muss der Abmahnung zweifelsfrei entnehmen können, welche Pflichtverletzung ihm vorgeworfen wird, wie er sein Verhalten in Zukunft einzurichten hat und welche Sanktionen ihm drohen. Der Arbeitgeber muss den Arbeitnehmer auffordern, ein genau bezeichnetes Fehlverhalten zu ändern bzw. aufzugeben und ihm klarmachen, dass bei wiederholten Vertragsverstößen der Bestand seines Arbeitsverhältnisses gefährdet ist.[2])

Pauschale Umschreibungen des Fehlverhaltens, Bezugnahmen oder Schlagworte genügen diesen Voraussetzungen nicht.

Beispiel
Unzureichend ist es, wenn der Arbeitgeber auf die „Störung des Betriebsfriedens", auf die „Unzuverlässigkeit des Arbeitnehmers", seine „mangelnde Arbeitsbereitschaft" oder auf eine „Manipulation des AZE-Systems" verweist.

Droht der Arbeitgeber bei ständig neuen Pflichtverletzungen des Arbeitnehmers stets nur mit einer Kündigung, ohne jemals arbeitsrechtliche Konsequenzen folgen zu lassen, kann dies die **Warnfunktion** der Abmahnung erheblich **abschwächen**. Dies kann zur Unwirksamkeit einer schließlich doch ausgesprochenen Kündigung führen, da der Arbeitnehmer in diesen Fällen u. U. nicht mehr mit einer Kündigung seines Arbeitsverhältnisses rechnen musste (§ 242 BGB).[3]) Hat der Arbeitgeber durch zahlreiche Abmahnungen wegen gleichartiger Pflichtverletzungen deren Warnfunktion zunächst abgeschwächt, so muss er die letzte Abmahnung vor Ausspruch der Kündigung **besonders eindringlich** gestalten.

---

1) APS/Dörner/Vossen § 1 KSchG Rn. 409.
2) Schaub/Linck § 132 Rn. 10.
3) Schaub/Linck § 132 Rn. 22.

3 Beendigung und Kündigung von Arbeitsverhältnissen

Beispiel
Im Rahmen einer Abmahnung weist die Stadt Rheinfels ihren Mitarbeiter Lahm darauf hin, dass er sich hierbei um die letzte Abmahnung handele und das Arbeitsverhältnis bei einem erneuten gleichartigen Pflichtverstoß durch die Stadt Rheinfels gekündigt werde.

Rechte des Arbeitnehmers

Der Arbeitnehmer kann jederzeit eine **schriftliche Gegendarstellung** zur Personalakte geben. Er kann ferner in entsprechender Anwendung der §§ 242, 1004 BGB Klage vor dem Arbeitsgericht auf **Entfernung der Abmahnung aus der Personalakte** erheben, da eine missbilligende Äußerung des Arbeitgebers in Form einer Abmahnung geeignet ist, den Arbeitnehmer in seinem beruflichen Fortkommen und seinem Persönlichkeitsrecht zu beeinträchtigen.[1]

3.6.2.3 Soziale Rechtfertigung der personenbedingten Kündigung

Eine ordentliche Kündigung des Arbeitsverhältnisses ist nach § 1 Abs. 2 Satz 1 sozial gerechtfertigt, wenn sie durch Gründe, die in der Person des Arbeitnehmers liegen, bedingt ist. Kündigungsgründe in der Person des Arbeitnehmers sind solche, die auf seinen **persönlichen Eigenschaften und Fähigkeiten** beruhen.[2] Es muss sich um Kündigungsgründe handeln, die in der persönlichen Sphäre des Arbeitnehmers liegen, aber im Unterschied zu den verhaltensbedingten Kündigungsgründen nicht willentlich von ihm beeinflussbar und steuerbar sind.[3]

Beispiel
Fehlende Arbeitserlaubnis, wenn diese rechtskräftig versagt worden ist.[4]
Fehlende behördliche Erlaubnis, soweit diese zur Aufgabenerledigung notwendig ist, etwa der. Entzug der Fahrerlaubnis eines Mitarbeiters, der als Berufskraftfahrer eingestellt worden ist.[5]
Charakterliche Eignungsmängel, etwa mangelnde Verfassungstreue des Arbeitnehmers (Art. 33 Abs. 2 GG).[6]
Körperliche Eignungsmängel aufgrund einer Erkrankung des Arbeitnehmers.[7]
Langjährige Haftstrafe ohne Freigangsregelung, zumindest ab einer Haftstrafe von zwei Jahren.[8]

---

1) BAG v. 11.12.2001 – 9 AZR 464/00, juris Langtext, Rn. 21.
2) ErfK/Oetker § 1 KSchG Rn. 99.
3) APS/Dörner/Vossen § 1 KSchG Rn. 120.
4) BAG v. 7.2.1990 – 2 AZR 359/89, juris Langtext Rn. 49.
5) Küttner/Eisemann 259 Rn. 38.
6) BAG v. 6.9.2012 – 2 AZR 372/11, juris Langtext Rn. 17.
7) Junker Rn. 367.
8) Küttner/Eisemann 259 Rn. 42.

Beendigung und Kündigung von Arbeitsverhältnissen 3

Dreistufiger Prüfmaßstab

Die **Prüfung** der Sozialwidrigkeit einer personenbedingten Kündigung ist in **drei Stufen** vorzunehmen.[1])

Negative Prognose

Die personenbedingte Kündigung betrifft die Fähigkeit und Eignung des Arbeitnehmers, die geschuldete Leistung zu erbringen. Fehlt diese Fähigkeit oder Eignung im Kündigungszeitpunkt oder ist sie erheblich beeinträchtigt, kann dies eine personenbedingte Kündigung rechtfertigen, wenn mit der alsbaldigen Herstellung der Fähigkeit und Eignung zur ordnungsgemäßen Erbringung der Arbeitsleistung nicht gerechnet werden kann (sog. Prognose-Prinzip). Beurteilungszeitpunkt ist der Zeitpunkt der Kündigung, also der Zugang der Kündigungserklärung beim Arbeitnehmer. Die spätere tatsächliche Entwicklung ist für die Beurteilung der Rechtmäßigkeit der Kündigung ohne Belang.[2])

> **Gut zu wissen**
>
> Als Beurteilungskriterien für die Gesundheitsprognose gelten insbesondere Art und Ursache der Erkrankung, Alter des Arbeitnehmers sowie Häufigkeit früherer Erkrankungen oder eine gutachterliche ärztliche Stellungnahme.

Störungen des Arbeitsverhältnisses

Es muss zum Zeitpunkt der Kündigung zu erwarten sein, dass die fehlende oder beeinträchtigte Fähigkeit und Eignung zur Erbringung der Arbeitsleistung über den Ablauf der Kündigungsfrist hinaus zu konkreten Störungen des Arbeitsverhältnisses führt, die auch künftig über einen längeren Zeitraum andauern werden und die durch eine Umsetzung des Arbeitnehmers auf einen freien oder auf einen im Rahmen des Weisungsrechts vom Arbeitgeber freigemachten Arbeitsplatz nicht beseitigt werden können.[3])

Eine Störung des Arbeitsverhältnisses kann durch schwerwiegende Störungen des **Betriebsablaufes** gekennzeichnet sein.

> **Beispiel**
>
> Stillstand von Maschinen, Rückgang der Produktion wegen kurzfristig eingesetzten, erst einzuarbeitenden Ersatzpersonals, Überlastung des verbliebenen Personals oder Abzug von an sich benötigten Arbeitskräften aus anderen Arbeitsbereichen.

Schwerwiegend ist eine solche Störung nur dann, wenn sie nicht durch **Überbrückungsmaßnahmen** vermieden werden kann.[4]) Hierzu gehören Maßnahmen, die anlässlich des konkreten Ausfalls eines Arbeitnehmers ergriffen werden, wie die Neueinstellung einer Aushilfskraft, aber auch der Einsatz eines Arbeitnehmers aus einer vorgehaltenen Personalreserve.

---

1) Schaub/Linck § 131 Rn. 1.
2) ErfK/Oetker § 1 KSchG Rn. 105.
3) Schaub/Linck § 131 Rn. 3 f.
4) APS/Dörner/Vossen § 1 KSchG Rn. 155.

3 Beendigung und Kündigung von Arbeitsverhältnissen

Relevant ist weiterhin eine Störung des Austauschverhältnisses, etwa durch eine **erhebliche Kostenbelastung** des Arbeitgebers.

Beispiel
Erhebliche Entgeltfortzahlungskosten im Falle krankheitsbedingter Ausfälle des Arbeitnehmers.[1]

Das Arbeitsverhältnis ist nachhaltig gestört, wenn der Arbeitnehmer für eine **erhebliche Zeit** daran gehindert ist, seine Arbeitsleistung zu erbringen.

Beispiel
Lahm wurde vom zuständigen Landgericht Rheinfels zu einer achtjährigen Freiheitsstrafe wegen schweren Raubes verurteilt.

Verhältnismäßigkeitsprüfung und Interessenabwägung

In der dritten Stufe ist eine Verhältnismäßigkeitsprüfung und eine Interessenabwägung vorzunehmen, aufgrund derer zu klären ist, ob die betrieblichen Beeinträchtigungen für den Arbeitgeber nicht mehr hinzunehmen sind oder ob die Interessen des Arbeitnehmers am Fortbestehen des Arbeitsverhältnisses die Interessen des Arbeitgebers überwiegen.[2] Im Rahmen der Interessenabwägung sind alle Umstände des Einzelfalles zu berücksichtigen.

Beispiel
Alter und Betriebszugehörigkeitsdauer des Arbeitnehmers, Dauer des ungestörten Verlaufs des Arbeitsverhältnisses.

Krankheitsbedingte Kündigung

Hauptanwendungsfall der personenbedingten Kündigung ist die krankheitsbedingte Kündigung.

Gut zu wissen

Voraussetzung einer krankheitsbedingten Kündigung ist nicht, dass der Arbeitgeber ein Verfahren zur betrieblichen Wiedereingliederung nach § 84 Abs. 2 SGB IX bereits durchgeführt hat. Ebenso wenig stellt § 84 Abs. 2 SGB IX allerdings eine reine Ordnungsvorschrift dar, deren Missachtung in jedem Fall folgenlos bleibt. Vielmehr konkretisiert das gesetzliche Präventionsverfahren den dem gesamten Kündigungsrecht innewohnenden **Verhältnismäßigkeitsgrundsatzes**. Eine Kündigung kann damit wegen Verstoßes gegen das Verhältnismäßigkeitsprinzip als sozial ungerechtfertigt zu beurteilen sein, wenn bei gehöriger Durchführung des Präventionsverfahrens Möglichkeiten bestanden hätten, die Kündigung zu vermeiden. Im Umkehrschluss steht das Unterbleiben des Präventionsverfahrens einer krankheitsbedingten Kündigung dann nicht entgegen, wenn die Kündigung auch durch das Präventionsverfahren nicht hätte verhindert werden können.[3]

---

1) BAG v. 15.2.1984 – 2 AZR 573/82, juris Langtext Rn. 19 ff.
2) Schaub/Linck § 131 Rn. 10.
3) Ausführlich Schaub/Linck § 131 Rn. 8 f.

Beendigung und Kündigung von Arbeitsverhältnissen 3

Die krankheitsbedingte Kündigung wird üblicherweise in verschiedene Kategorien unterteilt. Es bleibt jedoch jeweils beim dreistufigen Prüfungsaufbau.

Häufige Kurzerkrankungen

Häufige Kurzerkrankungen sind durch Erkrankungen von kürzerer Dauer charakterisiert, die sich häufiger wiederholen, ohne dass sie vorhersehbar sind. Relevant sind hierbei auch nur eintägige Fehlzeiten.[1]) Häufige krankheitsbedingte Ausfallzeiten in der Vergangenheit können für ein entsprechendes Erscheinungsbild in der Zukunft sprechen (**negative Prognose**). Zeigen sich solche Kurzerkrankungen in einem ausreichend lang bemessenen Referenzzeitraum in ungewöhnlicher Häufung und Varianz immer wieder, kann daraus der prognoserelevante Schluss auf eine überdurchschnittliche Krankheitsanfälligkeit gezogen werden.[2]) Nicht berücksichtigungsfähig sind bei der Prognoseentscheidung Krankheitszeiten, die auf einer einmaligen Ursache beruhen (z. B. Sportunfall) oder bereits ausgeheilte Leiden.

Gut zu wissen

Die Indizwirkung vergangener Erkrankungen setzt einen hinreichend prognosefähigen Zeitraum voraus. Starre Zeiträume sind nicht anzuerkennen. Eine hinreichend sichere Gesundheitsprognose kann bei einem Zeitraum von **drei Jahren** vorliegen.[3])

Das Arbeitsverhältnis kann bei häufigen Kurzzeiterkrankungen allein durch die **wirtschaftliche Beeinträchtigung** des Arbeitgebers erheblich belastet sein.[4]) Davon ist auszugehen, wenn mit immer neuen beträchtlichen krankheitsbedingten Fehlzeiten des Arbeitnehmers und entsprechenden Mehraufwendungen für die Beschäftigung von Aushilfskräften zu rechnen ist. Das gilt auch für außergewöhnlich hohe **Entgeltfortzahlungskosten**, die für **jährlich** jeweils einen Zeitraum von **mehr als sechs Wochen** aufzuwenden sind (vgl. § 3 Abs. 1 EFZG).[5])

In der **Interessenabwägung** sind besonders hohe krankheitsbedingte Ausfallzeiten zulasten des Arbeitnehmers zu berücksichtigen.

Dauernde und lang dauernde Arbeitsunfähigkeit

Steht die **dauerhafte Arbeitsunfähigkeit** des Arbeitnehmers fest, ist der Arbeitgeber berechtigt, dass Arbeitsverhältnis ordentlich zu kündigen, da das Arbeitsverhältnis dauerhaft belastet ist. Ist der Arbeitnehmer nach § 34 Abs. 2 TVöD/TV-L ordentlich nicht kündbar, kommt auch eine außerordentliche Kündigung in Betracht.[6])

---

1) ErfK/Oetker § 1 KSchG Rn. 138.
2) BAG v. 20.1.2000 – 2 AZR 378/99, juris Langtext Rn. 24.
3) Küttner/Eisemann 259 Rn. 20 f.; Schaub/Linck § 131 Rn. 35; ErfK/Oetker § 1 Rn. 123; BAG v. 8.11.2007 – 2 AZR 292/06, juris Langtext Rn. 16.
4) ErfK/Oetker § 1 KSchG Rn. 141.
5) Schaub/Linck § 131 Rn. 40; Küttner/Eisemann 259 Rn. 23.
6) ErfK/Oetker § 1 KSchG Rn. 127.

3 Beendigung und Kündigung von Arbeitsverhältnissen

Gleiches gilt für die **Ungewissheit** über die Dauer der bestehenden Arbeitsunfähigkeit. Der Arbeitgeber ist auf unabsehbare Zeit gehindert, sein Weisungsrecht auszuüben und die Arbeitsleistung des Arbeitnehmers abzurufen. Eine ordnungsgemäße Planung des Einsatzes des Arbeitnehmers kann nicht mehr erfolgen.[1])

Der Ungewissheit der Wiederherstellung der Arbeitsleistung steht es gleich, wenn für die nächsten **24 Monate** mit einer günstigeren Prognose nicht zu rechnen ist.[2]) Bis zu einer Dauer von 24 Monaten ist es dem Arbeitgeber grundsätzlich zuzumuten, nach § 14 Abs. 2 TzBfG Überbrückungspersonal befristet einzustellen, sodass es insoweit an einer erheblichen betrieblichen Beeinträchtigung fehlt.[3])

Krankheits- oder altersbedingte Leistungsminderung

Eine erhebliche krankheits- oder altersbedingte Leistungsminderung kann ein in der Person des Arbeitnehmers liegender Kündigungsgrund sein. Da der Arbeitgeber vom Arbeitnehmer nur eine individuelle Normalleistung verlangen kann, bedarf es einer erheblichen Unterschreitung der Durchschnittsleistung vergleichbarer Arbeitnehmer.[4])

Alkohol- und Drogensucht

Sowohl die Alkohol- oder Trunksucht als auch die Drogensucht erfüllen die Tatbestände einer Erkrankung, sodass die Grundsätze für die krankheitsbedingte Kündigung anzuwenden sind.[5])

Für die Prognose im Hinblick auf die weitere Entwicklung einer Alkohol- oder Drogenabhängigkeit kommt es entscheidend darauf an, ob der Arbeitnehmer zum Zeitpunkt der Kündigung bereit ist, eine **Entziehungskur bzw. Therapie** durchzuführen. Lehnt er das ab, kann erfahrungsgemäß davon ausgegangen werden, dass er von seiner Alkoholabhängigkeit in absehbarer Zeit nicht geheilt wird. Selbiges gilt auch, wenn der Arbeitnehmer eine entsprechende Therapie zwar antritt, diese jedoch später abbricht oder nach einer erfolgreichen Therapie wieder rückfällig wird.[6])

Außerordentliche Kündigung mit sozialer Auslauffrist

Bei einem Ausschluss der ordentlichen Kündigung aufgrund tarifvertraglicher Vorschriften (§ 34 Abs. 2 TVöD/TV-L) kann im Ausnahmefall eine krankheitsbedingte außerordentliche Kündigung mit sozialer Auslauffrist in Betracht kommen. Da bereits bei einer ordentlichen krankheitsbedingten Kündigung ein strenger Maßstab gilt, ist es dem Arbeitgeber nur in eng

---

1) BAG v. 10.6.2010 – 2 AZR 1020/08, juris Langtext Rn. 14.
2) BAG v. 20.11.2014 – 2 AZR 664/13, ZTR 2015, 533.
3) BAG v. 8.11.2007 – 2 AZR 425/06, juris Langtext Rn. 12 ff.
4) ErfK/Oetker § 1 Rn. 167.
5) Küttner/Eisemann 259 Rn. 32.
6) ErfK/Oetker § 1 KSchG Rn. 153.

Beendigung und Kündigung von Arbeitsverhältnissen

begrenzten Ausnahmefällen unzumutbar, das Arbeitsverhältnis trotz der Erkrankung des Arbeitnehmers fortzusetzen.[1])
Die Länge der sozialen Auslauffrist entspricht der längsten ordentlichen Kündigungsfrist. Vor dem Ausspruch einer außerordentlichen Kündigung mit sozialer Auslauffrist ist das für die ordentliche Kündigung vorgesehene personalvertretungsrechtliche Mitbestimmungsverfahren durchzuführen, da diese das Arbeitsverhältnis wie eine ordentliche Kündigung nicht sofort mit Zugang der Kündigungserklärung, sondern erst nach Ablauf einer Frist beendet.[2])

3.6.2.4 Betriebsbedingte Kündigung

Die Kündigung ist nach § 1 Abs. 2 Satz 1 KSchG sozial gerechtfertigt, wenn sie durch dringende betriebliche Erfordernisse, die einer Weiterbeschäftigung des Arbeitnehmers in diesem Betrieb entgegenstehen, bedingt ist.

Eine betriebsbedingte Kündigung setzt den **dauerhaften Wegfall des Beschäftigungsbedarfes** für einen oder mehrere Arbeitnehmer in dem bisherigen Aufgabenbereichs voraus. Der Wegfall der Arbeitsplätze durch betriebsbedingte Gründe muss durch eine unternehmerische Entscheidung getragen sein.[3])

Der Wegfall des Beschäftigungsbedarfes kann innerbetriebliche oder außerbetriebliche Ursachen haben.[4]) Die **innerbetrieblichen Ursachen** fallen häufig mit der unternehmerischen Entscheidung zusammen.

Beispiel
Technisch und organisatorisch bedingte Änderungen des Arbeitsablaufes, Rationalisierungsmaßnahmen.

Außerbetriebliche Ursachen sind Umstände, die von der Betriebsführung und Betriebsgestaltung nicht beeinflussbar sind, die aber einen konkreten Bezug zum Betrieb aufweisen und sich auf die Arbeitsverhältnisse auswirken.

Beispiel
Gesamtwirtschaftliche Rezessionserscheinungen, Drittmittelkürzung.

Die Prüfung, ob dringende betriebsbedingte Gründe zum Wegfall des Beschäftigungsbedarfes geführt haben, erfolgt **zweigeteilt**. Die unternehmerische Entscheidung, Arbeitsplätze abzubauen oder anderweitige Rationalisierungsmaßnahmen durchzuführen, ist lediglich eingeschränkt auf ihre Willkürfreiheit oder ihre offensichtliche Unrichtigkeit überprüfbar. Voll ge-

---
1) BAG v. 18.10.2000 – 2 AZR 627/99, juris Langtext Rn. 17 ff.
2) BAG v. 18.1.2001 – 2 AZR 616/99, juris Langtext, Rn. 69.
3) BAG v. 7.7.2011 – 2 AZR 12/10, juris Langtext Rn. 41.
4) Vgl. ausführlich APS/Kiel § 1 KSchG Rn. 473 ff.

3 Beendigung und Kündigung von Arbeitsverhältnissen

richtlich nachprüfbar ist dagegen die Frage, ob die für die Unternehmerentscheidung, Arbeitsplätze abzubauen, maßgeblichen Faktoren (z. B. angespannte Finanzlage) tatsächlich vorliegen.[1])

Fallgruppen

Betriebsbedingte Gründe, die eine Kündigung rechtfertigen können, können unterschiedlichen Bereichen zugeordnet werden.

Auftragsverlust oder Umsatzrückgang

Eine betriebsbedingte Kündigung kann durch einen Auftragsverlust oder einen Umsatzrückgang sozial gerechtfertigt sein, wenn die vom Arbeitgeber daraufhin veranlasste gestaltende Entscheidung zu einem Rückgang des Beschäftigungsbedarfes führt.[2])

Beispiel
Der Rat der Stadt Rheinfels hat im Rahmen der Haushaltskonsolidierung beschlossen, unverzüglich die Hälfte aller stadteigenen Museen zu schließen, da diese in der Vergangenheit durch einen starken Besucherrückgang nicht mehr profitabel waren. Hiervon betroffen ist auch das Museum für angewandte Kunst, in dem zurzeit Lahm als Restaurator beschäftigt ist. Da somit der Arbeitsplatz des Lahm durch die Schließung des Museums entfallen wird, beabsichtigt die Stadt Rheinfels das mit Lahm bestehende Arbeitsverhältnis betriebsbedingt zu kündigen.

Drittmittelfinanzierung

Ein dringendes betriebliches Erfordernis, welches eine betriebsbedingte Kündigung rechtfertigen kann, kann sich bei drittmittelfinanzierten Arbeitsverträgen aus der Entscheidung des Drittmittelgebers ergeben, die Drittmittel zukünftig nicht mehr in diesem Umfang zu gewähren bzw. völlig zu streichen. Dies setzt allerdings voraus, dass der Arbeitgeber als Drittmittelempfänger daraufhin bestimmt, die geförderte Maßnahme zukünftig nicht weiter bzw. nicht mehr in diesem Umfang fortzuführen.[3])

Besonderheiten im öffentlichen Dienst

Die eine betriebsbedingte Kündigung sozial rechtfertigende Organisationsentscheidung des Arbeitgebers kann darin liegen, dass das zuständige Gremium den Personalbedarf für einen Tätigkeitsbereich so reduziert, dass die Bestimmung der zu kündigenden Arbeitnehmer nur noch eine Frage der sozialen Auswahl ist. Diese Entscheidung kann durch Stellenstreichung in einem Haushalts bzw. Stellenplan, durch das Anbringen von kw-Vermerken, oder durch das Aufstellen eines Personalbedarfsplans, aus dem der Wegfall einer Stelle ersichtlich wird, getroffen werden.[4])

---

1) Schaub/Linck § 134 Rn. 7 f.
2) BAG v. 15.6.1989 – 2 AZR 600/88, juris Langtext Rn. 36.; ErfK/Oetker § 1 KSchG Rn. 226.
3) BAG v. 7.11.1996 – 2 AZR 811/95, juris Langtext Rn. 23.
4) Vgl. hierzu APS/Kiel § 1 KSchG Rn. 533 ff.

Beendigung und Kündigung von Arbeitsverhältnissen 3

Verhältnismäßigkeitsgrundsatz

Eine betriebsbedingte Kündigung bedarf zu ihrer Wirksamkeit der **Verhältnismäßigkeit**. Sie entspricht dem Verhältnismäßigkeitsgrundsatz, wenn sie nicht durch mildere Mittel hätte vermieden werden können (ultima-ratio-Grundsatz).

Eine betriebsbedingte Kündigung ist vermeidbar, wenn der Arbeitnehmer anderweitig beschäftigt werden kann. Die Möglichkeit der Weiterbeschäftigung kommt auch auf Arbeitsplätzen in Betracht, die spätestens im Laufe der für den zu kündigenden Arbeitnehmer geltenden Kündigungsfrist mit hinreichender Sicherheit frei werden.[1])

> **Beispiel**
> Der Arbeitsplatz des Lahm und damit auch seine Beschäftigungsmöglichkeit sind bei der Stadt Rheinfels aufgrund Aufgabenwegfalls zum 1.2. entfallen. Lahm ist bei der Stadt Rheinfels als Restaurator unter Eingruppierung in die EGr. 9 beschäftigt. Unter Beachtung der tariflichen Kündigungsfrist könnte Lahm zum 30.6. ordentlich betriebsbedingt gekündigt werden. Allerdings scheidet zum 31.5. Budde, der ebenfalls als Restaurator in der EGr. 9 beschäftigt wird, altersbedingt aus.
> Eine betriebsbedingte Kündigung ist aufgrund der Weiterbeschäftigungsmöglichkeit des Lahm nicht gerechtfertigt.

Sozialauswahl

Eine betriebsbedingte Kündigung ist nach § 1 Abs. 3 KSchG unwirksam, wenn der Arbeitgeber bei der Auswahl des zu kündigenden Arbeitnehmers die Dauer der Betriebszugehörigkeit, das Lebensalter, die Unterhaltspflichten und die Schwerbehinderung des Arbeitnehmers nicht hinreichend berücksichtigt hat (sog. **Sozialauswahl**). Die Aufzählung der Sozialkriterien ist abschließend, eine Rangfolge lässt sich grundsätzlich nicht aufstellen.[2]) Eine Sozialauswahl ist durchzuführen, wenn weniger Arbeitsplätze entfallen sind, als vergleichbare Arbeitnehmer beim Arbeitgeber beschäftigt werden.

> **Gut zu wissen**
> Die Sozialauswahl betrifft nicht die Frage „ob", sondern „wem" zu kündigen ist.

In die soziale Auswahl sind nur solche Arbeitnehmer mit einzubeziehen, die auf **vergleichbaren Arbeitsplätzen** beschäftigt werden. Sind die Arbeitsplätze nicht identisch, sondern nur vergleichbar, ist entscheidend, ob der für die Kündigung vorgesehene Arbeitnehmer die Funktion auf dem vergleichbaren Arbeitsplatz nach Ausübung des arbeitgeberseitigen Weisungsrechtes (§§ 6 Abs. 2, 106 Satz 1 GewO) ausüben könnte (sog. horizontale Vergleichbarkeit).[3])

---

1) Schaub/Linck § 134 Rn. 20 ff.
2) APS/Kiel § 1 KSchG Rn. 737 ff.
3) Küttner/Eisemann 258 Rn. 31 ff.

3 Beendigung und Kündigung von Arbeitsverhältnissen

Beispiel

Die Stadt Rheinfels schließt mangels ausreichender Anmeldungen von Kindern eine städtische Kindertagesstätte. In der betroffenen Kindertagesstätte wurden sechs Erzieher in der EGr. 6 beschäftigt. Obwohl deren Arbeitsplätze entfallen sind, kann die Stadt Rheinfels diesen nicht ohne Weiteres betriebsbedingt kündigen. Vielmehr hat die Stadt Rheinfels eine Sozialauswahl unter allen Erziehern, die stadtweit in der EGr. 6 beschäftigt werden, durchzuführen. Lediglich den sechs Erziehern, die am wenigsten sozial schutzbedürftig sind, kann sodann betriebsbedingt gekündigt werden.

Von der Sozialauswahl können nach § 1 Abs. 3 Satz 2 KSchG Arbeitnehmer ausgenommen sein, deren Weiterbeschäftigung, insbesondere wegen ihrer Kenntnisse, Fähigkeiten und Leistungen oder zur Sicherung einer ausgewogenen Personalstruktur des Betriebes im berechtigten betrieblichen Interesse liegt.

Nach § 1 Abs. 4 KSchG ist es zulässig, in einem Tarifvertrag, in einer Betriebsvereinbarung nach § 95 des Betriebsverfassungsgesetzes oder in einer entsprechenden Richtlinie nach den Personalvertretungsgesetzen festzulegen, wie die sozialen Gesichtspunkte nach Absatz 3 Satz 1 im Verhältnis zueinander zu gewichten sind.

Beispiel

Aufgrund der Schließung eines städtischen Museums wegen starken Besucherrückgangs ist bei der Stadt Rheinfels der Arbeitsplatz eines Restaurators mit der Entgeltgruppe 8 entfallen. Die Stadt Rheinfels beschäftigt Lahm und Budde als Restauratoren in EGr. 8 (horizontale Vergleichbarkeit). Im Rahmen einer Dienstvereinbarung hat die Stadt Rheinfels mit dem zuständigen Personalrat folgende Punkteliste[1]) vereinbart:

Je Jahr Betriebszugehörigkeit:	1 Punkt
Nach vollendetem 20. Lebensjahr je Jahr:	1 Punkt
Je unterhaltspflichtiger Person:	4 Punkte
Schwerbehinderteneigenschaft:	8 Punkte

Lahm ist 35 Jahre alt und seit 14 Jahren bei der Stadt Rheinfels beschäftigt. Er hat eine Ehefrau und zwei Kinder. Lahm erhält
- 14 Punkte für seine Betriebszugehörigkeit,
- 15 Punkte für sein Lebensalter und
- 12 Punkte für seine Unterhaltsverpflichtungen.

Insgesamt erhält Lahm 41 Punkte.

Budde ist 30 Jahre alt und seit 10 Jahren bei der Stadt Rheinfels beschäftigt. Er ist ledig und schwerbehindert. Budde erhält
- 10 Punkte für sein Lebensalter,
- 10 Punkte für seine Betriebszugehörigkeit und
- 8 Punkte wegen seiner Schwerbehinderteneigenschaft.

---

1) Vgl. zur Zulässigkeit von Punktesystemen bei der Sozialauswahl APS/Kiel § 1 Rn. 737 ff., 782 ff.

Beendigung und Kündigung von Arbeitsverhältnissen

> Budde erhält insgesamt 28 Punkte.
> Budde ist der sozial schwächere Arbeitnehmer, sodass diesem betriebsbedingt gekündigt werden könnte.

Abfindungsanspruch (§ 1a KSchG)

Nach § 1a Abs. 1 Satz 1 KSchG hat der Arbeitnehmer Anspruch auf eine Abfindung unter der Voraussetzung, dass

- der Arbeitgeber wegen dringender betrieblicher Erfordernisse nach § 1 Abs. 2 Satz 1 KSchG kündigt und
- der Arbeitnehmer bis zum Ablauf der Frist des § 4 Satz 1 KSchG keine Klage auf Feststellung erhebt, dass das Arbeitsverhältnis durch die Kündigung nicht aufgelöst ist.

Der Anspruch setzt nach § 1a Abs. 1 Satz 2 KSchG den Hinweis des Arbeitgebers in der Kündigungserklärung voraus, dass die Kündigung auf dringende betriebliche Erfordernisse gestützt ist und der Arbeitnehmer bei Verstreichenlassen der Klagefrist die Abfindung beanspruchen kann.

§ 1a Abs. 2 Satz 1 KSchG legt fest, dass die Höhe der Abfindung 0,5 Monatsverdienste für jedes Jahr des Bestehens des Arbeitsverhältnisses beträgt. Der Monatsverdienst wird nach § 1a Abs. 2 Satz 2 KSchG entsprechend der Vorgaben des § 10 Abs. 3 KSchG berechnet. Nach § 1a Abs. 2 Satz 3 KSchG ist bei der Ermittlung der Dauer des Arbeitsverhältnisses ein Zeitraum von mehr als sechs Monaten auf ein volles Jahr aufzurunden.

3.7 Außerordentliche Kündigung

Ein Arbeitsverhältnis kann nach § 626 Abs. 1 BGB von jeder Vertragspartei aus wichtigem Grund ohne Einhaltung einer Kündigungsfrist gekündigt werden, wenn Tatsachen vorliegen, aufgrund derer dem Kündigenden unter Berücksichtigung aller Umstände des Einzelfalls und unter Abwägung der Interessen beider Vertragsparteien die Fortsetzung des Arbeitsverhältnisses bis zum Ablauf der Kündigungsfrist oder bis zu der vereinbarten Beendigung des Arbeitsverhältnisses nicht zugemutet werden kann. Das Recht zur außerordentlichen Kündigung ist unabdingbar[1], gilt auch gegenüber ordentlich unkündbaren Arbeitnehmern (vgl. § 34 Abs. 2 TVöD/TV-L) und wird durch das Kündigungsschutzgesetz nicht berührt (§ 13 Abs. 1 Satz 1 KSchG).

3.7.1 Beendigungszeitpunkt

Eine außerordentliche Kündigung beendet das Arbeitsverhältnis fristlos mit Zugang der Kündigungserklärung.

---

1) Schaub § 127 Rn. 10.

3 Beendigung und Kündigung von Arbeitsverhältnissen

3.7.2 Wichtiger Grund

Ein wichtiger Grund i. S. d. § 626 Abs. 1 BGB liegt vor, wenn objektive Tatsachen existieren, aufgrund derer dem Kündigenden unter Berücksichtigung aller Umstände des Einzelfalls und unter Abwägung der Interessen beider Parteien nicht zugemutet werden kann, das Arbeitsverhältnis bis zum Ablauf der Kündigungsfrist fortzusetzen.[1])

Die erforderliche Prüfung, ob ein gegebener Lebenssachverhalt einen wichtigen Grund darstellt, vollzieht sich **zweistufig**.[2])

Zunächst ist zu prüfen, ob ein bestimmter Sachverhalt **an sich** als Kündigungsgrund **geeignet** ist. In Betracht kommen insbesondere schwerwiegende Vertragsverletzungen und die schuldhafte Verletzung von vertraglichen oder tariflichen Nebenpflichten.[3])

> **Beispiel**
> Vermögensstraftaten zulasten des Arbeitgebers, Bestechlichkeit, Arbeitszeitbetrug.

Unerheblich ist für die Beurteilung einer Pflichtverletzung ihre strafrechtliche Bewertung.[4])

In einem **zweiten Schritt** ist zu prüfen, ob die Fortsetzung des Arbeitsverhältnisses bis zum Ablauf der Kündigungsfrist unter Berücksichtigung der konkreten Umstände des Einzelfalls und bei der gebotenen **Interessenabwägung** nicht mehr zumutbar ist.[5])

> **Gut zu wissen**
> Bei der Prüfung, ob dem Arbeitgeber eine Weiterbeschäftigung des Arbeitnehmers trotz Vorliegens einer erheblichen Pflichtverletzung bis zum Ablauf der Kündigungsfrist zumutbar ist, ist in einer Gesamtwürdigung das Interesse des Arbeitgebers an der sofortigen Beendigung des Arbeitsverhältnisses gegen das Interesse des Arbeitnehmers an dessen Fortbestand abzuwägen. Es hat eine Bewertung des Einzelfalls unter Beachtung des **Verhältnismäßigkeitsgrundsatzes** zu erfolgen.[6]) Die Umstände, anhand derer zu beurteilen ist, ob dem Arbeitgeber die Weiterbeschäftigung zumutbar ist oder nicht, lassen sich nicht abschließend festlegen.[7])

---

1) APS/Dörner/Vossen § 626 BGB Rn. 22.
2) BAG v. 29.8.2013 – 2 AZR 273/12, juris Langtext Rn. 19; Schaub/Linck § 127 Rn. 41.
3) BAG v. 12.5.2010 – 2 AZR 587/08, juris Langtext Rn. 19.
4) BAG v. 10.6.2010 – 2 AZR 541/09, juris Langtext Rn. 30.
5) HWK/Sandmann § 626 BGB Rn. 74.
6) Schaub/Linck § 127 Rn. 43.
7) Hierzu ausführlich ErfK/Müller-Glöge § 626 BGB Rn. 37 ff.

Beendigung und Kündigung von Arbeitsverhältnissen

Im Rahmen der Interessenabwägung sind regelmäßig folgende Umstände zu berücksichtigen:

- das Gewicht und die Auswirkungen einer Vertragspflichtverletzung, etwa im Hinblick auf das Maß eines durch sie bewirkten Vertrauensverlustes und ihre wirtschaftlichen Folgen,
- der Grad des Verschuldens des Arbeitnehmers,
- eine mögliche Wiederholungsgefahr,
- Alter des Arbeitnehmers,
- eine mögliche Schadenswiedergutmachung,
- die Dauer des Arbeitsverhältnisses und
- dessen störungsfreier Verlauf.

Eine außerordentliche Kündigung kommt nur in Betracht, wenn es keinen angemessenen Weg gibt, das Arbeitsverhältnis fortzusetzen, weil dem Arbeitgeber sämtliche milderen Reaktionsmöglichkeiten unzumutbar sind. Als **mildere Reaktionen** sind insbesondere Abmahnung und ordentliche Kündigung anzusehen. Sie sind dann alternative Gestaltungsmittel, wenn schon sie geeignet sind, den mit der außerordentlichen Kündigung verfolgten Zweck, die Vermeidung des Risikos künftiger Störungen, zu erreichen.[1])

3.7.3 Kündigungserklärungsfrist

Eine außerordentliche Kündigung kann nach § 626 Abs. 2 BGB nur innerhalb von **zwei Wochen**, nachdem der Kündigungsberechtigte von den kündigungsbegründenden Tatsachen positiv Kenntnis erlangt hat, ausgesprochen werden. Es handelt sich um eine nicht verlängerbare **Ausschlussfrist**. Sie soll innerhalb begrenzter Zeit für den betroffenen Arbeitnehmer Klarheit darüber schaffen, ob ein bestimmter Sachverhalt zum Anlass für eine außerordentliche Kündigung genommen wird.[2])

> **Gut zu wissen**
>
> Maßgebend für den Beginn des Fristlaufs ist die sichere Kenntnis des **Kündigungsberechtigten** von den für die Kündigung maßgebenden Tatsachen. Nicht ausreichend ist die Kenntnis des konkreten, die Kündigung auslösenden Anlasses, d. h. des „Vorfalls", der einen wichtigen Grund darstellen könnte. Dem Kündigungsberechtigten muss vielmehr eine Gesamtwürdigung möglich sein. Ist der Sachverhalt geklärt, können weitere Ermittlungen den Lauf der Frist nicht hemmen. Dies gilt auch im Falle der Anhörung des Arbeitnehmers, da diese nicht Kündigungsvoraussetzung ist.[3])

Nur der Arbeitgeber ist nach den genannten gesetzlichen und tariflichen Regelungen zur Kündigung berechtigt. Neben den Mitgliedern der Organe von juristischen Personen und Körperschaften gehören zu den Kündigungs-

---

1) BAG v. 10.6.2010 – 2 AZR 541/09, juris Langtext Rn. 32 ff. (Fall Emmely).
2) Schaub/Linck § 127 Rn. 21.
3) Schaub/Linck § 127 Rn. 22; Küttner/Eisemann 257 Rn. 19.

3 Beendigung und Kündigung von Arbeitsverhältnissen

berechtigten auch die Mitarbeiter, denen der Arbeitgeber das Recht zur außerordentlichen Kündigung übertragen hat. Die Kenntnis anderer Personen ist für die Zwei-Wochen-Frist grundsätzlich unbeachtlich. Dies gilt auch dann, wenn den Mitarbeitern Aufsichtsfunktionen übertragen worden sind.[1])

> **Gut zu wissen**
>
> Der Arbeitgeber muss sich die Kenntnis anderer Personen nach Treu und Glauben (§ 242 BGB) zurechnen lassen, wenn diese eine herausgehobene Position und Funktion im Betrieb oder der Verwaltung innehaben. Dies gilt auch für diejenigen Personen, deren Stellung im Betrieb es erwarten lässt, dass sie den Kündigungsberechtigten über den Kündigungssachverhalt unterrichten. Hinzukommen muss weiter, dass die verspätet erlangte Kenntnis des Kündigungsberechtigten in diesen Fällen auf einer unsachgemäßen Organisation des Betriebs oder der Verwaltung beruht, obwohl eine andere betriebliche Organisation sachgemäß und zumutbar gewesen wäre.[2])

Die zweiwöchige Ausschlussfrist bestimmt sich nach §§ 187 Abs. 1, 188 Abs. 2 BGB.

> **Beispiel**
>
> Wenn der Kündigungsberechtigte am 12.1. ausreichend Kenntnis erlangt hat, beginnt die Frist am nächsten Tag, dem 13.1. Die Kündigungserklärung muss dem Arbeitnehmer spätestens mit Fristablauf am 26.1. zugehen.

Läuft die Frist an einem Sonnabend, einem Sonntag oder an einem gesetzlichen Feiertag ab, tritt an die Stelle dieses Tages nach § 193 BGB der nächste Werktag.[3])

Liegt ein Dauertatbestand vor, beginnt die Ausschlussfrist erst mit Abschluss des Dauertatbestandes zu laufen.

> **Beispiel**
>
> Fehlt ein Arbeitnehmer unentschuldigt, beginnt die Ausschlussfrist mit der erneuten Aufnahme der Tätigkeit durch den Arbeitnehmer.

3.7.4 Verdachtskündigung

Der **dringende Verdacht** eines (nicht erwiesenen) strafbaren bzw. schwerwiegenden vertragswidrigen Verhaltens ist ein eigenständiger Kündigungsgrund.[4]) Da bereits der Verdacht einer Pflichtverletzung die Kündigung des Arbeitsverhältnisses bedingt, werden an die Verdachtskündigung besonders strenge Anforderungen gestellt.[5])

---

1) Küttner/Eisemann 257 Rn. 21 ff.
2) HWK/Sandmann § 626 BGB Rn. 395; Küttner/Eisemann 257 Rn. 23.
3) APS/Dörner/Vossen § 626 BGB Rn. 141.
4) BAG v. 23.6.2009 – 2 AZR 474/07, juris Langtext Rn. 51.
5) Vgl. hierzu BAG v. 2.3.2017 – 2 AZR 698/15, NZA 2017, 1051.

3.7.4.1 Dringender Verdacht

Bestimmte auf einen Lebenssachverhalt beruhende Tatsachen müssen den **dringenden Verdacht** (hohe Wahrscheinlichkeit) begründen, dass der Arbeitnehmer eine schwerwiegende Pflichtverletzung begangen hat.[1] Anhaltspunkte für den Verdacht einer schwerwiegenden Pflichtverletzung können sich aus Durchsuchungsbeschlüssen (§ 102 StPO), Haftbefehlen (§ 114 StPO), Strafbefehlsanträgen (§ 407 StPO), Anklageschriften (§ 151 StPO) oder Zeugenaussagen ergeben.[2]

Beispiel
Dem Bürgermeister der Stadt Rheinfels wird durch die zuständige Staatsanwaltschaft ein Durchsuchungsbeschluss (§ 102 StPO) für die Büroräume des städtischen Mitarbeiters Lahm überreicht. Gleichzeitig weist die Staatsanwaltschaft darauf hin, dass gegen Lahm ein Haftbefehl (§ 114 StPO) erlassen worden ist. Die Staatsanwaltschaft begründet ihr Vorgehen mit dem Hinweis, dass Lahm dringend tatverdächtig sei, mit kinderpornographischen Bildern und Dateien auch während der Arbeitszeit gehandelt zu haben (§ 184 b StGB). Die Büroräume des Lahm werden daraufhin von der Staatsanwaltschaft durchsucht und der Dienstrechner des Lahm beschlagnahmt. Lahm wird von der Staatsanwaltschaft in Gewahrsam und in Untersuchungshaft genommen.

Die den Verdacht begründenden Umstände müssen zum Zeitpunkt des Zuganges der Kündigungserklärung vorliegen.[3]

3.7.4.2 Pflichtverletzung von erheblichem Gewicht

Die Pflichtverletzung, derer der Arbeitnehmer verdächtigt wird, muss von **erheblichem Gewicht** sein. Die mögliche Pflichtverletzung muss so schwer wiegen, dass eine auf sie gestützte Kündigung nach § 626 BGB wirksam wäre.[4] Dies gilt auch dann, wenn der Arbeitgeber lediglich eine ordentliche Verdachtskündigung ausspricht.[5]

3.7.4.3 Anhörung des Arbeitnehmers

Der Arbeitgeber ist verpflichtet, den Arbeitnehmer zu dem gegen ihn gerichteten Verdacht anzuhören, ihm also Gelegenheit zur Stellungnahme zu geben. Die **Anhörung des Arbeitnehmers** ist Wirksamkeitsvoraussetzung einer Verdachtskündigung.[6]

Die Anhörung muss sich auf einen konkreten Sachverhalt beziehen, sodass es dem Arbeitnehmer möglich ist, sich substantiiert einzulassen. Der Arbeitgeber darf dem Arbeitnehmer keine Erkenntnisse vorenthalten, die er im Zeitpunkt der Anhörung bereits erlangt hat.[7]

---

1) Hierzu ausführlich ErfK/Müller-Glöge § 626 BGB Rn. 177.
2) BAG v. 25.10.2012 – 2 AZR 700/11, juris Langtext Rn. 16.
3) APS/Dörner/Vossen § 626 BGB Rn. 356.
4) HWK/Sandmann § 626 BGB Rn. 328; Küttner/Eisemann 431 Rn. 9.
5) BAG v. 21.11.2013 – 2 AZR 797/11, juris Langtext Rn. 32.
6) BAG v. 26.9.2002 – 2 AZR 424/01, juris Langtext Rn. 35.
7) BAG v. 13.3.2008 – 2 AZR 961/06, NZA 2008, 809.

3 Beendigung und Kündigung von Arbeitsverhältnissen

Dem Arbeitnehmer ist eine angemessene Frist zur Einlassung zu setzen. Ihm ist Gelegenheit zu geben, einen Rechtsanwalt hinzuzuziehen.[1])

3.7.4.4 Aufklärung des Sachverhalts und Hemmung der Ausschlussfrist

Da der Arbeitgeber zur sorgfältigen Ermittlung des Sachverhalts in aller Regel Zeit benötigt, ist die **Ausschlussfrist** des § 626 Abs. 2 BGB solange **gehemmt**, bis der Arbeitgeber ausreichende Kenntnis über die den Verdacht begründenden Tatsachen erlangt hat und ihm aufgrund einer Gesamtwürdigung aller Umstände eine Entscheidung darüber möglich ist, ob die Fortsetzung des Arbeitsverhältnisses für ihn zumutbar ist.[2])

Allerdings ist die Kündigungserklärungsfrist nur so lange gehemmt, wie der Kündigungsberechtigte aus verständlichen Gründen unverzüglich, d. h. mit der gebotenen Eile noch Ermittlungen anstellt, die ihm eine umfassende und zuverlässige Kenntnis des Kündigungssachverhaltes verschaffen sollen. Der Arbeitgeber muss alles **Zumutbare** zur Aufklärung des Sachverhalts versucht haben.[3])

Kann oder will der Arbeitgeber den Verdacht nicht selbstständig aufklären, darf er mit der außerordentlichen Kündigung bis zum **Abschluss eines Strafverfahrens** warten.[4]) Es ist ihm jedoch verwehrt, ohne dass sich neue Tatsachen ergeben hätten, spontan, d. h. willkürlich, während des Strafverfahrens erneut Ermittlungen aufzunehmen, um nach ihrem Abschluss binnen zwei Wochen außerordentlich zu kündigen. Das Gleiche gilt für den Fall, dass der Arbeitgeber ohne weitere Ermittlungen aufgenommen zu haben, zu einem willkürlichen Zeitpunkt eine außerordentliche Verdachtskündigung ausspricht. Verdachtserhärtend wirken etwa die Erhebung der Anklage oder die Eröffnung des Hauptverfahrens, sodass in diesem Zusammenhang der Ausspruch der Verdachtskündigung möglich ist.[5])

3.7.4.5 Wiedereinstellungsanspruch

Stellt sich nach dem Ausspruch der Kündigung heraus, dass der gegen den Arbeitnehmer erhobene **Verdacht unbegründet** ist, ist das Vertrauensverhältnis zwischen Arbeitgeber und Arbeitnehmer an sich wieder hergestellt. Der Arbeitgeber ist trotz wirksamer Kündigung aufgrund nachwirkender Fürsorgepflicht zur Weiterbeschäftigung des Arbeitnehmers verpflichtet. Ein **Wiedereinstellungsanspruch** des Arbeitnehmers setzt voraus, dass tatsächliche Umstände vorliegen, die dazu führen, dass die verdachtsbegründete Prognose unzutreffend war.[6])

---

1) APS/Dörner/Vossen § 626 BGB Rn. 352a.
2) Küttner/Eisemann 431 Rn. 11.
3) HWK/Sandmann § 626 BGB Rn. 329; Küttner/Eisemann 431 Rn. 10.
4) BAG v. 5.6.2008 – 2 AZR 234/07, juris Langtext Rn. 20.
5) BAG v. 27.1.2011 – 2 AZR 825/09, juris Langtext Rn. 16 ff.
6) APS/Dörner/Vossen § 626 BGB Rn. 370.

Beendigung und Kündigung von Arbeitsverhältnissen 3

Beispiel

Die Stadt Rheinfels hat das mit Lahm bestehende Arbeitsverhältnis wegen des dringenden Verdachts der Bestechlichkeit ordnungsgemäß beendet. Die von Lahm erhobene Kündigungsschutzklage wurde von den Arbeitsgerichten rechtskräftig abgewiesen. Nach Abschluss des arbeitsgerichtlichen Verfahrens wird Lahm von allen strafrechtlichen Vorwürfen, die auch der Verdachtskündigung zugrunde lagen, rechtskräftig freigesprochen.

Lahm kann gegenüber der Stadt Rheinfels seinen Wiedereinstellungsanspruch erfolgreich geltend machen. Der zwischen den Parteien neu abzuschließende Arbeitsvertrag entfaltet keine Rückwirkung auf den Zeitpunkt der Beendigung des Arbeitsverhältnisses.

3.7.5 Fallgruppen der außerordentlichen Kündigung

3.7.5.1 Alkohol und Drogen

Alkohol- bzw. Drogenkonsum während der Arbeitszeit kann eine außerordentliche Kündigung rechtfertigen. Eine außerordentliche Kündigung kommt insbesondere dann in Betracht, wenn der Arbeitnehmer aufgrund des Alkoholgenusses und der damit einhergehenden Verminderung der Steuerungsfähigkeit sich oder andere nachhaltig gefährdet (z. B. Kraftfahrer, Omnibusfahrer, Außendienstmitarbeiter).[1] Die Einnahme von Amphetamin und Methamphetamin kann die außerordentliche Kündigung des Arbeitsverhältnisses eines Berufskraftfahrers zudem auch dann rechtfertigen, wenn nicht feststeht, dass seine Fahrtüchtigkeit bei von ihm durchgeführten Fahrten konkret beeinträchtigt war.[2]

3.7.5.2 Anzeigen gegen den Arbeitgeber

Eine vom Arbeitnehmer gegen den Arbeitgeber erstattete Anzeige kann einen Grund zur außerordentlichen Kündigung darstellen, wobei insbesondere der Anlass der Anzeige maßgeblich ist (z. B. Verletzung von Schutzvorschriften zum Gesundheitsschutz wie Immissionsschutzbestimmungen, Lebensmittelrecht). Entscheidend ist, ob der mitgeteilte Sachverhalt der Wahrheit entspricht. Der Arbeitnehmer ist verpflichtet, vor der Einschaltung externer Stellen, die beanstandeten Punkte innerbetrieblich zu klären.[3]

3.7.5.3 Arbeitszeitbetrug

Manipuliert oder verfälscht der Arbeitnehmer Systeme zur Arbeitszeiterfassung, liegt bereits bei einem einmaligen Verstoß an sich ein Grund zur außerordentlichen Kündigung vor.[4] Ob dem Arbeitgeber das weitere Festhalten an dem Arbeitsverhältnis tatsächlich unzumutbar ist, ist einer Einzelfallprüfung vorbehalten.

---

1) ErfK/Müller-Glöge § 626 BGB Rn. 63.
2) BAG v. 20.10.2016 – 6 AZR 471/15, MDR 2017, 95.
3) ErfK/Müller-Glöge § 626 BGB Rn. 64 f.
4) ErfK/Müller-Glöge § 626 BGB Rn. 116.

3 Beendigung und Kündigung von Arbeitsverhältnissen

Beispiel

Lahm ist bei der Stadt Rheinfels in der Ausbildungsabteilung beschäftigt. Dort ist er als Ansprechpartner für alle städtischen Auszubildenden tätig. Um seine privaten Einkäufe während der Arbeitszeit zu verrichten, verlässt er das Dienstgebäude freitags regelmäßig um 12:00 Uhr. Gleichzeitig übergibt er seine Arbeitszeiterfassungskarte der Auszubildenden Budde mit dem Hinweis, sie möge das Arbeitszeiterfassungssystem mit seiner Karte immer erst um 16:00 Uhr bedienen. Budde verbleibt sodann bis 16:00 Uhr auf der Dienststelle und betätigt für sich und für Lahm das Arbeitszeiterfassungssystem. Hierbei wurde sie von einem Mitarbeiter beobachtet, der diesen Vorfall dem Personalamt meldet. Im Rahmen einer Anhörung räumt Lahm ein, dass er an den vergangenen zehn Freitagen, wie oben beschrieben, vorgegangen sei. Die Stadt Rheinfels kündigt daraufhin das Arbeitsverhältnis außerordentlich.

Die außerordentliche Kündigung des Arbeitsverhältnisses ist nach § 626 BGB gerechtfertigt. Entscheidend ist, dass Lahm, unter Ausnutzung seiner betrieblichen Stellung, das ihm von der Stadt Rheinfels durch die Überlassung der AZE-Karte geschenkte besondere Vertrauen nachhaltig durch seinen Missbrauch zerstört hat.

3.7.5.4 Außerdienstliches Verhalten

Beschäftigte, in deren Aufgabenbereich auch hoheitliche Tätigkeiten wahrgenommen werden, müssen sich nach §§ 41 Satz 2 TVöD BT-V, 3 Abs. 1 Satz 2 TV-L durch ihr gesamtes Verhalten zur freiheitlich-demokratischen Grundordnung im Sinne des Grundgesetzes bekennen. Darüber hinausgehende Anforderungen an die private Lebensführung stellt der TVöD/TV-L nicht. Jede Partei des Arbeitsvertrages ist allerdings nach § 241 Abs. 2 BGB zur Rücksichtnahme auf die Rechte, Rechtsgüter und Interessen ihres Vertragspartners verpflichtet. Diese Regelung dient dem Schutz und der Förderung des Vertragszwecks. Der Arbeitnehmer hat seine Verpflichtung aus dem Arbeitsverhältnis so zu erfüllen und die im Zusammenhang mit dem Arbeitsverhältnis stehenden Interessen des Arbeitgebers so zu wahren, wie dies von ihm unter Berücksichtigung seiner Stellung und Tätigkeit im Betrieb, seiner eigenen Interessen und der Interessen der anderen Arbeitnehmer des Betriebs nach Treu und Glauben billigerweise verlangt werden kann.[1] Ein außerdienstliches Verhalten des Arbeitnehmers kann die berechtigten Interessen des Arbeitgebers oder anderer Arbeitnehmer nur beeinträchtigen, wenn es einen Bezug zur dienstlichen Tätigkeit oder negative Auswirkungen auf den Betrieb hat.[2]

Beispiel

Der Arbeitnehmer verletzt seine Rücksichtnahmepflicht auf die Interessen seines öffentlichen Arbeitgebers, wenn er durch seine – auch in der Presse wiedergegebenen – Äußerungen in einem Strafverfahren eine Verbindung zwischen seiner angeblich zu geringen Vergütung durch den Arbeitgeber und seinem Tatmotiv herstellt.[3]

---

1) BAG v. 30.10.2008 – 2 AZR 483/07, juris Langtext Rn. 44.
2) BAG v. 28.10.2010 – 2 AZR 293/09, juris Langtext Rn. 18 ff.
3) BAG v. 28.10.2010 – 2 AZR 293/09, juris Langtext Rn. 20.

3.7.5.5 Beharrliche Arbeitsverweigerung

Eine **beharrliche** (nachhaltige, bewusste) Arbeitsverweigerung rechtfertigt i. d. R. eine außerordentliche Kündigung.[1]) Dies gilt zumindest dann, wenn der Arbeitnehmer seiner Arbeit über einen längeren Zeitraum nicht nachgeht, obwohl der Arbeitgeber diesen zum vertragsgemäßen Verhalten aufgefordert hat.

Weigert sich ein Arbeitnehmer aus religiösen Gründen, eine Arbeitsaufgabe zu erfüllen, zu der er sich vertraglich verpflichtet hat, kann dies auch eine außerordentliche Kündigung des Arbeitsverhältnisses rechtfertigen. Voraussetzung ist allerdings, dass keine naheliegenden anderen Beschäftigungsmöglichkeiten bestehen. Demnach muss der Arbeitgeber, soweit für ihn im Rahmen der von ihm zu bestimmenden betrieblichen Organisation die Möglichkeit einer vertragsgemäßen Beschäftigung besteht, die den religionsbedingten Einschränkungen Rechnung trägt, dem Arbeitnehmer diese Tätigkeit zuweisen.[2])

3.7.5.6 Beleidigungen, Bedrohungen und Tätlichkeiten

Grobe Beleidigungen und Bedrohungen gegen den Arbeitgeber oder gegen Vorgesetzten können einen Grund zur außerordentlichen Kündigung darstellen. So kommt eine ernstliche Drohung des Arbeitnehmers mit Gefahren für Leib oder Leben des Arbeitgebers, von Vorgesetzten und/oder Arbeitskollegen, für die kein allgemeiner Rechtfertigungsgrund eingreift, „an sich" als wichtiger Grund i.S.d. § 626 Abs. 1 BGB in Betracht. Denn in einem solchen Verhalten liegt eine massive Störung oder jedenfalls konkrete Gefährdung des Betriebsfriedens. Es stellt, ohne dass es auf seine Strafbarkeit nach § 241 StGB ankäme, eine erhebliche Verletzung der sich aus § 241 Abs. 2 BGB ergebenden, den Arbeitnehmer auch während der Durchführung eines Wiedereingliederungsverhältnisses treffenden Nebenpflicht dar, auf die berechtigten Interessen des Arbeitgebers Rücksicht zu nehmen. Das gilt unabhängig davon, ob das Verhalten des Arbeitnehmers auf die Herbeiführung eines bestimmten Erfolgs zielt.[3])

Dies gilt auch für bewusst wahrheitswidrig aufgestellte ehrverletzende Tatsachenbehauptungen.[4])

Beispiel
Wahrheitswidriger Vorwurf einer sexuellen Belästigung.

---

1) BAG v. 19.1.2016 – 2 AZR 449/15, ZTR 2016, 591; BAG v. 21.11.1996 – 2 AZR 357/95, NZA 1997, 487.
2) BAG v. 24.2.2011 – 2 AZR 636/09, juris Langtext Rn. 13 ff.
3) BAG v. 29.6.2017 – 2 AZR 47/16, NZA 2017, 1605.
4) BAG v. 10.12.2009 – 2 AZR 534/08, juris Langtext Rn. 17 f.

3 Beendigung und Kündigung von Arbeitsverhältnissen

Im Rahmen der Einzelfallprüfung sind u. a.
- eine etwaige Mitverursachung des Arbeitgebers (Provokation),
- der betriebliche Umgangston und
- die Gesprächssituation, d. h. die Ernsthaftigkeit der Äußerung und die Kenntnisnahme Dritter von der Beleidigung

zu beachten.

Äußerungen im Rahmen **vertraulicher Gespräche** können in der Regel eine Kündigung des Arbeitsverhältnisses nicht rechtfertigen, da derartige Äußerungen dem allgemeinen Persönlichkeitsrecht unterfallen.[1]

Ein tätlicher Angriff auf einen Arbeitskollegen ist eine schwerwiegende Verletzung der arbeitsvertraglichen Nebenpflichten (§ 241 Abs. 2 BGB), die eine außerordentliche Kündigung rechtfertigen kann.[2]

3.7.5.7 Eigenmächtiger Urlaubsantritt

Der eigenmächtige Urlaubsantritt ist grundsätzlich geeignet, eine außerordentliche Kündigung zu rechtfertigen, da ein Recht des Arbeitnehmers, sich selbst zu beurlauben, angesichts des umfassenden Systems gerichtlichen Rechtsschutzes nicht besteht.[3] Dem Arbeitnehmer steht es offen, im Wege der einstweiligen Verfügung nach § 62 Abs. 2 ArbGG seinen Rechtsanspruch auf Gewährung des Erholungsurlaubs schnellstmöglich durchzusetzen.

3.7.5.8 Krankmeldeverfahren

Verstöße gegen das Krankmeldeverfahren (z. B. verspätete oder unterlassene Anzeige der Arbeitsunfähigkeit bzw. Vorlage einer Bescheinigung über die bestehende Arbeitsunfähigkeit; vgl. § 5 Abs. 1 EFZG) können erst nach vorheriger Abmahnung eine ordentliche Kündigung rechtfertigen. Dies gilt auch dann, wenn es nicht zu einer Störung der Arbeitsorganisation gekommen ist. Im Einzelfall kann bei einer **beharrlichen Pflichtverletzung** auch eine außerordentliche Kündigung gerechtfertigt sein.[4]

Bei Vortäuschen einer Krankheit und der damit einhergehenden betrügerischen Erschleichung der Entgeltfortzahlung ist eine außerordentliche Kündigung des Arbeitsverhältnisses gerechtfertigt.[5]

---

1) Schaub/Linck § 127 Rn. 83; vgl. zur Überwachung mit einem Keylogger BAG v. 27.7.2017 – 2 AZR 681/16, CR 2018, 27.
2) BAG v. 31.3.1993 – 2 AZR 492/92, juris Langtext Rn. 40.
3) BAG v. 22.1.1998 – 2 ABR 19/97, NZA 1998, 708.
4) BAG v. 15.1.1986 – 7 AZR 128/83, juris Langtext Rn. 17.
5) BAG v. 3.4.2008 – 2 AZR 965/06, NZA 2008, 807.

Beendigung und Kündigung von Arbeitsverhältnissen 3

Beispiel
Lahm hat bei der Stadt Rheinfels eine ärztliche Bescheinigung über eine bei ihm bestehende vierwöchige Arbeitsunfähigkeit fristgerecht eingereicht. Während des attestierten Zeitraums wird er beobachtet, wie er seinem Bruder bei dessen Hausbau behilflich ist. Auf Nachfrage des zuständigen Sachbearbeiters des Personalamtes teilt der auf der Bescheinigung ausgewiesene Arzt wahrheitsgemäß mit, dass Lahm bereits seit mehr als zwei Jahren nicht mehr bei ihm in ärztlicher Behandlung gewesen ist. Die Stadt Rheinfels kündigt daraufhin das bestehende Arbeitsverhältnis wirksam außerordentlich.

Droht ein Arbeitnehmer eine Erkrankung an, obwohl er im Zeitpunkt dieser Ankündigung nicht krank war und sich aufgrund bestimmter Beschwerden auch noch nicht krank fühlen konnte, so ist ein solches Verhalten ohne Rücksicht darauf, ob der Arbeitnehmer später tatsächlich erkrankt, an sich geeignet, einen wichtigen Grund zur außerordentlichen Kündigung abzugeben.[1]

3.7.5.9 Mobbing

Mobbing ist das systematische Anfeinden, Schikanieren oder Diskriminieren von Arbeitnehmern untereinander oder durch Vorgesetzte.[2] Der Begriff des Mobbings entspricht inhaltlich dem Begriff der Belästigung i. S. d. § 3 Abs. 3 AGG, wenn unerwünschte Verhaltensweisen bezwecken oder bewirken, dass die Würde der betroffenen Person verletzt oder ein von Einschüchterungen, Anfeindungen, Erniedrigungen, Entwürdigungen oder Beleidigungen gekennzeichnetes Umfeld geschaffen wird.[3]

Die Bandbreite der Mobbinghandlungen reicht von der vermeintlich offen und ehrlich gemeinten Kritik über versteckte Beanstandungen, Anspielungen, Scherze, Verweigerung selbstverständlicher Hilfen über die Missachtung der üblichen Höflichkeitsformen bis hin zur Schikane und offenen Diskriminierung. In schwerwiegenden Fällen kann auch eine außerordentliche Kündigung gerechtfertigt sein.[4]

3.7.5.10 Nebentätigkeit

Die Ausübung einer nicht ordnungsgemäß angezeigten Nebentätigkeit (§§ 3 Abs. 3 TVöD, 3 Abs. 4 TV-L) kann im Einzelfall eine außerordentliche Kündigung rechtfertigen, wenn der Arbeitnehmer eine offensichtlich nicht genehmigungspflichtige Nebentätigkeit vorsätzlich ausübt oder er aufgrund seiner Nebentätigkeit die von ihm geschuldete vertragliche Arbeitsleistung nicht mehr ordnungsgemäß ausüben kann.[5]

---

1) Schaub/Linck § 127 Rn. 104a.
2) ErfK/Müller-Glöge § 626 Rn. 117.
3) BAG v. 25.10.2007 – 8 AZR 593/06, NZA 2008, 223.
4) Küttner/Reinecke 315 Rn. 2.
5) Schaub/Linck § 127 Rn. 111; Küttner/Reinecke 257 Rn. 63.

3 Beendigung und Kündigung von Arbeitsverhältnissen

3.7.5.11 Private Internetnutzung und Nutzung dienstlicher Ressourcen

Ausgiebige private Nutzung des Internets während der Arbeitszeit kann im Einzelfall eine außerordentliche Kündigung unter dem Gesichtspunkt des Missbrauchs betrieblicher Einrichtungen rechtfertigen. Ob eine außerordentliche Kündigung im Einzelfall gerechtfertigt ist, ist aufgrund einer Gesamtabwägung der Umstände des Einzelfalls festzustellen.[1] Für die Rechtswirksamkeit einer außerordentlichen Kündigung spricht insbesondere

- die ausdrückliche Untersagung der privaten Nutzung des Internets durch den Arbeitgeber,
- die erhebliche, qualifizierte Nutzung des Internets durch den Arbeitnehmer, insbesondere während der Arbeitszeit und
- ein Verstoß gegen Strafgesetze.[2]

Ein Arbeitnehmer, der dienstliche Computer ohne Erlaubnis dazu benutzt, unter Umgehung eines Kopierschutzes Vervielfältigungen privat beschaffter Musik- oder Film-CDs/DVDs herzustellen, verletzt seine arbeitsvertragliche Pflicht zur Rücksichtnahme erheblich. Ein solches Verhalten ist – zumal dann, wenn der Arbeitnehmer für die Anfertigung der Kopien dem Arbeitgeber gehörende CD/DVD-Rohlinge verwendet – grundsätzlich geeignet, eine fristlose Kündigung des Arbeitsverhältnisses zu rechtfertigen. Das gilt unabhängig von einer möglichen Strafbarkeit der damit verbundenen „Brenn"- und Kopiervorgänge.[3]

3.7.5.12 Schlechtleistung

Der Arbeitnehmer schuldet die Arbeitsleistung, die er bei angemessener Anspannung seiner individuellen Kräfte und Fähigkeiten erbringen kann. Es genügt insoweit eine Tätigkeit von mittlerer Art und Güte. Eine bloße objektiv unterdurchschnittliche Leistung reicht als Kündigungsgrund nicht aus. Beruhen diese Leistungsmängel auf einer mangelnden Eignung für die übertragenen Aufgaben, kommt unter Umständen auch eine personenbedingte Kündigung in Betracht. Besitzt der Arbeitnehmer dagegen die persönliche und fachliche Qualifikation, so stellen wiederholte Leistungsmängel – nach vorheriger Abmahnung – grds. einen verhaltensbedingten Grund für eine ordentliche Kündigung dar. In schwerwiegenden Einzelfällen kann auch eine außerordentliche Kündigung zulässig sein. Dies setzt allerdings voraus, dass neben der eigentlichen Schlechtleistung weitere Faktoren hinzukommen, die es dem Arbeitgeber unzumutbar machen, an dem Arbeitsverhältnis weiter festzuhalten.[4]

---

1) BAG 7.7.2005 – 2 AZR 581/04, juris Langtext Rn. 24.
2) Ausführlich ErfK/Müller-Glöge § 626 Rn. 100.
3) BAG v. 16.7.2015 – 2 AZR 85/15, CR 2016, 367.
4) APS/Dörner/Vossen § 626 BGB Rn. 258 f.

Beendigung und Kündigung von Arbeitsverhältnissen 3

Beispiel

Lahm, der als Tierarzt bei der Stadt Rheinfels im Veterinäramt beschäftigt ist, gibt unter grober Missachtung seiner Kontrollpflichten positiv auf BSE getestetes Rindfleisch für den Verzehr frei. Das Rindfleisch gelangt damit in den freien Warenverkehr. Die Stadt Rheinfels kündigt daraufhin das Arbeitsverhältnis außerordentlich. Die ausgesprochene außerordentliche Kündigung ist nach § 626 Abs. 1 BGB gerechtfertigt, da Lahm seine Kontrollpflichten aufs Gröbste verletzt, er dadurch das Ansehen der Stadt Rheinfels in der Öffentlichkeit beschädigt und er die Gesundheit der Bevölkerung durch die Freigabe des Fleisches in Gefahr gebracht hat.

3.7.5.13 Sexuelle Belästigung

Sexuelle Belästigung am Arbeitsplatz ist nach § 3 Abs. 4 AGG jedes vorsätzliche, sexuell bestimmte Verhalten, das die Würde von Beschäftigten am Arbeitsplatz verletzt.

Beispiel

Sexuelle Handlungen und Verhaltensweisen, die in den Strafgesetzen unter Strafe gestellt sind, sexuelle Handlungen und Aufforderungen zu diesen, sexuell bestimmte körperliche Berührungen, Bemerkungen sexuellen Inhalts sowie Zeigen und sichtbares Anbringen von pornographischen Darstellungen, die von den Betroffenen erkennbar abgelehnt werden.[1])

Eine sexuelle Belästigung stellt nach § 7 Abs. 3 AGG eine Verletzung arbeitsvertraglicher Pflichten dar. Sie ist „an sich" als wichtiger Grund i. S. v. § 626 Abs. 1 BGB geeignet. Ob die sexuelle Belästigung im Einzelfall zur außerordentlichen Kündigung berechtigt, ist abhängig von den Umständen des Einzelfalls, u. a. von ihrem Umfang und ihrer Intensität.[2]) Ein wichtiger Grund, der die Kündigung des Arbeitsverhältnisses rechtfertigt, liegt etwa bei der absichtlichen Berührung primärer oder sekundärer Geschlechtsmerkmale eines anderen vor.[3])

3.7.5.14 Straftaten im Betrieb

(Vermögens-)Straftaten zulasten des Arbeitgebers rechtfertigen grundsätzlich eine außerordentliche Kündigung. Dies gilt auch bei einem Diebstahl oder einer Unterschlagung von geringwertigen Sachen, da eine dem § 248a StGB entsprechende Geringwertigkeitsgrenze dem Arbeitsrecht fremd ist. Allerdings können die Umstände des Einzelfalls es im Ausnahmefall als zumutbar erscheinen lassen, dass der Arbeitgeber das Arbeitsverhältnis nach Ausspruch einer Abmahnung fortsetzt.[4]) Folgende Umstände sind hierbei insbesondere zugunsten des Arbeitnehmers zu berücksichtigen:

---

1) BAG v. 25.3.2004 – 2 AZR 341/03, juris Langtext Rn. 18 ff.
2) BAG v. 9.6.2011 – 2 AZR 323/10, juris Langtext Rn. 16.
3) BAG v. 29.6.2017 – 2 AZR 302/16, NZA 2017, 1121.
4) BAG v. 10.6.2010 – 2 AZR 541/09, juris Langtext Rn. 26 ff.

3 Beendigung und Kündigung von Arbeitsverhältnissen

- Geringwertigkeit der entwendeten Sache (z. B. zwei Pfandbons im Wert von 1,30 €),
- in der Vergangenheit beanstandungsfreies Arbeitsverhältnis,
- lange Betriebszugehörigkeit,
- Alter des Arbeitnehmers.

3.7.5.15 Streikteilnahme

Die Teilnahme des Arbeitnehmers an rechtmäßigen Arbeitskampfmaßnahmen rechtfertigt weder eine außerordentliche noch eine ordentliche Kündigung. Bei der Beteiligung des Arbeitnehmers an rechtswidrigen Arbeitskampfmaßnahmen steht dem Arbeitgeber noch ein Wahlrecht zwischen der lösenden Aussperrung und dem Ausspruch einer außerordentlichen Kündigung zu. Eine Kündigung ist mangels Verschulden des Arbeitnehmers ausgeschlossen, wenn dieser die Rechtswidrigkeit der Arbeitskampfmaßnahme nicht erkennen konnte.[1])

Beispiel
Die Gewerkschaft ruft zu einem (rechtswidrigem) Streik während der zu beachtenden Friedenspflicht auf.

3.7.5.16 Verfassungstreue

Im öffentlichen Dienst kann sich ein nicht behebbarer Eignungsmangel aus begründeten Zweifeln an der Verfassungstreue des Arbeitnehmers ergeben. Die §§ 3 Abs. 1.1 Satz 2 TVöD, 3 Abs. 1 Satz 2 TV-L legen zwar in erster Linie Verhaltensanforderungen fest. Die Regelungen beschreiben aber zugleich das notwendige Maß an Verfassungstreue, das ein Arbeitnehmer im öffentlichen Dienst mitbringen muss, um seine Arbeitsaufgaben vertragsgerecht zu erfüllen. Mit diesen Anforderungen ist die Verfassungstreue Bestandteil des Begriffs der „Eignung" i. S. d. Art. 33 Abs. 2 GG. Begründete Zweifel an der Verfassungstreue des Arbeitnehmers mit der Folge eines Eignungsmangels sind nicht schon dann anzunehmen, wenn ein Arbeitnehmer des öffentlichen Dienstes Anhänger einer verfassungsfeindlichen Partei oder einer sonstigen verfassungsfeindlichen Organisation ist. Es bedarf deshalb der genauen Prüfung, ob und ggf. mit welchen Mitteln der Arbeitnehmer selber verfassungsfeindliche Bestrebungen fördern oder verwirklichen will. Erst wenn entsprechende Aktivitäten deutlich machen, dass er das erforderliche Mindestmaß an Verfassungstreue dauerhaft nicht aufzubringen bereit oder in der Lage ist, kann eine Kündigung aus Gründen in seiner Person gerechtfertigt sein.[2])

3.7.5.17 Vorteilnahme und Bestechlichkeit

Lässt sich ein Arbeitnehmer Vorteile versprechen oder nimmt er diese entgegen, die dazu bestimmt oder geeignet sind, ihn in seinem dienstlichen Ver-

---
1) Vgl. APS/Dörner/Vossen § 626 BGB Rn. 269 und § 25 KSchG Rn. 3 ff.
2) BAG v. 6.9.2012 – 2 AZR 372/11, juris Langtext Rn. 17 ff.

halten zugunsten Dritter und/oder zum Nachteil des Arbeitgebers zu beeinflussen (§§ 331, 332 StGB), kann das mit ihm bestehende Arbeitsverhältnis außerordentlich gekündigt werden.[1])

3.8 Änderungskündigung

Wie das Arbeitsverhältnis insgesamt, können auch einzelne Arbeitsbedingungen durch Vereinbarung zwischen den Arbeitsvertragsparteien geändert werden. Allerdings besteht u. U. das Bedürfnis, die arbeitsvertraglich festgelegten Rahmenbedingungen auch einseitig verändern zu können. Eine **Teilkündigung** einzelner Vertragsbedingungen ist **unzulässig**, da die einzelnen Teile des Arbeitsvertrages in einem inneren Zusammenhang stehen.[2])

3.8.1 Begriff

Die Änderungskündigung ist nach § 2 KSchG die Kombination **zweier** empfangsbedürftiger **Willenserklärungen**, nämlich einer Beendigungskündigung, verbunden mit dem Angebot, das Arbeitsverhältnis zu geänderten Arbeitsbedingungen fortzusetzen.[3])

3.8.1.1 Kündigung

Bei der Kündigung handelt es sich um eine „echte" Kündigung, die das Arbeitsverhältnis **beenden** kann, wenn der Arbeitnehmer das Änderungsangebot ablehnt. Sie ist als ordentliche und außerordentliche Kündigung möglich.

3.8.1.2 Änderungsangebot

Das **Änderungsangebot** ist ein Antrag zum Abschluss eines neuen Vertrages. Es muss inhaltlich so bestimmt sein, dass der Arbeitnehmer es durch bloße Zustimmung annehmen kann.[4])

Mit der Änderungskündigung können alle Arbeitsvertragsbedingungen modifiziert werden, die auch durch einvernehmliche Vereinbarung veränderbar sind.

3.8.2 Vorgehen des Arbeitgebers

Änderungsangebot und Kündigung können gleichzeitig ausgesprochen werden. Das Änderungsangebot kann aber auch zeitlich vor Ausspruch der Kündigung erfolgen, etwa wenn der Arbeitnehmer zunächst die einvernehmliche Änderung der Arbeitsbedingungen anbietet und dann im Verlauf der Verhandlungen mit dem Arbeitnehmer seinem Änderungsangebot durch den Ausspruch einer Kündigung Nachdruck verleiht. Das Änderungsangebot selbst kann der Kündigung nicht nachfolgen.[5])

---

1) BAG v. 21.6.2001 – 2 AZR 30/00, NZA 2002, 232.
2) Schaub/Linck § 137 Rn. 1.
3) Müller/Preis Rn. 91.
4) BAG v. 15.1.2009 – 2 AZR 641/07, juris Langtext Rn. 20.
5) Schaub/Linck § 137 Rn. 18.

3 Beendigung und Kündigung von Arbeitsverhältnissen

3.8.3 Reaktion des Arbeitnehmers

Der Arbeitnehmer kann das Angebot des Arbeitgebers auf Änderung der Arbeitsbedingungen unter Vorbehalt (§ 2 KSchG) oder vorbehaltslos annehmen oder es ablehnen.

3.8.3.1 Annahme ohne Vorbehalt

Nimmt der Arbeitnehmer das Änderungsangebot ohne Vorbehalt an, besteht das Arbeitsverhältnis mit dem geänderten Inhalt fort. Die Annahme des Änderungsangebots ist eine einseitige empfangsbedürftige Willenserklärung, die mit ihrem Zugang wirksam wird. Sie bedarf zu ihrer Wirksamkeit anders als die Änderungskündigung selbst nicht der Schriftform i. S. d. § 623 BGB.[1])

3.8.3.2 Annahme unter Vorbehalt

Der Arbeitnehmer kann das Änderungsangebot unter dem Vorbehalt annehmen, dass die **Änderung** der Arbeitsbedingungen **nicht sozial ungerechtfertigt** ist (§ 2 Satz 1 KSchG).

Gut zu wissen

Der Vorbehalt muss dem Arbeitgeber gegenüber mit der Annahme erklärt werden, bei einer ordentlichen Änderungskündigung innerhalb der Kündigungsfrist, spätestens jedoch innerhalb von drei Wochen nach Kündigungszugang (§ 2 Satz 2 KSchG). Bei einer außerordentlichen Kündigung ist der Vorbehalt unverzüglich, d. h. ohne schuldhaftes Zögern i. S. d. § 121 Abs. 1 Satz 1 BGB, zu erklären. Die Annahme unter Vorbehalt muss dem Arbeitgeber innerhalb der maßgeblichen Frist zugehen. Der rechtzeitig erklärte Vorbehalt erlischt, wenn der Arbeitnehmer nicht innerhalb der dreiwöchigen Frist des § 4 KSchG Klage gegen die Änderungskündigung erhebt (§ 7 KSchG). In diesem Fall treten dann die Rechtsfolgen der vorbehaltslosen Annahme ein.

Hat der Arbeitnehmer rechtswirksam die Annahme unter Vorbehalt erklärt und fristgemäß Kündigungsschutzklage erhoben, muss er mit Ablauf der Kündigungsfrist zu den neuen, geänderten Arbeitsbedingungen seine Arbeitskraft erbringen, da durch den erklärten Vorbehalt ein auflösend bedingter Vertrag (§ 158 Abs. 2 BGB) zustande gekommen ist.[2]) Wird die Kündigungsschutzklage rechtskräftig abgewiesen, steht die soziale Rechtfertigung der Änderung der Arbeitsbedingungen fest. Der geschlossene Änderungsvertrag bleibt wirksam. Hat die Kündigungsschutzklage Erfolg, gilt die Änderungskündigung nach § 8 KSchG als von Anfang an rechtsunwirksam.[3])

Die soziale Rechtfertigung der Änderungskündigung wird daran gemessen, ob sie durch verhaltens-, personen- oder betriebsbedingte Gründe verursacht ist und ob der Arbeitgeber sich bei einem an sich anerkennenswerten Anlass zur Änderungskündigung darauf beschränkt hat, nur solche Änderungen

---

1) Schaub/Linck § 137 Rn. 32.
2) APS § 2 KSchG Rn. 230.
3) Schaub/Linck § 137 Rn. 29.

vorzuschlagen, die der Arbeitnehmer billigerweise hinnehmen muss (Interessenabwägung).[1])

3.8.3.3 Ablehnung des Änderungsangebots

Lehnt der Arbeitnehmer die angebotene Änderung der Arbeitsbedingungen ab, verbleibt es bei der ausgesprochenen Kündigung, die dann zur Beendigung des Arbeitsverhältnisses führt.

Erhebt der Arbeitnehmer fristgerecht Kündigungsschutzklage (dies ist als Ablehnung des Änderungsangebots auszulegen), gelten für die Prüfung der sozialen Rechtfertigung dieselben Maßstäbe wie im Falle der Annahme der Änderung des Arbeitsvertrages unter Vorbehalt, da der Arbeitgeber eine Änderungs- und keine Beendigungskündigung ausgesprochen hat. Lediglich die von ihm erstrebte inhaltliche Änderung des Arbeitsverhältnisses muss durch anerkannte Kündigungsgründe bedingt und nach einer Interessenabwägung dem Arbeitnehmer zumutbar gewesen sein.[2])

3.9 Kündigungsschutz für besondere Personengruppen

Bestimmte Personengruppen werden vom Gesetzgeber bzw. von den Tarifvertragsparteien als besonders schutzbedürftig angesehen. Durch den besonderen Kündigungsschutz sollen diese vor dem Verlust ihres Arbeitsplatzes geschützt werden. Kündigt der Arbeitgeber ohne die Regelungen und Vorgaben des besonderen Kündigungsschutzes beachtet zu haben, ist die Kündigung nach § 134 BGB nichtig.[3])

Besondere kündigungsrechtliche Schutzvorschriften bestehen insbesondere für folgende Personengruppen:

- (werdende) Mütter (§ 9 MuSchG),
- Arbeitnehmer während der Elternzeit (§ 18 BEEG),
- Mitglieder personalvertretungsrechtlicher Organe (§ 15 KSchG),
- schwerbehinderte Menschen (§§ 85 ff. SGB IX),
- Auszubildende (§ 22 BBiG),
- Arbeitnehmer, die das 40 Lebensjahr vollendet haben und eine 15-jährige Betriebszugehörigkeit aufweisen (§ 34 Abs. 2 TVöD/TV-L).

Gut zu wissen

Die Regelungen des besonderen Kündigungsschutzes sind unverzichtbar und unabdingbar.

---

1) BAG v. 26.3.2009 – 2 AZR 879/07, juris Langtext Rn. 51; HWK § 2 KSchG Rn. 56 ff.
2) APS § 2 KSchG Rn. 182.
3) Schaub/Linck § 169 Rn. 1.

3 Beendigung und Kündigung von Arbeitsverhältnissen

3.9.1 Kündigungsschutz schwerbehinderter Menschen

Der besondere Kündigungsschutz der schwerbehinderten Menschen ist in §§ 168 ff. SGB IX normiert.

3.9.1.1 Persönlicher Anwendungsbereich

Die Vorschriften des zweiten Abschnitts und damit auch die Regelungen des besonderen Kündigungsschutzes gelten nach § 151 Abs. 1 SGB IX für schwerbehinderte und diesen gleichgestellte behinderte Menschen. Der Beginn des besonderen Kündigungsschutzes ist gekoppelt an die behördliche Entscheidung über die Anerkennung der Schwerbehinderteneigenschaft oder der Gleichstellung – auch wenn diese rückwirkend, d. h. nach Ausspruch der Kündigung festgestellt wird. Auf den besonderen Kündigungsschutz können sich nach § 173 Abs. 1 Nr. 1 SGB IX nur diejenigen schwerbehinderten Arbeitnehmer berufen, deren Arbeitsverhältnis zum Zeitpunkt des Zugangs der Kündigungserklärung ohne Unterbrechung bereits **sechs Monate** bestanden hat.

Nach § 2 Abs. 2 SGB IX gelten Menschen als i. S. d. Gesetzes schwerbehindert, wenn bei ihnen ein **Grad der Behinderung** von wenigstens 50 vorliegt. Gleichgestellt werden sollen nach § 2 Abs. 3 SGB IX behinderte Menschen mit einem Grad der Behinderung von wenigstens 30, wenn sie infolge ihrer Behinderung ohne die Gleichstellung einen geeigneten Arbeitsplatz nicht erlangen oder behalten können. Der Grad der Behinderung wird mittels der Versorgungsmedizin-Verordnung festgestellt.

Gut zu wissen

Der Arbeitnehmer kann sich nach § 173 Abs. 3 SGB IX auf den besonderen Kündigungsschutz nur berufen, wenn er seinen Feststellungsantrag so frühzeitig, d. h. unter Einhaltung der **Drei-Wochen-Frist** des § 152 Abs. 1 Satz 3 SGB IX, und zudem ordnungsgemäß mit allen erforderlichen Angaben gestellt hat, dass eine positive Entscheidung vor Ausspruch der Kündigung bei ordnungsgemäßer Bearbeitung möglich gewesen wäre.[1])

Die Fristberechnung erfolgt nach §§ 187 Abs. 1, 188 Abs. 2 BGB.

Beispiel

Lahm hat am 1.10. einen Antrag auf Anerkennung der Schwerbehinderteneigenschaft beim zuständigen Kreis Rheinhausen ordnungsgemäß gestellt. Die kreisangehörige Stadt Rheinfels kündigt das Arbeitsverhältnis am 25.10. ordentlich wegen häufiger krankheitsbedingter Ausfallzeiten des Lahm personenbedingt. Am 30.10. erlässt der Kreis Rheinhausen den von Lahm beantragten Bescheid über die Anerkennung seiner Schwerbehinderteneigenschaft. Dieser wird rechtskräftig.

Die ausgesprochene ordentliche Kündigung ist mangels vorheriger Zustimmung des Integrationsamtes (§ 168 SGB IX) nach § 134 BGB nichtig, da Lahm seinen Antrag auf Anerkennung der Schwerbehinderteneigenschaft ordnungsgemäß und fristgerecht (§ 173 Abs. 3 SGB IX) beim zuständigen Kreis Rheinhausen eingereicht hat.

---

1) BAG v. 1.3.2007 – 2 AZR 217/06, juris Langtext Rn. 41 ff.

3.9.1.2 Kenntnis des Arbeitgebers

Der besondere Kündigungsschutz nach §§ 168 ff. SGB IX knüpft alleine an den objektiven Tatbestand der Schwerbehinderteneigenschaft an. Auf die Kenntnis des Arbeitgebers von der bestehenden Schwerbehinderteneigenschaft kommt es damit nicht an.

Gleichwohl trifft den Arbeitnehmer bei Unkenntnis des Arbeitgebers von der Schwerbehinderung bzw. von der erfolgten fristgerechten Antragsstellung die Obliegenheit, innerhalb einer angemessenen Frist, die in der Regel drei Wochen beträgt, den Arbeitgeber auf den besonderen Kündigungsschutz hinzuweisen.[1] Dies trägt dem Verwirkungsgedanken (§ 242 BGB) Rechnung und ist aus Gründen des Vertrauensschutzes gerechtfertigt. Der Arbeitgeber, der keine Kenntnis von dem bestehenden oder möglichen Schutztatbestand hat, hat keinen Anlass, eine behördliche Zustimmung zur Kündigung einzuholen. Eine Einschränkung der Möglichkeit des Arbeitnehmers, sich auf den besonderen Kündigungsschutz zu berufen, ist aber nur gerechtfertigt, wenn der Arbeitgeber tatsächlich schutzbedürftig ist. Danach kann der Arbeitgeber keinen Vertrauensschutz für sich in Anspruch nehmen, wenn er bereits vor Ausspruch der Kündigung Kenntnis von der Schwerbehinderung des Arbeitnehmers hatte, etwa weil diese offenkundig gewesen ist.[2]

Beispiel

Lahm ist als schwerbehinderter Mensch anerkannt. Allerdings hat er seine Arbeitgeberin, die Stadt Rheinfels, bisher hierüber nicht in Kenntnis gesetzt, da er als schwerbehinderter Mensch gegenüber den anderen Mitarbeitern keine Vorteile erlangen möchte. Er ist 45 Jahre alt und bei der Stadt Rheinfels seit 18 Jahren beschäftigt. Im Rahmen einer bundesweit angelegten Polizeiaktion wird u. a. auch Lahm festgesetzt und in Untersuchungshaft genommen. Gegenüber dem Untersuchungsrichter räumt Lahm ein, dass er in der Vergangenheit in etwa 150 Fällen kinderpornographische Bilder über das städtische Internet vertrieben hat. Nachdem die Stadt Rheinfels von diesem Sachverhalt Kenntnis erlangt hat, kündigt sie das mit Lahm bestehende Arbeitsverhältnis außerordentlich fristlos. 2 Wochen nach Zugang der Kündigung teilt Lahm der Stadt Rheinfels mit, dass er als schwerbehinderter Mensch anerkannt sei.

Die ausgesprochene außerordentliche Kündigung (§ 626 Abs. 1 BGB) des Arbeitsverhältnisses ist trotz Vorliegen eines wichtigen Grundes nach § 134 BGB unwirksam, da die Stadt Rheinfels das Integrationsamt nicht vorab um Zustimmung zur ausgesprochenen Kündigung gebeten hat. Die erforderliche Mitteilung durch Lahm über seine Schwerbehinderteneigenschaft erfolgte fristgerecht. Die Zustimmung kann nicht nachträglich beantragt werden, da der Wortlaut des § 168 SGB IX ausdrücklich eine vorherige Zustimmung fordert. Eine erneute außerordentliche Kündigung kann die Stadt Rheinfels nicht mehr aussprechen, da die zweiwöchige Ausschlussfrist des § 626 Abs. 2 BGB bereits verstrichen ist. Auch eine ordentliche Kündigung ist nicht mehr möglich, da Lahm nach § 34 Abs. 2 TVöD ordentlich unkündbar ist. Die Stadt Rheinfels hat das mit Lahm bestehende Arbeitsverhältnis fortzusetzen.

---

1) APS § 85 SGB IX Rn. 15.
2) Ausführlich ErfK/Rolfs § 85 SGB IX Rn. 6 ff.

3 Beendigung und Kündigung von Arbeitsverhältnissen

3.9.1.3 Zustimmung des Integrationsamtes

Die Kündigung des Arbeitsverhältnisses eines schwerbehinderten Menschen durch den Arbeitgeber bedarf der **vorherigen** Zustimmung des Integrationsamtes.[1])

Zustimmungsverfahren bei der ordentlichen Kündigung

Die Zustimmung zur **ordentlichen Kündigung** beantragt der Arbeitgeber nach § 170 Abs. 1 S. 1 SGB IX bei dem zuständigen Integrationsamt **schriftlich**. Das Integrationsamt soll die Entscheidung innerhalb eines Monats vom Tage des Eingangs des Antrages an treffen. Es handelt sich um eine Ermessensentscheidung (vgl. § 172 SGB IX). Die **Entscheidung** wird dem Arbeitgeber und dem schwerbehinderten Menschen **zugestellt**. Erteilt das Integrationsamt die Zustimmung zur Kündigung, kann der Arbeitgeber die ordentliche Kündigung nur innerhalb eines Monats nach Zustellung erklären (§ 171 Abs. 3 SGB IX).

Gegen die Versagung der Zustimmung kann der Arbeitgeber Widerspruch und ggf. Verpflichtungsklage vor dem Verwaltungsgericht erheben. Der Arbeitnehmer kann seinerseits gegen die Erteilung der Zustimmung Widerspruch und ggf. Anfechtungsklage erheben. Diese hat jedoch keine aufschiebende Wirkung (§ 171 Abs. 4 SGB IX). Die Kündigung kann daher gleichwohl ausgesprochen werden. Wird die Zustimmung später vom Verwaltungsgericht aufgehoben, erweist sich die Kündigung nach § 134 BGB rückwirkend als unwirksam. Ein parallel eingeleitetes Kündigungsschutzverfahren vor dem Arbeitsgericht kann bis zum Abschluss des vorgreiflichen verwaltungsgerichtlichen Verfahrens ausgesetzt werden, § 148 ZPO. Dem steht aber i. d. R. der Beschleunigungsgrundsatz entgegen, da die Arbeitsgerichte an den Bescheid des Integrationsamtes zunächst gebunden sind (Tatbestandswirkung) und der Arbeitnehmer in dem Fall, dass der zustimmende Bescheid nach Rechtskraft der die Kündigungsschutzklage abweisenden Entscheidung von den Verwaltungsgerichten aufgehoben wird, durch die Möglichkeit der Erhebung einer Restitutionsklage nach § 580 Ziff. 6 ZPO ausreichend geschützt ist.

3.9.1.4 Zustimmungsverfahren bei der außerordentlichen Kündigung

Für das Zustimmungsverfahren bei einer außerordentlichen Kündigung gelten die vorstehenden Ausführungen zur ordentlichen Kündigung entsprechend. Es bestehen jedoch die nachfolgend dargestellten Besonderheiten.

Die Zustimmung zu einer außerordentlichen Kündigung muss innerhalb von **zwei Wochen** beantragt werden. Maßgebend für die Fristwahrung ist der Eingang des Antrags beim Integrationsamt. Die Frist beginnt mit dem Zeitpunkt, in dem der Arbeitgeber von den für die Kündigung maßgeblichen Tatsachen **Kenntnis erlangt** (§ 174 Abs. 2 SGB IX). Die Zustimmung soll erfolgen, wenn der Grund für die Kündigung nicht im Zusammenhang mit der

---

1) Ruge/Krömer/Pawlak/v. Pappenheim S. 299.

3 Beendigung und Kündigung von Arbeitsverhältnissen

Behinderung steht (§ 174 Abs. 4 SGB IX). Trifft das Integrationsamt innerhalb von zwei Wochen keine Entscheidung, gilt die Zustimmung als erteilt (§ 91 Abs. 3 SGB IX). Wird die Zustimmung erteilt und ist zu diesem Zeitpunkt die zweiwöchige Kündigungserklärungsfrist des § 626 Abs. 2 BGB bereits verstrichen, ist die Kündigung **unverzüglich**, d.h. ohne schuldhaftes Zögern (§ 121 Abs. 1 Satz 1 BGB), zu erklären (§ 174 SGB IX).

Gut zu wissen

Die Zustimmung des Integrationsamtes zur außerordentlichen Kündigung bedarf nicht der Schriftform, da eine Zustellung der Zustimmung nicht vorgesehen ist.

3.9.2 Kündigungsschutz schwangerer Arbeitnehmerinnen

§ 17 Abs. 1 MuSchG enthält ein **absolutes Kündigungsverbot**. Eine innerhalb der Fristen des § 17 Abs. 1 MuSchG ausgesprochene Kündigung ist nach § 134 BGB unwirksam.

Das Kündigungsverbot gilt

- ab dem Beginn der Schwangerschaft (mutmaßlicher Entbindungstag minus 280 Tage)[1]
- bis zum Ablauf von vier Monaten nach der Entbindung.

Maßgeblich ist der Zeitpunkt des Zugangs der Kündigung.

Voraussetzung des besonderen Kündigungsschutzes ist grundsätzlich, dass der **Arbeitgeber** zum Zeitpunkt der Kündigung **Kenntnis** von der Schwangerschaft oder der Entbindung hat oder ihm binnen zwei Wochen nach Zugang der Kündigung Mitteilung von der Schwangerschaft gemacht wird. Zur Fristwahrung genügt die Mitteilung der Arbeitnehmerin, dass sie vermutlich schwanger sei. Die Fristberechnung für die nachträgliche Mitteilung erfolgt nach §§ 187 Abs. 1, 188 Abs. 2 BGB. Die Vorschrift des § 193 BGB ist zu beachten. Ein Überschreiten der Zweiwochenfrist für die Mitteilung bleibt dann ohne Folgen, wenn die Arbeitnehmerin den Grund für die Verspätung nicht verschuldet hat und die Mitteilung unverzüglich (§ 121 Abs. 1 Satz 1 BGB) nachholt. Die Verspätung ist von der Arbeitnehmerin verschuldet, wenn keine Mitteilung erfolgt, obwohl zwingende Anhaltspunkte gegeben sind, die das Vorliegen einer Schwangerschaft praktisch unabweisbar erscheinen lassen.[2]

In besonderen Fällen kann die für den Arbeitsschutz zuständige oberste Landesbehörde oder die von ihr bestimmte Stelle eine Kündigung, die nicht in Zusammenhang mit der Schwangerschaft steht, auf Antrag für zulässig erklären (§ 17 Abs. 2 MuSchG).

---

1) Schaub/Linck § 169 Rn. 5.
2) Ausführlich ErfK/Schlachter § 9 MuSchG Rn. 6 f.

3 Beendigung und Kündigung von Arbeitsverhältnissen

> **Beispiel**
> Stilllegung des Betriebs oder eines Betriebsteils ohne Umsetzungsmöglichkeit für die Arbeitnehmerin, schwerwiegende strafrechtliche Verfehlungen.

3.9.3 Kündigungsschutz während der Elternzeit

Nach § 18 Abs. 1 Satz 1 BEEG darf der Arbeitgeber das Arbeitsverhältnis ab dem Zeitpunkt, von dem an Elternzeit verlangt worden ist, höchstens jedoch acht Wochen vor Beginn der Elternzeit, und während der Elternzeit nicht kündigen (**absolutes Kündigungsverbot**). Eine während des maßgeblichen Zeitraumes ausgesprochene Kündigung ist nach § 134 BGB unwirksam. Die für Arbeitsschutz zuständige oberste Landesbehörde oder die von ihr bestimmte Stelle kann nach § 18 Abs. 1 Satz 2 und 3 BEEG in Ausnahmefällen eine Kündigung für zulässig erklären.

3.9.4 Kündigungsschutz von Mitgliedern personalvertretungsrechtlicher Organe

Die **ordentliche Kündigung** eines Mitglieds einer Personalvertretung, einer Jugend- und Auszubildendenvertretung sowie einer Schwerbehindertenvertretung (vgl. §§ 15 Abs. 2 Satz 1 KSchG, 96 Abs. 3 Satz 1 SGB IX) ist nach § 134 BGB unwirksam. Der Kündigungsschutz gilt nach § 15 Abs. 2 Satz 2 KSchG für die Dauer der Amtszeit sowie ein Jahr danach (sog. Nachwirkung). Der nachwirkende Kündigungsschutz kommt auch Ersatzmitgliedern zugute, selbst wenn sie nur vorübergehend als Stellvertreter tätig waren.[1]

Zulässig bleibt die außerordentliche Kündigung aus wichtigem Grund nach § 626 BGB, § 22 Abs. 2 Nr. 1 BBiG.

3.9.5 Kündigungsschutz in der Berufsausbildung

Berufsausbildungsverhältnisse können nach den Vorgaben des § 22 BBiG gekündigt werden. Zu differenzieren ist zwischen einer Kündigung innerhalb und einer Kündigung außerhalb der Probezeit.

> **Gut zu wissen**
> Ist der Auszubildende minderjährig, muss die Kündigungserklärung nach § 131 Abs. 2 Satz 1 BGB dem gesetzlichen Vertreter zugehen. Gesetzliche Vertreter sind bei bestehender Ehe sowohl die Mutter als auch der Vater (§ 1626 BGB).

3.9.5.1 Kündigung innerhalb der Probezeit

Die Probezeit beträgt nach § 20 Satz 2 BBiG zwischen einem und vier Monaten. Während der Probezeit kann das Berufsausbildungsverhältnis nach § 22 Abs. 1 BBiG, §§ 3 Abs. 2 TVAöD BT BBiG, 3 Abs. 2 TVA-L BBiG jederzeit ohne Einhalten einer Kündigungsfrist und ohne Angabe von Gründen schriftlich gekündigt werden.

---

1) APS § 15 KSchG Rn. 112.

Beendigung und Kündigung von Arbeitsverhältnissen 3

Gut zu wissen

Nach §§ 3 Abs. 1 TVAöD BT BBiG, 3 Abs. 1 TVA-L BBiG gelten die ersten drei Monate als Probezeit.

3.9.5.2 Kündigung nach Ablauf der Probezeit

Nach Ablauf der Probezeit ist das Berufsausbildungsverhältnis **ordentlich unkündbar**. Möglich bleibt die fristlose Kündigung aus wichtigem Grund nach § 22 Abs. 2 Nr. 1 BBiG. Die Kündigung muss innerhalb von zwei Wochen nach Kenntniserlangung der für sie maßgeblichen Gründe erklärt werden (§ 22 Abs. 4 Satz 1 BBiG).

Ein wichtiger Grund für eine Kündigung des Berufsausbildungsverhältnisses ist i. d. R. gegeben, wenn das Ausbildungsziel erheblich gefährdet oder nicht mehr zu erreichen ist. Bei der Interessenabwägung sind dem besonderen Charakter des Berufsausbildungsverhältnisses entsprechend das jugendliche Alter des Auszubildenden und sein charakterlicher Entwicklungsstand ebenso zu berücksichtigen, wie die bereits zurückgelegte Ausbildungszeit im Verhältnis zur Gesamtdauer der Ausbildung.[1])

Gut zu wissen

An das Vorliegen eines wichtigen Grundes sind umso strengere Anforderungen zu stellen, je länger das Berufsausbildungsverhältnis zum Kündigungszeitpunkt bereits bestanden hat.

§ 13 BBiG stellt einen **Verhaltenskatalog** für bestehende Berufsausbildungsverhältnisse auf, die vom Auszubildenden zu beachten sind. Demnach haben sich Auszubildende zu bemühen, die berufliche Handlungsfähigkeit zu erwerben, die zum Erreichen des Ausbildungsziels erforderlich ist. Sie sind insbesondere verpflichtet,

- die ihnen im Rahmen ihrer Berufsausbildung aufgetragenen Aufgaben sorgfältig auszuführen,
- an Ausbildungsmaßnahmen teilzunehmen, für die sie nach § 15 freigestellt werden,
- den Weisungen zu folgen, die ihnen im Rahmen der Berufsausbildung von Auszubildenden, von Ausbildern oder Ausbilderinnen oder von anderen weisungsberechtigten Personen mitgeteilt werden,
- die für die Ausbildung geltende Ordnung zu beachten,
- Werkzeug, Maschinen und sonstige Einrichtungen pfleglich zu behandeln,
- über Betriebs- und Geschäftsgeheimnisse Stillschweigen zu wahren.

Ein einmaliger Verstoß des Auszubildenden gegen eine der in § 13 BBiG aufgeführten Pflichten kann eine außerordentliche Kündigung nicht rechtfertigen.[2])

---

1) APS § 22 BBiG Rn. 14 f.
2) APS § 22 BBiG Rn. 17.

3 Beendigung und Kündigung von Arbeitsverhältnissen

Die außerordentliche Kündigung außerhalb der Probezeit muss nach § 22 Abs. 3 BBiG schriftlich und unter **Angaben der Kündigungsgründe** erklärt werden.

3.9.5.3 Schlichtungsausschuss

Im Bereich des Handwerks können nach § 111 Abs. 2 Satz 1 ArbGG die Handwerksinnungen, im Übrigen die zuständigen Stellen im Sinne des Berufsbildungsgesetzes zur Beilegung von Streitigkeiten zwischen Ausbildenden und Auszubildenden Ausschüsse bilden, denen Arbeitgeber- und Arbeitnehmervertreter in gleicher Zahl angehören müssen. Einer (Kündigungsschutz-)Klage muss zwingend eine Verhandlung vor dem Ausschuss vorangegangen sein (§ 111 Abs. 2 Satz 5 ArbGG). Der Ausschuss hat die Parteien zu hören. Wird der vom Ausschuss gefällte Spruch nicht innerhalb einer Woche von beiden Parteien anerkannt, kann binnen zwei Wochen nach ergangenem Spruch Klage beim zuständigen Arbeitsgericht erhoben werden (§ 111 Abs. 2 Satz 4 ArbGG).

3.9.6 Tarifliche Unkündbarkeit

Nach § 34 Abs. 2 TVöD/TV-L können Arbeitsverhältnisse von Arbeitnehmern,

- die das **40. Lebensjahr vollendet** haben
- nach einer **Beschäftigungszeit** von **mehr als 15 Jahren** durch den Arbeitgeber

nur aus wichtigem Grund gekündigt werden. Als Beschäftigungszeit gilt nach § 34 Abs. 3 Satz 1 TVöD/TV-L die bei demselben Arbeitgeber im Arbeitsverhältnis zurückgelegte Zeit, auch wenn diese unterbrochen wurde.

3.10 Rechtsschutz gegen Kündigungen

Der Arbeitnehmer muss die Unwirksamkeit einer Kündigung durch eine Klage nach § 4 KSchG geltend machen. § 4 KSchG umfasst alle möglichen Unwirksamkeitsgründe. Kein Unwirksamkeitsgrund i. S. d. § 4 KSchG liegt allerdings vor, wenn der Arbeitnehmer lediglich die Einhaltung der ordnungsgemäßen Kündigungsfrist einfordert.[1] Vom Anwendungsbereich des § 4 KSchG nicht umfasst sind zudem alle mündlich ausgesprochenen Kündigungen.[2] Die **Kündigungsschutzklage** ist eine besondere Form der Feststellungsklage.

3.10.1 Ausschlussfrist

Die Kündigungsschutzklage muss nach §§ 4 Satz 1, 13 Abs. 1 Satz 2 KSchG innerhalb von **drei Wochen** nach Zugang der Kündigung erhoben werden. Der Fristlauf berechnet sich nach §§ 187 Abs. 1, 188 Abs. 2 BGB. Die dreiwö-

---

1) APS/Hesse § 4 KSchG Rn. 10b.
2) Vgl. ausführlich APS § 4 KSchG Rn. 10 f.

Beendigung und Kündigung von Arbeitsverhältnissen 3

chige Frist ist auch einzuhalten, wenn das betroffene Arbeitsverhältnis nicht dem Schutzbereich des Kündigungsschutzgesetzes unterfällt (§§ 1 Abs. 1, 23 KSchG). Es handelt sich um eine von Amts wegen zu prüfende **materielle Ausschlussfrist**. Die Frist wird gewahrt durch rechtzeitigen Eingang der Klage bei Gericht (§ 167 ZPO).

Eine nicht rechtzeitig erhobene Kündigungsschutzklage kann nach § 5 Abs. 1 KSchG auf Antrag **nachträglich zugelassen** werden, wenn der Arbeitnehmer trotz Anwendung aller ihm nach Lage der Dinge zuzumutenden Sorgfalt an der rechtzeitigen Klageerhebung verhindert war. Der Antrag ist gemäß § 5 Abs. 3 KSchG innerhalb von zwei Wochen nach Behebung des Hindernisses, spätestens sechs Monate nach Ablauf der versäumten Frist zu stellen. Mit dem Antrag ist die Klageerhebung zu verbinden (§ 5 Abs. 2 Satz 1 KSchG).

Beispiel
Lahm wurde von der Stadt Rheinfels vom 1.8. bis 31.8. Erholungsurlaub gewährt. Diesen verbringt er durchgehend im Ausland. Der Stadt Rheinfels erscheint der Zeitpunkt günstig, das Arbeitsverhältnis des aufgrund seiner Gewerkschaftstätigkeit bei seinen Vorgesetzten unbeliebten Lahm zu kündigen. Das Kündigungsschreiben wird am 6.8. in Lahms Briefkasten eingeworfen. Tatsächlich erhält Lahm jedoch erst nach seiner Rückkehr aus dem Urlaub am 31.8. von der Kündigungserklärung Kenntnis.
Die Kündigungserklärung ist Lahm am 6.8. zugegangen, da diese so in seinen Machtbereich gelangt ist, dass nach den normalen Umständen mit der Möglichkeit der Kenntnisnahme zu rechnen war (§ 130 BGB). Lahm kann die Kündigungsschutzklage somit nicht mehr innerhalb der dreiwöchigen Ausschlussfrist des § 4 Satz 1 KSchG erheben. Die Fristversäumung ist Lahm jedoch nicht vorwerfbar, sodass die Klage nach § 5 Abs. 1 Satz 1 KSchG durch Beschluss nachträglich zugelassen werden kann.

Ist die Klage verspätet und wird sie nicht nach § 5 KSchG nachträglich zugelassen, **gilt** die Kündigung nach § 7 KSchG als von Anfang an **rechtswirksam**.

3.10.2 Arbeitsgerichtliches Verfahren

Die Gerichte für Arbeitssachen sind nach § 2 Abs. 1 Nr. 3a ArbGG u. a. ausschließlich zuständig für bürgerliche Rechtsstreitigkeiten zwischen Arbeitnehmern (vgl. § 5 ArbGG) und Arbeitgebern über das Bestehen oder Nichtbestehen eines Arbeitsverhältnisses.

Der Gesetzgeber lässt das arbeitsgerichtliche Verfahren mit einem i. d. R. kurzfristig anberaumten Gütetermin (§ 54 ArbGG) beginnen, in dem keine Anträge gestellt werden, sondern die Möglichkeiten einer gütlichen Einigung vom Vorsitzenden ausgelotet werden (§ 54 Abs. 1 Satz 1 ArbGG). Bleibt der Gütetermin ergebnislos, wird in einem späteren Kammertermin mit dem Vorsitzenden und zwei Beisitzern streitig verhandelt (§ 57 Abs. 1 Satz 1 i. V. m. § 56 Abs. 1 Satz 1 ArbGG).

3 Beendigung und Kündigung von Arbeitsverhältnissen

3.10.2.1 Beendigung des arbeitsgerichtlichen Verfahrens

Das arbeitsgerichtliche Verfahren kann u. a. durch Abschluss eines Prozessvergleiches oder durch ein Urteil beendet werden.

Im Rahmen des **Prozessvergleiches** wird i. d. R. ein Aufhebungs- und Abwicklungsvertrag gerichtlich protokolliert. Der Prozessvergleich beendet durch seinen wirksamen Abschluss das gerichtliche Verfahren und dessen Rechtshängigkeit. Gleichzeitig beinhaltet der Vergleich nach § 779 BGB einen privatrechtlichen Vertrag.[1])

Wird das gerichtliche Verfahren nicht durch einen Prozessvergleich oder einer anderen Prozesshandlung einer Partei (z. B. Erledigungserklärung, Klagerücknahme i. S. d. § 269 ZPO) beendet, verkündet das angerufene Gericht ein **Urteil** (§ 60 ArbGG). Das Urteil des Arbeitsgerichts ist vorläufig vollstreckbar (§ 62 Abs. 1 Satz 1 ArbGG).

Wird die Klage rechtskräftig **abgewiesen**, steht zwischen den Parteien des Rechtsstreits fest, dass mit Ablauf der Kündigungsfrist bzw. im Falle der fristlosen Kündigung mit Zugang der Kündigungserklärung kein Arbeitsverhältnis mehr besteht.

Wird der Klage rechtskräftig **stattgegeben**, steht fest, dass durch die angegriffene Kündigung das zwischen den Parteien bestehende Arbeitsverhältnis nicht aufgelöst worden ist. Obwohl der Arbeitnehmer i. d. R. während der Dauer des anhängigen gerichtlichen Verfahrens keine Arbeitsleistung erbracht hat, ist der Arbeitgeber verpflichtet, diesem das Arbeitsentgelt rückwirkend als Annahmeverzugslohn (§§ 615 Satz 1, 293 ff. BGB) nachzuzahlen. Der Arbeitnehmer muss sich anrechnen lassen, was er durch anderweitige Arbeit verdient hat bzw. hätte verdienen können und was er an öffentlich-rechtlichen Leistungen infolge Arbeitslosigkeit aus der Sozialversicherung, der Arbeitslosenversicherung etc. erhalten hat (§ 11 KSchG). Diese Beträge hat der Arbeitgeber dem jeweiligen Leistungsträger zu erstatten (§ 115 Abs. 1 SGB X).

Ist der Arbeitnehmer bereits ein neues Arbeitsverhältnis eingegangen, kann er nach § 12 Satz 1 KSchG binnen einer Woche nach Rechtskraft des stattgebenden Urteils durch Erklärung gegenüber dem alten Arbeitgeber die Fortsetzung des Arbeitsverhältnisses bei diesem verweigern. Mit dem Zugang der Erklärung erlischt das Arbeitsverhältnis (§ 12 Satz 3 KSchG).

3.10.2.2 Rechtsmittel gegen arbeitsgerichtliche Urteile

Gegen arbeitsgerichtliche Urteile kann nach § 64 Abs. 2 ArbGG das Rechtsmittel der **Berufung** beim Landesarbeitsgericht eingelegt werden,

- wenn die Berufung in dem Urteil des Arbeitsgerichts zugelassen worden ist (Buchst. a),
- wenn der Wert des Beschwerdegegenstandes 600,- Euro übersteigt (Buchst. b),

---

1) Küttner/Kania 433 Rn. 4 f.

Beendigung und Kündigung von Arbeitsverhältnissen 3

- in Rechtsstreitigkeiten über das Bestehen, das Nichtbestehen oder die **Kündigung** eines Arbeitsverhältnisses (Buchst. c) oder
- wenn es sich um Versäumnisurteile handelt (Buchst. d).

Gegen die Urteile des Landesarbeitsgerichts findet die **Revision** an das Bundesarbeitsgericht statt, wenn sie im Urteil des Landesarbeitsgerichts zugelassen worden ist (§ 72 Abs. 1 Satz 1 ArbGG). Die Revision ist nach § 72 Abs. 2 ArbGG zuzulassen, wenn

- die Rechtssache grundsätzliche Bedeutung hat (Nr. 1),
- die Entscheidung des Landesarbeitsgerichts von einer Entscheidung des Bundesarbeitsgerichts oder eines anderen höherrangigen Gerichts abweicht (Nr. 2) oder
- ein absoluter Revisionsgrund vorliegt (Nr. 3).

Die Nichtzulassung der Revision kann nach § 72a Abs. 1 ArbGG durch eine Nichtzulassungsbeschwerde angefochten werden.

3.11 Prüfungsschema – Kündigungsschutzklage, Rechtmäßigkeit der Kündigung

I Zulässigkeit der Kündigungsschutzklage
  Zuständigkeit der Arbeitsgerichte (§ 2 Abs. 1 Nr. 3 b ArbGG)
II Begründetheit der Kündigungsschutzklage
  1. Ausschlussfrist (§§ 4, 5, 7 KSchG)
  2. Wirksamkeit der Kündigungserklärung
     a) Schriftform (§ 623 BGB)
     b) Bestimmtheit der Kündigungserklärung
     c) Begründung (§ 22 Abs. 3 BBiG)
  3. Kündigungsberechtigter (§§ 164, 167, 174 BGB)
  4. Zugang der Kündigungserklärung
     a) Gegenüber Anwesenden
     b) Gegenüber Abwesenden (§ 130 BGB)
  5. Allgemeine Unwirksamkeitsgründe
     a) Kündigungs- und Benachteiligungsverbote (§ 134 BGB)
     b) Sittenwidrige Kündigung (§ 138 BGB)
     c) Treuwidrige Kündigung (§ 242 BGB)
  6. Kündigungsschutz besonderer Personengruppen (§ 134 BGB)
     a) Mitglieder personalvertretungsrechtlicher Organe (§ 15 Abs. 2 KSchG, 96 Abs. 3 Satz 1 SGB IX)
     b) Schwerbehinderte Menschen (§§ 85 ff. SGB IX)
     c) Mütter (§ 9 MuSchG)
     d) Elternzeit (§ 18 BEEG)

3 Beendigung und Kündigung von Arbeitsverhältnissen

    e) Berufsausbildungsverhältnisse (§ 22 BBiG)
    f) Tarifliche Unkündbarkeit (§ 34 Abs. 2 TVöD/TV-L)
7. Kündigungsfrist bei einer ordentlichen Kündigung
    a) Länge der Frist (§ 622 BGB, § 34 Abs. 1 TVöD/TV-L)
    b) Fristberechnung (§§ 187 Abs. 1, 188 Abs. 2, 140 BGB)
8. Soziale Rechtfertigung der ordentlichen Kündigung
    a) Geltungsbereich des Kündigungsschutzgesetzes
        aa) Sechsmonatsfrist (§ 1 Abs. 1 KSchG)
        bb) Betriebsgröße (§ 23 Abs. 2 KSchG)
    b) Soziale Rechtfertigung (§ 1 Abs. 2 KSchG)
        aa) Verhaltensbedingte Kündigung
        bb) Personenbedingte Kündigung
        cc) Betriebsbedingte Kündigung
9. Besonderheiten bei der außerordentlichen Kündigung (§ 626 BGB)
    a) Kündigungsgrund an sich geeignet (§ 626 Abs. 1 BGB)
    b) Einzelfallprüfung unter Berücksichtigung der Verhältnismäßigkeit und einer Interessenabwägung
    c) Zweiwöchige Ausschlussfrist (§ 626 Abs. 2 BGB)

3.12 Prüfe Dein Wissen

1. Bedarf die Kündigung der Schriftform?
2. Bedarf die Kündigung einer Begründung?
3. Wann geht eine Kündigung unter Abwesenden zu?
4. Was verstehen Sie unter einem Empfangsboten?
5. Muss einer Kündigungserklärung eine Vollmacht beigefügt werden?
6. Kann eine Kündigungserklärung zurückgewiesen werden?
7. Wie ist die Länge einer Kündigungsfrist zu berechnen?
8. Wo ist die soziale Rechtfertigung der ordentlichen Kündigung gesetzlich geregelt?
9. Ist die Probezeit maßgebend für die Frage, ob die Kündigung sozial gerechtfertigt sein muss?
10. Wie ist die verhaltens- von der personenbedingten Kündigung abzugrenzen?
11. Wie ist das allgemeine Prüfschema einer personen-, verhaltens- und betriebsbedingten Kündigung?
12. Was bedeutet der kündigungsrechtliche Grundsatz der Verhältnismäßigkeit?

Beendigung und Kündigung von Arbeitsverhältnissen 3

13. Welche Möglichkeiten kommen einem Arbeitnehmer im Falle einer arbeitgeberseitigen Änderungskündigung zu?
14. Was ist unter dem zweistufigen Prüfungsschema des wichtigen Grundes i. s. d. § 626 Abs. 1 BGB zu verstehen?
15. Wann beginnt die zweiwöchige Ausschlussfrist des § 626 Abs. 2 BGB?
16. Welche besonderen Voraussetzungen müssen bei einer Verdachtskündigung vorliegen?
17. Welche unterschiedlichen Personengruppen genießen einen besonderen Kündigungsschutz?
18. Bedarf der besondere Kündigungsschutz schwerbehinderter Menschen die Kenntnis des Arbeitgebers von der Schwerbehinderteneigenschaft des Arbeitnehmers zum Zeitpunkt der Kündigung?
19. Können Personalratsmitglieder ordentlich gekündigt werden?
20. Wie kann das Berufsausbildungsverhältnis vor Ablauf der Probezeit gekündigt werden?
21. Ist die Kündigungsschutzklage fristgebunden zu erheben?
22. Wie kann ein arbeitsgerichtliches Verfahren beendet werden?

3.13 Fallübungen

Übung 20: Zugang der Kündigung und Kündigungsfristen

Sachverhalt 1:

Lahm ist Mitglied der Gewerkschaft ver.di und verheiratet. Seine Ehefrau ist nicht berufstätig. Mit Arbeitsvertrag vom 15.1. wird Lahm als Verwaltungsangestellter zum 18.2. bei der Stadt Rheinfels, die Mitglied im zuständigen kommunalen Arbeitgeberverband ist, eingestellt. Mit Schreiben vom 16.8. kündigt die Stadt Rheinfels das Arbeitsverhältnis ordentlich zum 31.8. Der städtische Bote Budde will Lahm das Kündigungsschreiben am 17.8. um 20.00 Uhr persönlich an der bekannten Heimanschrift übergeben. Da er niemanden antrifft, wirft er das Schreiben in den hauseigenen Briefkasten.

Aufgabe:

Prüfen Sie in einem umfassenden Rechtsgutachten zu welchem Zeitpunkt das Arbeitsverhältnis tatsächlich beendet worden ist. Gehen Sie bei Ihrer Prüfung davon aus, dass das Arbeitsverhältnis rechtswirksam gekündigt worden ist.

Abwandlung:

Budde versucht, Lahm das Kündigungsschreiben am 17.8. vormittags an dessen Wohnungstür zu übergeben. Lahm verweigert dessen Annahme. Da ein Briefkasten nicht vorhanden ist, kehrt Budde zu seiner Dienststelle zurück.

3 Beendigung und Kündigung von Arbeitsverhältnissen

Aufgabe:

Prüfen Sie in einem umfassenden Rechtsgutachten, zu welchem Zeitpunkt das Arbeitsverhältnis tatsächlich beendet worden ist. Gehen Sie bei Ihrer Prüfung davon aus, dass das Arbeitsverhältnis rechtswirksam gekündigt worden ist.

Sachverhalt 2:

Im Sachverhalt 1 ist im Arbeitsvertrag eine fünfmonatige Probezeit vereinbart. Die ordentliche Kündigung des Arbeitsverhältnisses wird damit begründet, dass Lahm wegen Verletzung der Unterhaltspflicht zum Nachteil seiner geschiedenen Ehefrau (§ 170 StGB) am 15.7. zu einer Geldstrafe verurteilt worden ist.

Aufgabe:

Prüfen Sie in einem umfassenden Rechtsgutachten, ob die ausgesprochene Kündigung das Arbeitsverhältnis rechtswirksam beendet hat. Gehen Sie bei Ihrer Prüfung davon aus, dass die personalvertretungsrechtlichen Mitbestimmungsverfahren ordnungsgemäß durchgeführt worden sind.

Lösungshinweise:

Sachverhalt 1:

1. Zunächst ist fraglich, welche Kündigungsfrist gilt. Da sowohl die Stadt Rheinfels als auch Lahm tarifgebunden sind (§§ 3 Abs. 1, 2 Abs. 1 TVG), sind hier auf das bestehende Arbeitsverhältnis die Reglungen des TVöD/TV-L anwendbar. Nach § 34 Abs. 1 Satz 1 TVöD/TV-L beträgt die Kündigungsfrist bis zum Ende des sechsten Monats zwei Wochen zum Monatsschluss. Die Sechsmonatsfrist beginnt nach § 187 Abs. 2 BGB am 18.2. und endet nach § 188 Abs. 2 BGB am 17.8., 24.00 Uhr.

Für die Frage, ob diese Frist eingehalten ist, ist der Zugang der Kündigung als einseitig empfangsbedürftige Willenserklärung maßgebend. Eine Willenserklärung geht dem Erklärungsempfänger zu, wenn sich dieser bei normaler Gestaltung seiner Verhältnisse Kenntnis von der Kündigung verschaffen kann und die Kenntnisnahme nach den Gepflogenheiten des Verkehrs von ihm erwartet werden muss. Auf die tatsächliche Kenntnisnahme kommt es hierbei nicht an.

Hier erfolgte der Zugang am 18.8, da das Kündigungsschreiben erst um 20.00 Uhr in den Briefkasten eingeworfen worden ist. Lebt ein Arbeitnehmer mit Personen zusammen, die tagsüber nicht dauernd die Wohnung verlassen, geht die Willenserklärung am nächsten Tag zu, wenn das Kündigungsschreiben erst erhebliche Zeit nach der allgemeinen Postzustellung in den Wohnungsbriefkasten eingeworfen wird, da der Arbeitnehmer den Briefkasten alsbald nach der allgemeinen Postzustellung von seinen Mitbewohnern überprüfen lässt. Es gilt demnach die Kündigungsfrist des § 34 Abs. 1 Satz 2 Alt. 1 TVöD/TV-L (Beschäftigungszeit bis ein Jahr), also ein Monat zum Monatsschluss.

Beendigung und Kündigung von Arbeitsverhältnissen 3

2. Weiterhin ist fraglich, wann die Kündigungsfrist abläuft und damit das Arbeitsverhältnis beendet wird. Die Kündigungsfrist beginnt am 19.8. (§ 187 Abs. 1 BGB) und endet mit Ablauf des 30.9. (§ 188 Abs. 2 BGB). Das Arbeitsverhältnis endet also am 30.9. um 24.00 Uhr. Hierbei ist unschädlich, dass in der Kündigungserklärung ein früherer Termin genannt ist. Liegt einer ordentlichen Kündigung eine unrichtige Berechnung der Kündigungsfrist zugrunde und kann die Kündigungserklärung wegen ihres eindeutigen Wortlauts nicht ausgelegt werden, oder ist sie zu einem unzulässigen Kündigungstermin ausgesprochen worden, wird sie in eine Kündigung zum nächstmöglichen Termin umgedeutet (§ 140 BGB).

Abwandlung:

1. Fraglich ist wiederum, welche Kündigungsfrist gilt. Da Lahm die Annahme des Kündigungsschreibens grundlos verweigert, muss dieser sich nach Treu und Glauben (§ 242 BGB) so behandeln lassen, als sei ihm das Kündigungsschreiben zum Zeitpunkt der Ablehnung zugegangen. Die Kündigung ist daher am 17.8. zugegangen, d. h. innerhalb der Sechsmonatsfrist. Dies hat zur Folge, dass die Kündigungsfrist zwei Wochen zum Monatsschluss beträgt.

2. Zu prüfen ist nun, zu welchem Zeitpunkt das Arbeitsverhältnis tatsächlich unter Beachtung der tariflichen Kündigungsfrist beendet worden ist. Nach §§ 187 Abs. 1, 188 Abs. 2 BGB beginnt die Zweiwochenfrist am 18.8. und endet am 31.8., d. h. das Arbeitsverhältnis endet fristgemäß zu diesem Zeitpunkt.

Sachverhalt 2:

Die Kündigung könnte zunächst wegen Verstoßes gegen das Kündigungsschutzgesetz unwirksam sein. Dieses ist nach § 1 Abs. 1 KSchG anwendbar, wenn das Arbeitsverhältnis länger als sechs Monate gedauert hat. Maßgebend ist der Zugang der Kündigung und nicht der Zeitpunkt der Beendigung des Arbeitsverhältnisses. Im Sachverhalt 1 ist das Kündigungsschutzgesetz anwendbar, denn die Kündigung ist nicht innerhalb der ersten sechs Monate zugegangen (s. o.). Die Vereinbarung einer kürzeren Probezeit spielt in diesem Zusammenhang keine Rolle (§ 2 Abs. 4 Satz 1 TVöD/TV-L). Die Kündigung müsste also nach § 1 Abs. 2 KSchG sozial gerechtfertigt sein. Dies ist bei der vorliegenden Kündigung nicht der Fall, denn die Straftat (Verletzung der Unterhaltspflicht) steht in keinem erkennbaren Zusammenhang mit dem Dienst, stellt also keine konkrete Störung des Arbeitsverhältnisses dar und belegt auch nicht die mangelnde Eignung des Lahm für die vertraglich geschuldete Arbeitsleistung (an dieser Stelle kann es offen bleiben, ob es sich um eine verhaltensbedingte oder um eine personenbedingte Kündigung handelt). Darüber hinaus ist auch kein Verstoß gegen § 241 Abs. 2 BGB erkennbar.

Im Sachverhalt 1 ist die Kündigung damit sozial ungerechtfertigt und damit unwirksam.

In der Abwandlung ist die Kündigung dagegen innerhalb der sechsmonatigen Wartefrist des § 1 Abs. 1 KSchG zugegangen. Die Vereinbarung einer kür-

3 Beendigung und Kündigung von Arbeitsverhältnissen

zeren Probezeit spielt hier keine Rolle. Das Kündigungsschutzgesetz ist also nicht anwendbar. Innerhalb der Wartefrist gilt der Grundsatz der Kündigungsfreiheit (Ausnahme: Sittenwidrigkeit, Verstoß gegen Treu und Glauben; sog. Mindestkündigungsschutz).

In der Abwandlung des Sachverhalts 1 verstößt die Kündigung damit nicht gegen das Kündigungsschutzgesetz.

Übung 21: Ordentliche Kündigung

Die im städtischen Kindergarten „Spielkiste" tätige 41-jährige Lotte ist seit dem 1.2. bei der Stadt Rheinfels beschäftigt. Lotte ist in der Zeit vom 15.3. bis einschließlich 20.5. arbeitsunfähig krank. In der Zeit vom 1.7. bis einschließlich zum 31.3. des Folgejahres befindet sich Lotte in Elternzeit. Nach der Trennung von ihrem Mann hatte Lotte eine Neigung entwickelt, Gegenstände zu kaufen, ohne diese zu bezahlen oder bezahlen zu können. Neben etlichen Lohnpfändungen hat dies zu strafrechtlichen Konsequenzen in Form einer Haftstrafe wegen mehrfachen Betruges zur Bewährung geführt. Verschiedene Abmahnungen zuletzt vor der Verurteilung konnten Lotte nicht zu einer Verhaltensänderung bewegen. Die Stadt Rheinfels zieht in Erwägung, das Arbeitsverhältnis mit der Lotte durch ordentliche Kündigung zu beenden.

Aufgabe:

Prüfen Sie in einem umfassenden Rechtsgutachten, ob die beabsichtigte ordentliche Kündigung sozial gerechtfertigt ist. Gehen Sie bei Ihrer Prüfung von der Anwendbarkeit der tariflichen Normen aus.

Lösungshinweise:

1. Der Anwendungsbereich des Kündigungsschutzgesetzes ist eröffnet (§§ 1 Abs. 1, 23 Abs. 2 KSchG). Dementsprechend müsste die Kündigung nach § 1 Abs. 2 KSchG sozial gerechtfertigt sein.

2. Die Kündigung könnte durch Gründe im Verhalten der Lotte gerechtfertigt sein. Eine verhaltensbedingte Kündigung ist gerechtfertigt, wenn das dem Arbeitnehmer vorgeworfene Verhalten eine Vertragspflicht verletzt, das Arbeitsverhältnis konkret beeinträchtigt wird, keine zumutbare Möglichkeit anderweitiger Beschäftigung besteht und die Lösung des Arbeitsverhältnisses bei Abwägung der Interessen beider Parteien billigenswert und angemessen erscheint. Entscheidend ist, ob das Fehlverhalten im Einzelfall geeignet ist, einen ruhig und verständig urteilenden Arbeitgeber zur Kündigung zu bestimmen.

Der Arbeitnehmer muss gegen seine vertraglichen Pflichten verstoßen haben. Ein entsprechender Verstoß kann vorliegen, wenn das Verhalten des Arbeitnehmers zu einer Vielzahl von Lohnpfändungen führt. Dies setzt allerdings voraus, dass es aufgrund der Vielzahl der Lohnpfändungen zu wesentlichen Störungen im Arbeitsablauf kommt. Dies ist hier nicht ersichtlich. Fraglich ist somit, ob die durch Lotte begangene außerdienstliche Straftat eine verhaltensbedingte Kündigung rechtfertigen kann. Da Lotte keine hoheitlichen Aufgaben übertragen worden sind, kommt ein Verstoß gegen § 3 Abs. 1.1

Beendigung und Kündigung von Arbeitsverhältnissen

Satz 2 TVöD/§ 3 Abs. 1 Satz 2 TV-L nicht in Betracht. Auch hat Lotte nicht gegen ihre Pflicht zur Rücksichtnahme nach § 241 Abs. 2 BGB verstoßen, da die Straftat keinen Bezug zur dienstlichen Tätigkeit aufweist. Weder hat Lotte bei der Begehung der Straftat Betriebsmittel genutzt, noch hat sie ihren Arbeitgeber mit der Straftat in Verbindung gebracht.

Die beabsichtigte Kündigung wäre somit nicht sozial gerechtfertigt.

Übung 22: Krankheitsbedingte Kündigung

Der 45-jährige Lahm ist seit vier Jahren im Grünflächenamt der Stadt Rheinfels als Gärtner beschäftigt. Nachdem er in den letzten zwei Jahren immer häufiger wegen Rückenbeschwerden arbeitsunfähig krank gewesen ist, stellt der Vertrauensarzt fest, dass er aus gesundheitlichen Gründen die schwere Tätigkeit eines Gärtners auf Dauer nicht mehr verrichten kann. Lahm bittet daraufhin seinen Vorgesetzten Budde, ihm leichtere Tätigkeiten in einem anderen Arbeitsbereich zuzuweisen. Eine Rückfrage beim Personalamt ergibt, dass keine freien Arbeitsplätze vorhanden sind, auf denen Lahm ohne Gefährdung seiner Gesundheit beschäftigt werden könnte. Da auch keine anderweitigen Umsetzungsmöglichkeiten bestehen, spricht die Stadt Rheinfels, ordnungsgemäß vertreten durch den Amtsleiter des Personalamts am 5.8. eine ordentliche Kündigung zum 30.9. aus, obwohl es möglich gewesen wäre, einen Bühnenarbeiter nach einer „Austauschänderungskündigung" im Grünflächenamt und Lahm nach einer angemessenen Einarbeitungszeit bei den Bühnen zu beschäftigen.

Aufgabe:

Prüfen Sie in einem umfassenden Rechtsgutachten, ob die ausgesprochene Kündigung das Arbeitsverhältnis wirksam beendet hat. Die Vorschriften des TVöD/TV-L sind hierbei zu beachten.

Lösungshinweise:

1. Es liegt eine ordnungsgemäße Kündigungserklärung vor, diese ist dem Lahm auch zugegangen, der Personalrat wurde ordnungsgemäß beteiligt und es besteht kein besonderer Kündigungsschutz.

2. Zu prüfen ist, ob die Kündigung nach § 1 Abs. 2 KSchG sozial gerechtfertigt ist.

a) Da der Anwendungsbereich des Kündigungsschutzgesetzes nach §§ 1 Abs. 1, 23 Abs. 2 KSchG eröffnet ist, müsste die Kündigung zunächst nach § 1 Abs. 2 KSchG sozial gerechtfertigt sein. Ob eine krankheitsbedingte Kündigung sozial gerechtfertigt ist, ergibt sich aus einer dreistufigen Prüfung. Zunächst ist eine negative Prognose hinsichtlich des voraussichtlichen Gesundheitszustandes erforderlich. Sodann müssen die bisherigen und die nach der Prognose zu erwartenden Auswirkungen des Gesundheitszustandes des Arbeitnehmers zu einer erheblichen Beeinträchtigung der betrieblichen Interessen führen. Schließlich ist in der dritten Stufe im Rahmen einer Interessenabwägung zu prüfen, ob die erheblichen betrieblichen Beeinträchtigungen zu einer billigerweise nicht mehr hinzunehmenden Belastung des Arbeitgebers führen.

3 Beendigung und Kündigung von Arbeitsverhältnissen

Zu unterscheiden ist zwischen einer dauerhaften bzw. langandauernden Erkrankung, häufigen Kurzzeiterkrankungen und einer krankheitsbedingten Leistungsminderung.

Lahm ist auf Dauer nicht mehr in der Lage, seine arbeitsvertraglich geschuldete Leistung zu erbringen. Da mit einer Genesung des Lahm nicht zu rechnen ist, besteht eine negative Gesundheitsprognose. Aufgrund der dauerhaften Störung des Austauschverhältnisses sind die betrieblichen Interessen der Stadt Rheinfels erheblich beeinträchtigt, da diese von ihrem arbeitgeberseitigen Weisungsrecht keinen Gebrauch mehr machen kann, sodass das Arbeitsverhältnis sinnentleert ist. Im Rahmen der Interessenabwägung ist zu berücksichtigen, dass Lahm erst 45 Jahre alt ist, sodass er auf dem Arbeitsmarkt noch vermittelbar ist. Darüber hinaus ist Lahm erst seit vier Jahren bei der Stadt Rheinfels beschäftigt. Da auch kein milderes Mittel ersichtlich ist, ist die ordentliche krankheitsbedingte Kündigung nach § 1 Abs. 2 KSchG sozial gerechtfertigt. Insbesondere war die Stadt Rheinfels nicht verpflichtet, eine „Austauschänderungskündigung" auszusprechen. Zwar muss der Arbeitgeber Arbeitsplätze zur Weiterbeschäftigung des erkrankten Arbeitnehmers frei machen, dies jedoch nur im Rahmen einer Umsetzung.

b) Fraglich ist nun, ob das Arbeitsverhältnis tatsächlich zum 30.9. beendet worden ist. Da Lahm bei der Stadt Rheinfels noch nicht fünf Jahre beschäftigt ist, beträgt die Kündigungsfrist nach § 34 Abs. 1 Satz 2 TVöD/TV-L sechs Wochen zum Schluss eines Kalendervierteljahres.

Das Arbeitsverhältnis wurde demnach durch die am 5.8. ausgesprochene Kündigung ordnungsgemäß zum 30.9. beendet.

Übung 23: Betriebsbedingte Änderungskündigung – Kündigungsschutzklage

Der seit sieben Jahren bei der Stadt Rheinfels im Museum für angewandte Kunst entsprechend seines Arbeitsvertrages als einziger Restaurator beschäftigte Lahm erhält am 20.9. ein Schreiben der Stadt Rheinfels, in dem ihm die Kündigung seines Arbeitsverhältnisses zum 31.12. ausgesprochen wird. Die Kündigung ist verbunden mit dem Angebot, das Arbeitsverhältnis als Tischler fortzusetzen. In einem persönlichen Gespräch wird Lahm auseinandergesetzt, dass geplant sei, aus Rationalisierungsgründen in Zukunft die Restauratorenarbeiten ausschließlich von den zur Zeit beim Museum Ludwig beschäftigten Restauratoren vornehmen zu lassen. Er selber sei ja tatsächlich nur zur Hälfte seiner Arbeitszeit mit Restauratorenarbeiten beschäftigt gewesen und habe im Übrigen bereits Tischlerarbeiten erledigt. Lahm erhebt am 28.10. Klage beim zuständigen Arbeitsgericht mit dem Antrag, dass die Änderung der Arbeitsbedingungen nicht sozial gerechtfertigt ist und dem Hinweis, dass er das Angebot der Stadt Rheinfels unter Vorbehalt annimmt. Die Klage wird der Stadt Rheinfels am 5.11. zugestellt.

Beendigung und Kündigung von Arbeitsverhältnissen

Aufgabe:

Prüfen Sie in einem umfassenden Rechtsgutachten, wie das Arbeitsgericht über die eingereichte Klage des Lahm entscheiden wird. Unterstellen Sie bei der Prüfung, dass Lahm im Rahmen der Sozialauswahl (§ 1 Abs. 3 KSchG) als am wenigsten schutzbedürftig anzusehen ist.

Abwandlung 1:

Dem Personalrat wurde lediglich mitgeteilt, dass der Inhalt des Arbeitsvertrages geändert werden soll. Lahm hat der Stadt Rheinfels am 23.10. mitgeteilt, dass er das Angebot unter dem Vorbehalt der sozialen Rechtfertigung annehme. Änderungsschutzklage erhebt Lahm am 12.11.

Aufgabe:

Prüfen Sie in einem umfassenden Rechtsgutachten, wie das Arbeitsgericht über die eingereichte Klage des Lahm entscheiden wird. Unterstellen Sie bei der Prüfung, dass Lahm im Rahmen der Sozialauswahl (§ 1 Abs. 3 KSchG) als am wenigsten schutzbedürftig anzusehen ist.

Abwandlung 2:

Gehen Sie davon aus, dass die Änderungskündigung nicht sozial gerechtfertigt ist. Auf Anraten des Rechtssekretärs Franz erhebt Lahm die Änderungsschutzklage am 12.11.

Aufgabe:

Prüfen Sie in einem umfassenden Rechtsgutachten, wie das Arbeitsgericht über die eingereichte Klage des Lahm entscheiden wird.

Lösungshinweise:

Fraglich ist, wie das Arbeitsgericht über die eingereichte Klage des Lahm entscheiden wird.

1. Der Arbeitnehmer muss den Vorbehalt gegenüber dem Arbeitgeber nach § 2 Satz 1 KSchG innerhalb der Kündigungsfrist, spätestens jedoch innerhalb von drei Wochen nach Zugang der Kündigung erklären. Da der Vorbehalt innerhalb der Klageschrift erklärt werden kann, wenn diese dem Arbeitgeber fristgerecht zugestellt wird, hat Lahm den Vorbehalt durch Zustellung der Klage an die Stadt Rheinfels am 5.11. fristgerecht erklärt.

2. Der Arbeitnehmer ist verpflichtet, innerhalb von drei Wochen nach Zugang der Kündigung Kündigungsschutzklage beim zuständigen Arbeitsgericht zu erheben (§ 4 Satz 1 und Satz 2 KSchG). Die dreiwöchige Frist wird nach §§ 187 Abs. 1, 188 Abs. 2 BGB berechnet. Wird die Frist versäumt, führt dies nach § 7 KSchG dazu, dass die Kündigung als rechtswirksam gilt. Darüber hinaus erlischt der erklärte Vorbehalt. Damit sind die Voraussetzungen des § 2 KSchG nicht mehr gegeben, sodass die soziale Rechtfertigung nicht mehr überprüfbar ist. Da Lahm acht Tage nach Zugang der Kündigungserklärung Kündigungsschutzklage erhoben hat, ist die Frist des § 4 KSchG gewahrt.

3 Beendigung und Kündigung von Arbeitsverhältnissen

3. Im Hinblick auf die soziale Rechtfertigung der Änderungskündigung ist aufgrund der Verweisung des § 2 Satz 1 KSchG grundsätzlich der gleiche Prüfungsmaßstab wie bei einer Beendigungskündigung anzulegen. Hierbei ist zu berücksichtigen, dass lediglich die Änderung der Arbeitsbedingungen und nicht die Beendigung des Arbeitsverhältnisses insgesamt sozial gerechtfertigt sein muss. Des Weiteren müssen die neuen angebotenen Vertragsbedingungen zumutbar sein. Da – soweit die entsprechenden Voraussetzungen des § 1 KSchG vorliegen – auch eine Beendigungskündigung hätte ausgesprochen werden können, bedeutet Zumutbarkeit lediglich, dass kein anderweitiger, weniger belastender und freier Arbeitsplatz vorhanden ist.

Nach § 1 Abs. 2 Satz 1 KSchG ist eine ordentliche Kündigung sozial ungerechtfertigt, wenn sie nicht durch dringende betriebliche Erfordernisse, die einer Weiterbeschäftigung des Arbeitnehmers in diesem Bereich entgegenstehen, bedingt ist.

Die betriebsbedingte Kündigung setzt zunächst voraus, dass der Arbeitsplatz des betroffenen Arbeitnehmers aufgrund einer nachvollziehbaren Unternehmerentscheidung entfallen ist. Die Stadt Rheinfels hat sich aus Rationalisierungsgründen dazu entschlossen, die Restauratorentätigkeiten nur noch von den zurzeit im Museum Ludwig beschäftigten Restauratoren vornehmen zu lassen, sodass der Arbeitsplatz des Lahm aufgrund einer Unternehmerentscheidung entfallen ist und ein betriebsbedingter Kündigungsgrund vorliegt.

Darüber hinaus ist der Verhältnismäßigkeitsgrundsatz gewahrt, da keine weniger belastende Einsatzmöglichkeit in Betracht zu ziehen ist.

Letztlich wurde laut Bearbeitervermerk eine ordnungsgemäße Sozialauswahl nach § 1 Abs. 3 KSchG durchgeführt.

Die betriebsbedingte Änderungskündigung ist demnach sozial gerechtfertigt.

4. Nach einer Beschäftigungszeit von mindestens 5 Jahren beträgt die Kündigungsfrist nach § 34 Abs. 1 Satz 2 TVöD/TV-L drei Monate zum Schluss eines Kalendervierteljahres. Die Frist ist nach §§ 187 Abs. 1, 188 Abs. 2 BGB zu berechnen. Das Arbeitsverhältnis endet somit zum 31.12.

5. Das Arbeitsgericht wird die Kündigungsschutzklage als unbegründet abweisen.

Abwandlung 1:

Da die Änderungsschutzklage nicht innerhalb der Frist des § 4 KSchG erhoben wurde und eine nachträgliche Zulassung gemäß § 5 KSchG nicht möglich ist, erlischt der Vorbehalt, sodass die Kündigung als sozial gerechtfertigt gilt (§ 7 KSchG).

Abwandlung 2:

Die Kündigungsschutzklage ist zwar gemäß § 4 KSchG verfristet, Lahm hat jedoch nach § 5 KSchG die Möglichkeit, die nachträgliche Zulassung der Klage zu beantragen.

Beendigung und Kündigung von Arbeitsverhältnissen

Ob das Verschulden eines Bevollmächtigten, dem Arbeitnehmer als eigenes Verschulden i. S. d. § 5 Abs. 1 KSchG zuzurechnen ist, ist umstritten. Da der Arbeitgeber nach § 5 Abs. 3 Satz 2 KSchG grundsätzlich bis zu sechs Monate mit einer Kündigungsschutzklage rechnen muss, spricht einiges dafür, das Drittverschulden dem Arbeitnehmer nicht zuzurechnen (a. A. vertretbar).

Übung 24: Außerordentliche Kündigung wegen eigenmächtigen Urlaubsantritts

Die langjährige Mitarbeiterin Lotte, die bei der Stadt Rheinfels arbeitsvertragsgemäß als Schulbusbegleiterin eingesetzt ist, beantragt im Juli für den Zeitraum vom 3.12. bis zum 19.12. ohne weitere Begründung Erholungsurlaub. Der Urlaubsantrag wird von der zuständigen Sachbearbeiterin Budde abgelehnt. Zur Begründung verweist Budde auf den bestehenden Arbeitsvertrag, indem ausdrücklich vereinbart worden ist, dass der Erholungsurlaub ausschließlich innerhalb der allgemeinen Schulferien genommen werden kann. Ende November reicht Lotte bei Budde erneut für den obigen Zeitraum einen schriftlichen Urlaubsantrag ein. Auch dieser Urlaubsantrag wird abgelehnt. Im Rahmen des Ablehnungsschreibens wird Lotte von Budde darauf hingewiesen, dass sie, wenn sie ihren Urlaub antrete, mit arbeitsrechtlichen Konsequenzen rechnen müsse. Lotte trat ihren Erholungsurlaub wie beantragt mit der Begründung an, dass sie aus religiösen Gründen zwingend an einer Pilgerreise, der Hadsch, teilnehmen muss und die entsprechende Reise bereits gebucht ist. Budde muss daraufhin für Lotte eine externe Vertretungskraft einstellen. Die diesbezüglichen Personalkosten belaufen sich auf 500,– €. Budde beabsichtigt nun, dass zwischen der Stadt Rheinfels und Lotte bestehende Arbeitsverhältnis außerordentlich zu kündigen.

Aufgabe:

Prüfen Sie in einem umfassenden Rechtsgutachten, ob ein wichtiger Grund i. S. d. § 626 Abs. 1 BGB vorliegt.

Lösungshinweise:

Fraglich ist, ob die beabsichtigte außerordentliche Kündigung rechtmäßig ist.

1. Nach § 626 Abs. 1 BGB kann das Arbeitsverhältnis aus wichtigem Grund ohne Einhaltung einer Kündigungsfrist gekündigt werden, wenn Tatsachen vorliegen, aufgrund derer dem Kündigenden unter Berücksichtigung aller Umstände des Einzelfalls und unter Abwägung der Interessen beider Vertragsteile die Fortsetzung des Arbeitsverhältnisses bis zum Ablauf der ordentlichen Kündigungsfrist oder bis zur vereinbarten Beendigung des Arbeitsverhältnisses nicht zugemutet werden kann.

Es ist zunächst zu prüfen, ob ein bestimmter Sachverhalt ohne die besonderen Umstände des Einzelfalls an sich geeignet ist, einen wichtigen Grund für eine außerordentliche Kündigung abzugeben. Im Falle einer sog. Selbstbeurlaubung liegt grundsätzlich an sich ein wichtiger Grund vor.

Nunmehr ist zu prüfen, ob die Fortsetzung des Arbeitsverhältnisses unter Berücksichtigung der konkreten Umstände des Einzelfalls und unter Abwä-

3 Beendigung und Kündigung von Arbeitsverhältnissen

gung der Interessen beider Vertragsteile zumutbar ist oder nicht. Für die Rechtmäßigkeit der Kündigung spricht hier, dass Lotte im Vorfeld ausdrücklich darauf hingewiesen worden ist, dass sie, soweit sie ohne Genehmigung ihren Urlaub antritt, mit einer Kündigung des Arbeitsverhältnisses rechnen muss. Darüber hinaus spricht für die Rechtmäßigkeit der Kündigung, dass aufgrund der Selbstbeurlaubung der Lotte der Stadt Rheinfels ein Schaden in Höhe von 500,– € entstanden ist. Gegen die Rechtmäßigkeit könnte allerdings sprechen, wenn sich Lotte erfolgreich auf ihre Religionsfreiheit i. S. d. Art. 4 Abs. 1 GG berufen könnte. Hierbei ist jedoch zu beachten, dass Lotte auch noch zu einem späteren Zeitpunkt an der Pilgerreise hätte teilnehmen können und im Arbeitsvertrag ausdrücklich bestimmte Urlaubszeiten vereinbart wurden.

Ein wichtiger Grund i. S. d. § 626 Abs. 1 BGB liegt demnach vor.

2. Soweit die Stadt Rheinfels die zweiwöchige Kündigungserklärungsfrist des § 626 Abs. 2 BGB beachtet, ist die außerordentliche Kündigung gerechtfertigt.

Übung 25: Kündigungsrecht und Kündigungsschutzklage

Lahm bewirbt sich auf eine im Rheinfelder Stadtanzeiger von der Stadt Rheinfels geschaltete Stellenanzeige. Lahm wird daraufhin von der Stadt Rheinfels zu einem Vorstellungsgespräch eingeladen. Auf die während des Gesprächs vom für die Einstellung zuständigen Personalsachbearbeiter Budde gestellte Frage, ob Lahm an der Erbringung seiner Arbeitsleistung infolge einer bei ihm bestehenden Erkrankung gehindert ist, antwortete Lahm obwohl er wusste, dass er sich bereits mit dem HIV-Virus infiziert hatte, das er kerngesund ist. Lahm, Mitglied bei der Gewerkschaft ver.di, wird daraufhin von der Stadt Rheinfels zum 3.2. als Verwaltungsfachangestellter eingestellt. Die Stadt Rheinfels ist Mitglied des zuständigen Kommunalen Arbeitgeberverbandes. Am 24.2. unternimmt Lahm einen Selbsttötungsversuch, nachdem ihm mitgeteilt worden ist, dass er mittlerweile an Aids erkrankt ist. Lahm wird zunächst bis Mitte März und anschließend für zwei weitere Monate bis zum 31.5. arbeitsunfähig krankgeschrieben. Nachdem die Stadt Rheinfels von dem Selbsttötungsversuch und der Krankheit des Lahm Kenntnis erlangt hat, kündigt sie mit Schreiben vom 30.3. das Arbeitsverhältnis des Lahm ohne Angabe von Gründen durch den Amtsleiter des Personalamts Erster zum 14.4. auf. Gleichzeitig wird die Anfechtung des Arbeitsverhältnisses erklärt. Budde wirft das Kündigungsschreiben nebst einer gesonderten schriftlichen Anfechtungserklärung noch am späten Abend des 31.3. persönlich in den Hausbriefkasten des Lahm ein. Wegen eines Krankenhausaufenthalts nimmt Lahm die Kündigung und die Anfechtung des Arbeitsverhältnisses allerdings erst am 21.4. zur Kenntnis.

Nach Rücksprache mit seinem Rechtsanwalt weist Lahm am 22.4. telefonisch gegenüber Erster die Kündigung und Anfechtung zurück, weil dem Schreiben keine Vollmachtsurkunde beigefügt worden ist.

Lahm erhebt am 24.4. beim zuständigen Arbeitsgericht Klage mit dem Antrag, festzustellen, dass das Arbeitsverhältnis über den 14.4. fortbesteht. Lahm weißt in seiner Klageschrift u. a. wahrheitsgemäß darauf hin, dass er aufgrund seines Krankenhaus-

Beendigung und Kündigung von Arbeitsverhältnissen

aufenthaltes nicht in der Lage gewesen ist, die Klage früher zu erheben. Im Rahmen der Güteverhandlung am 19.6. weist Lahm darauf hin, dass sowohl die Kündigung als auch die Anfechtung bereits aufgrund seiner Schwerbehinderteneigenschaft unwirksam ist. Von der Schwerbehinderteneigenschaft des Lahm hatte die Stadt Rheinfels bis zu diesem Zeitpunkt keine Kenntnis. Nach ordnungsgemäßer Beteiligung des Integrationsamtes spricht die Stadt Rheinfels im Kammertermin am 23.12. eine außerordentliche hilfsweise ordentliche Kündigung unter Beachtung einer Kündigungsfrist zum 31.1. des Folgejahres aus. Das Kündigungsschreiben wird Lahm durch einen Prozessvertreter der Stadt Rheinfels ordnungsgemäß übergeben. Die Stadt Rheinfels begründet die Kündigungen mit dem Hinweis, dass Lahm bereits am 15.2. aus einer stadteigenen Kasse 100,– € gestohlen hat. Tatsächlich hat die Stadt Rheinfels jedoch erst am 15.12. aufgrund eines Hinweises eines Mitarbeiters von dem Vorfall Kenntnis erlangt. Der Diebstahl wird von Lahm zugestanden. Gleichwohl erweitert er seine Klage und begehrt nunmehr die Feststellung, dass das Arbeitsverhältnis auch nicht durch die Kündigungen vom 23.12. aufgelöst worden ist.

Aufgabe:

Prüfen Sie in einem umfassenden Rechtsgutachten die Rechtslage. Soweit Sie zu dem Ergebnis gelangen, dass das Arbeitsverhältnis bereits durch die Kündigung und/oder die Anfechtung vom 30.3. rechtswirksam aufgelöst worden ist, erstellen Sie hinsichtlich der Kündigungen vom 23.12. ein Hilfsgutachten.

Lösungshinweise:

1. Zunächst ist zu prüfen, ob die Klage zulässig ist.

a) Der Rechtsweg ist gemäß § 2 Abs. 1 Nr. 3 Buchst. b ArbGG eröffnet, da auf Feststellung des Fortbestehens eines Arbeitsverhältnisses geklagt wird.

b) Das Feststellungsinteresse liegt gem. § 46 Abs. 2 ArbGG i. V. m. § 256 Abs. 1 ZPO vor.

2. Nunmehr ist zu prüfen, ob die Klage begründet ist.

a) Fraglich ist zunächst, ob die Kündigung vom 30.3. das Arbeitsverhältnis beendet hat. Die Kündigung würde bereits dann als bestandskräftig gelten, wenn Lahm die Kündigungsschutzklage nicht innerhalb der dreiwöchigen materiellen Ausschlussfrist des § 4 Satz 1 KSchG erhoben hat (§ 7 KSchG). Der Anwendungsbereich ist nach § 23 Abs. 1 KSchG eröffnet. § 1 Abs. 1 KSchG ist zusätzlich nur im Hinblick auf die Notwendigkeit der sozialen Rechtfertigung einer Kündigung zu beachten.

Das Kündigungsschreiben wurde am 31.3. spätabends in den Briefkasten des Lahm eingeworfen. Die Kündigung ist daher erst am 1.4. zugegangen, da nach gewöhnlichen Verhältnissen mit einer Kenntnisnahme nach den allgemeinen Postzustellungszeiten am späten Abend des 31.3. nicht mehr zu rechnen gewesen ist. Die Frist beginnt somit nach § 187 Abs. 1 BGB am 2.4., ohne dass es auf die tatsächliche Kenntnisnahme durch Lahm ankommt. Die drei-

3 Beendigung und Kündigung von Arbeitsverhältnissen

wöchige Frist endet somit nach § 188 Abs. 2 BGB am 22.4. Die Klage wurde somit am 24.3. verfristet erhoben.

Fraglich ist, ob die Klage nach § 5 KSchG durch das Arbeitsgericht nachträglich zugelassen werden kann. Eine ordnungsgemäße Beantragung der nachträglichen Klagezulassung unter Beachtung der zweiwöchigen Frist gemäß § 5 Abs. 2 und Abs. 3 KSchG liegt vor. Die Fristversäumung war auch unverschuldet i. S. d. § 5 Abs. 1 KSchG, da Lahm sich zum Zeitpunkt des Zuganges der Kündigung im Krankenhaus befand und keine besonderen Umstände auf eine Kündigung hingedeutet haben, sodass Lahm keine speziellen Vorkehrungen treffen musste. Das Arbeitsgericht wird die Klage daher nachträglich zulassen.

b) Zu prüfen ist, ob Lahm die Kündigung gemäß § 174 BGB ordnungsgemäß mit der Folge zurückgewiesen hat, dass diese unwirksam ist. Der Kündigungserklärung lag keine Vollmachtsurkunde bei (§ 174 Satz 1 BGB). Da Lahm von der Kündigung am 21.4. Kenntnis erlangt hat, erfolgte die Zurückweisung der Kündigung gem. § 174 Satz 1 BGB unverzüglich, d. h. ohne schuldhaftes Zögern (§ 121 Abs. Satz 1 BGB). Die Zurückweisung der Kündigung ist nach § 174 Satz 2 BGB ausgeschlossen, wenn der Vollmachtgeber den anderen von der Bevollmächtigung in Kenntnis gesetzt hat. Ein tatsächlicher Hinweis liegt hier nicht vor. Einer tatsächlichen Mitteilung steht es jedoch gleich, wenn der Vertreter in eine Stellung berufen wurde, die üblicherweise mit einer entsprechenden Vollmacht ausgestattet ist. Da der Amtsleiter des Personalamtes üblicherweise bevollmächtigt ist, Kündigungen auszusprechen, entfaltet die Zurückweisung der Kündigung durch Lahm keine Rechtsfolgen.

c) Die Kündigung wurde schriftlich ausgesprochen (§ 623 BGB).

d) Die Kündigung muss zu ihrer Wirksamkeit nicht gemäß § 1 Abs. 2 KSchG sozial gerechtfertigt sein, da zum Zeitpunkt des Kündigungszugangs das Arbeitsverhältnis noch keine sechs Monate Bestand hatte (§ 1 Abs. 1 KSchG).

e) Ein Verstoß gegen das in § 134 BGB i. V. m. § 1 ff. AGG normierte Benachteiligungsverbot liegt hier nicht vor, da nicht erkennbar ist, dass Lahm wegen seiner Schwerbehinderteneigenschaft gekündigt worden ist. Auch kann sich Lahm nicht gemäß § 134 BGB i. V. m. § 85 SGB IX auf den besonderen Kündigungsschutz für schwerbehinderte Menschen berufen, da das Arbeitsverhältnis bei Zugang der Kündigung noch keine sechs Monate bestanden hatte (§ 90 Abs. 1 Nr. 1 SGB IX).

f) Die Kündigung könnte sittenwidrig i. S. d. § 138 Abs. 1 BGB sein. Sittenwidrig ist ein Rechtsgeschäft, wenn es gegen das Anstandsgefühl aller billig und gerecht denkenden Menschen verstößt. Demnach ist hier fraglich, ob die Kündigung eines Arbeitnehmers wegen einer AIDS-Erkrankung sittlich verwerflich ist. Gegen die Sittenwidrigkeit spricht, dass auch im Arbeitsrecht der Grundsatz der Privatautonomie gilt. Darüber hinaus hat sich die AIDS-Erkrankung bereits auf das Arbeitsverhältnis ausgewirkt (Lohnfortzahlung wegen Arbeitsunfähigkeit). Letztlich ist die krankheitsbedingte Kündigung als Unterfall der personenbedingten allgemein anerkannt. Die Kündigung verstößt somit nicht gegen die guten Sitten.

Aufgrund der beidseitigen Tarifbindung (§§ 3 Abs. 1, 2 Abs. 1 TVG) gelten nach § 1 Abs. 1 TVöD/TV-L die tarifrechtlichen Regelungen. Die Kündigungsfrist beträgt nach § 34 Abs. 1 Satz 1 TVöD/TV-L zwei Wochen zum Monatsschluss. Die Kündigungsfrist endet nach §§ 187 Abs. 2, 188 Abs. 1 BGB am 30.4. Allerdings führt die Falschberechnung der Frist (14.4.) nicht zur Unwirksamkeit der Kündigung. Vielmehr gilt das Arbeitsverhältnis im Wege der Umdeutung (§ 140 BGB) zum nächstmöglichen Zeitpunkt, also zum 30.4. als aufgelöst.

Die Klage ist nicht begründet.

3. Die Anfechtung des Arbeitsvertrages kann sowohl neben einer ordentlichen als auch neben einer außerordentlichen Kündigung erklärt werden. Die dreiwöchige Ausschlussfrist des § 4 Satz 1 KSchG gilt hier nicht.

a) Eine Anfechtung des Arbeitsvertrages nach § 142 Abs. 1 BGB i. V. m. § 119 Abs. 2 BGB kommt nicht in Betracht, da eine Erkrankung keine verkehrswesentliche Eigenschaft ist.

b) Verletzt der Arbeitnehmer die ihm obliegende Wahrheitspflicht, ist der Arbeitgeber zu einer Anfechtung des Arbeitsvertrages wegen arglistiger Täuschung berechtigt (§§ 142 Abs. 1, 123 Abs. 1 BGB). Voraussetzung hierfür ist die bewusst falsche oder unvollständige Antwort auf eine zulässige Frage, wenn diese Tatsache für die Einstellung kausal war, und der Bewerber dies wissen oder hätte erkennen müssen.

Da die Aidserkrankung bei Lahm zum Zeitpunkt der Einstellung bereits ausgebrochen war, war für Lahm absehbar, dass er zukünftig häufiger erkranken wird. Aufgrund der mit den Erkrankungen einhergehenden Entgeltfortzahlungskosten ist zu erwarten gewesen, dass das Arbeitsverhältnis zukünftig stark belastet sein wird. Die Stadt Rheinfels hatte ein berechtigtes Interesse an der entsprechenden Informationsgewinnung, sodass Lahm seine Erkrankung nicht verschweigen durfte. Da auch die übrigen Voraussetzungen vorliegen, insbesondere wurde die Anfechtungsfrist des § 124 Abs. 1 BGB gewahrt, ist die ausgesprochene Anfechtung rechtmäßig. Da das Arbeitsverhältnis bereits in Vollzug gesetzt worden ist, wirkt die Anfechtung entgegen des Wortlauts des § 142 Abs. 1 BGB nicht rückwirkend, da ein Austausch der erbrachten Leistungen nach § 812 Abs. 1 Satz 1 Alt. 1 BGB nicht möglich ist. Das Arbeitsverhältnis wird daher durch die Anfechtung erst mit Zugang der Anfechtungserklärung am 1.4. für die Zukunft beendet.

Hilfsgutachten:

Fraglich ist nunmehr, ob auch die außerordentliche Kündigung des Arbeitsverhältnisses vom 23.12. gerechtfertigt ist.

3 Beendigung und Kündigung von Arbeitsverhältnissen

1. Das Integrationsamt wurde nach § 174 Abs. 4 SGB IX ordnungsgemäß beteiligt, die Kündigung wurde schriftlich erklärt (§ 623 BGB).
2. Zu prüfen ist, ob die Voraussetzungen des § 626 BGB vorliegen. Ein an sich geeigneter Kündigungsgrund liegt im Hinblick auf den begangenen Diebstahl von 100,- € vor (§ 626 Abs. 1 BGB). Da keine besonderen Anhaltspunkte aus dem Sachverhalt ersichtlich sind, ist es dem Arbeitgeber vor allem im Hinblick auf die Kürze der Betriebszugehörigkeit des Lahm auch unter Berücksichtigung aller Umstände des Einzelfalls nicht mehr zuzumuten, das Arbeitsverhältnis aufrechtzuerhalten. Des Weiteren wurde die zweiwöchige Kündigungserklärungsfrist des § 626 Abs. 2 BGB gewahrt, sodass die außerordentliche Kündigung wirksam ist.
3. Ob auch die hilfsweise ausgesprochene ordentliche Kündigung vom 23.12. rechtmäßig ist, überprüft das Arbeitsgericht nicht, da das Arbeitsverhältnis bereits durch die außerordentliche Kündigung aufgelöst worden ist.

Das Arbeitsgericht wird die Klage des Lahm abweisen.

Übung 26: Verhaltens- und krankheitsbedingte Kündigung, Anfechtung

Auf eine im Stadtanzeiger geschaltete Stellenanzeige bewirbt sich auch Lahm. In einem daraufhin anberaumten Vorstellungsgespräch gibt Lahm auf Nachfrage der Auswahlkommission an, dass er für den Beruf eines Fahrers gesundheitlich geeignet ist. Hierbei verschweigt Lahm jedoch, dass er aufgrund eines chronischen Rückenleidens keine dauerhaft sitzende Tätigkeit ausüben kann. Darüber hinaus gibt Lahm nicht an, dass bei ihm im Hinblick auf seine gesamte körperliche Konstitution ein Grad der Behinderung von 50 % bereits rechtskräftig festgestellt worden ist. Das Gewerkschaftsmitglied Lahm wird daraufhin als Leistungsbester bei der Stadt Rheinfels, die Mitglied im kommunalen Arbeitgeberverband ist, zum 1.2. als Fahrer des Bürgermeisters eingestellt. Da Lahm bereits seit dem 13.3. durchgehend arbeitsunfähig krankgeschrieben ist, wird er am 15.5. vertrauensärztlich untersucht. Im Rahmen der ärztlichen Untersuchung wird erstmalig durch die Stadt Rheinfels festgestellt, dass Lahm unter chronischen Rückenbeschwerden leidet und als schwerbehinderter Mensch anerkannt ist. Im schriftlichen Gutachten vom 23.5. stellt der Vertrauensarzt darüber hinaus fest, dass Lahm voraussichtlich für mindestens weitere zweieinhalb Jahre arbeitsunfähig krank sein wird. Nachdem Lahm das Gutachten am selben Tage ausgehändigt wird, sucht er umgehend seine Stammkneipe auf. Den anschließenden Heimweg tritt er mit seinem privaten KFZ an. Da seine Reaktionsfähigkeit aufgrund eines Blutalkoholgehaltes von 1,5 Promille stark herabgesetzt ist, fährt Lahm von hinten auf einen vorausfahrenden PKW auf. Die herbeigerufene Polizei zieht nach einem Alkoholtest die Fahrerlaubnis des Lahm ein. Lahm wird gleichzeitig darüber informiert, dass er zumindest mit einem einjährigen Fahrverbot rechnen muss. Nachdem Budde, Mitarbeiter des Personalamtes der Stadt Rheinfels, von diesem Sachverhalt Kenntnis erlangt, fasst er den Entschluss, das bestehende Arbeitsverhältnis zu beenden. Nachdem das Integrationsamt seine Zustimmung zur Kündigung des Arbeitsverhältnisses erklärt hat, beabsichtigt die Stadt Rheinfels das Arbeitsverhältnis krankheitsbedingt und wegen des Vorfalls vom 23.5. ordentlich

Beendigung und Kündigung von Arbeitsverhältnissen 3

zum 31.8. zu kündigen. Gleichzeitig soll die Anfechtung des Arbeitsvertrages wegen arglistiger Täuschung erklärt werden. Budde begibt sich am 1.8. zur Wohnung des Lahm. Obwohl Budde weiß, dass Lahm zu dieser Zeit einen Kuraufenthalt im sonnigen Bayern genießt, wirft er sowohl das Kündigungs- als auch das Anfechtungsschreiben jeweils datiert vom 31.7. um 9.00 Uhr in den Briefkasten des Lahm ein.

Aufgabe:

Prüfen Sie in einem umfassenden Rechtsgutachten, ob das Arbeitsverhältnis ordnungsgemäß beendet worden ist. Gehen Sie bei Ihrer Prüfung davon aus, dass der Personalrat ordnungsgemäß beteiligt worden ist.

Lösungshinweise:

1. Zunächst ist zu prüfen, ob die ausgesprochene ordentliche Kündigung vom 31.7. rechtmäßig ist.

a) Hinsichtlich der formellen Wirksamkeit der Kündigungserklärung bestehen keine Bedenken. Insbesondere wurde das Schriftformerfordernis des § 623 BGB beachtet. Die Zustimmung des Integrationsamtes liegt vor (§§ 168 ff. SGB IX).

b) Fraglich ist, ob die Kündigung nach § 1 Abs. 1 und 2 KSchG sozial gerechtfertigt sein muss. Dies setzt zunächst voraus, dass das Arbeitsverhältnis zum Zeitpunkt des Zugangs der Kündigung ohne Unterbrechung länger als sechs Monate bestanden hat. Die Wartezeit wird nach §§ 187 Abs. 2, 188 Abs. 2 BGB berechnet. Sie beginnt daher am 1.2. um 0:00 Uhr und endet am 31.7. um 24:00 Uhr. Da auf den tatsächlichen Bestand des Arbeitsverhältnisses abzustellen ist, ist es unerheblich, dass Lahm innerhalb der Wartezeit teilweise arbeitsunfähig krank war. Da Budde das Kündigungsschreiben am 1.8. um 9:00 Uhr in den Briefkasten eingeworfen hat, erfolgte der Zugang der Kündigungserklärung am gleichen Tag, also nach Ablauf der Wartezeit (§ 130 BGB). Der Zugang der Kündigungserklärung wird durch die urlaubsbedingte Abwesenheit des Lahm nicht verhindert, da maßgebend ein objektiver Zugangsbegriff ist. Demnach ist für den Zugang der Kündigungserklärung der Zeitpunkt maßgebend, in dem der Kündigungsempfänger nach dem gewöhnlichen Verlauf der Dinge von der Existenz der Kündigungserklärung Kenntnis erlangen kann. Entscheidend ist daher nicht die tatsächliche Kenntnisnahme. Die Kündigung muss daher gemäß § 1 Abs. 2 KSchG sozial gerechtfertigt sein.

c) Es könnten verschiedene Gründe die Kündigung sozial rechtfertigen. Eine auf mehrere Kündigungssachverhalte gestützte Kündigung ist hinsichtlich der Sozialwidrigkeit unter allen in Betracht kommenden Aspekten zu prüfen. Hierbei gilt zunächst der Grundsatz der Einzelprüfung. Lediglich, wenn diese isolierte Betrachtungsweise nicht bereits zur sozialen Rechtfertigung der Kündigung führt, kommt eine gesamteinheitliche Betrachtungsweise in Betracht. Es ist daher zunächst eine Einzelprüfung vorzunehmen. Welcher Kündigungssachverhalt zuerst geprüft wird, ist unerheblich.

3 Beendigung und Kündigung von Arbeitsverhältnissen

d) Die Kündigung könnte gerechtfertigt sein, da Lahm sich aufgrund seiner Trunkenheitsfahrt gemäß § 315c StGB strafbar gemacht hat. Hierin könnte ein verhaltensbedingter Kündigungsgrund gesehen werden. Eine verhaltensbedingte Kündigung setzt eine Vertragspflichtverletzung durch steuerbares Verhalten voraus. Da es sich hier um ein außerdienstliches Verhalten handelt, muss hinzukommen, dass dieses sich konkret nachteilig auf das Arbeitsverhältnis oder den Betriebsablauf ausgewirkt hat. Eine entsprechende Auswirkung, die eine Pflichtverletzung nach § 241 Abs. 2 BGB rechtfertigen würde, ist hier jedoch nicht ersichtlich, da Lahm den Unfall mit seinem privaten KFZ außerhalb der Arbeitszeit verursacht hat, sodass die Stadt Rheinfels mit der durch Lahm begangenen Straftat nicht in Verbindung gebracht wird. Auch ist ein Verstoß gegen die sich aus § 41 Satz 2 TVöD BT-V/§ 3 Abs. 1 Satz 2 TV-L ergebenen Pflichten nicht ersichtlich. Zwar sind die tarifrechtlichen Vorschriften aufgrund der beidseitigen Tarifbindung (§§ 3 Abs. 1, 2 Abs. 1 TVG) zu beachten, gleichwohl ist nicht ersichtlich, dass Lahm mit hoheitlichen Aufgaben betraut worden ist.

e) Aus dem Verhalten des Lahm könnte geschlossen werden, dass ihm die Eignung für die vertraglich geschuldete Tätigkeit fehlt, sodass eine personenbedingte Kündigung möglich sein könnte. Gleiches gilt für den Umstand, dass die Fahrerlaubnis des Lahm eingezogen worden ist, und er mit einem einjährigen Fahrverbot rechnen muss. Fehlende körperliche oder geistige Eignung für die Ausübung der vertraglich geschuldeten Arbeitsleistung stellt einen personenbedingten Kündigungsgrund dar. Auch eine persönliche Ungeeignetheit kommt als personenbedingter Kündigungsgrund in Betracht. Insbesondere im Hinblick auf die erhebliche Blutalkoholkonzentration zum Zeitpunkt des Unfalls und unter Berücksichtigung des einjährigen Fahrverbotes fehlt Lahm die Eignung, seine vertraglich geschuldete Arbeitsleistung zu erbringen. Da aus dem Sachverhalt kein milderes Mittel ersichtlich ist und auch die Interessenabwägung zulasten des Lahm ausgeht (gegen Lahm spricht insbesondere die kurze Beschäftigungszeit und die erhebliche Belastung des Arbeitsverhältnisses), ist die ordentliche Kündigung bereits aus den vorbezeichneten Gesichtspunkten nach § 1 Abs. 2 Satz 1 KSchG sozial gerechtfertigt.

f) Die ordentliche Kündigung ist auch aus krankheitsbedingten (personenbedingten) Gründen sozial gerechtfertigt. Bei einer krankheitsbedingten Kündigung ist zwischen einer Kündigung wegen häufigen Kurzzeiterkrankungen und wegen einer krankheitsbedingten dauerhaften Leistungsunfähigkeit zu unterscheiden. Allerdings steht der dauernden Leistungsunfähigkeit die Ungewissheit der Wiederherstellung der Arbeitsfähigkeit gleich, wenn zumindest in den nächsten 24 Monaten mit einer anderen Prognose nicht gerechnet werden kann. Bis zu einem Zeitraum von 24 Monaten ist es dem Arbeitgeber zumutbar, Vertretungspersonal einzustellen (vgl. § 14 Abs. 2 TzBfG). Durch den Vertrauensarzt wurde prognostiziert, dass Lahm zumindest weitere 2 ½ Jahre arbeitsunfähig krank sein wird, sodass eine negative Gesundheitsprognose besteht. Da auch hier ein milderes Mittel nicht in Betracht kommt (insbesondere bedarf es zur Rechtmäßigkeit einer krank-

Beendigung und Kündigung von Arbeitsverhältnissen 3

heitsbedingten Kündigung nicht ohne Weiteres ein vorhergehendes betriebliches Eingliederungsmanagement im Sinne des § 167 Abs. 2 SGB IX) und die Interessen der Stadt Rheinfels überwiegen, ist die Kündigung auch wegen der Erkrankung des Lahm sozial gerechtfertigt.

g) Abschließend ist die Kündigungsfrist zu prüfen. Da das Arbeitsverhältnis zum Zeitpunkt des Kündigungszugangs bereits länger als sechs Monate bestanden hat, beträgt die Kündigungsfrist nach § 34 Abs. 1 Satz 2 TVöD/TV-L einen Monat zum Monatsschluss. Die Kündigungsfrist endet somit nach §§ 187 Abs. 1, 188 Abs. 2 BGB am 3.9. Die Kündigungsfrist wurde damit nicht eingehalten. Dies ändert allerdings nichts an der Rechtmäßigkeit der Kündigung. Diese wird vielmehr gemäß § 140 BGB in eine Kündigung zum nächstmöglichen Termin umgedeutet.

2. Nunmehr ist zu prüfen, ob die Anfechtung des Arbeitsverhältnisses wegen arglistiger Täuschung rechtmäßig gewesen ist, da Lahm die Stadt Rheinfels weder über seinen tatsächlichen Gesundheitszustand noch über seine Schwerbehinderteneigenschaft aufgeklärt hat. Unter einer Täuschung ist jedes Verhalten zu verstehen, durch das ein Irrtum bzgl. objektiv nachprüfbarer Umstände erregt, bestärkt oder aufrecht erhalten wird, durch die der Getäuschte zur Abgabe einer Willenserklärung veranlasst wird. Die Täuschung kann durch Vorspiegeln oder Entstellen von Tatsachen erfolgen. Ist der Arbeitnehmer zur Offenbarung von Tatsachen verpflichtet, kann eine Täuschung auch durch Verschweigen dieser Tatsachen erfolgen. Der Arbeitnehmer ist nur dann verpflichtet, sich wahrheitsgemäß zu offenbaren bzw. auf eine Frage des Arbeitgebers wahrheitsgemäß zu antworten, wenn der Arbeitgeber ein berechtigtes, billigenswertes und schutzwürdiges Interesse an der Beantwortung seiner Fragen im Hinblick auf das Arbeitsverhältnis hat.

a) Aufgrund der in § 1 AGG und in § 164 Abs. 2 SGB IX enthaltenden Benachteiligungsverbote ist es umstritten, ob der Arbeitgeber nach der Schwerbehinderteneigenschaft des Arbeitnehmers fragen darf. Der Streit muss hier allerdings mangels Entscheidungserheblichkeit nicht entschieden werden. Soweit nämlich zu Beginn des Dienstantritts oder in absehbarer Zeit eine Arbeitsunfähigkeit durch eine zum Zeitpunkt der Vertragsverhandlungen bestehenden Krankheit abzusehen ist, muss der Bewerber den Arbeitgeber hierüber freiwillig aufklären. Da Lahm es unterlassen hat, die Stadt Rheinfels über das bei ihm bestehende Rückenleiden aufzuklären, hat er diese arglistig über seinen Gesundheitszustand getäuscht.

b) Die weiteren Voraussetzungen des § 123 Abs. 1 BGB, insbesondere die Kausalität, liegen unzweifelhaft vor. Die Anfechtungsfrist des § 124 Abs. 1 BGB wurde gewahrt. Da das Arbeitsverhältnis bereits in Vollzug gesetzt worden ist, entfaltet die Anfechtung hier entgegen des Wortlauts des § 142 Abs. 1 BGB nur für die Zukunft Wirkung.

3. Sowohl die ordentliche Kündigung als auch die Anfechtung des Arbeitsvertrages waren rechtmäßig. Da die Anfechtung mit Zugang der Anfechtungserklärung wirksam wird, wurde das Arbeitsverhältnis am 1.8. beendet.

3 Beendigung und Kündigung von Arbeitsverhältnissen

Übung 27: Besonderer Kündigungsschutz nach dem Mutterschutzgesetz

Verwaltungsfachangestellte Lotte tritt am 17.5. in die Dienste der Stadt Rheinfels. Seit dem 21.7. ist Lotte arbeitsunfähig erkrankt. Mit Schreiben vom 29.7. kündigt die Stadt Rheinfels das Arbeitsverhältnis ordentlich zum 31.8. Die Kündigung geht der Lotte am 30.7. ordnungsgemäß zu. Am 1.8. wird bei Lotte eine Schwangerschaft in der siebten Schwangerschaftswoche festgestellt. Sie wirft daraufhin am 2.8. die entsprechende ärztliche Bescheinigung ihres Frauenarztes ordnungsgemäß frankiert und an die Stadt Rheinfels adressiert in einen Postbriefkasten. Tatsächlich erreicht das Schreiben die Stadt Rheinfels jedoch aus nicht mehr nachvollziehbaren Gründen nicht.

Am 15.8. sucht Lotte die Rechtsanwältin Rat auf und lässt sich von dieser anwaltlich beraten. Rat teilt in Gegenwart der Lotte mit ihrem Einverständnis dem zuständigen Personalsachbearbeiter der Stadt Rheinfels Budde fernmündlich mit, dass Lotte schwanger ist, sodass das mit ihr bestehende Arbeitsverhältnis nicht kündbar ist. Am 16.8. erhebt Rat unter ordnungsgemäßer Bevollmächtigung im Namen der Lotte Kündigungsschutzklage beim zuständigen Arbeitsgericht.

Aufgabe:

Prüfen Sie in einem umfassenden Rechtsgutachten, ob das Arbeitsverhältnis durch die ausgesprochene ordentliche Kündigung ordnungsgemäß beendet worden ist. Prüfen Sie darüber hinaus, ob Rat die Kündigungsschutzklage rechtzeitig erhoben hat! Auf das Arbeitsverhältnis finden die Vorschriften des TVöD/TV-L Anwendung.

Abwandlung:

Wie wäre zu entscheiden, wenn Rat erst am 31.8. Kündigungsschutzklage erhoben hätte?

Lösungshinweise:

1. Die Kündigung erfolgte schriftlich (§ 623 BGB) und ging Lotte ordnungsgemäß zu (§ 130 BGB).

2. Die Kündigungsfrist beträgt gemäß § 622 Abs. 4 BGB i. V. m. § 34 Abs. 1 Satz 1 TVöD/TV-L zwei Wochen zum Monatsende. Die Kündigungsfrist wird nach §§ 187 Abs. 1, 188 Abs. 2 BGB berechnet.

Die am 30.7. zugegangene Kündigungserklärung beendet das Arbeitsverhältnis zum 31.8., soweit die weiteren Kündigungsvoraussetzungen vorliegen.

3. Der allgemeine Kündigungsschutz ist mangels Anwendbarkeit des Kündigungsschutzgesetzes, der Zugang der Kündigung erfolgte innerhalb der sechsmonatigen Wartezeit des § 1 Abs. 1 KSchG, nicht zu beachten.

4. Fraglich ist allerdings, ob Lotte sich auf den besonderen Kündigungsschutz nach § 17 Abs. 1 MuSchG berufen kann. Die Kündigung ging Lotte am 30.7., also während ihrer Schwangerschaft, zu. Da die Stadt Rheinfels von der Schwangerschaft jedoch erst am 15.8. und damit erst nach über zwei Wochen seit Ausspruch der Kündigung Kenntnis erlangte, ist die zweiwöchige Mitteilungsfrist des § 17 Abs. 1 Satz 1 MuSchG überschritten.

Das Überschreiten dieser Frist könnte unschädlich sein, wenn es auf einen von Lotte nicht zu vertretenden Grund beruht und Lotte die Mitteilung unverzüglich nachgeholt hat. Die Fristüberschreitung ist von Lotte nicht zu vertreten, da sie erst am 1.8. von ihrer Schwangerschaft Kenntnis erlangt hat und sie die ärztliche Bescheinigung sodann unmittelbar in den Briefkasten eingeworfen hat. Sie durfte auf die ordnungsgemäße Beförderung der Briefsendung vertrauen. Darüber hinaus hat Lotte die Mitteilung unverzüglich nachgeholt. Im Rahmen des am 15.8. geführten Telefongesprächs hat Lotte erstmalig erfahren, dass die Schwangerschaftsbescheinigung der Stadt Rheinfels nicht zugegangen ist. Sie hat dann die Stadt Rheinfels unverzüglich, d. h. ohne schuldhaftes Zögern, durch Rat über ihre Schwangerschaft aufgeklärt.

Lotte kann sich auf den besonderen Kündigungsschutz des § 17 Abs. 1 MuSchG berufen, sodass die ausgesprochene Kündigung unwirksam ist.

5. Da die Kündigungsschutzklage innerhalb von drei Wochen nach Kündigungszugang (§ 4 Satz 1 KSchG) durch Rat erhoben wurde, wird das Arbeitsgericht der fristgerechten Kündigungsschutzklage stattgeben.

Abwandlung:

1. Da Rat die Klage erst am 31.8. erhoben hat, hat sie die dreiwöchige Frist des § 4 Satz 1 KSchG nicht gewahrt.

Die Fristversäumung könnte jedoch gemäß § 4 Satz 3 KSchG unerheblich sein. Nach dieser Vorschrift läuft die Frist zur Anrufung der Arbeitsgerichte, soweit die Kündigung der Zustimmung einer Behörde bedarf (vgl. hier § 17 Abs. 2 MuSchG), erst ab der Bekanntgabe der Entscheidung der Behörde an den Arbeitnehmer.

Obwohl der Wortlaut der Vorschrift eindeutig ist, soll diese, soweit der Arbeitgeber vom Sonderkündigungsschutz keine Kenntnis hat, einschränkend ausgelegt werden, da in diesem Fall aufseiten des Arbeitnehmers kein Schutzbedarf bestehe, weil dem Arbeitnehmer klar war, dass der Arbeitgeber kein Zustimmungsverfahren in Gang setzen konnte. Demnach wurde hier die Kündigungsschutzklage verspätet erhoben. Die an dem Wortlaut der Vorschrift orientierte gegenteilige Auffassung ist hier allerdings vertretbar.

2. Der Antrag auf nachträgliche Zulassung der Klage hat keine Aussicht auf Erfolg, da der Zulassungsantrag nicht innerhalb von zwei Wochen nach Kenntnis von der Schwangerschaft bei Gericht gestellt wurde (§ 5 Abs. 3 Satz 1 KSchG).

4 Verjährung und Ausschlussfristen

Ansprüche der Arbeitsvertragsparteien können verjähren oder aufgrund von Ausschlussfristen verfallen.

4.1 Verjährung

Sowohl die Ansprüche des Arbeitnehmers als auch die Ansprüche des Arbeitgebers unterliegen der regelmäßigen **dreijährigen Verjährungsfrist** des § 195 BGB.

> **Gut zu wissen**
>
> Die Erhebung der Kündigungsschutzklage (§ 4 KSchG) unterbricht die Verjährung der Annahmeverzugslohnansprüche des Arbeitnehmers aus §§ 615 Satz 1, 293 ff. BGB nicht nach § 209 Abs. 1 BGB.[1]

Eine besondere Verjährungsfrist von dreißig Jahren sieht § 197 BGB u. a. vor

- für rechtskräftig festgestellte Ansprüche (Abs. 1 Nr. 3) und
- für Ansprüche aus vollstreckbaren Vergleichen und vollstreckbaren Urkunden (Abs. 1 Nr. 4).

Die regelmäßige Verjährungsfrist **beginnt** nach § 199 Abs. 1 BGB mit dem Ende des Jahres zu laufen, in dem der Anspruch entstanden ist, wenn der Gläubiger von den den Anspruch begründenden Umständen und der Person des Schuldners Kenntnis erlang hat oder ohne grobe Fahrlässigkeit hätte erlangen müssen.

4.2 Ausschlussfrist

Für den Geltungsbereich der Tarifverträge enthält § 37 TVöD/TV-L eine Ausschlussfrist. Nach § 37 Abs. 1 Satz 1 TVöD/TV-L verfallen Ansprüche aus dem Arbeitsverhältnis, mit Ausnahme von Ansprüchen aus einem Sozialplan (§ 37 Abs. 2 TVöD/TV-L), innerhalb einer **sechsmonatigen Ausschlussfrist**, beginnend mit der Fälligkeit des Anspruches, wenn diese nicht innerhalb dieser Frist schriftlich geltend gemacht wurden. Ansprüche, die nicht fristgerecht geltend gemacht wurden, verfallen und sind damit erloschen.

> **Gut zu wissen**
>
> Ausschlussfristen sind von den Arbeitsgerichten von Amts wegen zu beachten und nicht lediglich dann, wenn der Schuldner sich darauf beruft.

---

1) BAG v. 7.11.1991 – 2 AZR 159/91, juris Langtext Rn. 15.

4 Verjährung und Ausschlussfristen

Die Rechtsfolge des Verfalls des Anspruches tritt bei nicht fristgerechter Geltendmachung auch dann ein, wenn der Gläubiger keine **Kenntnis** vom Bestehen des Anspruchs hatte.[1])
Die Berufung auf eine Ausschlussfrist kann nach § 242 BGB **rechtsmissbräuchlich** sein. Dies gilt immer dann, wenn es der eine Vertragspartner pflichtwidrig unterlassen hat, den anderen Vertragspartner über Umstände aufzuklären, die die Geltendmachung des Anspruches innerhalb der Ausschlussfrist ermöglicht hätte.[2])

Beispiel
Die Stadt Rheinfels hat Lahm versehentlich ein doppeltes Gehalt überwiesen. Da ein Grund für diese hohe Überzahlung nicht ersichtlich ist, ist Lahm verpflichtet, die Stadt Rheinfels über diese Doppelzahlung zu informieren.

Von der Ausschlussfrist des § 37 TVöD/TV-L sind alle Ansprüche aus dem Arbeitsverhältnis erfasst. Wesentlich ist damit, dass den Vertragsparteien die Ansprüche aufgrund des Arbeitsverhältnisses zustehen.

Beispiel
Ansprüche aus dem Arbeitsvertrag, aus Dienstvereinbarungen, Tarifverträgen oder gesetzlichen Vorschriften.

Von der Verfallfrist umfasst sind alle Entgeltansprüche. Dies gilt allerdings nicht für die Zuordnung zu einer bestimmten Vergütungsgruppe. Ebenso ausgeschlossen sind öffentlich-rechtliche Ansprüche, etwa der Anspruch auf Kindergeld nach dem Bundeskindergeldgesetz.

4.3 Prüfe Dein Wissen

1. Wo ist die regelmäßige Verjährungsfrist normiert?
2. Wann beginnt die regelmäßige Verjährungsfrist?
3. Können Ansprüche aus einem Arbeitsverhältnis verfallen?
4. Kann die Berufung auf eine Ausschlussfrist rechtsmissbräuchlich sein?

---

[1] BAG v. 5.8.1999 – 6 AZR 752/97, ZTR 2000, 36; Müller/Preis Rn. 757.
[2] BAG v. 18.2.2016 – 6 AZR 628/14, NZA-RR 2016, 330

5 Strukturelle Änderung der Arbeitsorganisation

Auch im öffentlichen Dienst werden zur Kostensenkung oder zur Steigerung der Effizienz Restrukturierungs- und Privatisierungsmaßnahmen (Privatisierung und Outsourcing) durchgeführt.

5.1 Formen der Umstrukturierung

Verwaltungsintern können Dienststellen umstrukturiert werden. Sie können zu diesem Zweck zusammengelegt oder aufgelöst werden. Darüber hinaus ist es möglich, die bestehende Rechtsform zu ändern.

Beispiel
Umwandlung eines bisher als Regiebetrieb geführte Dienststelle in einen Eigenbetrieb.

Kommt es im Wege der Privatisierung lediglich zu einem Wechsel der Rechtsform, ohne dass gleichzeitig ein Dritter Einfluss auf das privatisierte Unternehmen erhält, liegt ein Fall der sog. **formalen Privatisierung** vor

Beispiel
Die städtischen Kliniken werden auf eine GmbH überführt.

Hiervon zu unterscheiden ist die Form der **materiellen Privatisierung**, bei der die Aufgaben auf einen privaten Dritten übertragen werden.[1]

Beispiel
Die städtischen Kliniken werden an einen privaten Investor gewinnbringend veräußert.

5.2 Personalvertretung

Wird eine **Dienststelle aufgelöst**, hat dies auch das Ende der dort zuständigen Personalvertretung zur Folge, da das Schicksal der Dienststelle mit dem Schicksal der Personalvertretung untrennbar verknüpft ist. Bis zur vollständigen Auflösung steht dem Personalrat während der Abwicklungsphase ein Restmandat zu.[2] Die Personalvertretungen zweier Dienststellen verlieren auch ihr Amt, wenn diese zu einer neuen einheitlichen Dienststelle verschmelzen.[3]

---

1) Groeger/Steffek/Dietzel Teil 12 A Rn. 6 ff.
2) BVerwG v. 21.9.2005 – 2 A 5.04, BeckRS 2006, 22159.
3) OVG Münster v. 25.5.2005 – 1 B 453/05 PVL, NZA-RR 2005, 504.

5   Strukturelle Änderung der Arbeitsorganisation

Die **Existenz der Personalvertretung bleibt unberührt**
- bei einer Verlegung der Dienststelle,
- einem Wechsel des Rechtsträgers oder
- einer Veränderung der öffentlich-rechtlichen Rechtsform.[1])

5.3   Tarifvertragliche Rahmenbedingungen

Zum Schutz der Beschäftigten bei Restrukturierungsmaßnahmen haben die Tarifvertragsparteien entsprechende Tarifverträge vereinbart. Für das **Tarifgebiet West** gilt der Tarifvertrag über den Rationalisierungsschutz für Angestellte und der entsprechende Tarifvertrag für Arbeiter. Auf das **Tarifgebiet Ost** findet die Tarifverträge zur sozialen Absicherung Anwendung.

5.3.1   Rationalisierungsschutz für Angestellte im Tarifgebiet West

Obwohl der TVöD/TV-L die Unterscheidung zwischen Angestellten und Arbeitern aufgegeben hat, wurden die entsprechenden Rationalisierungsschutztarifverträge der Angestellten und Arbeiter noch nicht vereinheitlicht.

Der sachliche Anwendungsbereich des Tarifvertrages ist eröffnet, soweit eine Rationalisierungsmaßnahme vorliegt. § 1 Abs. 1 Unterabs. 1 RatSchTV enthält eine **Definition einer Rationalisierungsmaßnahme**. Rationalisierungsmaßnahmen sind danach vom Arbeitgeber veranlasste erhebliche Änderungen der Arbeitstechnik oder wesentliche Änderungen der Arbeitsorganisation mit dem Ziel einer rationelleren Arbeitsweise, wenn diese Maßnahmen für Angestellte zu einem Wechsel der Beschäftigung oder zur Beendigung des Arbeitsverhältnisses führen. § 1 Abs. 2 RatSchTV enthält hierzu einige **Regelbeispiele**:

- Stilllegung oder Auflösung einer Verwaltung/eines Betriebes bzw. eines Verwaltungs-/Betriebsteils.
- Verlegung oder Ausgliederung einer Verwaltung/eines Betriebs bzw. eines Verwaltungs-/Betriebsteils.
- Zusammenlegung von Verwaltungen/Betrieben bzw. eines Verwaltungs-/Betriebsteils.
- Verlagerung von Aufgaben zwischen Verwaltungen und Betrieben.
- Einführung anderer Arbeitsmethoden und Fertigungsverfahren.

Nach § 1 Abs. 3 RatSchTV gilt der Tarifvertrag **nicht bei einem Betriebsübergang**.

Handelt es sich um eine Rationalisierungsmaßnahme i. S. d. Tarifvertrages, unterliegt der **Arbeitgeber folgenden Pflichten:**

- Der Arbeitgeber ist nach § 2 Abs. 1 RatSchTV verpflichtet, die zuständige Personal- bzw. Betriebsvertretung über die beabsichtigen Maßnahmen zu

---

1) Groeger/Steffek/Dietzel Teil 12 A Rn. 55.

Strukturelle Änderung der Arbeitsorganisation 5

unterrichten bzw. nach § 2 Abs. 3 RatSchTV die Angestellten entsprechend zu informieren.
- § 3 RatSchTV verpflichten den Arbeitgeber, die Weiterbeschäftigung der betroffenen Arbeitnehmer zu sichern. Die Weiterbeschäftigung soll nach § 3 Abs. 2 RatSchTV vorrangig auf einen gleichwertigen und nach § 3 Abs. 3 RatSchTV nachrangig auf einen niedriger bewerteten Arbeitsplatz erfolgen.
- Wird dem Arbeitnehmer im Rahmen der Rationalisierung eine andere Tätigkeit übertragen, genießt er nach § 5 Abs. 1 RatSchTV für die Dauer von neun Monaten einen Schutz vor betriebsbedingten Kündigungen.
- Ist mit der Übernahme einer anderen Tätigkeit ein geringeres monatliches Entgelt verbunden, erhält der Arbeitnehmer nach § 6 RatSchTV eine persönliche Zulage.
- Wird das Arbeitsverhältnis im Rahmen der Rationalisierungsmaßnahme beendet, erhält der Arbeitnehmer nach § 7 RatSchTV eine **Abfindung** in Abhängigkeit von seinem Alter und seiner Beschäftigungszeit.

5.3.2 Rationalisierungsschutz für Arbeiter im Tarifgebiet West

Die Tarifverträge zum Rationalisierungsschutz der Angestellten und der Arbeiter **stimmen inhaltlich überein**. Unterschiede ergeben sich allein bei der Berechnung der persönlichen Zulage und der Abfindung, da diesbezüglich auf die entsprechenden Vergütungstarifverträge der Arbeiter abzustellen ist.

5.3.3 Tarifvertrag zur sozialen Absicherung im Tarifgebiet Ost

Der **Tarifvertrag zur sozialen Absicherung im Tarifgebiet Ost** ist anwendbar, wenn aufgrund von Umstrukturierungsmaßnahmen im öffentlichen Dienst **betriebsbedingte Kündigungen drohen**.

Der Arbeitgeber kann die Arbeitszeit der betroffenen Arbeitnehmer zur Vermeidung einer betriebsbedingten Kündigung nur dann reduzieren, wenn diese nicht anderweitig weiterbeschäftigt werden können. Nach § 1 TVsA ist hierbei folgende **Stufenreihenfolge** zu beachten:

- gleichwertige Beschäftigung am selben Ort beim selben Arbeitgeber (§ 1 Abs. 1 TVsA),
- gleichwertige Beschäftigung am selben Ort bei einem anderen Arbeitgeber (§ 1 Abs. 2 TVsA),
- niedriger bewerteter Arbeitsplatz am selben Ort beim selben Arbeitgeber (§ 1 Abs. 3 TVsA) oder
- niedriger bewerteter Arbeitsplatz am selben Ort bei einem anderen Arbeitgeber des öffentlichen Dienstes (§ 1 Abs. 3 TVsA).

Muss das Arbeitsverhältnis wegen des Personalabbaues mittels einer betriebsbedingten Kündigung oder aufgrund eines vorsorglich abgeschlossenen Auflösungsvertrages beendet werden, steht dem Arbeitnehmer nach § 4 TVsA ein **Abfindungsanspruch** zu.

5 Strukturelle Änderung der Arbeitsorganisation

5.4 Prüfe Dein Wissen

1. Welche Formen der Umstrukturierung gibt es?
2. Wo und wie ist der Rationalisierungsschutz geregelt?
3. Besteht die Personalvertretung nach der Auflösung einer Dienststelle?

6 Betriebsübergang

Beabsichtigt ein Arbeitgeber seinen Betrieb an einen Dritten zu veräußern, stellt sich die Frage nach den Rechtsfolgen einer entsprechenden Transaktion. Diese sind in § 613a BGB näher normiert. Der Anwendungsbereich der Vorschrift ist im Falle eines Betriebsübergangs eröffnet. Ein **Betriebsübergang** i. S. d. § 613a Abs. 1 Satz 1 BGB liegt bei Vorliegen folgender drei Voraussetzungen vor:

- Es muss ein Betriebsteil oder der gesamte Betrieb übergehen,
- durch den Übergang tritt ein Wechsel des Betriebs(teil)inhabers ein und
- der Übergang wird durch ein Rechtsgeschäft vollzogen.

6.1 Betriebsbegriff

Der Betriebsübergang ist von einer Funktionsnachfolge abzugrenzen. Die Funktionsnachfolge ist durch eine reine Aufgabenübertragung auf einen Betrieb oder ein Unternehmen gekennzeichnet. Sie wird vom Anwendungsbereich des § 613a BGB nicht erfasst.[1]) Kern des Betriebsbegriffes ist die sog. „**wirtschaftliche Einheit**", deren Identität trotz eines Inhaberwechsels gewahrt bleiben muss.[2])

> **Gut zu wissen**
>
> Ob im Einzelfall eine wirtschaftliche Einheit übertragen wird, ist anhand einer **Gesamtwürdigung** sämtlicher, den betreffenden Vorgang kennzeichnenden Umstände zu entscheiden.[3])

Im Rahmen einer Gesamtwürdigung sind insbesondere folgende Umstände zu berücksichtigen:

- Art der betroffenen Dienststelle/des Betriebes,
- Wert der immateriellen Aktiva zum Zeitpunkt des Übergangs,
- Übernahme der Hauptbelegschaft durch den neuen Inhaber,
- Übernahme der Kunden bzw. der Auftraggeber durch den neuen Inhaber,
- Grad der Ähnlichkeit zwischen der vor und der nach dem Übergang verrichteten Tätigkeit und
- Dauer einer eventuellen Unterbrechung dieser Tätigkeit.

---

1) Preis § 73 II 1 b.
2) EuGH v. 12.2.2009 – Rs. C-466/07 – Klarenberg, NZA 2009, 251.
3) BAG v. 14.8.2007 – 8 AZR 1034/06, NZA 2007, 1431.

6 Betriebsübergang

Beispiel

Maßgeblich für einen Betriebsübergang bei **Produktionsbetrieben** ist insbesondere die Übernahme der materiellen Betriebsmittel durch den neuen Inhaber. Dies sind etwa die Maschinen und Produktionsmittel.
Wird der Betrieb insbesondere durch die menschliche Arbeitskraft der Arbeitnehmer geprägt, wie etwa bei **Dienstleistungsbetrieben** (z. B. Wachdienst, Reinigungsbetriebe), kann ein Betriebsübergang bereits durch die freiwillige Übernahme eines nach Zahl und Sachkunde wesentlichen Teils des Personals geprägt sein.[1])

6.2 Übergang auf einen neuen Inhaber

Ein Betriebsübergang setzt nach § 613a Abs. 1 Satz 1 BGB einen Übergang auf einen neuen Inhaber voraus. Ein Betriebsinhaberwechsel kommt auch bei der Vergabe von Aufgaben an einen privaten Dritten, die bisher von der öffentlichen Hand wahrgenommen wurden, in Betracht.

Beispiel

Die Stadt Rheinfels beauftragt eine private GmbH mit der Reinigung aller Diensträumlichkeiten. Gleichzeitig übernimmt die GmbH alle Reinigungskräfte der Stadt Rheinfels nebst den entsprechenden Betriebsmitteln.

6.3 Übergang durch Rechtsgeschäft

Wird der Übergang durch einen Hoheitsakt oder eine gesetzliche Gesamtrechtsnachfolge vollzogen, ist der Anwendungsbereich des § 613a BGB nicht berührt. Ein rechtsgeschäftlicher Betriebsübergang setzt voraus, dass diesem vertragliche Beziehungen zwischen dem alten und dem neuen Betriebsinhaber zugrunde liegen.[2])

6.4 Übergang der Arbeitsverhältnisse und Widerspruchsrecht

Geht ein Betrieb oder Betriebsteil durch Rechtsgeschäft auf einen Dritten über, werden die betroffenen Arbeitsverhältnisse beim neuen Inhaber nach § 613a Abs. 1 Satz 1 BGB unverändert fortgeführt. Werden die Rechte und Pflichten der Arbeitnehmer durch Betriebs-/Dienstvereinbarungen oder Tarifverträge bestimmt, werden diese nach § 613a Abs. 1 Satz 2 BGB Inhalt des Arbeitsvertrages, soweit sie nicht durch eine Betriebs-/Dienstvereinbarung oder einen Tarifvertrag beim neuen Inhaber geregelt werden (§ 613a Abs. 1 Satz 3 BGB).

Der Arbeitnehmer kann dem Übergang seines Arbeitsverhältnisses auf den neuen Inhaber nach § 613a Abs. 6 Satz 1 BGB fristgerecht schriftlich **widersprechen**. Der Widerspruch des Arbeitnehmers kann nach Satz 2 sowohl

---

1) EuGH v. 11.3.1997 – Rs. C-13/95 – Ayse Süzen, AP Nr. 14 zu EWG-Richtlinie Nr. 77/187.
2) Groeger/Steffek/Dietzel Teil 12 B Rn. 24.

Betriebsübergang 6

gegenüber dem alten als auch gegenüber dem neuen Inhaber erklärt werden. Die **einmonatige Widerspruchsfrist** beginnt nach § 613a Abs. 5 BGB jedoch nur, wenn der Arbeitgeber den Arbeitnehmer über den bevorstehenden Betriebsübergang ordnungsgemäß schriftlich unterrichtet hat. Die Fristberechnung erfolgt nach §§ 187 Abs. 2, 188 Abs. 2 BGB. Fehlt eine entsprechende Unterrichtung, kann der Arbeitnehmer sein Widerspruchsrecht unbefristet, allerdings unter Beachtung der Grundsätze der **Verwirkung** (§ 242 BGB), ausüben.[1]) Dies gilt insbesondere dann, wenn der Arbeitnehmer zwar nicht ordnungsgemäß i. S. v. § 613a Abs. 5 BGB unterrichtet wurde, aber im Rahmen einer Unterrichtung nach § 613a Abs. 5 BGB von dem bisherigen Arbeitgeber oder dem neuen Inhaber über den mit dem Betriebsübergang verbundenen Übergang seines Arbeitsverhältnisses unter Mitteilung des Zeitpunkts oder des geplanten Zeitpunkts sowie des Gegenstands des Betriebsübergangs und des Betriebsübernehmers (grundlegende Informationen) in Textform in Kenntnis gesetzt und über sein Widerspruchsrecht nach § 613a Abs. 6 BGB belehrt worden ist.[2]) Die Unterrichtung muss nach § 613a Abs. 5 BGB Folgendes beinhalten:

- Den Zeitpunkt oder den geplanten Zeitpunkt des Übergangs,
- den Grund des Übergangs,
- die rechtlichen, wirtschaftlichen und sozialen Folgen des Übergangs für die Mitarbeiter und
- die hinsichtlich der Arbeitnehmer in Aussicht genommenen Maßnahmen.

Widerspricht der Arbeitnehmer dem Betriebsübergang ordnungsgemäß und verbleibt damit das Arbeitsverhältnis beim alten Inhaber, kann dieser das Arbeitsverhältnis unter Beachtung der Voraussetzungen des § 1 Abs. 2 Satz 1 Alt. 3 KSchG ggf. **betriebsbedingt kündigen.** Ist der betroffene Arbeitnehmer nach § 34 Abs. 2 TVöD ordentlich nicht mehr kündbar, kann das Arbeitsverhältnis, soweit keine andere Beschäftigungsmöglichkeit in Betracht kommt, außerordentlich unter Beachtung einer sozialen Auslauffrist gekündigt werden.[3]) Soweit allerdings beim neuen Betriebsinhaber ein entsprechender Beschäftigungsbedarf besteht, kann der dem Betriebsübergang widersprechende Arbeitnehmer nach § 4 Abs. 3 Satz 1 TVöD/TV-L zu diesem gestellt werden. Der Arbeitnehmer ist sodann verpflichtet, seine Arbeitsleistung beim neuen Betriebsinhaber zu erbringen. Er unterfällt damit auch seinem ihm zustehenden Direktionsrecht.

---

1) BAG v. 24.7.2008 – 8 AZR 205/07, NZA 2009, 1294.
2) BAG v. 24.8.2017 – 8 AZR 265/16, juris Langtext Rn. 15.
3) BAG v. 11.3.1999 – 2 AZR 427/98, NZA 1999, 818.

6 Betriebsübergang

6.5 Prüfe Dein Wissen

1. Was bedeutet der Begriff der Funktionsnachfolge?
2. Was beinhaltet der Betriebsbegriff?
3. Was ist die Folge eines Betriebsübergangs?
4. Kann der Arbeitnehmer einem Betriebsübergang widersprechen?

7 Koalitionen

Der Begriff der Koalition ist dem kollektiven Arbeitsrecht zugehörig. Koalitionen führen Arbeitskämpfe und schließen Tarifverträge ab. Darüber hinaus stehen Koalitionen im Personalvertretungsrecht geregelte Kontroll- und Unterstützungsrechte zu.

7.1 Begriff der Koalition

Koalitionen sind nach Art. 9 Abs. 3 Satz 1 GG Vereinigungen zur Wahrung und Förderung der Arbeits- und Wirtschaftsbedingungen.

Gut zu wissen

Die Arbeitgeberkoalition ist der Arbeitgeberverband, die Arbeitnehmerkoalition die Gewerkschaft (§ 2 Abs. 1 TVG).

Eine Arbeitnehmer- oder Arbeitgebervereinigung muss darüber hinaus bestimmte weitere Mindestvoraussetzungen erfüllen, um tariffähig und damit eine **Gewerkschaft** bzw. ein **Arbeitgeberverband** im arbeitsrechtlichen Sinne zu sein (sog. **Tariffähigkeit**). Sie muss

- sich als satzungsgemäße Aufgabe die Wahrnehmung der Interessen ihrer Mitglieder in deren Eigenschaft als Arbeitnehmer oder Arbeitgeber gesetzt haben,
- willens sein, Tarifverträge abzuschließen,
- frei gebildet, gegnerfrei, unabhängig und auf überbetrieblicher Grundlage organisiert sein und
- das geltende Tarifrecht als verbindlich anerkennen.

Weiterhin ist Voraussetzung, dass die Vereinigung ihre Aufgabe als Tarifpartner sinnvoll erfüllen kann. Dazu gehört einmal die Durchsetzungskraft (sog. „soziale Mächtigkeit") gegenüber dem sozialen Gegenspieler, zum anderen aber auch eine gewisse Leistungsfähigkeit der Organisation.[1]

Gut zu wissen

Die **Arbeitskampfbereitschaft**, also die Bereitschaft der Koalition, zur Durchsetzung ihrer Ziele Arbeitskämpfe zu führen, ist kein Merkmal des Koalitionsbegriffs. Dementsprechend genießen auch Beamtenverbände den Schutz des Art. 33 Abs. 5 GG. Eine Koalition ist allerdings nur dann tariffähig i. S. d. § 2 Abs. 1 TVG, wenn die Organisation bereit ist, Arbeitskämpfe zu führen und damit Arbeits-

---

1) BAG v. 14.12.2014 – 1 ABR 51/03, juris Langtext Rn. 29.

7 Koalitionen

kampfbereitschaft besitzt. Dies gilt nicht für Bereiche, in denen die Konfliktlösung in der Regel friedlich herbeigeführt wird.[1])

7.2 Koalitionsfreiheit

Die Koalitionsfreiheit ist in Art. 9 Abs. 3 GG geschützt. Sie steht „jedermann" und allen Berufen zu. Sie schützt nicht nur vor Eingriffen des Staates, sondern entfaltet auch unmittelbare Drittwirkung im Bereich des Privatrechts, da nach Art. 9 Abs. 3 Satz 2 GG alle Abreden, die die Koalitionsfreiheit einschränken oder behindern, nichtig sind. Art. 9 Abs. 3 Satz 1 GG enthält ein Doppelgrundrecht. Die Koalitionsfreiheit gewährt als **Individualgrundrecht** das Recht des Einzelnen, sich an der Gründung oder der Betätigung der Koalition zu beteiligen oder der Koalition fernzubleiben. Darüber hinaus sichert die Koalitionsfreiheit als **Kollektivgrundrecht** den Bestand und die Betätigung der Koalition.[2])

7.2.1 Individuelle Koalitionsfreiheit

Das Recht jedes Menschen, sich **in Koalitionen zusammenzuschließen** wird bereits durch den Wortlaut des Art. 9 Abs. 3 Satz 1 GG garantiert und ist Teil der positiven individuellen Koalitionsfreiheit. Das Grundgesetz gewährt jedermann das Recht,

- eine Koalition zu gründen,
- einer bestehender Koalition beizutreten und
- Mitglied einer Koalition zu bleiben.[3])

Gut zu wissen

Da die Koalitionsfreiheit unmittelbar in das Privatrecht ausstrahlt, sind Verträge, die Arbeitnehmer verpflichten, Gewerkschaften nicht beizutreten oder Vereinbarungen von Arbeitgebern, Gewerkschaftsmitglieder nicht einzustellen oder Kündigungen oder Versetzungen von der Mitgliedschaft in einer Gewerkschaft abhängig zu machen, nichtig.

Die individuelle Koalitionsfreiheit gewährt dem Einzelnen eine **Betätigungsgarantie**. Derjenigen, der eine Koalition gegründet hat oder einer entsprechenden Vereinigung beigetreten ist, hat auch das Recht, sich in der Koalition zu betätigen.

Beispiel

Recht eines Gewerkschaftsmitglieds, innerhalb der Dienststelle neue Mitglieder zu werben.[4])

---

1) Junker Rn. 465; a. A. Müller/Preis Rn. 72.
2) BVerfG v. 17.2.1981 – 2 BvR 384/78, juris Langtext Rn. 63 ff.
3) BVerfG v. 21.12.1992 – 1 BvR 1537/90, juris Langtext Rn. 3.
4) BVerfG v. 26.5.1970 – 2 BvR 664/65, juris Langtext Rn. 25.

Von Art. 9 Abs. 3 GG geschützt, ist auch die Kehrseite der positiven Koalitionsfreiheit. Die **negative individuelle Koalitionsfreiheit** umfasst das Recht des Einzelnen, Koalitionen fernzubleiben oder sie wieder zu verlassen.[1]

7.2.2 Kollektive Koalitionsfreiheit

Die kollektive Koalitionsfreiheit schützt die Koalition in ihrem Bestand und ihrer Betätigung.

Die **Bestandsgarantie** lässt sich in drei Teilgarantien untergliedern:

- Das Recht auf **freie Koalitionsbildung** ist sowohl ein individuelles Recht des Einzelnen als auch ein abgeleitetes Recht der Koalition.
- Das Recht auf **freien Fortbestand** umfasst den Schutz der Existenz und des Mitgliederbestandes.
- Das **Recht der Mitgliederwerbung** durch die Koalition.[2]

Art. 9 Abs. 3 GG gewährt auch eine **Betätigungsgarantie**. Die spezifisch koalitionsmäßige Betätigung umfasst die Förderung der Arbeits- und Wirtschaftsbedingungen durch den Abschluss von Tarifverträgen (**sog. Tarifautonomie**).[3] Darüber hinaus garantiert Art. 9 Abs. 3 GG das Recht zum Arbeitskampf.[4]

7.3 Prüfe dein Wissen

1. Wo ist die Koalitionsfreiheit gesetzlich normiert?
2. Was sind die Voraussetzungen einer Koalition?
3. Was bedeutet Tariffähigkeit?
4. Ist der Begriff der Koalition mit dem Begriff der Gewerkschaft identisch?
5. Was bedeutete die Betätigungsgarantie?
6. Wie unterscheidet sich die individuelle von der kollektiven Koalitionsfreiheit?
7. Was bedeutet der Begriff der Tarifautonomie?

---

1) Müller/Preis Rn. 88.
2) Junker Rn. 477 f.
3) Vgl. BVerfG v. 11.7.2017 – 1 BvR 1571/15, 1 BvR 1588/15, 1 BvR 2883/15, 1 BvR 1043/16, 1 BvR 1477/16, ZTR 2017, 2523 zum sog. Tarifeinheitsgesetz.
4) Müller/Preis Rn. 87.

8 Tarifvertragsrecht

Tarifverträge gestalten die Arbeitsbedingungen. Sie erfüllen die vier folgenden Funktionen:

- **Befriedungsfunktion,** da während der Laufzeit des Tarifvertrages Arbeitskämpfe mit dem Ziel der Abänderung des Tarifvertrages untersagt sind.
- **Ordnungsfunktion,** da der Tarifvertrag in seinem Anwendungsbereich die Arbeitsverhältnisse einheitlich gestaltet.
- **Schutzfunktion** zugunsten des Arbeitnehmers, da Tarifbedingungen bindend sind und nicht unterschritten werden dürfen (§ 4 Abs. 1 Satz 1 und Abs. 3 TVG).
- **Verteilungsfunktion,** durch die Beteiligung der Arbeitnehmer am Bruttosozialprodukt.

8.1 Inhalt und Wirkung eines Tarifvertrages

Der **Tarifvertrag** ist ein privatrechtlicher Vertrag, der nach den allgemeinen Regelungen des Bürgerlichen Gesetzbuches abgeschlossen wird.[1] Er bedarf nach § 1 Abs. 2 TVG zu seiner Wirksamkeit der Schriftform. Ein befristeter Tarifvertrag endet mit Ablauf der Befristung. Ein unbefristeter Tarifvertrag kann durch Kündigung oder Aufhebungsvertrag beendet werden.

Nach § 1 Abs. 1 TVG hat der Tarifvertrag einen bestimmten Inhalt. Er regelt die Rechte und Pflichten der Tarifvertragsparteien (sog. **schuldrechtlicher Teil**) und enthält Rechtsnormen, die den Inhalt (z. B. Urlaub, Arbeitszeit), den Abschluss (z. B. Formvorschriften) und die Beendigung von Arbeitsverhältnissen (z. B. Altersgrenzen, Kündigungsfristen)[2] sowie betriebliche und betriebsverfassungsrechtliche Fragen ordnen können (sog. **normativer Teil**).

> **Gut zu wissen**
>
> Nach der Beendigung des Tarifvertrages gelten seine Rechtsnormen nach § 4 Abs. 5 TVG ohne eine zeitliche Begrenzung weiter, bis sie durch eine andere Abmachung ersetzt werden (sog. **Nachwirkung von Tarifverträgen**). Die Regelungen des Tarifvertrages behalten nach der Beendigung des Tarifvertrages ihre unmittelbare Wirkung. Die zwingende Wirkung entfällt jedoch, da das Ende der Nachwirkung durch eine andere Abmachung eintreten kann. Als andere Regelung kommen insbesondere Regelungen in einem neuen Tarifvertrag, aber auch in einem Arbeitsvertrag in Betracht.[3] Die Bestimmungen des schuldrechtlichen Teils eines Tarifvertrages entfalten mit dessen Beendigung keine Wirkung mehr.[4]

---

1) Jacobs/Krause/Oetker/Schubert § 3 Rn. 1.
2) Vgl. hierzu Jacobs/Krause/Oetker/Schubert § 4 Rn. 24 ff.
3) Junker Rn. 534 f.
4) Jacobs/Krause/Oetker/Schubert § 8 Rn. 40.

8 Tarifvertragsrecht

Tarifverträge können nach ihrem Inhalt unterschieden werden. Entgelttarifverträge setzen die Vergütung des Arbeitnehmers fest, Manteltarifverträge regeln die sonstige Arbeitsbedingungen (z. B. Arbeitszeit, Urlaub).

8.1.1 Schuldrechtlicher Teil des Tarifvertrages

Der **schuldrechtliche Teil** des Tarifvertrages wirkt nur zwischen den Tarifvertragsparteien. Tarifvertragspartei kann nur sein, wer tariffähig und tarifzuständig ist.

Die **Tariffähigkeit** ist in § 2 Abs. 1 TVG normiert. Danach sind Tarifvertragsparteien Gewerkschaften, einzelne Arbeitgeber und Vereinigungen von Arbeitgebern. Nach § 2 Abs. 2 TVG können auch Zusammenschlüsse von Gewerkschaften und von Vereinigungen von Arbeitgebern (sog. Spitzenorganisationen) im Namen der ihnen angeschlossenen Verbände Tarifverträge abschließen, wenn sie entsprechend bevollmächtigt sind. Spitzenorganisationen können nach § 2 Abs. 3 TVG auch selbst Partei eines Tarifvertrages sein, wenn der Abschluss von Tarifverträgen zu ihren satzungsgemäßen Aufgaben gehört.

Maßgebend für die **Tarifzuständigkeit** einer Gewerkschaft, eines Arbeitgeberverbandes oder einer Spitzenorganisation ist der in der Satzung festgelegte Geschäftsbereich.[1]

Der schuldrechtliche Teil beinhaltet insbesondere die Friedens- und die Durchführungspflicht.

Die **relative Friedenspflicht** verpflichtet die Tarifvertragsparteien, während der Laufzeit des Tarifvertrages Arbeitskämpfe zu unterlassen, soweit die entsprechenden Angelegenheiten bereits im Tarifvertrag geregelt sind.[2] Die relative Friedenspflicht bedarf keiner ausdrücklichen tarifrechtlichen Regelung. Die **absolute Friedenspflicht** muss ausdrücklich im Tarifvertrag vereinbart sein. Sie untersagt jeden Arbeitskampf während der Laufzeit des Tarifvertrages.[3] Arbeitskämpfe, die die in einem Tarifvertrag vereinbarte Friedenspflicht verletzen, sind rechtswidrig.[4]

Die **Durchführungspflicht**, die keiner tarifvertraglichen Regelung bedarf, verpflichtet die Tarifvertragsparteien, ihre Mitglieder zur Erfüllung der tarifrechtlichen Vorgaben anzuhalten.[5] Darüber hinaus sind die Tarifvertragsparteien verpflichtet, die Durchführung des normativen Teils des Tarifvertrages nicht zu behindern.[6]

---

1) Junker Rn. 520.
2) Jacobs/Krause/Oetker/Schubert § 4 Rn. 142.
3) Müller/Preis Rn. 103.
4) BAG v. 26.7.2016 – 1 AZR 160/14, ZTR 2017, 16.
5) Jacobs/Krause/Oetker/Schubert § 4 Rn. 118 f.
6) Müller/Preis Rn. 104.

8.1.2 Normativer Teil des Tarifvertrages

Nach § 4 Abs. 1 TVG gelten die Rechtsnormen des Tarifvertrages, die den Inhalt, den Abschluss oder die Beendigung von Arbeitsverhältnissen ordnen unmittelbar und zwingend zwischen den beiderseits Tarifgebundenen, die unter den Geltungsbereich des Tarifvertrages fallen (sog. **beidseitige Tarifbindung**). Tarifgebunden sind nach §§ 3 Abs. 1, 2 Abs. 1 TVG die Mitglieder der Tarifvertragsparteien, die den Tarifvertrag abgeschlossen haben, und der Arbeitgeber, der selbst Partei des Tarifvertrages ist.

> **Beispiel**
> Der TVöD-V wurde zwischen der Vereinigung der kommunalen Arbeitgeberverbände (VKA) in Vertretung der entsprechenden Kommunalen Arbeitgeberverbände (KAV) und der Gewerkschaft ver.di abgeschlossen. Nach §§ 3 Abs. 1, 2 Abs. 1 und 2, 4 Abs. 1 TVG gelten die Normen des TVöD-V, die den Inhalt, den Abschluss oder die Beendigung von Arbeitsverhältnissen ordnen unmittelbar und zwingend zwischen den Arbeitsvertragsparteien, wenn der Arbeitnehmer Mitglied der Gewerkschaft ver.di und der Arbeitgeber Mitglied eines Kommunalen Arbeitgeberverbandes ist.

Rechtsnormen des normativen Teils des Tarifvertrages über betriebliche und betriebsverfassungsrechtliche Fragen gelten nach § 3 Abs. 2 TVG bereits dann, wenn der Arbeitgeber tarifgebunden ist.

Besteht keine beidseitige Tarifbindung, gelten für die Arbeitsverhältnisse die Normen des normativen Teils des Tarifvertrages, wenn dieser nach § 5 Abs. 1 Satz 1 TVG vom Bundesministerium für Arbeit und Sozialordnung für **allgemeinverbindlich** erklärt hat (§ 5 Abs. 4 TVG) oder die Arbeitsvertragsparteien vereinbart haben, dass der Tarifvertrag im Ganzen oder in Teilen gelten soll (sog. **Bezugnahmeklausel**). Eine entsprechende Klausel kann **statisch oder dynamisch** ausgeprägt sein. Soweit statisch auf einen Tarifvertrag verwiesen wird, werden spätere Änderungen des Tarifvertrages bei der Rechtsanwendung nicht berücksichtigt. Im öffentlichen Dienst ist die standardisierte Vereinbarung einer dynamischen Bezugnahmeklausel üblich. Im Rahmen der dynamischen Bezugnahmeklausel wird auf den Tarifvertrag in seiner jeweils gültigen Fassung verwiesen, sodass auch zukünftige tarifliche Veränderungen, etwa eine Erhöhung des Tariflohnes, automatisch auf das Arbeitsverhältnis durchschlagen.

Mit der standardisierten Aufnahme einer dynamischen Bezugnahmeklausel in die Arbeitsverträge, gilt der jeweilige Tarifvertrag betriebsweit für alle Arbeitsverhältnisse. Ist der Arbeitgeber tarifgebunden und der sachliche Geltungsbereich des Tarifvertrages gegeben, liegt eine sog. **Gleichstellungsabrede** vor, mit der der Arbeitgeber alle Arbeitnehmer unter Beachtung der tarifrechtlichen Regelungen gleich behandeln will.[1]

---

1) Müller/Preis Rn. 114.

8 Tarifvertragsrecht

Gut zu wissen

Die Gleichstellungsabrede entfaltet nur für nicht bereits tarifgebundene Arbeitnehmer konstitutive Wirkung. Für bereits gewerkschaftlich organisierte Arbeitnehmer wird durch die Bezugnahmeklausel nur die bereits geltende Rechtslage dokumentiert, sodass die Gleichstellungsabrede lediglich deklaratorische Wirkung entfaltet.

Rechtsnormen des Tarifvertrages über betriebliche und betriebs- bzw. personalverfassungsrechtliche Fragen gelten nach § 3 Abs. 2 TVG bereits dann, wenn der Arbeitgeber tarifgebunden ist.

8.2 Abweichung von Tarifverträgen

Das Konzept der Normhierarchie und zugleich der Grundsatz der Tarifgebundenheit (vgl. § 4 Abs. 1 i. V. m. §§ 3 Abs. 1, 2 Abs. 1 TVG) kennen zwei bedeutende Einschränkungen, die in § 4 Abs. 3 TVG zusammengefasst sind. Zum einen kann der Tarifvertrag nur eine dispositive Regelung treffen, zum anderen greift die Schutzfunktion des Tarifvertrages stets dann nicht ein, wenn die abweichende Vereinbarung für den Arbeitnehmer **günstiger** ist. Vom Tarifvertrag abweichende günstigere Vereinbarungen können entweder in Betriebs- oder Dienstvereinbarungen oder im Arbeitsvertrag enthalten sein. Regelungen zuungunsten des Arbeitnehmers sind nach § 134 BGB nichtig.[1]

Das **Günstigkeitsprinzip** begrenzt die zwingende Wirkung der tarifvertraglichen Rechtsnormen auf Mindestarbeitsbedingungen. Im Einzelfall kann die Bestimmung Schwierigkeiten bereiten, ob die einzelne Regelung tatsächlich zugunsten des Arbeitnehmers vom Tarifvertrag abweicht, da hierbei allein entscheidend ist, ob der Arbeitnehmer aus der vom Tarifvertrag abweichenden Gestaltung **objektive und messbare Vorteile** erlangt. Das subjektive Empfinden des Arbeitnehmers ist daher bei der Bewertung der abweichenden Regelung nicht zu berücksichtigen. Bei der Bestimmung, ob eine Vereinbarung eine gegenüber dem Tarifvertrag günstigere Regelung enthält, ist ein **Sachgruppenvergleich** vorzunehmen.[2] Demnach sind alle Regelungen miteinander zu vergleichen, die einen inneren Zusammenhang aufweisen.[3]

Beispiel

Höchstrichterlich noch nicht entschieden ist, ob die einzelvertraglich vereinbarte Erhöhung der wöchentlichen Arbeitszeit und die damit einhergehende entsprechende Erhöhung des Arbeitsentgelts für den Arbeitnehmer im Rahmen des anzustellenden Sachgruppenvergleiches eine günstigere als die tarifvertragliche Regelung darstellt.[4]

---

1) Junker Rn. 524.
2) BAG v. 14.2.2017 – 9 AZR 505/16, juris Langtext Rn. 26.
3) BAG v. 1.7.2009 – 4 AZR 261/08, juris Langtext, Rn. 59 ff.
4) Vgl. BAG v. 17.4.2002 – 5 AZR 644/00, juris Langtext, Rn. 90 ff.

Tarifvertragsrecht 8

8.3 Räumlicher Geltungsbereich der Tarifverträge im öffentlichen Dienst

Der räumliche Geltungsbereich eines Tarifvertrages kann sich auf das ganze Bundesgebiet, auf einzelne Länder, Landesteile, Kreise oder auch einzelne Orte erstrecken. In der Regel deckt er sich mit dem Geschäftsbereich der den Tarifvertrag abschließenden Tarifvertragsparteien oder deren Unterorganisationen.

Besondere Bedeutung hatte die Frage des räumlichen Geltungsbereiches des Tarifvertrages im öffentlichen Dienst im Zusammenhang mit der Wiedervereinigung Deutschlands gewonnen. Aufgrund der besonderen wirtschaftlichen Verhältnisse haben die Tarifvertragsparteien für das sog. Beitrittsgebiet, also das Gebiet der ehemaligen DDR, besondere Tarifverträge, zum einen den BAT-O, zum anderen den BMT-G-O abgeschlossen. Im Bereich der alten Bundesländer galt weiterhin der BAT in seiner ursprünglichen Fassung. Seit dem Inkrafttreten des TVöD zum 1.10.2005 bzw. des TV-L zum 1.11.2006 gibt es kaum noch unterschiedliche Regelungen zwischen dem Beitrittsgebiet und den alten Bundesländern (vgl. etwa § 34 Abs. 1 Satz 2 TVöD/TV-L). Den Übergang des alten Tarifrechts in den TVöD bzw. in den TV-L vollziehen eigenständige Überleitungstarifverträge. Für den Bereich des TVöD gelten der TVÜ-Bund und der TVÜ-VKA, für den Bereich des TV-L der TVÜ-Länder.

8.4 Haupttarifverträge des öffentlichen Dienstes

Das Tarifrecht im öffentlichen Dienst ist durch eine **vertikale Tarifzersplitterung** gekennzeichnet. Für die Arbeitnehmer des Bundes und der Kommunen gilt der TVöD, für die Arbeitnehmer der Länder der TV-L. Der TVöD wiederum enthält Sonderregelungen für den Bund bzw. für die Kommunen. Eigenständige tarifrechtliche Regelungen für Bühnenmitarbeiter beinhaltet der NV-Bühne.

Der TVöD unterteilt sich in einen **Allgemeinen Teil** (§§ 1 bis 39) und sechs Besondere Teile. Die **Besonderen Teile** knüpfen unmittelbar an dem Allgemeinen Teil an und führen diesen spartenspezifisch für folgende Bereiche fort:

- Verwaltung (§§ 40 bis 56 BT-V),
- Krankenhäuser (§§ 40 bis 58 BT-K),
- Pflege- und Betreuungseinrichtungen (§§ 40 bis 55 BT-B),
- Sparkassen (§§ 40 bis 50 BT-S),
- Flughäfen (§§ 40 bis 44 BT-F),
- Entsorgung (§§ 40 bis 46 BT-E),

Die Tarifvertragsparteien haben zur besseren Lesbarkeit **durchgeschriebene Fassungen** für die sechs Dienstleistungsbereiche erstellt:

- TVöD-V (TVöD-AT und BT-V),
- TVöD-K (TVöD-AT und BT-K),

8 Tarifvertragsrecht

- TVöD-B (TVöD-AT und BT-B),
- TVöD-S (TVöD-AT und BT-S),
- TVöD-F (TVöD-AT und BT-F),
- TVöD-E (TVöD-AT und BT-E).

Der TVöD-BT-V übt eine Auffangfunktion aus, da die übrigen Spartentarifverträge aufgrund des Spezialitätsprinzips diesem vorgehen.

Für **Auszubildende** gelten mit dem TVAöD und dem TVA-L BBiG für Ausbildungsberufe nach dem Berufsbildungsgesetz und dem TVA-L Pflege für die Ausbildung in Pflegeberufen spezielle Tarifverträge.

8.5 Prüfe Dein Wissen

1. Welche Funktionen erfüllt ein Tarifvertrag?
2. Welche Regelungen beinhaltet der normative Teil des Tarifvertrages?
3. Welche Regelungen beinhaltet der schuldrechtliche Teil des Tarifvertrages?
4. Was ist unter einer Gleichstellungsabrede zu verstehen?
5. Was bedeutet beidseitige Tarifbindung?
6. Sind die Regelungen eines Tarifvertrages bindend?
7. Was beinhaltet das Günstigkeitsprinzip?
8. Welche Haupttarifverträge gelten im öffentlichen Dienst?

9 Arbeitskampfrecht

Unter den Begriff des Arbeitskampfes fallen alle kollektiven Maßnahmen, durch die die Arbeitgeber- (z. B. Aussperrung) oder Arbeitnehmerseite (z. B. Streik) auf die jeweilige Gegenseite durch Störung der Arbeitsbeziehungen Druck ausübt, um ein bestimmtes Ziel zu erreichen.[1]) Ziel ist die Durchsetzung kollektiver Arbeitsbedingungen für die Zukunft.

Beispiel
Arbeitszeit, Entgelthöhe.

Aufgabe des Arbeitskampfrechts ist es, Zulässigkeit und Rechtsfolgen von Kampfmaßnahmen zu bestimmen.

9.1 Rechtsgrundlage des Arbeitskampfrechts

Das Arbeitskampfrecht ist **nicht** spezialgesetzlich geregelt. Eine Reihe von gesetzlichen Vorschriften setzt jedoch die Existenz und damit die Zulässigkeit von Arbeitskämpfen voraus.[2])

Beispiel
Art. 9 Abs. 3 GG, § 2 Abs. 1 Nr. 2 ArbGG, § 74 Abs. 2 BetrVG, § 66 Abs. 2 BPersVG, § 25 KSchG.

Das Arbeitskampfrecht hat daher seine nähere Ausgestaltung durch die Rechtsprechung, insbesondere durch die des Bundesarbeitsgerichts, erfahren. Das Bundesarbeitsgericht hat hierbei an Art. 9 Abs. 3 GG angeknüpft.

Art. 9 Abs. 3 GG gewährleistet für jedermann das Recht, zur Wahrung und Förderung der Arbeits- und Wirtschaftsbedingungen Vereinigungen zu bilden. Neben der individuellen Koalitionsfreiheit ist damit auch die kollektive Koalitionsfreiheit gewährleistet.

Der sachliche Geltungsbereich der Koalitionsfreiheit schützt die Koalition (z. B. Gewerkschaften und Arbeitgeberverbände) selber in ihrer Bildung und ihrem Bestand (Existenzgarantie), ihrer organisatorischen Ausgestaltung (Organisationsautonomie) und als Betätigungsgarantie in ihrer Betätigung für die spezifischen Zwecke des Art. 9 Abs. 3 GG. Zu der geschützten koalitionsmäßigen Betätigung gehört etwa der Abschluss von Tarifverträgen.

---

1) Müller/Preis Rn. 140 f.
2) Für Arbeitskämpfe beim Bund enthalten die Arbeitskampfrichtlinien des Bundes vom 14.3.2014 entsprechende Hinweise.

9 Arbeitskampfrecht

Die Betätigungsgarantie beinhaltet eine Koalitionsmittelgarantie für diejenigen Institute, die die Rechtsordnung dem Verfahren der Koalitionseinigung und des Koalitionskampfes zur Verfügung stellt und deren Verfügbarkeit für die Koalition unverzichtbar ist bzw. zu deren funktionstypischen Instrumentarien gehört. Durch die Koalitionsmittelgarantie ist damit auch die **Freiheit des Arbeitskampfes** garantiert, die sich

- in die Freiheit des Kampfeintritts,
- die Freiheit der Kampfführung,
- die Freiheit der Wahl des Kampfmittels und
- die Freiheit der Kampfbedingungen aufgliedern lässt.

Die Wahl des Kampfmittels, die die Koalitionen zur Erreichung des von ihnen verfolgten Zwecks einsetzen, überlässt Art. 9 Abs. 3 GG den Koalitionen selbst.[1])

9.2 Streik

Der Streik ist das primäre Arbeitskampfmittel der Arbeitnehmer bzw. der Gewerkschaften. Sein Kennzeichen ist die planmäßig und gemeinschaftlich durchgeführte **Arbeitsniederlegung**. Ziel des Streiks ist es, durch die gemeinschaftliche Vorenthaltung der Arbeitsleistung Druck auf den Kampfgegner auszuüben, um dessen Verhandlungsbereitschaft zu beeinflussen. Dieser Druck wird bewirkt durch Schäden, die dem Arbeitgeber dadurch entstehen, dass er die vorenthaltene Arbeitskraft nicht wirtschaftlich nutzen kann.[2])

9.2.1 Streikformen

Bei einem **Generalstreik** legen alle Arbeitnehmer eines Wirtschaftsgebietes die Arbeit nieder, bringen also das gesamte Wirtschaftsleben zum Stillstand. Soweit nach einem Streikplan alle Arbeitgeber eines Wirtschaftszweiges oder einzelne Arbeitgeber von allen ihren Arbeitnehmern bestreikt werden, spricht man von einem **Voll- oder Flächenstreik**. Im Gegensatz zum Vollstreik wird bei einem **Teil-/Schwerpunktstreik** nur in Teilbereichen des Tarifgebietes oder nur in einzelnen Betrieben oder gar Betriebsteilen gestreikt. Kampftaktischer Hintergrund solcher beschränkter Streiks ist das Bemühen der Gewerkschaft, mit einem Mindestmaß an eigenen Aufwendungen (insbesondere Organisation und Streikunterstützung) ein Höchstmaß an belastendem Druck zu erreichen, besonders dadurch, dass die durch den Teilstreik hervorgerufenen Funktionsstörungen über den bestreikten Bereich hinaus wirken (z. B. Streik gegen Schlüsselbetriebe).

Beim sogenannten **Gewerkschaftsstreik** hat eine Gewerkschaft zum Streik aufgerufen oder diesen nachträglich gebilligt. Soweit ein Streik nicht von einer Gewerkschaft unterstützt wird, spricht man von einem **wilden Streik**.[3])

---

1) Vgl. Küttner/Kania 42 Rn. 2.
2) Schaub/Treber § 192 Rn. 6.
3) Zöllner/Loritz/Hergenröder § 42 VIII.

Arbeitskampfrecht 9

Der **Warnstreik** ist eine Sonderform des Streiks. Die Arbeitsniederlegung dient der Unterstützung der verhandlungsführenden Gewerkschaft im Rahmen eines Tarifkonflikts. Charakteristisch ist die besondere Streiktaktik, eine Vielzahl von Betrieben zu unterschiedlichen Tageszeiten kurzzeitig und dadurch mit einem geringen Einsatz und Aufwand zu bestreiken, um virtuelle Kampfbereitschaft deutlich zu machen.

9.2.2 Rechtmäßigkeitsvoraussetzungen

Ein Streik ist rechtmäßig, wenn

- er gewerkschaftlich organisiert ist,
- die tarifvertragliche Friedenspflicht beachtet worden ist,
- der Streik zur Erreichung eines tarifvertraglich regelbaren Zieles geführt wird
- und er verhältnismäßig ist.[1]

9.2.2.1 Gewerkschaftliche Organisation des Streiks

Der Streik muss **gewerkschaftlich organisiert** sein. Der nicht gewerkschaftlich organisierte „wilde" Streik ist daher rechtswidrig.[2]

Ein Streik ist gewerkschaftlich organisiert, wenn die Gewerkschaft zur Arbeitsniederlegung ausdrücklich vorab aufgerufen hat und der Streikbeschluss der Arbeitgeberseite mitgeteilt worden ist. Der Streik gilt auch dann als von Anfang an gewerkschaftlich organisiert, wenn die Gewerkschaft einen zunächst wilden Streik als eigenen Streik anerkennt.[3]

9.2.2.2 Beachtung der tarifvertraglichen Friedenspflicht

Ein Arbeitskampfverbot ergibt sich aus der **tarifvertraglichen Friedenspflicht**.[4] Demnach sind während der Laufzeit des Tarifvertrages geführte Arbeitskämpfe rechtswidrig.

Zu unterscheiden ist zwischen einer relativen und einer absoluten Friedenspflicht. Die **relative Friedenspflicht** ist eine dem Tarifvertrag immanente gesetzliche Pflicht, die es den Tarifvertragsparteien nicht gestattet, einen bestehenden Tarifvertrag inhaltlich dadurch infrage zu stellen, dass sie Veränderungen oder Verbesserungen der bereits vertraglich geregelten Gegenstände mit Mitteln des Arbeitskampfes erreichen wollen.

Die **absolute Friedenspflicht** verbietet während der Laufzeit eines Tarifvertrages jegliche Maßnahmen des Arbeitskampfes, ungeachtet der Frage, ob die erstrebte Regelung in dem geltenden Tarifvertrag schon angesprochen ist oder nicht. Eine absolute Friedenspflicht muss von den Tarifvertragsparteien

---

1) Vgl. Zöllner/Loritz/Hergenröder § 42 VI.
2) Wörlen/Kokemoor Rn. 326.
3) Küttner/Kania 41 Rn. 3 m. w. A.
4) Ausführlich Schaub/Treber § 193 Rn. 24 ff.

ausdrücklich vertraglich vereinbart worden sein. Ein Streik, dessen Kampfziel auch der Durchsetzung einer friedenspflichtverletzenden Forderung dient, ist rechtswidrig.[1])

Ein Streik ist auch dann rechtswidrig, wenn er gegen **Schlichtungsvereinbarungen** verstößt.[2]) Für den öffentlichen Dienst besteht die „Vereinbarung über ein Schlichtungsverfahren" vom 30.9.2002. Abgeschlossen wurde diese jeweils gesondert mit der dbb tarifunion und ver.di, diese zugleich für die GEW, die GdP, die IG Bau und den Marburger Bund handelnd.

9.2.2.3 Tarifvertraglich regelbares Kampfziel

Ein Streik muss zur Erreichung eines tariflich regelbaren Zieles geführt werden, d. h. es müssen Regelungen erstrebt werden, die zulässigerweise Inhalt eines Tarifvertrages sein können. Ein nicht tarifbezogener Streik ist daher rechtswidrig.[3]) Der Umfang tarifvertraglich regelbarer Ziele ergibt sich aus § 1 TVG. Demnach regelt der Tarifvertrag die Rechte und Pflichten der Tarifvertragsparteien. Er enthält darüber hinaus Rechtsnormen, die den Inhalt, den Abschluss und die Beendigung von Arbeitsverhältnissen sowie betriebliche und betriebsverfassungsrechtliche Fragen ordnen können.

Dementsprechend ist unter dem Gesichtspunkt der mangelnden Tarifbezogenheit der **politische Streik**, d. h. eine Arbeitsniederlegung durch die der Gesetzgeber zu einem bestimmten Verhalten veranlasst werden soll, rechtswidrig.[4])

9.2.2.4 Verhältnismäßigkeitsprinzip

Der Streik findet seine Grenze im Grundsatz der **Verhältnismäßigkeit**.[5])

Arbeitskampfmaßnahmen müssen zur Erreichung rechtmäßiger Kampfziele und des nachfolgenden Arbeitsfriedens **geeignet und sachlich erforderlich** sein. Auch bei der Durchführung des Arbeitskampfes selbst ist der Verhältnismäßigkeitsgrundsatz zu beachten. Dies bedeutet, dass die Mittel des Arbeitskampfes ihrer Art nach nicht über das hinausgehen darf, was zur Durchsetzung des erstrebten Zieles erforderlich ist. Ein Arbeitskampf ist nur dann und so lange rechtmäßig, wie er nach den Regeln eines **fairen** Kampfes geführt wird.[6])

Gut zu wissen

Ein Streik ist erst nach Ausschöpfung aller Verständigungsmöglichkeiten zulässig (**ultima-ratio-Prinzip**).[7]) Dieser Grundsatz spielt insbesondere bei der rechtlichen

---

1) BAG v. 26.7.2016 – 1 AZR 160/14, ZTR 2017, 16.
2) Küttner/Kania 41 Rn. 6.
3) Müller/Preis Rn. 146.
4) Müller/Preis Rn. 150.
5) Müller/Preis Rn. 153.
6) Ausführlich Schaub/Treber § 193 Rn. 47 ff.
7) Schaub/Treber § 193 Rn. 50; Müller/Preis Rn. 154; Küttner/Kania 42 Rn. 8.

Beurteilung von sog. Warnstreiks eine Rolle. Das ultima-ratio-Prinzip verlangt nicht, dass die Tarifverhandlungen förmlich für gescheitert erklärt werden müssen. In der Einleitung einer Arbeitskampfmaßnahme und somit auch in der Einleitung eines Warnstreiks liegt vielmehr die vom Gericht nicht nachprüfbare Entscheidung der Tarifvertragsparteien, dass sie die Verhandlungsmöglichkeiten ohne begleitende Arbeitskampfmaßnahmen als ausgeschöpft ansieht.[1])

9.2.2.5 Erhaltungs- und Notstandsarbeiten

Die Gewerkschaften sind verpflichtet, einen **Notdienst** aufrechtzuerhalten. Unter einem Notdienst fallen insbesondere **Erhaltungsarbeiten**. Dies sind Arbeiten, die erforderlich sind, um die Betriebsanlagen während der Zeit des Arbeitskampfes so zu erhalten, dass unmittelbar nach der Beendigung des Arbeitskampfes die Arbeit fortgesetzt werden kann. Ein Arbeitskampf, der den erforderlichen Notdienst nicht zulässt, ist rechtswidrig, da er gegen den Grundsatz des Übermaßverbots verstößt.[2])

9.2.3 Beginn und Ende des Streiks

Der Streik wird durch den **Streikbeschluss der Gewerkschaft** geprägt. Mit ihm ruft die Gewerkschaft gemäß ihrer Satzung ihre Mitglieder zum Streik auf. Gleichzeitig werden mit dem Streikaufruf die für den Streik ausersehenen Beschäftigten, der Beginn des Streiks und die zu bestreikenden Betriebe/Betriebsteile bestimmt.[3])

Durch den Streikaufruf werden die davon erfassten Beschäftigten im Verhältnis zu ihrem Arbeitgeber **berechtigt**, am Streik teilzunehmen und ihre vertragliche Arbeitspflicht zu suspendieren. Ob der Arbeitnehmer von diesem Recht Gebrauch macht und am Streik teilnimmt, obliegt seiner freien Entscheidung.

Diejenigen Beschäftigten, die sich am Streik beteiligen, ihre Arbeitspflicht also suspendieren wollen, müssen dies gegenüber dem Arbeitgeber zum Ausdruck bringen. In aller Regel geben die zum Streik Aufgerufenen keine förmliche Erklärung ab. Die Streikwilligen bekunden ihre Streikteilnahme vielmehr konkludent durch die Niederlegung der Arbeit bzw. durch das Nichterscheinen am Arbeitsplatz.

9.2.4 Streik im öffentlichen Dienst

Grundsätzlich gelten die allgemeinen Rechtmäßigkeitsvoraussetzungen auch für einen Streik im Bereich des öffentlichen Dienstes. Allerdings ergeben sich sowohl aus dem Beamtenrecht als auch aus dem vom öffentlichen Dienst wahrgenommen Aufgabenbereichen gewisse Besonderheiten, die zu beachten sind.

---

1) Müller/Preis Rn. 155.
2) Schaub/Treber § 193 Rn. 49.
3) Schaub/Treber § 193 Rn. 51.

9.2.4.1 Beamte

Das Beamtenverhältnis ist öffentlich-rechtlich ausgestaltet, die Arbeitsbedingungen werden einseitig durch Gesetz und/oder Verordnungen geregelt. Es fehlt daher die Möglichkeit, durch Tarifverträge das Beamtenverhältnis ganz oder teilweise zu gestalten. Ein Streik kann daher nicht tarifbezogen sein und gilt schon deshalb als unzulässig. Darüber hinaus ist es als hergebrachter Grundsatz des Berufsbeamtentums (Art. 33 Abs. 5 GG) anerkannt, dass es den Beamten verwehrt ist, zu streiken.[1]

Art. 11 Abs. 1 EMRK enthält allerdings auch für Angehörige des öffentlichen Dienstes das Recht, Gewerkschaften zu bilden und deren Aktivitäten zur Förderung der Arbeitsbedingungen zu unterstützen, sowie das Recht dieser Gewerkschaften, im Namen ihrer Mitglieder Kollektivverhandlungen mit dem Arbeitgeber über die Arbeitsbedingungen zu führen.[2] Ein generelles Verbot von Kollektivmaßnahmen, welches allein an den Status des Beschäftigten anknüpft ist damit nach Art. 11 Abs. 2 EMRK unzulässig. Der Bundesgesetzgeber ist aufgrund der konkurrierenden Gesetzgebungszuständigkeit für das Statusrecht der Beamten nach Art. 74 Abs. 1 Nr. 27 GG aufgerufen, ob und inwieweit die verfassungsunmittelbare Geltung des statusbezogenen Verbots kollektiver Kampfmaßnahmen für Beamte im Hinblick auf die Gewährung des Art. 11 EMRK eingeschränkt werden soll. Hiervon nicht betroffen ist der von Art. 33 Abs. 4 GG umfasste Bereich der öffentlichen Verwaltung. Das Streikverbot für Beamte bleibt so lange geltendes Recht, solange die dargestellte Kollisionslage durch den Gesetzgeber nicht aufgelöst wurde.[3]

9.2.4.2 Arbeitnehmer

Grundsätzlich unterliegen die Arbeitnehmer im öffentlichen Dienst keinen Einschränkungen ihres Streikrechts über die allgemeinen Zulässigkeitsvoraussetzungen hinaus.[4] Allerdings kann die Gemeinwohlbindung in bestimmten Bereichen des öffentlichen Dienstes, insbesondere im Bereich der Daseinsvorsorge, besondere Zurückhaltung und spezielle Notdienste erforderlich machen.[5]

> **Beispiel**
> Ausgeschlossen ist es, dass alle Mitarbeiter eines Krankenhauses gemeinsam die Arbeit niederlegen, da damit die Gesundheitsversorgung nicht mehr gewährleistet wäre.[6]

---

1) Schaub/Treber § 193 Rn. 56.
2) EGMR (GK) v. 12.11.2008 – Nr. 34503/97, Demir und Baykara, NZA 2010, 1425.
3) BVerwG v. 27.2.2014 – 2 C 1/13, ZBR 2014, 195.
4) Vgl. ausführlich Groeger/von Tiling Teil 15 Rn. 10 ff.
5) Schaub/Treber § 193 Rn. 57.
6) Groeger/von Tiling Teil 15 Rn. 30.

9.3 Aussperrung

Die Aussperrung ist das Arbeitskampfmittel des Arbeitgebers. Sie muss darauf gerichtet sein, die Arbeitnehmerseite zur Regelung der Arbeitsbedingungen durch einen Tarifvertrag zu veranlassen. Dieses Ziel verfolgt eine Aussperrung auch dann, wenn sie der Abwehr eines bereits begonnenen Streiks dient (**Abwehraussperrung**). Die Aussperrung kann aber auch ohne einen vorhergehenden Streik darauf gerichtet sein, die andere Seite zum Abschluss eines Tarifvertrages zu bewegen (**Angriffsaussperrung**).[1]

Auch öffentliche Arbeitgeber sind rechtlich nicht gehindert, ihre Arbeitnehmer auszusperren. Das Recht zur Aussperrung ist allerdings wegen des in der öffentlichen Verwaltung und Daseinsvorsorge besonders ausgeprägten Aspekts der Drittbetroffenheit stark eingeschränkt.[2]

Als Arbeitskampfmaßnahme unterliegt die Aussperrung den allgemeinen Regeln des Arbeitskampfrechts und somit auch dem Gebot der **Verhältnismäßigkeit**. Der Arbeitgeber ist im Rahmen des Verhältnismäßigkeitsprinzips verpflichtet, Aussperrungen auf einen prozentual näher zu bestimmenden Personenkreis zu beschränken, um die Gewerkschaften nicht über Gebühr finanziell durch Zahlung von Streikgeldern zu belasten. Maßgebend für das **zulässige Maß** einer **Abwehraussperrung** ist der Umfang des Streiks. Ist dieser auf weniger als 25% der Arbeitnehmer beschränkt, so kann eine Abwehraussperrung ihrerseits bis ebenfalls 25% der Arbeitnehmer des Tarifgebiets umfassen. Sind mehr als 25% der Arbeitnehmer des Tarifgebietes am Streik beteiligt, muss der Arbeitgeber dafür Sorge tragen, dass nicht mehr als 50% aller Arbeitnehmer des Tarifgebietes von einer Arbeitskampfmaßnahme betroffen sind. Maßgebend für den zu beurteilenden Umfang der Aussperrung ist der Beschluss des betroffenen Arbeitgeberverbandes. Von der Aussperrung betroffen können auch nicht tarifgebundene Arbeitnehmer sein.[3]

9.4 Rechtsfolgen einer rechtmäßigen Arbeitskampfmaßnahme

9.4.1 Streik

Der Arbeitnehmer ist berechtigt, seine Arbeitsleistung zu verweigern. Die **Pflicht zur Arbeitsleistung** wird durch die Teilnahme an einem rechtmäßigen Streik **suspendiert**.[4] Daher hat der Arbeitnehmer für die Zeit der Teilnahme an einem rechtmäßigen Streik nach §§ 275 Abs. 1, 326 Abs. 1 BGB keinen Anspruch auf Lohnzahlung.

Ein für die Zeit des Arbeitskampfes bewilligter **Urlaub** wird durch den Streik nicht berührt.

---

1) Müller/Preis Rn. 160.
2) Groeger/von Tiling Teil 15 Rn. 52.
3) Müller/Preis Rn. 168.
4) Ausführlich Schaub/Treber § 195 Rn. 2 ff.

9 Arbeitskampfrecht

Erkrankt ein streikender Arbeitnehmer während des Arbeitskampfes, hat er erst dann Anspruch auf Entgeltfortzahlung, wenn er die Beendigung seiner Teilnahme am Streik erklärt.

9.4.2 Aussperrung

Durch die Suspendierung der Hauptpflichten aus dem Arbeitsverhältnis entfällt bezüglich der ausgesperrten Arbeitnehmer die Lohnzahlungspflicht des Arbeitgebers mangels Gegenleistung nach §§ 275 Abs. 1, 326 Abs. 1 BGB. Dementsprechend entfällt auch die Verpflichtung des Arbeitgebers, Lohnersatzleistungen zu erbringen.

9.5 Prüfungsschema – Rechtmäßigkeit von Arbeitskämpfen

I Arbeitskampf wird durch tariffähige Parteien geführt
   1. Tariffähigkeit (§ 2 TVG) und Tarifzuständigkeit
   2. Erklärung des Arbeitskampfs durch eine Tarifpartei
   3. Übernahme des Arbeitskampfs durch eine Tarifpartei
II Tarifvertraglich regelbares Ziel
   1. Tarifabschluss als Kampfziel
   2. Zulässiger Tarifinhalt
III Kein Verstoß gegen die Friedenspflicht
   1. Relative Friedenspflicht
   2. Absolute Friedenspflicht
IV Gebot der Kampfparität
   1. Abwehraussperrung
   2. Angriffsaussperrung (nur ausnahmsweise zulässig)
V Gebot der Verhältnismäßigkeit
   1. Geeignetheit des Kampfmittels
   2. Erforderlichkeit des Kampfmittels (ultima ratio-Prinzip)
   3. Angemessenheit des Kampfmittels
VI Gebot der fairen Kampfführung
   1. Notstandsarbeiten
   2. Erhaltungsarbeiten
VII Besondere Arbeitskampfverbote
   1. Art. 33 Abs. 5 GG für Beamte
   2. Arbeitskämpfe zwischen Personalrat und Arbeitgeber

9.6 Prüfe Dein Wissen

1. Was sind die rechtlichen Grundlagen des Arbeitskampfrechtes?
2. Welche Bedeutung hat die Friedenspflicht?
3. Welche Streikformen kennen Sie?
4. Wann beginnt und wann endet ein Streik?
5. Welche allgemeinen Voraussetzungen müssen für die Rechtmäßigkeit eines Streiks vorliegen?
6. Dürfen Beamte streiken?
7. Was ist unter dem Begriff der „Aussperrung" zu verstehen?
8. Welche rechtlichen Folgen hat ein Streik für die betroffenen Arbeitsverhältnisse?

10 Personalvertretungsrecht

Die Personalvertretungsgesetze des Bundes und der Länder regeln die Wahl, Zuständigkeit und Befugnisse der Personalvertretungen. Personalvertretungen im öffentlichen Dienst sind die Personalräte, die Gesamtpersonalräte und die Hauptpersonalräte sowie die Jugend- und Auszubildendenvertretungen.

Die Gesetzgebungskompetenz für die Landespersonalvertretungsgesetze liegt nach Art. 70 Abs. 1 GG bei den Ländern, für das Bundespersonalvertretungsgesetz nach Art. 73 Abs. 1 Nr. 8 GG beim Bund.

Grundlage für die nachfolgende Darstellung des Personalvertretungsrechts ist das Landespersonalvertretungsgesetz NRW.[1]) Die dort enthaltenen Vorschriften können nach § 4 LPVG NRW weder durch einen Tarifvertrag noch durch eine Dienstvereinbarung abweichend geregelt werden.

10.1 Dienststelle

Personalvertretungen werden bei den Dienststellen[2]) des Landes, der Gemeinden, der Gemeindeverbände und der sonstigen der Aufsicht des Landes unterstehenden Körperschaften, Anstalten und Stiftungen des öffentlichen Rechts gebildet (§ 1 Abs. 1 LPVG NRW).

Das Landespersonalvertretungsgesetz NRW enthält keine Legaldefinition des Dienststellenbegriffs. Dieser ist vielmehr durch die Rechtsprechung geprägt. Dienststellen sind im personalvertretungsrechtlichen Sinne organisatorische Einheiten, welche

- einen selbstständigen Aufgabenbereich haben und
- innerhalb der Verwaltungsorganisation verselbstständigt sind.[3])

Die Eigenständigkeit einer Dienststelle ist durch die dem Leiter zustehende Regelungskompetenz im personellen und sachlichem Bereich gekennzeichnet.[4])

Als Dienststellen (§ 1 Abs. 2 LPVG) sind **beim Land** die dort bestehenden Behörden und Einrichtungen anzusehen (mehrstufiger Verwaltungsaufbau).

Landesbehörden (§ 2 LOG) sind:

- Oberste Landesbehörde (§ 3 LOG),
- Landesoberbehörden (§ 6 LOG),

---

1) Groeger/Sasse Teil 10 und Müller/Preis Rn. 193 ff. haben ihren Ausführungen das Bundespersonalvertretungsgesetz zugrunde gelegt.
2) Vgl. zum Dienststellenbegriff Müller/Preis Rn. 200 ff.
3) BVerwG v. 13.8.1986 – 6 P 7/85, juris Langtext Rn. 15.
4) Cecior/Vallendar/Lechtermann/Klein § 1 Rn. 24.

# 10 Personalvertretungsrecht

- Landesmittelbehörden (§ 7 LOG) und
- untere Landesbehörden (§ 9 LOG).

Einrichtungen des Landes sind nach § 14 LOG insbesondere Institute, Archive, Untersuchungsanstalten, Schulen, Ausbildungsstätten, Forschungsanstalten und zentrale Forschungseinrichtungen, Kuranstalten sowie sonstige nichtrechtsfähige öffentliche Anstalten, die einen eigenen Bestand an Personal und sächlichen Mitteln haben.

Bei den Gemeinden, Gemeindeverbänden und den sonstigen der Aufsicht des Landes unterstehenden Körperschaften, Anstalten und Stiftungen des öffentlichen Rechts bilden gemäß § 1 Abs. 2 LPVG NRW die Verwaltungen, Eigenbetriebe und die Schulen gemeinsam eine Dienststelle (einheitlicher Dienststellenbegriff).

Gemäß § 1 Abs. 3 LPVG NRW können auch **Teile einer Dienststelle** oder **Nebenstellen** von der obersten Dienststelle zu selbstständigen Dienststellen erklärt werden, soweit dem Leiter eines Teils einer Dienststelle oder einer Nebenstelle eine selbstständige Regelungskompetenz im personellen und sachlich Bereich zusteht.

Soweit Teile einer Dienststelle zur selbständigen Dienststelle erklärt worden sind, sind neben den Personalräten ein Gesamtpersonalrat (§ 52 LPVG NRW) und neben einer Jugend- und Auszubildendenvertretung eine Gesamtjugend- und Auszubildendenvertretung (§ 60 Abs. 2 LPVG NRW) zu errichten. Der Gesamtpersonalrat bzw. die Gesamtjugend- und Auszubildendenvertretung ist im personalvertretungsrechtlichen Verfahren entsprechend § 78 Abs. 4 LPVG NW zu beteiligen. Dementsprechend erfolgt eine Beteiligung der Gesamtvertretungen soweit die nach § 1 Abs. 3 LPVG NRW zur selbstständigen Dienststelle erklärte Dienststelle zur Entscheidung nicht befugt ist.

10.2 Grundsatz der vertrauensvollen Zusammenarbeit

Nach § 2 Abs. 1 LPVG NRW arbeiten Dienststelle und Personalvertretung im Rahmen der geltenden Gesetze und Tarifverträge vertrauensvoll zur Erfüllung der dienstlichen Aufgaben und zum Wohle der Beschäftigten zusammen.

Beispiel
Der Personalrat ist gehalten, ohne Schwierigkeiten erkennbare, vom Dienststellenleiter zu verantwortende Mängel bei der Einleitung des Mitbestimmungsverfahrens unverzüglich zu rügen.[1])

Dienststelle und Personalvertretung haben nach § 2 Abs. 2 Satz 1 LPVG NRW alles zu unterlassen, was geeignet ist, die Arbeit und den Frieden der Dienststelle zu beeinträchtigen.[2])

---

1) BVerwG v. 26.8.1987 – 6 P 11.86, juris Langtext Rn. 24.
2) Siehe hierzu Müller/Preis Rn. 237 ff.

Besonders normiert ist in § 2 Abs. 2 Satz 2 LPVG NRW die Verpflichtung der Dienststelle und der Personalvertretung, keine Arbeitskampfmaßnahmen gegeneinander durchzuführen. Zu den Arbeitskampfmaßnahmen gehören insbesondere der Streik und die Aussperrung.

10.3 Beschäftigte

Die Vorschriften des Landespersonalvertretungsgesetzes NRW finden Anwendung auf die in § 5 Abs. 1 bis 3 LPVG NRW definierten Beschäftigten. Gemäß § 5 Abs. 1 LPVG sind Beschäftigte im Sinne des Gesetzes Beamte, Arbeitnehmer und die arbeitnehmerähnlichen Personen im Sinne des § 12a TVG der in § 1 LPVG näher bezeichneten Dienststellen, einschließlich der Personen, die sich in der Berufsausbildung befinden. Beschäftigte im Sinne des Gesetzes sind darüber hinaus auch diejenigen, die in der Dienststelle weisungsgebunden tätig sind oder der Dienstaufsicht unterliegen, auch wenn ein Arbeits- oder Dienstverhältnis nicht besteht.

> **Beispiel**
> Leiharbeitnehmer im Sinne des Arbeitnehmerüberlassungsgesetztes (AÜG).

Beamte und Arbeitnehmer bilden nach § 6 LPVG NRW jeweils eine Gruppe (**sog. Gruppenprinzip**). Das Gruppenprinzip beeinflusst u. a. die Wahl und die Zusammensetzung des Personalrates.

In § 5 Abs. 4 LPVG NRW definiert das Gesetz die Personengruppen, die nicht als Beschäftigte im Sinne des LPVG NRW gelten. Vom Anwendungsbereich des LPVG NRW ausgenommen sind insbesondere die Hochschullehrer und ähnliche wissenschaftliche Personengruppen (§ 5 Abs. 4 Buchst. a LPVG NRW).

10.4 Dienststellenleitung

Für die Dienststelle handelt nach § 8 Abs. 1 Satz 1 LPVG NRW grundsätzlich der **Dienststellenleiter**. Die Personalvertretungsgesetze legen nicht fest, wer als Leiter der Dienststelle anzusehen ist. Dies ergibt sich vielmehr aus den Organisationsregelungen der Verwaltungen.

> **Beispiel**
> Nach § 62 Abs. 1 GO NRW ist der Bürgermeister Dienststellenleiter einer Gemeinde.

Der Dienststellenleiter kann seine Befugnis **vertretungsweise** auf die in § 8 Abs. 1 Satz 2 LPVG NRW genannten personalverantwortlichen Personen übertragen, soweit diese entscheidungsbefugt sind.

> **Beispiel**
> Der Bürgermeister der Stadt Rheinfels überträgt die ihm zustehende Befugnis, Arbeitsverträge abzuschließen, auf den Leiter des Personalamtes.

10 Personalvertretungsrecht

10.5 Wahl des Personalrats und seine Amtszeit

Alle Beschäftigten einer Dienststelle, die das 18. Lebensjahr vollendet haben, sind nach § 10 Abs. 1 LPVG NRW **wahlberechtigt**. **Wählbar** sind nach § 11 Abs. 1 LPVG NRW alle Wahlberechtigten, die am Wahltag seit sechs Monaten derselben Körperschaft, Anstalt oder Stiftung angehören. § 11 Abs. 2 und 3 LPVG NRW enthält Ausnahmen vom Grundsatz der Wählbarkeit. Personalräte werden nach § 13 Abs. 1 LPVG NRW in allen Dienststellen mit in der Regel mindestens fünf wahlberechtigten Beschäftigten, von denen drei wählbar sind, gewählt.

Die Anzahl der Mitglieder des jeweils zu wählenden Personalrates richtet sich nach der Beschäftigtenzahl der Dienststelle (§ 13 Abs. 3 LPVG NRW). Die Mindestzahl der Mitglieder des Personalrats beträgt eins (§ 13 Abs. 3 Satz 1 LPVG NRW), die Höchstzahl 25 (§ 13 Abs. 4 LPVG NRW). Der Personalrat wird geheim und unmittelbar gewählt (§ 16 Abs. 1 LPVG NRW). Die Wahl des Personalrates darf nach § 21 Abs. 1 Satz 1 LPVG NRW weder behindert noch darf diese in einer gegen die guten Sitten verstoßenden Weise beeinflusst werden.

> **Gut zu wissen**
>
> Sind in einer Dienststelle Angehörige verschiedener Gruppen beschäftigt, muss jede Gruppe nach § 14 Abs. 1 Satz 1 LPVG NRW entsprechend ihrer tatsächlichen Stärke im Personalrat vertreten sein, wenn dieser aus mindestens drei Mitgliedern besteht. Jede Gruppe wählt ihre Mitglieder nach § 16 Abs. 2 Satz 1 LPVG grundsätzlich in getrennten Wahlgängen.

Die Wahl wird nach § 20 Abs. 1 Satz 1 LPVG NRW durch einen **Wahlvorstand** vorbereitet und durchgeführt. Der Wahlvorstand wird nach § 17 Abs. 1 Satz 1 LPVG NRW spätestens drei Monate vor Ablauf der Amtszeit durch den Personalrat bestellt.

Wird die Wahl des Personalrates nach § 22 Abs. 1 Satz 1 LPVG nicht innerhalb einer Frist von zwei Wochen nach dem Tage der Bekanntgabe des Wahlergebnisses **angefochten**, wird diese Bestandskräftig. Die **Amtszeit** orientiert sich nach § 23 Abs. 1 Satz 1 LPVG an die Dauer der Wahlperiode, die nach Satz 2 vier Jahre beträgt.

Die **Mitgliedschaft** im Personalrat kann **erlöschen**, etwa durch Niederlegung des Amtes oder durch Beendigung des Dienstverhältnisses (§ 26 Abs. 1 Buchst. c und d LPVG NRW). Für das ausgeschiedene Mitglied tritt nach § 28 Abs. 1 Satz 1 LPVG NRW ein Ersatzmitglied in den Personalrat ein.

10.6 Geschäftsführung und Beschlüsse des Personalrats

Der **Vorsitzende des Personalrates** führt nach § 29 Abs. 2 LPVG NRW die laufenden Geschäfte und vertritt den Personalrat im Rahmen der von diesem gefassten Beschlüsse. Der Personalrat wählt nach § 29 Abs. 1 Satz 1 LPVG

NRW den Vorsitzenden und seinen Stellvertreter. Bei Stimmgleichheit innerhalb des Wahlgremiums ist ein Losentscheid durchzuführen.[1]) Die Wahl des Vorsitzenden des Personalrats wird in der konstituierenden Sitzung des neu gewählten Personalrats durchgeführt. Diese Sitzung wird nach § 30 Abs. 1 LPVG NRW durch den Wahlvorstand spätestens eine Woche nach dem Wahltag einberufen. Sind im Personalrat sowohl Arbeitnehmer als auch Beamte vertreten, dürfen der Vorsitzende des Personalrats und sein Stellvertreter nicht derselben Gruppe angehören (§ 29 Abs. 1 Satz 3 LPVG NRW).

Die **Sitzungen des Personalrats** finden i. d. R. während der Arbeitszeit statt (§ 31 Abs. 1 Satz 1 LPVG NRW). Sie sind nicht öffentlich (§ 31 Abs. 2 Satz 1 LPVG NRW). Der Personalrat ist nach § 33 Abs. 2 LPVG NRW beschlussfähig, wenn in der Sitzung mindestens die Hälfte seiner Mitglieder anwesend sind. Die Beschlüsse des Personalrats werden nach § 33 Abs. 1 Satz 1 LPVG NRW mit einfacher Mehrheit gefasst. Bei Stimmengleichheit ist ein Antrag nach § 33 Abs. 1 Satz 3 LPVG NRW abgelehnt.

An den Sitzungen des Personalrats können nach § 36 Abs. 1 Satz 1 LPVG NRW ein Mitglied der Jugend- und Auszubildendenvertretung und die Schwerbehindertenvertretung beratend teilnehmen.

Über jede förmliche Sitzung des Personalrats ist nach § 37 Abs. 1 Satz 1 LPVG NRW eine Niederschrift aufzunehmen.[2]) Diese muss mindestens den Wortlaut der Beschlüsse und die Stimmenmehrheit, mit der sie gefasst sind, enthalten.

10.7 Rechtsstellung und Schutz der Personalratsmitglieder

Die Mitglieder des Personalrats führen ihr Amt **unentgeltlich** als Ehrenamt aus (§ 42 Abs. 1 LPVG NRW). Die hierbei zu erfüllenden Aufgaben sind in §§ 64 ff. LPVG NRW näher konkretisiert. Erfolgt die personalvertretungsrechtliche Aufgabenwahrnehmung während der Dienstzeit, hat dies keine Minderung der Bezüge oder des Arbeitsentgelts zur Folge (§ 42 Abs. 2 Satz 1 LPVG NRW). Nach § 42 Abs. 3 Satz 1 und Abs. 4 LPVG NRW sind in Abhängigkeit von einer gewissen Beschäftigungszahl ein Teil der jeweiligen Personalratsmitglieder von ihrer dienstlichen Tätigkeit gänzlich unter Fortzahlung der Bezüge bzw. der Besoldung **freizustellen**.

> **Gut zu wissen**
>
> Gemäß § 43 LPVG können Mitglieder des Personalrats gegen ihren Willen nur dann versetzt, abgeordnet, umgesetzt, gestellt oder zugewiesen werden, wenn hierfür dringende dienstliche Gründe streiten und der Personalrat, dem das Mitglied angehört, der jeweiligen Maßnahme zustimmt.

Die durch die Tätigkeit des Personalrats entstehenden Kosten trägt nach § 40 Abs. 1 Satz 1 LPVG NRW die Dienststelle. Dies gilt nach § 40 Abs. 1 Satz 2 bis

---

1) Cecior/Vallendar/Lechtermann/Klein § 29 Rn. 23.
2) Cecior/Vallendar/Lechtermann/Klein § 37 Rn. 4.

10 Personalvertretungsrecht

LPVG NRW auch für die anfallenden Reisekosten. Zur Deckung der dem Personalrat als Aufwand entstehenden Kosten sind ihm nach § 40 Abs. 2 Satz 1 LPVG NRW Haushaltsmittel zur Verfügung zu stellen.

10.8 Formen der Beteiligung und Verfahren

Das Landespersonalvertretungsgesetz NRW räumt dem Personalrat verschiedene **Beteiligungsrechte** ein. Die beteiligungspflichtigen Angelegenheiten sind in den §§ 72 ff. LPVG NRW geregelt. Zu unterscheiden sind

- mitbestimmungspflichtige Angelegenheiten (§§ 72, 74 Abs. 1 LPVG NRW),
- mitwirkungspflichtige Angelegenheiten (§ 73 LPVG NRW) und
- Angelegenheiten, in denen der Personalrat anzuhören (§§ 72 Abs. 2, 75 LPVG NRW) oder
- In sonstiger Weise zu beteiligen ist (§ 76 LPVG NRW).

Das zu beachtende personalvertretungsrechtliche Verfahren bestimmt sich nach dem Grad der Beteiligung.

10.8.1 Mitbestimmung

Soweit eine Maßnahme der **Mitbestimmung** des Personalrats unterliegt, kann sie nur mit seiner vorherigen **Zustimmung** getroffen werden (§ 66 Abs. 1 Satz 1 LPVG NRW). Stimmt der Personalrat der Maßnahme nicht zu, ist diese nach § 66 Abs. 3 Satz 1 LPVG NRW zwischen der Dienststelle und dem Personalrat innerhalb von zwei Wochen zu erörtern. Können sich die Dienststelle und der Personalrat im **Erörterungsverfahren** nicht einigen, kann nach § 66 Abs. 7 Satz 1 LPVG NRW die **Einigungsstelle** angerufen werden, die nach § 67 Abs. 5 Satz 1 LPVG NRW durch Beschluss über die Anträge der Beteiligten entscheidet.

Nach § 72 Abs. 1 Satz 1 LPVG ist der Personalrat in den dort aufgeführten Personalangelegenheiten zu beteiligen:

Mitbestimmungstatbestände des § 72 Abs. 1 Satz 1 LPVG[1]	
Nr. 1	Einstellung, Nebenabreden zum Arbeitsvertrag, erneute Zuweisung eines Arbeitsplatzes gemäß Arbeitsplatzsicherungsvorschriften sowie nach Beendigung eines Urlaubs ohne Dienstbezüge nach § 70 und § 71 LBG bzw. nach Beendigung der Jahresfreistellung nach § 64 LBG bzw. den entsprechenden Regelungen für Arbeitnehmer und nach der Rückkehr aus der Elternzeit ohne gleichzeitige Teilzeit, Verlängerung der Probezeit, Befristung von Arbeitsverhältnissen

---

1) Vgl. hierzu die ausführlichen Ausführungen von Cecior/Vallendar/Lechtermann/Klein, § 72 Rn. 1 ff

Mitbestimmungstatbestände des § 72 Abs. 1 Satz 1 LPVG[1])	
Nr. 2	Beförderung, Zulassung zum Aufstieg, Übertragung eines anderen Amtes mit niedrigerem Endgrundgehalt
Nr. 3	Laufbahnwechsel
Nr. 4	Eingruppierung, Höhergruppierung, Herabgruppierung, Übertragung einer höher oder niedriger zu bewertenden Tätigkeit, Stufenzuordnung und Verkürzung und Verlängerung der Stufenlaufzeit gemäß Entgeltgrundsätze, Bestimmung der Fallgruppe innerhalb einer Entgeltgruppe, wesentliche Änderungen des Arbeitsvertrages
Nr. 5	Versetzung zu einer anderen Dienststelle, Umsetzung innerhalb der Dienststelle für eine Dauer von mehr als drei Monaten, Umsetzung innerhalb der Dienststelle, die mit einem Wechsel des Dienstortes verbunden ist, wobei das Einzugsgebiet im Sinne des Umzugskostenrechts zum Dienstort gehört
Nr. 6	Abordnung, Zuweisung von Beamten gemäß § 20 BeamtStG, Zuweisungen von Arbeitnehmern gemäß tariflicher Vorschriften, für eine Dauer von mehr als drei Monaten und ihrer Aufhebung
Nr. 7	Kürzung der Anwärterbezüge oder Unterhaltsbeihilfe
Nr. 8	Entlassung von Beamten auf Lebenszeit, auf Probe oder auf Widerruf oder Entlassung aus einem öffentlich-rechtlichen Ausbildungsverhältnis, wenn Entlassung nicht selbst beantragt wurde
Nr. 9	Vorzeitige Versetzung in den Ruhestand und Feststellung der begrenzten Dienstfähigkeit und der Polizeidienstunfähigkeit, wenn der Beschäftigte die Maßnahme nicht selbst beantragt
Nr. 10	Weiterbeschäftigung von Beamten und Arbeitnehmer über die Altersgrenze hinaus
Nr. 11	Anordnungen, welche die Freiheit in der Wahl der Wohnung beschränken
Nr. 12	Versagung, Untersagung oder Widerruf der Genehmigung einer Nebentätigkeit
Nr. 13	Ablehnung eines Antrags auf Teilzeitbeschäftigung oder Urlaub gemäß §§ 63 bis 67 oder 70 und 71 LBG sowie Ablehnung einer entsprechenden Arbeitsvertragsänderung bei Arbeitnehmern
Nr. 14	Ablehnung eines Antrags auf Einrichtung eines Arbeitsplatzes außerhalb der Dienststelle

---

1) Vgl. hierzu die ausführlichen Ausführungen von Cecior/Vallendar/Lechtermann/Klein, § 72 Rn. 1 ff

10 Personalvertretungsrecht

Die Mitbestimmung des Personalrates ist auch in sozialen Angelegenheiten (§ 72 Abs. 2 LPVG), in Rationalisierungs-, und Technologie- und Organisationsangelegenheiten (§ 72 Abs. 3 LPVG) sowie in sonstigen Angelegenheiten (§ 72 Abs. 4 und 5 LPVG) vorgesehen, wobei dieses für Absatz 4 nur gilt, soweit keine gesetzlichen oder tarifrechtlichen Regelungen bestehen. Die aus beamtenrechtlicher Sicht **wichtigsten Bereiche** sind in der nachfolgenden Übersicht dargestellt:

Mitbestimmungstatbestände nach § 72 Abs. 2 LPVG	
Nr. 1	Gewährung und Versagung von Unterstützungen, Vorschüssen, Darlehen und entsprechenden Zuwendungen
Nr. 2	Zuweisung und Kündigung von Wohnungen, über die die Beschäftigungsstelle verfügt, und Ausübung eines Vorschlagsrechts sowie die allgemeine Festsetzung der Nutzungsbedingungen
Nr. 3	Zuweisung von Dienst- und Pachtland und Ausübung eines Vorschlagsrechts sowie Festsetzung von Nutzungsbedingungen
Nr. 4	Einrichtung, Verwaltung und Auflösung von Sozialeinrichtungen ohne Rücksicht auf ihre Rechtsform
Nr. 5	Aufstellung von Sozialplänen einschließlich Plänen für Umschulungen zum Ausgleich von Härtefällen sowie Milderung wirtschaftlicher Nachteile infolge von Rationalisierungsmaßnahmen

Mitbestimmungstatbestände nach § 72 Abs. 3 LPVG	
Nr. 1	Einführung, Anwendung, wesentliche Änderung oder wesentliche Erweiterung von automatisierter Verarbeitung personenbezogener Daten der Beschäftigten außerhalb von Besoldungs-, Gehalts-, Lohn, Versorgungs- und Beihilfeleistungen sowie Jubiläumszuwendungen
Nr. 2	Einführung, Anwendung, Erweiterung von technischen Einrichtungen, die geeignet sind, das Verhalten oder die Leistung der Beschäftigten zu überwachen
Nr. 3	Einführung wesentlicher Änderung oder wesentlicher Ausweitung neuer Arbeitsmethoden
Nr. 4	Maßnahmen, die die Hebung der Arbeitsleistung oder Erleichterung des Arbeitsablaufs zur Folge haben sowie Maßnahmen der Änderung der Arbeitsorganisation
Nr. 5	Einführung wesentlicher Änderung oder Ausweitung betrieblicher Informations- und Kommunikationsnetze
Nr. 6	Einrichtung von Arbeitsplätzen außerhalb der Dienststelle

Personalvertretungsrecht 10

Wesentliche Mitbestimmungstatbestände nach § 72 Abs. 4 LPVG	
Nr. 1	Beginn und Ende der täglichen Arbeitszeit und der Pausen sowie der Verteilung der Arbeitszeit auf die einzelnen Wochentage, Einführung, Ausgestaltung und Aufhebung der gleitenden Arbeitszeit
Nr. 2	Anordnung von Überstunden oder Mehrarbeit unter bestimmten Voraussetzungen
Nr. 10	Gestaltung der Arbeitsplätze
Nr. 11	Geltendmachung von Ersatzansprüchen gegen einen Beschäftigten
Nr. 15	Beurteilungsrichtlinien
Nr. 16	Allgemeine Fragen der Fortbildung der Beschäftigten, Auswahl der Teilnehmer an Fortbildungsveranstaltungen

Der Personalrat hat in den Fällen des § 72 Abs. 3 und 4 LPVG auch mitzubestimmen, wenn eine Maßnahme probeweise oder befristet durchgeführt werden soll (§ 72 Abs. 5 LPVG). Darüber hinaus hat der Personalrat nach § 74 Abs. 1 LPVG bei **ordentlichen Kündigungen** durch den Arbeitgeber mitzubestimmen.

10.8.2 Mitwirkung

Wirkt der Personalrat an Entscheidungen mit, ist die beabsichtigte Maßnahme nach § 69 Abs. 1 Satz 1 LPVG vor der Durchführung mit dem Ziel einer Verständigung rechtzeitig und eingehend mit ihm zu **erörtern**.

Mitwirkungsrechte nach § 73 LPVG[1])	
Nr. 1	Verwaltungsanordnungen für die innerdienstlichen, sozialen oder persönlichen Angelegenheiten der Beschäftigten
Nr. 2	Stellenausschreibungen, soweit die Personalmaßnahme der Mitbestimmung unterliegen kann
Nr. 3	Errichtung, Auflösung, Einschränkung, Verlegung oder Zusammenlegung von Dienststellen oder wesentlichen Teilen von ihnen
Nr. 4	Behördliche oder betriebliche Grundsätze der Personalplanung
Nr. 5	Aufträge zur Überprüfung der Organisation oder Wirtschaftlichkeit einer Dienststelle durch Dritte
Nr. 6	Erhebung der Disziplinarklage gegen einen Beamten, wenn er die Beteiligung des Personalrats beantragt.

---

[1] Vgl. hierzu die ausführlichen Ausführungen von Cecior/Vallendar/Lechtermann/Klein, § 73 Rn. 1 ff.

10 Personalvertretungsrecht

Mitwirkungsrechte nach § 73 LPVG[1])	
Nr. 7	Maßnahmen zur Beschäftigungsförderung
Nr. 8	Grundlegende Änderungen von Arbeitsabläufen bei Wirtschaftsbetrieben

10.8.3 Anhörung

Das Anhörungsrecht des Personalrates nach § 75 Abs. 1 LPVG beinhaltet keine Mitbestimmungs- oder Mitwirkungsrechte. Anhörungen sind so durchzuführen, dass der Personalrat sich umfassend mit der Problematik eines Sachverhalts auseinandersetzen und ggf. erforderliche Beschlüsse herbeiführen kann. Allerdings lösen Einwendungen für die Dienststelle keine rechtlichen Folgen aus. Eine besondere Form ist gesetzlich für die Anhörung nicht vorgeschrieben, sodass sie mündlich oder schriftlich durchgeführt werden kann. Die Anhörung hat jedoch so rechtzeitig zu erfolgen, dass bei Äußerungen des Personalrats die Dienststelle diese bei ihrer Willensbildung noch berücksichtigen kann (§ 75 Abs. 2 LPVG). In folgenden Fragen ist der Personalrat anzuhören:

Anhörungsrecht nach § 75 Abs. 1 LPVG[2])	
Nr. 1	Vorbereitung von Entwürfen von Stellenplänen, Bewertungsplänen und Stellenbesetzungsplänen
Nr. 2	Grundlegende Änderungen von Arbeitsverfahren und Arbeitsabläufen
Nr. 3	Planung von Neu-, Um- und Erweiterungsbauten sowie Anmietung von Diensträumen
Nr. 4	Anordnung von amts- und vertrauensärztlichen Untersuchungen zur Feststellung der Arbeits- und Dienstfähigkeit
Nr. 5	Wesentliche Änderung oder Verlegung von Arbeitsplätzen

Die Anhörung hat so rechtzeitig zu erfolgen, dass die Äußerungen des Personalrats noch Einfluss auf die Willensbildung der Dienststelle nehmen können (§ 75 Abs. 2 LPVG).

Darüber hinaus ist der Personalrat nach § 72 Abs. 2 Satz 1 LPVG anzuhören

- vor Abmahnungen,
- bei Kündigungen in der Probezeit,
- bei außerordentlichen Kündigungen,

---

1) Vgl. hierzu die ausführlichen Ausführungen von Cecior/Vallendar/Lechtermann/Klein, § 73 Rn. 1 ff.
2) Vgl. hierzu die ausführlichen Ausführungen von Cecior/Vallendar/Lechtermann/Klein, § 75 Rn. 1 ff.

Personalvertretungsrecht 10

- bei Aufhebungs- oder Beendigungsverträgen und
- bei Mitteilungen an Auszubildende darüber, dass deren Einstellung nach beendeter Ausbildung nicht beabsichtigt ist.

10.8.4 Streitigkeiten über Beteiligungsrechte

Bei Streitigkeiten über die ordnungsgemäße Beteiligung des Personalrats ist das Verwaltungsgericht anzurufen (§ 79 Abs. 1 LPVG NRW). Das Gericht entscheidet im Beschlussverfahren (§ 79 Abs. 2 LPVG NRW).

10.8.5 Beteiligung der Gleichstellungsbeauftragten

Neben dem Personalrat ist die Gleichstellungsbeauftragte nach § 18 Abs. 1 Satz 1 LGG NRW frühzeitig über beabsichtigte Maßnahmen (§ 17 Abs. 1 Nr. 1 bis 3 LGG NRW) zu unterrichten und anzuhören. Ihr ist in der Regel innerhalb einer Woche **Gelegenheit zur Stellungnahme** zu geben (§ 18 Abs. 2 Satz 1 LGG NRW). Die Gleichstellungsbeauftragte kann nach § 19 Abs. 1 Satz 1 LGG NRW innerhalb einer Woche nach ihrer Unterrichtung der beabsichtigten Maßnahme widersprechen. In diesem Fall hat die Dienststellenleitung erneut über die Maßnahme zu entscheiden. Wird die Gleichstellungsbeauftragte nicht oder nicht rechtzeitig an einer Maßnahme beteiligt, ist diese Maßnahme rechtswidrig.

10.8.6 Beteiligung der Schwerbehindertenvertretung

Der Arbeitgeber hat die Schwerbehindertenvertretung nach § 95 Abs. 2 Satz 1 SGB IX in allen Angelegenheiten, die einen einzelnen oder die schwerbehinderten Menschen als Gruppe berührt, unverzüglich und umfassend zu unterrichten und vor einer Entscheidung **anzuhören**. Nach § 95 Abs. 2 Satz 2 SGB IX ist die Durchführung oder Vollziehung einer ohne Beteiligung nach Satz 1 getroffenen Entscheidung auszusetzen, die Beteiligung innerhalb von sieben Tagen nachzuholen; sodann ist endgültig zu entscheiden. Dies gilt allerdings nicht für eine Kündigung eines schwerbehinderten Menschen. Denn diese ist, soweit sie ohne eine Beteiligung nach § 95 Abs. 2 Satz 1 SGB IX ausgesprochen wird, nach Satz 3 unwirksam.

10.9 Prüfe Dein Wissen

1. Was ist eine Dienststelle i. S. d. Landespersonalvertretungsgesetzes NRW?
2. Wer ist Beschäftigter i. S. d. Landespersonalvertretungsgesetzes NRW?
3. Welche Grundsätze gelten bei der Wahl des Personalrats?
4. Wer handelt für den Personalrat?
5. Was ist unter dem Gruppenprinzip zu verstehen?
6. Können Mitglieder des Personalrates umgesetzt werden?

10 Personalvertretungsrecht

7. Welche Beteiligungsrechte hält das Landespersonalvertretungsgesetz NRW für den Personalrat vor?
8. Wie ist das Beteiligungsverfahren im Landespersonalvertretungsgesetz NRW ausgestaltet?
9. Wie sind die Beteiligungsrechte der Gleichstellungsbeauftragten ausgestaltet?
10. Unter welchen Voraussetzungen ist die Schwerbehindertenvertretung zu beteiligen?

Abkürzungsverzeichnis

A

a. A.	andere Ansicht
a.a.O.	am angegebenen Ort
Abs.	Absatz
AGG	Allgemeines Gleichbehandlungsgesetz
Alt.	Alternative
AP	Arbeitsrechtliche Praxis
APS	Ascheid, R./Preis, U./Schmidt, I., 5. Auflage 2017, Kündigungsrecht Großkommentar, München
ArbGG	Arbeitsgerichtsgesetz
ArbSchG	Arbeitsschutzgesetz
Arnold/Gräfl	Arnold, M./Gräfl, E. (Hrsg.), Teilzeit- und Befristungsgesetz Praxiskommentar, 4. Auflage, 2016
ASiG	Arbeitssicherheitsgesetz
Ausn.	Ausnahme

B

BAG	Bundesarbeitsgericht
BAGE	Amtliche Sammlung der Entscheidungen des Bundesarbeitsgerichts
BAT	Bundes-Angestellten-Tarifvertrag
BBiG	Berufsbildungsgesetz
BEEG	Bundeselterngeld- und Elternzeitgesetz
BetrVG	Betriebsverfassungsgesetz
BGB	Bürgerliches Gesetzbuch
BGleiG	Bundesgleichstellungsgesetz
Breier/Dassau/Kiefer/Lang/Langenbrinck	Breier, A./Dassau, A./Kiefer, K.-H./Lang, H./Langenbrinck, B., TVöD Kommentar Tarif- und Arbeitsrecht im öffentlichen Dienst, Loseblatt, Heidelberg, München
Brox/Rüthers/Henssler	Brox, H., Rüthers, B., Henssler, M., Arbeitsrecht, 19. Auflage, 2016, Stuttgart
Buchst.	Buchstabe
BUrlG	Bundesurlaubsgesetz
BVerfG	Bundesverfassungsgesetz
BVerwG	Bundesverwaltungsgericht

Abkürzungsverzeichnis

bzgl.	bezüglich
BZRG	Bundeszentralregistergesetz
bzw.	beziehungsweise

C

Cecior/Vallendar/ Lechtermann/ Klein	Cecior, A. P./Vallendar, W./Lechtermann, D./Klein, M., Das Personalvertretungsrecht in Nordrhein-Westfalen Kommentar, Loseblatt, Heidelberg, München

D

Dörner	Dörner, H.-J., Der befristete Arbeitsvertrag, 2. Auflage, 2011, München
DSG	Datenschutzgesetz
bzw.	beziehungsweise

D

d. h.	das heißt

E

EFZG	Entgeltfortzahlungsgesetz
EGr.	Entgeltgruppe
EGMR	Europäischer Gerichtshof für Menschenrechte
EGV	Vertrag zur Gründung der Europäischen Gemeinschaft
ErfK	Müller-Glöge, R./Preis, U./Schmidt, I. (Hrsg.), Erfurter Kommentar zum Arbeitsrecht, 18. Auflage, 2018, München
EuGH	Europäischer Gerichtshof
EWG	Europäische Wirtschaftsgemeinschaft
EzA	Entscheidungssammlung des Arbeitsrechts

F

f.	folgende
ff.	fortfolgende

G

GewO	Gewerbeordnung
GG	Grundgesetz
GO	Gemeindeordnung

grds.	grundsätzlich
Groeger	Groeger, A. (Hrsg.), Arbeitsrecht im öffentlichen Dienst, 2. Auflage, 2014, Köln
Gunkel/Hoffmann	Gunkel, A./Hoffmann, B., Beamtenrecht in Nordrhein-Westfalen, 7. Auflage, 2016

H

HGB	Handelsgesetzbuch
h. M.	herrschende Meinung
Hromadka/Maschmann	Hromadka, W./Maschmann, F., Arbeitsrecht Band 1 Individualarbeitsrecht, 6. Auflage, 2015, Heidelberg
Hs.	Halbsatz
HWK	Henssler, M./Willemsen, H. J., Kalb, H-J (Hrsg.) Arbeitsrechts Kommentar, 7. Auflage 2016, Köln

I

i. S. d.	im Sinne des
i. V. m.	in Verbindung mit

J

Jacobs/Krause/Oetker/Schubert	Jacobs M./Krause R./Oetker H./Schubert C., Tarifvertragsrecht, 2. Auflage, 2013, München
JarbSchG	Jugendarbeitsschutzgesetz
Junker	Junker, A. Grundkurs Arbeitsrecht, 17. Auflage, 2018, München
Jünger	Jünger, J-M, Arbeitsrecht, 3. Auflage, 2017, Heidelberg, München, Landsberg, Frechen, Hamburg

K

KAV	Kommunaler Arbeitgeberverband
komba	Komba Gewerkschaft
KSchG	Kündigungsschutzgesetz
Küttner	Röller, J. (Hrsg.), Personalbuch 2017, 24. Auflage, 2017, München

L

LGG	Landesgleichstellungsgesetz
LPVG	Landespersonalvertretungsgesetz

Abkürzungsverzeichnis

M

MuSchG	Mutterschutzgesetz
Müller/Preis	Müller, B./Preis, L., Arbeitsrecht im öffentlichen Dienst, 7. Auflage, 2009, München
m. w. W.	mit weiteren Nachweisen

N

NachwG	Nachweisgesetz
Nr.	Nummer
NRW	Nordrhein-Westfalen
NV-Bühne	Normalvertrag Bühne
NZA	Neue Zeitschrift für das Arbeitsrecht

O

OVG	Oberverwaltungsgericht

P

PflVG	Pflichtversicherungsgesetz
Preis	Preis, U., Arbeitsrecht Individualarbeitsrecht, 5. Auflage, 2017, Köln

R

RatSchTV	Rationalisierungsschutztarifvertrag
Rn.	Randnummer
Ruge/Krömer/ Pawlak/Pappenheim	Ruge, J./Krömer, M./Pawlak, K./v. Pappenheim, H. R. (Hrsg.), Lexikon Arbeitsrecht im öffentlichen Dienst, 10. Auflage, 2017, Heidelberg, München

S

Schaub	Schaub, G. (Hrsg.), Arbeitsrechtshandbuch, 17. Auflage, 2017, München
Schleusener/ Suckow/Voigt	Schleusener, A./Suckow, J./Voigt, B., Allgemeines Gleichbehandlungsgesetz Kommentar, 4. Auflage, 2013, Köln
SchwarzarbG	Schwarzarbeitsgesetz
SGB	Sozialgesetzbuch
sog.	sogenannte
StGB	Strafgesetzbuch

Abkürzungsverzeichnis

StPO	Strafprozessordnung
str.	strittig

T

TV	Tarifvertrag
TVAöD	Tarifvertrag Ausbildung öffentlicher Dienst
TVA-L	Tarifvertrag Ausbildung Länder
TVG	Tarifvertragsgesetz
TV-L	Tarifvertrag der Länder
TVöD	Tarifvertrag öffentlicher Dienst
TVsA	Tarifvertrag zur sozialen Absicherung im Tarifgebiet Ost
TVÜ	Tarifvertrag Überleitung
TzBfG	Teilzeit- und Befristungsgesetz

U

u. a.	unter anderem
u. U.	unter Umständen
Unterabs.	Unterabsatz

V

v.	vom
ver.di	Vereinigte Dienstleistungsgewerkschaft
vgl.	vergleiche
v. H.	vom Hundert
VKA	Vereinigung der kommunalen Arbeitgeberverbände

W

Wichmann/Langer	Wichmann, M./Langer, K.-U., Öffentliches Dienstrecht, 8. Auflage, 2017, Stuttgart
Wörlen/Kokemoor	Wörlen, R./Kokemoor, A., Arbeitsrecht, 12. Auflage, 2017, München

Z

z. B.	zum Beispiel
Zöllner/Loritz	Zöllner, W./Loritz, K-G/Hergenröder C. W., Arbeitsrechts, 7. Auflage, 2015, München
ZPO	Zivilprozessordnung

Literaturverzeichnis

Arnold, M./Gräfl E. (Hrsg.), Teilzeit- und Befristungsgesetz Praxiskommentar, 3. Auflage, 2012, Freiburg, Verlag Haufe.

Ascheid, R./Preis, U./Schmidt, I., Kündigungsrecht Großkommentar, 5. Auflage 2017, München, Verlag C. H. Beck.

Breier, A./Dassau, A./Kiefer, K.-H./Lang H./Langenbrinck B., TVöD Kommentar Tarif- und Arbeitsrecht im öffentlichen Dienst, Loseblatt, Heidelberg, München, Verlag Hüthig Jehle Rehm.

Brox, H., Rüthers, B., Henssler, M., Arbeitsrecht, 19. Auflage, 2016, Stuttgart, Verlag Kohlhammer.

Cecior, A. P./Vallendar, W./Lechtermann, D./Klein M., Das Personalvertretungsrecht in Nordrhein-Westfalen Kommentar, Loseblatt, Heidelberg, München, Verlag Hüthig Jehle Rehm.

Dörner, H.-J., Der befristete Arbeitsvertrag, 2. Auflage, 2011, München, Verlag C. H. Beck.

Groeger, A. (Hrsg.), Arbeitsrecht im öffentlichen Dienst, 2. Auflage, 2014, Köln, Verlag Dr. Otto Schmidt.

Gunkel, A./Hoffmann B., Beamtenrecht in Nordrhein-Westfalen, 7. Auflage, 2016, Witten, Verlag Bernhardt-Witten.

Hromadka, W./Maschmann, F., Arbeitsrecht Band 1 Individualarbeitsrecht, 6. Auflage, 2014, Heidelberg, Verlag Springer.

Henssler, M./Willemsen, H. J., Kalb, H-J (Hrsg.) Arbeitsrecht Kommentar, 7. Auflage 2016, Köln, Verlag Dr. Otto Schmidt.

Jacobs, M./Krause, R./Oetker H./Schubert C., Tarifvertragsrecht, 2. Auflage, 2013, München, Verlag C. H. Beck.

Junker, A. Grundkurs Arbeitsrecht, 17. Auflage, 2018, München, Verlag C. H. Beck.

Jünger, J-M, Arbeitsrecht, 3. Auflage, 2017, Heidelberg, München, Landsberg, Frechen, Hamburg, Verlag C. F. Müller.

Müller, B./Preis, L., Arbeitsrecht im öffentlichen Dienst, 7. Auflage, 2009, München, Verlag Franz Vahlen.

Müller-Glöge, R./Preis, U./Schmidt, I. (Hrsg.), Erfurter Kommentar zum Arbeitsrecht, 18. Auflage, 2018, München, Verlag C. H. Beck.

Preis, U., Arbeitsrecht Individualarbeitsrecht, 5. Auflage, 2017, Köln, Verlag Dr. Otto Schmidt.

Röller, J. (Hrsg.), Personalbuch 2017, 24. Auflage, 2017, München, Verlag C. H. Beck.

Literaturverzeichnis

Ruge, J./Krömer, M./Pawlak, K./v. Pappenheim, H. R. (Hrsg.), Lexikon Arbeitsrecht im öffentlichen Dienst, 10. Auflage, 2017, Heidelberg, München, Verlag Hüthig Jehle Rehm

Schaub, G. (Hrsg.), Arbeitsrechtshandbuch, 17. Auflage, 2017, München, Verlag C. H. Beck.

Schleusener, A./Suckow, J./Voigt, B., Allgemeines Gleichbehandlungsgesetz Kommentar, 4. Auflage, 2013, Köln, Verlag Luchterhand.

Wichmann, M./Langer, K.-U., Öffentliches Dienstrecht, 8. Auflage, 2017, Stuttgart, Kohlhammer Deutscher Gemeinde Verlag.

Wörlen, R./Kokemoor, A., Arbeitsrecht, 12. Auflage, 2017, München, Verlag Franz Vahlen.

Zöllner, W./Loritz, K-G/Hergenröder C. W., Arbeitsrechts, 7. Auflage, 2015, München, Verlag C. H. Beck.

Stichwortverzeichnis

Die Zahlen beziehen sich auf die Seiten.

A

Abfindung 213

Abfindungsanspruch 161, 213

Abmahnung 149
- Anhörung des Arbeitnehmers 151
- Form der 151
- Inhalt 151
- Rechte des Arbeitnehmers 152
- Rügefunktion der Abmahnung 150
- Verhältnismäßigkeitsgrundsatz 149
- Verwirkung 151
- Warnfunktion der Abmahnung 150

Abordnung 116

AGB-Kontrolle 40

Alkohol und Drogen 167

Alkohol- und Drogensucht 156
- Entziehungskur bzw. Therapie 156

Allgemeine Nichtigkeitsgründe einer Kündigung 140
- Benachteiligungsverbote 142
- Maßregelungsverbot 141
- Sittenwidrigkeit 141
- Treu und Glauben 141

Allgemeine Wirksamkeitsvoraussetzungen einer Kündigung 135

Allgemeiner Kündigungsschutz 144

Allgemeines Gleichbehandlungsgesetz 17

Allgemeinverbindlichkeitserklärung 225

Amtszeit 242

Änderungskündigung 175, 194
- Ablehnung des Änderungsangebots 177
- Änderungsangebot 175
- Annahme ohne Vorbehalt 176
- Annahme unter Vorbehalt 176
- Begriff 175
- Kündigung 175

Anfechtung 28, 202

Anfechtung wegen arglistiger Täuschung 29
- Anfechtungserklärung 35
- Anfechtungsfrist 34
- Arglist 29
- arglistige Täuschung 29
- Kausalität 29
- Persönlichkeitsrecht 30

Anfechtung wegen Irrtums über eine verkehrswesentliche Eigenschaft 36
- Krankheit 36
- Vorstrafen 36

Anhörung 248
- Abmahnungen 248
- Aufhebungs- oder Beendigungsverträge 249
- außerordentlichen Kündigungen 248

Stichwortverzeichnis

- bei Mitteilungen an Auszubildende darüber, dass deren Einstellung nach beendeter Ausbildung nicht beabsichtigt ist **249**
- Kündigungen in der Probezeit **248**

Annahmeverzug 86
- Angebot **87**
- Beendigung **88**
- Berechnung des nachzuzahlenden Entgelts **88**
- Fälligkeit **88**
- Leistungsvermögen des Arbeitnehmers **87**
- Lohnausfallprinzip **88**
- Rechtsgrundverweisung **86**
- Verjährung **88**
- wörtliches Angebot **87**

Anschlussbefristung 61

Anschlussbeschäftigung 62

Anschlussverbot 71

Anwendungsbereich des Kündigungsschutzgesetzes 144
- Kleinbetriebsklausel **145**
- Persönlicher Anwendungsbereich **144**
- Sachlicher Anwendungsbereich **145**

Anzeigen gegen den Arbeitgeber 167

Arbeitgeber 7

Arbeitnehmer 8
- fremdbestimmte Organisation **10**
- fremde Betriebsmittel **10**
- Leistung von Arbeit **9**
- persönliche Abhängigkeit **9**
- persönliche Leistungserbringung **11**
- privatrechtlicher Vertrag **9**
- Scheinselbstständigkeit **8**
- Unternehmerrisiko **11**
- Weisungsgebundenheit **9**

Arbeitnehmerähnliche Personen 11

Arbeitnehmerhaftung
- Haftung gegenüber dem Arbeitgeber **118**
- Haftungsprivilegierung **118**
- Schadensersatz **117**
- Schadenshaftung bei Kraftfahrzeugunfällen **118**
- vollständiger Haftungsausschluss **117**

Arbeitsgerichtliches Verfahren 185
- Beendigung **186**
- Berufung **186**
- Prozessvergleich **186**
- Rechtsmittel **186**
- Revision **187**
- Urteil **186**

Arbeitskampfbereitschaft 219

Arbeitskampfrecht 229
- Rechtsgrundlage des Arbeitskampfrechts **229**

Arbeitsleistung 86

Arbeitsort 115

Arbeitsunfähigkeit 89
- Begriff **89**
- Krankheit **89**
- Verschulden gegen sich selbst **90**
- Wartezeit **89**

Arbeitsunfähigkeitsbescheinigung 91

Stichwortverzeichnis

Arbeitsvertrag 5, 7, 41
- auflösende Bedingung 51
- Form 41
- kalendermäßig befristeter 50, 53
- Rechtsnatur 7
- Schriftform 51
- Schriftformerfordernis 7
- zweckbefristeter 50, 53

Arbeitsverweigerung 169

Arbeitsvorgänge 82

Arbeitszeit 113

Arbeitszeitbetrug 167

Auflösungsvertrag 134

Ausschlussfrist 166, 184, 209
- Aufklärung des Sachverhalts 166

Außerdienstliches Verhalten als Kündigungsgrund 168

Außerordentliche Kündigung 161
- Alkohol und Drogen 167
- Anzeigen gegen den Arbeitgeber 167
- Arbeitsverweigerung 169
- Arbeitszeitbetrug 167
- Außerdienstliches Verhalten 168
- Beleidigungen, Bedrohungen und Tätlichkeiten 169
- Bestechlichkeit 174
- Eigenmächtiger Urlaubsantritt 170
- Fallgruppen der 167
- Krankmeldeverfahren 170
- Mobbing 171
- Nebentätigkeit 171
- Private Internetnutzung 172
- Schlechtleistung 172
- Sexuelle Belästigung 173
- Straftaten im Betrieb 173

- Streikteilnahme 174
- Verfassungstreue 174
- Vorteilnahme 174

Außerordentliche Kündigung mit sozialer Auslauffrist 135, 156

Aussperrung 235
- Abwehraussperrung 235
- Angriffsaussperrung 235

B

Beendigungstatbestände 133

Befristeter Arbeitsvertrag 50

Befristung 7
- kalendermäßige 52
- Klagefrist 57
- Sachgrund 79
- Sachgrundlose 80
- unwirksame 57

Befristung einzelner Vertragsbedingungen 76

Befristung mit älteren Arbeitnehmern 73

Befristung mit Sachgrund 57

Befristung ohne Sachgrund 70
- Abweichung durch Tarifvertrag oder durch individualrechtliche Vereinbarung 73
- Anschlussverbot 70
- Verlängerung der Befristung 72
- Zeitbefristung 70

Befristungsabrede
- elektronische Form 53
- formnichtige 52

Befristungsarten 66

Befristungsformen 50

Stichwortverzeichnis

Befristungsgründe
- ungeschriebene 68

Befristungskontrolle 54, 55, 59

Behinderung 21

Beidseitige Tarifbindung 225

Beleidigungen, Bedrohungen und Tätlichkeiten 169

Benachteiligung 20, 22, 23
- Behinderung 23
- ethnische Herkunft 22
- Geschlecht 22
- Lebensalter 24
- Mehrfachbenachteiligung 25
- mittelbare 21, 24
- Rasse 22
- Religion 23
- sexuelle Identität 24
- unmittelbare 20, 24
- Weltanschauung 23

Benachteiligungsverbot 20, 42
- Beschäftigter 20

Berufsausbildung 182

Berufsausbildungsverhältnis 61

Beschäftigte 241, 242
- Gruppenprinzip 241

Beschäftigungsdauer 75

Beschäftigungspflicht 94

Beschäftigungszeiten 143

Besonderheiten im öffentlichen Dienst 158

Bestechlichkeit 174

Beteiligungsrechte 244

Betriebliche Altersversorgung 86

Betriebliche Übung 5, 123

Betriebs- und Wirtschaftsrisiko 88
- Betriebsrisikolehre 88
- Wegerisiko 88

Betriebsbedingte Kündigung 157, 217

Betriebsbegriff 215
- wirtschaftliche Einheit 215

Betriebsübergang 215
- Übergang auf einen neuen Inhaber 216
- Übergang durch Rechtsgeschäft 216
- Widerspruch des Arbeitnehmers 216

Betriebsvereinbarungen 5

Bezugnahmeklausel 225

D

Dauerhafte Arbeitsunfähigkeit 155

Dauerschuldverhältnis 133

Dienststelle 239, 242
- Einrichtungen 240
- Landesbehörden 239
- Nebenstellen 240
- Teile einer Dienststelle 240

Dienststellenleitung 241

Dienstvereinbarungen 5

Direktionsrecht 3, 64, 110, 113, 127, 129

Drittwirkung
- mittelbare 2

Durchführungspflicht 224

Stichwortverzeichnis

E

Eigenart der Arbeitsleistung 65
- Freiheit der Kunst 66
- Rundfunkfreiheit 65
- Verschleißtatbestand 66

Eigenmächtiger Urlaubsantritt 170

Eingruppierung 81, 82

Einigungsstelle 244

Elternzeit 182

Elternzeitvertretung 74

Entbehrlichkeit des Angebots 87

Entgeltfortzahlung im Krankheitsfall 11, 12, 89, 124
- Anspruchsübergang 91
- Arbeitsunfähigkeitsbescheinigung 91
- Dauer und Höhe 90
- Lohnausfallprinzip 90

Entgeltgruppe 111

Entschädigung 18

Entschädigungsanspruch 19

Erhaltungs- und Notstandsarbeiten 233
- Erhaltungsarbeiten 233
- Notdienst 233

Erholungsurlaub 62, 92, 96, 97, 99
- Anrechnung der Urlaubsansprüche 101
- Befristung 98
- Bestimmung der Urlaubszeit 99
- Bindung an die Urlaubsfestlegung 100
- Erholungsbedürftigkeit 96
- Erkrankung während des Urlaubs 100

- Mindesturlaub 97
- Nachgewährung 101
- tariflicher Urlaubsanspruch 97
- Tatsächliche Arbeitsleistung 96
- Teilurlaub 98
- Urlaubsanspruch 98
- Urlaubswünsche des Arbeitnehmers 100
- Wartezeit 97
- Zwölftelungsprinzip 98

Erörterungsverfahren 244

Erreichen der Regelaltersgrenze 133

Erschwerniszuschlag 85

Erwerbsminderung 133
- teilweise 133
- volle 134

F

Faktisches Arbeitsverhältnis 41

Fallgruppe 111

Fixschuldcharakter der Arbeitsleistung 86, 120

Fragerecht des Arbeitgebers 28, 46
- Behinderung 32
- Gewerkschaftszugehörigkeit 31
- Krankheiten und gesundheitliche Einschränkungen 30
- Partei- und Religionszugehörigkeit 31
- Persönliche Eigenschaften 32
- Persönliche Lebensverhältnisse 32
- Schwangerschaft 32
- Schwerbehinderteneigenschaft 32
- Transsexualität 33
- Vermögensverhältnisse 33
- Vorstrafen 33

Stichwortverzeichnis

Freistellungsansprüche 131

Friedenpflicht
– absolute Friedenspflicht 231

Friedenspflicht 224, 231
– relative Friedenspflicht 231
– Schlichtungsvereinbarungen 232

Funktionsnachfolge 215

Fürsorgepflicht 93

G

Gefahrabwehrpflicht 94

Gerichtlicher Vergleich
– Arbeitsbeschaffungsmaßnahme 69
– Aus-, Fort- und Weiterbildung 68
– Drittmittelfinanzierung 69
– Freihalten von Arbeitsplätzen 69

Geschäftsfähigkeit 41, 49
– Minderjährige 41

Geschäftsunfähigkeit 41

Gewerkschaftliche Organisation des Streiks 231

Gewissensfreiheit 129

Glaubensfreiheit 127

Gleichstellungsabrede 225

Gleichstellungsbeauftragte 249

Gleichstellungsgesetze 17

Günstigkeitsprinzip 226
– Sachgruppenvergleich 226

H

Haftung des Arbeitnehmers 130

Häufige Kurzerkrankungen 155
– Entgeltfortzahlungskosten 155
– negative Prognose 155

Haupttarifverträge des öffentlichen Dienstes 227

Honorarvertrag 8

I

In der Person des Arbeitnehmers liegende Gründe 66
– Befristete Aufenthaltserlaubnis 67
– Wunsch des Arbeitnehmers 67

Individualarbeitsrecht 1

Informationsanspruch 28, 46

Inhaltliche Weisungsgebundenheit 111

Integrationsamt
– Zustimmung des 180
– Zustimmungsverfahren bei der außerordentlichen Kündigung 180
– Zustimmungsverfahren bei der ordentlichen Kündigung 180

Interessenabwägung 149, 155

J

Jahressonderzahlung 85

Jubiläumsgeld 86

K

Kettenbefristung 55, 63, 74

Klagefrist 26

Stichwortverzeichnis

Koalitionen 219
- Arbeitgeberverband 219
- Gewerkschaft 219
- Tariffähigkeit 219

Koalitionsfreiheit 220
- Bestandsgarantie 221
- Betätigungsgarantie 220, 221
- Individualgrundrecht 220
- Individuelle Koalitionsfreiheit 220
- Kollektive Koalitionsfreiheit 221
- Kollektivgrundrecht 220
- Tarifautonomie 221

Kollektivarbeitsrecht 1

Korrigierende Rückgruppierung 83

Krankengeldzuschuss 90

Krankheitsbedingte Kündigung 154

Krankmeldeverfahren 170

Kündigung 134
- allgemeine Nichtigkeitsgründe 141
- außerordentliche 161, 197
- Begriff der 134
- Krankheitsbedingte 193
- Ordentliche 192
- Zugang 189

Kündigungsberechtigung 135
- Vollmacht 135

Kündigungserklärung 136
- bedingungsfeindlich 136
- Begriff des Zugangs 137
- Bestimmtheitsgrundsatz 136
- Einschreiben 138
- Einschreiben-Rückschein 139
- Einwurf in den Briefkasten 137
- Einwurf-Einschreiben 138
- Empfangsbevollmächtigter 139
- Empfangsboten 139
- Form der 136
- Gerichtsvollzieher 139
- öffentliche Zustellung 139
- Postzustellungsauftrag 139
- Schriftform 136
- Übergabe-Einschreiben 138
- Umzug 140
- Zugang der 137
- Zugangsverhinderung 138

Kündigungserklärungsfrist 142, 163
- Ausschlussfrist 163
- Dauertatbestand 164
- Kündigungsberechtigte 163

Kündigungsfristen 75, 143

Kündigungsrecht 198

Kündigungsschutz für besondere Personengruppen 177

Kündigungsschutz in der Berufsausbildung 182
- Kündigung innerhalb der Probezeit 182
- Kündigung nach Ablauf der Probezeit 183
- Schlichtungsausschuss 184

Kündigungsschutz nach dem Mutterschutzgesetz 206

Kündigungsschutz schwangerer Arbeitnehmerinnen 181
- absolutes Kündigungsverbot 181
- Kenntnis von der Schwangerschaft 181

Kündigungsschutz schwerbehinderter Menschen 178
- Kenntnis des Arbeitgebers 179
- Persönlicher Anwendungsbereich 178

Stichwortverzeichnis

Kündigungsschutz von Mitgliedern personalvertretungsrechtlicher Organe 182

Kündigungsschutz während der Elternzeit 182
- absolutes Kündigungsverbot 182

Kündigungsschutzgesetz 144

Kündigungsschutzklage 184, 194, 198

L

Lehre vom fehlerhaften Arbeitsvertrag 35

Leistungsbezogene Bezahlung 84

Leistungsentgelt 84
- betriebliche Kommission 84
- Erfolgsprämie 85
- Leistungsprämie 85
- Leistungszulage 85
- systematische Leistungsbewertung 84
- Zielvereinbarung 84

Leistungsgrundsatz 17, 30

Leistungsminderung 156

Lohnzahlungspflicht 86

M

Mehrfachbefristung 55

Mindesturlaubsanspruch 92

Mitbestimmung 244

Mitbestimmungstatbestände 244, 246, 247
- Abordnung 245
- Anordnung von Überstunden oder Mehrarbeit 247
- Arbeitszeit 247
- Befristung von Arbeitsverhältnissen 244
- Beurteilungsrichtlinien 247
- Eingruppierung 245
- Einstellung 244
- Gestaltung der Arbeitsplätze 247
- Herabgruppierung 245
- Höhergruppierung 245
- Nebenabreden zum Arbeitsvertrag 244
- Umsetzung 245
- Versetzung 245

Mitgliedschaft im Personalrat 242
- Ersatzmitglied 242

Mitwirkung 247

Mitwirkungsrechte 247

Mobbing 171

Musterarbeitsvertrag 38

N

Nachträglicher Vertragsschluss 78

Nachwirkung von Tarifverträgen 223

Naturalrestitution 18

Nebenpflichten 118

Nebentätigkeit 171

Nettolohn 81

Normativer Teil des Tarifvertrages 225

Normhierarchie 6

O

Ohne Arbeit kein Lohn 86

Ordentliche Kündigung 53, 143, 247

Outsourcing 211

P

Personalfragebogen 28

Personalgestellung 117

Personalvertretungsrecht 239

Personenbedingte Kündigung 152
- erhebliche Kostenbelastung 154
- Interessenabwägung 154
- Negative Prognose 153
- Störung des Arbeitsverhältnisses 153
- Störungen des Betriebsablaufes 153
- Verhältnismäßigkeitsprüfung 154

Persönliche Abhängigkeit 8

Persönliche Leistungsverhinderung 89

Pflicht zur Arbeitsleistung 109

Pflichten des Arbeitgebers 81

Private Internetnutzung 172

Privatisierung 211

Probezeit 75

Probezeitbefristung 66

Prognose 63

R

Rationalisierungsmaßnahme 212

Rationalisierungsschutz für Angestellte im Tarifgebiet West 212

Rationalisierungsschutz für Arbeiter im Tarifgebiet West 213

Rationalisierungsschutztarifverträge 212

Räumlicher Geltungsbereich der Tarifverträge im öffentlichen Dienst 227

Rechtsfolgen einer rechtmäßigen Arbeitskampfmaßnahme 235
- Aussperrung 236
- Streik 235

Rechtsmissbrauch 55

Rechtsmittel 186

Rechtsquellen des Arbeitsrechts 1
- Autonomes Recht 4
- EU-Recht 2
- Formelle Gesetze 3
- Grundgesetz 2
- Rechtsverordnungen 4

Rechtsstellung
- der Personalratsmitglieder 243

Regelmäßige Arbeitszeit 113

Reise- und Umzugskosten 86

Ruhepausen 113

Ruhezeiten 114

Stichwortverzeichnis

S

Sachgrundbefristung 57, 74
- Rechtsmissbrauch 56

Sachgrundlose Befristung 74

Schadensersatz 18, 131
- Differenzhypothese 18

Schlechtleistung 172

Schriftform 51

Schuldrechtlicher Teil des Tarifvertrages 224

Schutzpflichten 93

Schwerbehindertenvertretung 249

Schwerbehinderter Mensch 21

Sexuelle Belästigung 173

Sitzungen des Personalrats 243
- beschlussfähig 243

Sonderformen der Arbeit 114
- Bereitschaftsdienst 115
- Mehrarbeit 115
- Rufbereitschaft 115
- Schichtarbeit 114
- Überstunden 115
- Wechselschichtarbeit 114

Sozialauswahl 159
- horizontale Vergleichbarkeit 159

Ständiger Vertreter 113

Stellenausschreibung 42

Sterbegeld 86

Straftaten im Betrieb 173

Streik 230
- Arbeitsniederlegung 230

Streik im öffentlichen Dienst 233
- Arbeitnehmer 234
- Beamte 234

Streikbeschluss 233

Streikformen 230
- Flächenstreik 230
- Generalstreik 230
- Gewerkschaftsstreik 230
- Schwerpunktstreik 230
- Warnstreik 231
- wilder Streik 230

Streikteilnahme 174

Strukturelle Änderung der Arbeitsorganisation 211
- formale Privatisierung 211
- materielle Privatisierung 211

Studium 61

Stufe 83
- Stufenlaufzeit 84

T

Tabellenentgelt 81

Tarifautomatik 81

Tariffähigkeit 224

Tarifliche Unkündbarkeit 184

Tarifvertrag 4, 223
- Befriedungsfunktion 223
- Ordnungsfunktion 223
- Schutzfunktion 223
- Verteilungsfunktion 223

Tarifvertrag für den öffentlichen Dienst der Länder (TV-L) 4

Tarifvertrag für den öffentlichen Dienst (TVöD) 4

Stichwortverzeichnis

Tarifvertrag zur sozialen Absicherung im Tarifgebiet Ost 213

Tarifvertraglich regelbares Kampfziel 232
- politische Streik 232

Tarifvertragspartei 224

Tarifvertragsparteien 4

Tarifvertragsrecht 223

Tarifzuständigkeit 224

Tätigkeitsbeschreibung 111

Tätigkeitsmerkmal 82

Teilzeitbeschäftigung 101
- Ablehnende Entscheidung des Arbeitgebers 105
- betriebliche Gründe 105
- Erforderliche Betreuungskontinuität 108
- Erörterungsanspruch 104
- Konkurrenz zu tariflichen Regelungen 102
- Teilzeitbegehren 102
- Teilzeitfiktion 105
- Unverhältnismäßige Kosten 108
- Verhandlungsobliegenheit 104
- Wartezeit 103
- Wegfall des Arbeitsvolumens 107
- welches betriebliche Organisationskonzept 106
- Zeitpunkt der Geltendmachung 103

Tod des Arbeitnehmers 134

Trennungsgeld 86

Treuepflichten
- politische 119

U

Umzugskosten 27

Ungleichbehandlung
- Alter 25
- Berufliche Anforderungen 25
- Religion 25
- Weltanschauung 25

Unmöglichkeit 86

Urlaubsanspruch
- Gesetzliche Übertragungsregelung 99
- Tarifliche Übertragungsregelung 99
- Übertragung des Erholungsurlaubs 99

Urlaubsentgelt 11, 92

Urlaubsgewährung 126

V

Verdachtskündigung 164
- Anhörung des Arbeitnehmers 165
- dringenden Verdacht 165
- Pflichtverletzung von erheblichem Gewicht 165

Verfallfrist 26

Verfassungstreue 174

Vergütung 81

Vergütung aus Haushaltsmitteln für befristete Beschäftigung 67
- Prognose 68

Verhaltensbedingte Kündigung 146
- Beschäftigungsmöglichkeit 148
- Erhebliche Vertragspflichtverletzung 146
- Negative Zukunftsprognose 147

Stichwortverzeichnis

Verhältnismäßigkeitsgrundsatz 148, 159, 162
- Sozialauswahl 159
- ultima-ratio-Grundsatz 159
- Verhältnismäßigkeit 159

Verhältnismäßigkeitsprinzip 232

Verjährung 209

Vermögenswirksame Leistungen 86

Verschulden 121

Versetzung 116

Vertragsfreiheit 38

Vertrauensvolle Zusammenarbeit 240

Vertretung 63
- mittelbare 64
- unmittelbare 64
- Zuordnungsvertretung 64

Vorsitzende des Personalrates 242

Vorstellungskosten 27, 45

Vorteilnahme 174

Vorübergehende Übertragung einer höherwertigen Tätigkeit 112
- doppelte Billigkeitsprüfung 112
- persönliche Zulage 112

Vorübergehender Arbeitskräftebedarf 58
- Arbeitskräftebedarf 60
- Kausalität 60
- Prognose 60

W

Wahl des Personalrats 242
- Wählbar 242
- wahlberechtigt 242

Wahlvorstand 242

Wegfall des Beschäftigungsbedarfes 157
- Auftragsverlust oder Umsatzrückgang 158
- Außerbetriebliche Ursachen 157
- Drittmittelfinanzierung 158
- Innerbetriebliche Ursachen 157

Weisungsgebundenheit 9
- Eingliederung in den Betrieb 10
- Inhaltliche Weisungsgebundenheit 10
- Örtliche Weisungsgebundenheit 10
- Zeitliche Weisungsgebundenheit 10

Weltanschauung 23

Wichtiger Grund 162
- an sich als Kündigungsgrund geeignet 162
- Interessenabwägung 162

Wiedereinstellungsanspruch 166

Wissenschaftszeitgesetz 50

Z

Zeitzuschlag 85

Zeugnis 94
- einfaches Zeugnis 94
- Einheitlichkeitsgrundsatz 95
- qualifiziertes 96
- qualifiziertes Zeugnis 94
- Vollständigkeitsgrundsatz 95
- vorläufiges Zeugnis 94
- Wahrheitsgrundsatz 95
- Wohlwollensgrundsatz 95

Zuweisung 116

Zweckbefristung 52